河南省社会科学规划项目"中原作家群资料整理"研究成果

本成果出版得到淮河文明研究中心资助

阎连科研究

中原作家群研究资料丛刊
程光炜　吴圣刚　主编

阎连科研究

方志红 编著

河南大学出版社
HENAN UNIVERSITY PRESS

图书在版编目(CIP)数据

阎连科研究／方志红编著. — 郑州：河南大学出版社，2015.3
（中原作家群研究资料丛刊）
ISBN 978-7-5649-1920-7

Ⅰ.①阎… Ⅱ.①方… Ⅲ.①阎连科-文学研究
Ⅳ.①I206.7

中国版本图书馆 CIP 数据核字（2015）第 055654 号

出 版 人	张云鹏
出版统筹	侯若愚
责任编辑	薛建立
责任校对	柴桂玲
封面设计	侯一言

出　版	河南大学出版社
地　址	郑州市郑东新区商务外环中华大厦 2401 室
电　话	0371-60993151（人文社科出版分社） 0371-86059753
网　址	www.hupress.com
排　版	郑州市诚丰印刷有限公司
印　刷	河南省瑞光印务股份有限公司
版　次	2015 年 4 月第 1 版
印　次	2015 年 4 月第 1 次印刷
开　本	710mm×1000mm　1/16
印　张	23.75
字　数	439 千字
定　价	72.00 元

本书如有印装质量问题,请与河南大学出版社营销部联系调换。

编选说明

从最初动议到确定方案,再到最后完成,这套"中原作家群研究资料丛刊"历时一年有余。因为,它绝不仅仅是已有研究成果的简单整合。首先,编著者必须通读该作家的所有作品,包括文学作品、散文随笔、演讲报告、文艺批评等等,形成对作家作品的感性认识和理性判断,这是编选作家研究资料的基础和前提。然后收集研究资料,要求尽可能全面详尽,网络、期刊、报纸、杂志、著作、作家本人及其亲友、故交等各种途径、各种渠道,越全面越好。最耗时、最费力、最艰苦的工作是资料的分类、甄别和遴选,它体现了编著者的眼光、立场、态度和学养,决定了研究资料的分量和品质。典型性、历史性、多元性是我们选文的基本原则,力求覆盖作家不同时段、不同类型、不同风格的作品,兼顾专家批评和新锐批评,体现不同时期的文学生态和文化场域。总之,整个过程没有捷径可走,全是笨功夫、苦功夫。尽管如此,其疏漏之处肯定不少,恳请专家学者批评指正。

本研究资料共分四大部分,即作家"自述·访谈·印象记"、"研究论文选辑"、"作品年表"、"研究资料索引"。"研究论文选辑"以时间为线索,以"问题"为中心,先总论、后分论,同一"问题"相对集中,体现逻辑性和层次感,并努力体现作家作品研究的历史进程。对入选的文章,为了出版方便,作统一技术处理,删减了摘要、关键词,注释一律改为脚注,除对一些明显的文字和标点符号的疏误作订正外,其他方面包括注释的不完整、不规范,词语使用的不当等,则依旧保持原貌。"作品年表"部分按时间顺序排列整理收录,截止时间为2014年7月。只列入作品的首发、首印,作品的再版、转载不列入年表,海外翻译版本尽可能列入年表。期刊、著作均按年、月排序,报纸具体到日期。重要散文、发表的重要演讲等列入作品年表,但作家编辑的书目、研究资料等均不列入。"研究资料索引"包括单篇学术论文索引、学位论文索引、研究专著索引三部分,截止时间同样为2014年7月,均按刊发/出版时间先后顺序编排。

需要特别说明的是,由于各种原因,编委会没能与选用论文的作者一一联系,丛书出版后,将赠书一本,以表歉意和谢意!且本书用于学术研究而非商业目的,想学界前辈、同人亦能理解支持。在此真诚致谢!如需稿费,请与编委会联系。

编委会
2014.10.31

总　　序

程光炜　吴圣刚

　　新时期以来,中国当代文学呈现为多样、多态发展的趋势。在当代文学的版图中,"文学豫军"或"中原作家群"早已成为中国当代文学的重要现象和重要构成。之所以称之为"文学豫军"或"中原作家群",是因为它呈现出群体性,是一个集合的概念。但是,这绝不意味着这个群体中的个体是孱弱的,没有独立呈现的分量。相反,正是一个个有分量的个体组成了一个有广泛影响的作家群体:姚雪垠、叶楠、白桦、李准、张一弓、南丁、田中禾、张宇、郑彦英、李佩甫、二月河、周同宾、刘震云、阎连科、周大新、刘庆邦、李洱、柳建伟、孙方友、墨白、邵丽、乔叶、计文君等等,每位作家都有不凡的创作业绩,每个人都有自己的独特之处,都是文学中的"这一个"。

　　地处中原的河南,在当代中国政治、经济版图上不是核心地带,但在历史、文化地理图上却是积淀深厚的重镇。这里也在接受全球化的荡涤,也在搭载现代化的快车,但这里与中国当下的经济前沿存在着距离,呈现着现代化的滞后性。因此,河南在时代的节奏中存在着"时间差"。这使得中州大地在现代化的浪潮中还氤氲着农业文明、历史文化的气息,也使得中原儿女在这种相对的"慢节奏"中对历史、现实和文化进行思考,精神和灵魂回归这片土地,并以中原文化的思维方式进行着多种表达。走进历史,走进中原文化,是豫籍作家的共同选择。无论是身居河南的作家还是移居他乡的作家,他们的灵魂仍然栖居在家乡故土,并用他们敏感的触角细腻地联系和感受着中原文化,中原文化是他们精神发生的原点,河南历史和家乡生活是他们创作的源泉。对于这些河南作家来说,似乎只有这片故土和其中的点点滴滴才能够激活创作的灵性。正如阎连科所说:"我家住在一个镇子上,那是一个很大的村庄。那个村庄是我写作取之不尽的生活源泉、情感源泉、想象的源泉。一句话,是我写作的一切的灵感之源。那个镇子奇妙无比,任何现实中的一件事情都可能是荒诞的、合理的。"[①]正是在这种表达中,作家们完成了自己的一部部皇皇巨著,成就了当代河南文学的气象大观。

[①] 阎连科:《我的现实,我的主义》,http://v.book.ifeng.com/book/ts/7332.htm。

"中原作家群"不仅是河南的文学现象,也是全国的文学现象;产生于中原大地的河南文学,早已超越了这一区域空间。无论是二月河、李佩甫的作品红遍全国、传播域外,还是刘震云、阎连科、周大新、李洱的作品的海外影响,都说明豫籍作家的作品是全国性的,也具有世界性的分量。这足以构成河南自己的文学史。关于河南文学和"中原作家群"研究,近十年来,随着作家作品的动态性呈现,更多表现为个案化的文学研究,而当代河南文学的整体性、系统性研究则不够。这一方面与河南的经济实力及其对文化提升、带动能力的不足有关,另一方面也与学界、文学界对河南文学在当下中国文化地理学上的地位认识不足有关,特别是与本土学界的研究、推介的成绩有关。弥补这一不足,是一项浩繁的工作,但起步必须从基础开始。

资料整理无疑是学术研究中最基础性的工作。学术界目前关于河南作家的研究资料,主要是上世纪80年代出版的《李准研究资料》、《姚雪垠研究资料》等有限的几种。相关研究主要体现在两个方面:一是关于"文学豫军"、"中原作家群"的正当性和合理性的阐述,这方面的研究成果主要有孙荪的《文学豫军论》等,该文系统性地评述了"文学豫军"的由来、构成及文化特征。二是"中原作家群"形成的历史文化原因以及具体作家作品的研究。刘增杰主编的《精神中原》以论文集的形式综合了学界对于中原作家群整体把握和作家研究的成果;张鸿声主编的《河南文学史·当代卷》则是系统描述当代河南文学发展的第一部史著;梁鸿的《"外省笔记":20世纪河南文学》以"外省"的视角考察河南文学,从文化的角度寻觅和审视河南文学;何弘的《超越还是重复——中原文学论稿》试图对"中原作家群"或中原文学作出一个整体性的描述。这些研究对于解说一种文学现象的发生、发展是必要的,但都是初步的,特别是对"中原作家群"形成的历史文化原因和整体性特征的研究,远未形成对"中原作家群"完整的、核心的解说,更没有评估、揭示出"中原作家群"的应有价值。因此,就需要有人真正深入下去,沉入到纷繁的资料中去,耐心、细密地梳理,把那些能够反映和体现作家创作实绩、作品价值和当代河南文学整体面貌的资料整理出来,形成完整、系统的当代河南文学的资料体系,为文学史的生成奠定坚实的基础。

信阳师范学院文学院的一些老师近年来致力于河南文学研究,逐渐形成了自己的方向和领域,引起了学界的关注。作为一所本土的有长期人文积淀的高校,研究河南文学、推动河南文学发展是应有的责任。2013年起,文学院整合文艺学、现当代文学和写作学等学科的十几位教授、博士组成研究团队,集中开展当代河南文学研究。这个团队以博士为主,中青年结合,队伍整齐,潜力很大。他们首先从资料整理开始,扎扎实实开展研究工作。第一辑选取"中原作家群"中影响最大的15位作家,经过近一年的努力,整理出《白桦研究》(陶广学讲师,扬州大学博士)、《张一弓研究》(吕东亮副教授,武汉大学博士)、《田中禾研究》(徐洪军讲师,上海大学博士)、《张宇研究》(杨文臣讲师,山东大学博士)、《李佩甫研究》(樊会芹讲师,江苏师范大学硕士)、《二月河研究》(吴圣刚教授)、《刘震云研究》(禹权恒讲师,武汉大学博士)、《阎连科研究》(方志红副教授,四川大学博士)、《周大新研究》(沈文慧教授,华中师范大学博士)、《刘庆邦研究》(杜昆讲师,南京师范大学博士)、《李洱研究》(王雨海教授)、《墨白研究》(杨文臣讲师,山东大学博士)《邵丽、乔叶、计文君研究》(李群副教授,河南大学硕士)等13卷,资料选编力求翔实、准确、有代表性。第一辑告罄之后还会启动第二辑,甚至第三辑,目标是把"中原作家群"主要作家的资料完整、系统地拓展出来,真正为当代河南文学的深化研究做些基础性的工作。

由于编选者的眼界、学识、水平有限,疏漏、不足,甚至差错定然存在,敬请学界批评指正。

目 录

1　编选说明
1　程光炜　吴圣刚　总序

自述·访谈·印象记

3　阎连科　关于疼痛的随想
7　阎连科　文学的愧疚
16　阎连科　"乌托邦"笼罩下的个人写作——在韩国外国语大学的讲演
19　阎连科　魂灵淌血的声响——《阎连科作品集·总序》
21　阎连科　寻找支持——我所想到的文体
26　梁　鸿　小说是一种想象的状态——著名作家阎连科访谈录
34　张学昕　阎连科　现实、存在与现实主义
56　阎连科　黄　平　白　亮　"土地"、"人民"与当代文学资源
68　李　陀　阎连科　《受活》：超现实写作的新尝试
77　王久辛　心雕苦难——速写阎连科

研究论文选辑

87　栾梅健　撞墙的艺术——论阎连科的文学观
101　王　尧　作为世界观和方法论的"神实主义"——《发现小说》与阎连科的小说创作
114　孙　郁　阎连科的"神实主义"
126　陈晓明　"震惊"与历史创伤的强度——阎连科小说叙事方法探讨
139　郜元宝　论阎连科的"世界"
151　洪治纲　乡村苦难的极致之旅——阎连科小说论
167　王德威　革命时代的爱与死——论阎连科的小说
184　张学昕　骨骼里树立着永恒的姿态——阎连科的短篇小说及其叙事伦理
198　何　平　论阎连科的中篇小说兼及中篇小说的当下境遇
210　王一川　生死游戏仪式的复原——《日光流年》的索源体特征

220 陈思和 试论阎连科的《坚硬如水》中的恶魔性因素
238 王鸿生 反乌托邦的乌托邦叙事——读《受活》
251 〔韩〕金顺珍 《丁庄梦》里的权力、个人和种种
261 姚晓雷 何处是归程——由《风雅颂》看当下知识分子的精神之殇
274 程光炜 焚书之后——读阎连科《四书》

作品年表

287 阎连科作品年表

研究资料索引

311 阎连科研究资料索引

362 编后记

自述·访谈·印象记

关于疼痛的随想

阎连科

就长篇小说而言,是不是可以说自20世纪90年代的中后期之后,它已经完全繁荣发达到了90年代之前中短篇小说繁荣发达的境地?甚至因为长篇小说发达到了喧嚣的田地,所以反倒使本来一直平稳的中短篇小说显出了冷清寂寞,也使得一些很好的中短篇小说,在长篇的喧嚣中如同清丽的歌声,被淹没在了庙会的嘈杂里?

90年代的时候,王安忆曾感叹文坛,说现在的小说里什么都有,技巧、语言、叙述等等,一样都不缺少,而唯一缺少的是小说里的情感。现在的长篇小说,大约也是到了这种境地:形式、技巧、语言与叙述等,都在长篇中丰满丰沛,而萎缩干枯的,却是长篇小说的激情与愤怒,是源自小说本身的疼痛。

当然,激情不是大汗淋漓,愤怒也不是大喊大叫,疼痛更不是煽情的哭啼。激情和愤怒,是写作者面对写作的一种态度,是写作者面对历史、社会和现实的一种因疼痛而独立、尖锐的叫声,是一种承担的胆识,更具体地说,是写作者在面对责任与逃离时的一种极为清醒的选择。这种选择的写作,就是写作者心灵滴血的疼痛,是疼痛中的文学救护。

这里需要说明的是,承担与责任不是我们时下简单地对社会的责任和对某种社会表面弊端的批评,更不是那种把社会的热情转化成所谓的热爱生活和对一时一事的颂扬。恰恰相反,这里说的承担,是含了决绝的爱,是一种更为深刻的怀疑。如果硬要说是批判,那也是决绝后的批判。是先决绝,而后批判,而不是含着抱着的拍打,不是对疼痛的抚摸,利用抚摸去触动疼痛。"批判"一词,对于写作有着深刻的含意,真正能在文学上达到批判的田地,那是文学至高的境界之一。可是,在托尔斯泰和陀思妥耶夫斯基之后(尽管陀思妥耶夫斯基在批判中注入了很多别的元素),批判已经从写作的生理上开始萎缩,到了今天,已经几近干枯。而疼痛,其实已经成了对疼痛的抚摸(张宇的长篇小说名为《疼痛与抚摸》——多么好的名字);而更为复杂的情况是,因为我们嘴上总是挂着"批判",结果我们"说的批判"却束缚了我们"写的批判",是"批判"背叛了批判,是"批判"掩盖了疼痛。无论如何,无论什么样的原因,自鲁迅之后,批判已经在文学中开始撤退和让步。这种让步中的撤退,其结果就是半个多世纪的历史在我们民族这棵大树下风雨不止,许多时候是雷电交加、飞沙走石,差一点连我们民族的大树都连根拔起吹入谷底与深渊之中。可在风息浪止之后,在天晴日出之后,我们却失去了疼痛的记忆,又开始了载歌载舞。我们用文学歌舞的方式庆贺大树还在,枯木逢春,还在枯树的绿芽下微笑着作诗,为歌颂那一枝绿芽而不屑再去思考那风那雨、那风源雨源。这本是一种写作者巨大的文学疼痛,可写作者大都把能在那存活的树下作诗作为一种荣幸。事情实在是有些荒唐。这种荒唐,源于写作中必须面对的某种强硬的社会环境,也源于写作者惯有的软弱的写作内心。许多时候,后者起着更大的作用,这种内心的软弱,在久而久之之后,使我们在面对历史时,不再会独立思考。在人家给你的有关历史的说明文字面前,也不再愿意思考。我并不以为《白鹿原》是多么好的小说,但《白鹿原》所表现的作家对那段历史的认识令人尊敬。那段历史,是我们民族的疼痛,更是陈忠实的疼痛。我们从《白鹿原》中读到了作家面对民族史和民族的乡野史时沉重的叹息。他把疼痛转化为叹息,使得那种叹息更为悠长和牵动人心,具有了疼痛之揭疤而视的感受。这一点,在我看来,在写作中尤为珍贵。如果《白鹿原》丧失了这一点,几乎就丧失了它的全部。《丰乳肥臀》在面对历史时,莫言静观冷笑,把他的愤怒和激情都化成了一个天才的孩子在田野上跑动的幽默。这种幽默有着把血疤看作鲜花的功效,使我们的阅读时常为防止背脊发冷而捏紧双手。与此同时,还有在 60 年代作家群中独树一帜的李洱的《花腔》,在这方面令人意外地突出。《花腔》面对某一段历史,不仅表达了写作者对历史深刻、明确的怀疑,还以惊呼的姿态,声张了自己对历史的看法,唤出了自己面对时代的声音。这种声音,无论是激奋还是叹息,再或是一声幽默的冷笑,其实都是文学中的疼痛,都是一种激情和愤怒,都是写作者"自己的",而不是他人的。不是他人从印刷厂拿出的与历史相关的文字说明。"自己的"——这一点非常重要。只有是自己的,才是文学的。要想是文学的,必须是自己的。换句话说,在文学的表达中,许多时候,主观比客观更重要。客观更接近事实的存在,而主观则更接近文学本身。我们希求写作的那种历史的疼感,之所以能"疼",就是要求写作者具有独立的觉察与感受,具有独立的怀疑与思考,具有独立承担疼痛的勇气与胆识。如果没有这些,那种疼痛,就只能是破了手指的一声叫唤,是看见了别人流血,就先被吓得墨水流在了纸上的写作。

当然,面对历史疼痛的长篇写作,那是在修补疗治民族血管的创伤。那是俄罗斯文学的伟大传统,是我们面对伟大的俄罗斯文学时肃然起敬的根本所在。也许,是因为我们民族没有这样的传统,连鲁迅一生因为匆忙战斗、四面迎敌,也未及给我们留下这样一部长篇。所以,我们后人的写作,常常会觉得因找不到这样的传统而感到起步的艰辛,惘然四顾,没有坐标的判断就常常会把割破手指的鲜红当成血管流淌的疼痛。

可是,有能力的鲁迅没有用长篇小说完整地表达历史的疼痛,尤其自1840年以后,民族史中血管流血的痛楚虽最应该、最适宜鲁迅的长篇抒写,然而鲁迅却让它成了空白,因此,后人也就只能让它成为空白。可是鲁迅虽没有长篇作品以流血的方式进行疼痛的抒写,但鲁迅面对现实时因疼痛而呐喊,因疼痛而表达的激情,因疼痛而表现出的愤怒,却也在我几十年的小说写作中,渐次地被丢得所剩无几。并不是面对现实表现了疼痛与愤怒就是好的小说,没有愤怒与疼痛就不是好的小说。但是,纵观整个文学,尤其在文学的发达时期,比如我们当代的文学创作,在面对现实时,如果没有文学疼痛的流血之作,毫无疑问是整个文学的悲哀;毫无疑问,是整个文学出现了某种问题。可事实上,我们的长篇,却正在面临着这样的尴尬:在面对伤痕累累的现实时,短篇与中篇常常表现出疼痛的血迹,长篇小说反倒经常感到无能为力。写作者经常感到无能为力,因为甘愿无能为力,就常常为边缘化而自鸣得意。小说可以疏远现实,可以在桃花源中漫步细语,但不能永远地漫步在现实的伤痛之外,不能长久地面对现实疼痛而无动于衷,更不能不仅一边对现实的疼痛视而不见,又一边在抒写现实的莺歌燕舞、昌世泰平。这一点,在面对现实伤痛的胆识和批判上,鲁迅的伟大委实是所有写作者永远的楷模、永远的峰巅。不知道因为了什么,长篇小说在现实的疼痛面前总是表现出胆怯与羞涩。一边是写作现实的长篇小说如蚂蚁搬家般浩浩荡荡,塞满了城市的大街小巷;另一边,真正关注现实疼痛、关注底层人物、关注成千上万的城乡劳苦人生存境遇的小说寥若晨星。走入我们眼帘的绝大多数都是那些物化的写作、物欲的个人诉求,都是坐在咖啡厅中,在茶色的灯光下,听着音乐的痛苦。那种伴随着音乐的个人痛苦的呻吟,其实就是一个穿着羊毛大衣的人,望着衣不遮体、饥肠辘辘的人群对天寒的抱怨。而那些在生存绝境中的人(比如无数遭受经济发展挤压的农民),不仅遭到了现实的遗弃,竟也遭到了文学的遗弃。他们的疼痛,在文学中,尤其在长篇小说中,不是小说的灵魂与血脉,反倒成了由苦转甜的现实大餐的佐料,成了一些长篇小说宣传昌世泰平的鲜花般的点缀。

我们的文学——尤其长篇小说中缺失的疼痛,还有对人的漠视,对人的权利与尊严的漠视,对人的生存的漠视,如此明显。我始终以为,文学之所以被称为文学,文学之所以数千年来都被人们视如衣食一样所需求,表面是人们对故事如同对茶饭一样的饥食渴饮的需要,而最根本的是文学恒久的那种对人的尊重,它成为人对文学热爱的最本质的理由。

写作者必须怀着恒久不变的对人的尊重态度,才能使你的写作长久地得到人(读者)的尊重。这种尊重——最深切的尊重,就是你能感受并能表达的人在生存中疼痛的苦感,人在人生与命运中无处不在地对疼痛的忍耐与热爱。《活着》之所以越来越被人们所提及,之所以这么久长地处在人们的阅读之中,就是因为作者那种对人的尊重与深情,对人在命运中疼痛的感知与表达。没有这种对人在生存中的疼痛的抒写,也就没有今天的余华和《活着》。《日瓦戈医生》在这里可以作为有关疼痛抒写的最好范例。无论是对人的尊重、对人在命运中疼痛的热爱,还是对庞大复杂的现实那种滴血的疼痛的揭示与批判,再或是帕斯捷尔纳克对苏联民族史那种流血疼痛的感受和描绘,也许他在许多地方都不是做得最好的,许多地方都还有瑕疵,但在《日瓦戈医生》中,它的每一句、每一行却都是作者面对历史、现实和人时巨大疼痛的涓涓血流。帕斯捷尔纳克剧疼巨痛的内心,他的愤怒与哭泣,在他的作品中是那样地刺痛着我们,使我们不得不在阅读中不禁要捏紧愤怒的双手来抵御从后背生出的一股又一股疼痛的寒气,而且还要搁下书页,往窗外看看大街,以了解外面(我们的世界、民族)正在发生着什么样疼痛的事情。

必须得承认一个事实:自鲁迅之后,关于疼痛的抒写正在减少或者丧失。这不仅是我们几十年所倡导的某种庸俗、狭隘的现实主义的束缚所致,更是写作者心灵上疼痛神经的麻木所致。我们在感叹几十年没有大作品的时候,大约是应该首先感受我们在面对我们历史的巨大伤痛时,为什么会丧失写作的疼感;在面对现实社会和人在现实社会中遭到的挤压的裂疼时,我们为什么会那么习以为常,感受不到人在挤压时的血流之疼和内心流血的呻吟。

不知道我们为什么能够不因疼痛而愤怒,不因愤怒而疼痛。

原载《文艺研究》2004 年第 4 期

文学的愧疚

阎连科

在这儿讨论文学,和在大陆的大学与国外其他学校讨论文学、演讲小说有着完全不一样的感受。在这儿,有如他乡遇故知的相见之感、之亲、之喜悦,而在大陆的学校,我只是有那种又见了邻村孩子的似熟似亲。而在陌生的国外,我的每一句话都要翻译,和人交流文学,我总有一种被人"蒙骗"或我在"蒙骗"别人的感觉。我不知道我的意思是否被翻译准确地传递了出去,也不知道翻译传递给我的别人的话意是否准确,并没有语言中情感的疏漏。

因为今天是在一个既陌生、又熟悉的校园,是在一个"他乡故知"的情感氛围之中,所以,我特别想坦诚布公、苦诉衷肠,说说自己在大陆不愿与人诉说、说了害怕别人会议论你是作秀;而在西方国家,你说千道万,也不知他能否明白一二的内心话——就是表达一下我作为一个作家,有30年写作生涯的一个人的由衷感叹,即:文学的愧疚!

文学的愧疚——我想从以下四个方面去谈。

一、面对我故乡那块苦难的土地,我究竟做了什么,表达了什么

在台湾,我大约出版了十本小说,大家对我已经有了一些了解,都知道我是河南人,是地道的农民。也都会说我常常浓墨重彩地写人和土地的苦难,还会把"苦难的大师"的帽子扣在我的头上,说我是"土地的儿子,苦难的大师"。这样的称颂,我会自鸣得意,会躲在书房自得其乐、孤芳自赏。但在时过境迁之后,在某一日回到家乡或有一天重新去看俄罗斯文学时,比如面对托尔斯泰和陀思妥耶夫斯基的小说时,面对中国作家鲁迅和萧红的小说时,我会有一种汗颜和羞愧,会有一种小丑在大师面前跳舞的献丑感。在陀思妥耶夫斯基的《罪与罚》和《卡拉马佐夫兄弟》这两部小说中,读到拉思科里涅珂夫和阿辽沙都在故事的最后,怀着忏悔和拥抱苦难的心情去亲吻俄罗斯的大地时,我总是忍不住会掉下眼泪,感叹自己的写作,面对土地,面对那块土地上芸芸众生的人生与

命运,我为什么不能像托尔斯泰和陀思妥耶夫斯基一样去爱一切、理解一切、拥抱一切,而这一切中,最重要的就是热爱苦难、拥抱苦难。热爱那个社会和世界的所有所有,理解19世纪变革中俄罗斯社会里的上层与下层、贵族与百姓,包括如聂赫留朵夫那样有过虚伪、欺骗和腐败、堕落的人。面对我故乡的那块土地——人们常说的中原大地,我知道在我的小说中,表现了太多的怨恨和嘲弄,这种怨恨和嘲弄,不是鲁迅笔下尖锐的批判,而明确就是怨和恨,是那种有些旁观的冷笑,而不是我们说的无奈的苦笑。比如《坚硬如水》这部小说,有人说这是我小说中最好、最独特的小说。你说独特,我是赞同的,你说它最好,我不说同意,也不说反对,我就只能是沉默。因为,一方面我像孩子一样,面对我所有的作品,都喜欢听到人家说好,而不喜欢别人说它不好。别人批判我的作品,我不嫉恨,更不记仇,但这并不说明我大度,只是因为我没有能力、也不应该去捂住别人的嘴。但你说它如何如何好,或最好时——比如《坚硬如水》,我还是觉得这部小说中多了一些旁观者的冷笑和嘲笑,而缺少如托尔斯泰和陀思妥耶夫斯基那样爱一切、理解一切、拥抱苦难的阔大、高尚的胸怀。比起他们,我简直不值一提;《日光流年》也不值一提。托尔斯泰那种无边、伟大的爱,陀思妥耶夫斯基那种拥抱苦难、承受一切的胸怀,鲁迅面对人的不幸时那种在批判面孔之下的无奈的苦笑,还有并不被台湾读者普遍喜欢的萧红,面对东北大地上苦难的温情和忍耐,我认为在我的小说中,这样的胸怀表现得都不明确、不充分,乃至相当相当地欠缺。

作家总是这样,在写完一部作品时,才会明白那部作品应该如何写。就是说,他总是在来不及的时候才知道应该如何做,这如同一个人把东西丢掉以后才知道去珍惜、爱护一样。情人离你而去,绝不再回头到你身边时,你才明白真正的爱不应该是这样而应该是那样的。1998年,我用四年时间写完并出版了我的长篇小说《日光流年》——我是那种晚成而非大器的作家。《日光流年》在大陆是我的长篇小说中唯一一部叫好声较多而争论声较小的小说。40岁写完并出版这部小说,我很为自己感到自足和自傲,它和《年月日》、《耙耧天歌》等"耙耧系列"一道为我赢得了所谓"苦难高手"的美誉。但在2000年前后,我回到故乡,见到我的已经将近75岁的大伯——就是《我与父辈》中写到的我的一生操劳辛苦的大伯,他在晚年偏瘫后,每天都如植物人一样坐在门口、村头的阳光下,望着行人的脚步而不能动弹的模样;还有那次回去,听我母亲说我们村里有几个老人,因为都得了癌症而没钱治疗、也无法治疗,他们整个冬天都在山坡下的河边晒暖枯坐。而在这个冬天最冷的"三九",他们几个老人、病人,忽然间彼此在交换了对生命、生活和凡尘俗事的意见之后,却都相约跳河自杀了,从河里打捞出来时,每个老人身上都冻成了冰柱。听到这些关于人、关于生命世事、关于这些人在那块土地上的现实苦难的命运,我觉得你阎连科写了《年月日》、《日光流年》、《耙耧山脉》、《受活》等与苦难相关的小说又算什么呢?你的小说真正写出了一个作家面对土地、大地和苦难与生命应该葆有的那种博大的爱和情怀吗?你对苦难是深沉的拥抱还是如曹雪芹一样面对苦难有那脱凡越俗的超越?面对土地和苦难,我感到内疚和惭愧;感觉我有可能表达得更为深沉、深重却没有表达出来。所以,当我真正面对文学、面对中原大地和故乡那块土地上的苦难时,面对土地上的善恶、美丑以及发生在那块土地上荒唐可笑、不可思议的一切时,心里总是有隐隐的不安和内疚。我不知道其他的中国作家面对这些时是骄傲的、无愧自豪的,还是平静而自负的,再或是因为自己写出的作品和对那块土地做出了巨大的付出,而因此可以面带微笑,荣归故里,回到故乡,回到那块土地上,与土地和土地上的人们,进行平心静气、相安无事、无愧于谁的交流和谈话,心安理得地接受土地和土地上的人们对他的羡慕和赞誉,也不敢评判中国当代文学面对那九百六十万平方公里、号称地大物博的灾难不断的土地,是可以安然、傲然地站立,还是应该因缺欠情感、缺少情怀、灵魂的描写和表达而脱帽鞠躬,表达不安的内疚,或如拉思科里涅珂夫和阿辽沙那样,跪在肮脏的广场和广袤无垠、清彻无比的大地上去亲吻土地,去表达自己和那土地苦难的情感和不安。而我自己,作为一个地道的农民,从土地中走入城市的作家,因为饥饿、贫穷而写作,因为写作而获得了声名、稿酬和尊严,并且必须承认,相对于自己的过去和今天成千上万的人,我和我的家庭,都已经相当相当舒适、富裕。作为没有日常百姓的衣食忧愁的一个写作者,我应该、也必须在独自无人、头脑冷静的时候,明白我有愧于那块土地和那土地上的人们。他们选择我为一个写作者,成就我为一个所谓的著名作家,但我的写作,并没有更深沉、细腻、全面地表达他们的情感喜乐和灵魂以及内心的苦难和不安。我没有写出一部无愧于那块土地和那土地上芸芸众生的作品。而且,我也明白,我可能这一生倾尽所力,因为种种原因,我都写不出一部无愧于那块土地——中原大地——的苦难和劳苦人们的作品来。因为面对那块土地,我的爱少了,恨多了;心胸狭隘了,理解、同情弱化了;而旁观、嘲弄、零情感在小说中太多太大了,可把每个生存、生活在土地上的人都当作和自己有血缘关系的亲人一样的写作太少太少了。一句话,我知道我是那块土地的儿子,但提笔写作时,作为儿子的怨气,总是在我心里萦绕不掉、排解不开,这严重地阻碍着我的写作与那块土地的情感联系和灵魂真正的沟通。

二、面对社会现实，文学总是那样简单、浅薄和逃避

　　我总是那样啰嗦、重复地四处去说，今天大陆三十年的改革开放，给中国大陆作家提供了一个最好的写作时机——这里说的最好的写作时机，不是写作的环境，不是写作的真正的自由，而是大陆今天的社会现实，到了一个前所未有的混乱、复杂、富裕、矛盾和荒谬的境地。任何一个作家、学者、哲学家和思想家，想把我们的现实搞清理顺，都几乎是不可能的事情。生活中的故事，远远比小说的故事更为复杂怪诞、跌宕起伏和含意深刻。你看电视、看报纸、看网络和在因所谓的豪华盛世而终日连绵不断、胡吃海喝的饭局晚宴上听到朋友、客人拿着牙签、筷子给你讲的故事笑话，几乎每一则、每一个，都让你惊愕不已，不可思议而又千真万确。今天中国大陆现实中的一切，几乎都如天方夜谭。比如说，早在十年前，我回到我们县时，我们县的县长就笑着对我说："连科，你们村可真是了不得，改革开放二十年，你们村没有死过一个人，也没有生过一个人，更没有一对年轻人结婚。"就是说，因为改革开放，使时间在大陆社会变成了前行的列车，而我们村却在时间中停滞了下来。为什么人会不生不死？也不再结婚育子？表面的原因很简单，就是人死了你得把分给自己的土地交还给社会；那么，为了不上交土地，人死了我也不让这个社会知道又有一个生命消失了。因为大陆实行计划生育政策，一家只允许生一个孩子，那么，谁家孩子出生了，也就不再上报申请户口了，这样就可以生育第二胎、第三胎，乃至第四胎。因为结婚去领结婚证要交几十元钱的结婚费，别的没有任何好处，那就索性不领那张结婚证书罢了，选择个黄道吉日，朋友亲戚，几十、上百，甚至上千人，在这一天里送礼请客，夫妻拜天拜地，这就已经"合法"了，正式结婚了。还有个情况，就是现在在大陆的乡村，未婚先孕、未婚同居是相当普遍的事情。在我们村里，有大约四分之一的婚姻是女孩子怀孕了、肚子老大老高了，不得不结婚了，那就双方家长一撮合，选个日子结婚了。

　　我以我家乡为例来把这些关于死亡、婚姻、育子的事情摆出来，不是为了简单证明今天大陆乡村社会的混乱、无序和复杂。而是说，其实今天的大陆——有学者称是后社会主义时期，非常清晰的有两个社会：一是有政府管理主导的显社会；二是无论都市或乡村，都还有一个被显社会、主体社会掩盖、遮蔽的隐社会和民间社会。每一个人都无时无刻不生活、穿越在强大的主流社会和普遍存在的民间社会中。你的左边是主体的后社会主义，右边就是奇异的民间社会的自由主义与无政府主义——这自成一体的和主体社会既平衡相处又处处对

抗的民间社会,与主体社会同在一个时间和空间,让生活在其中的每一个人,都如同左手握冰、右手拿火一样。因此,在这个社会里,人不变得异常怪异是不可能的事。这,大概就是大陆人今天心灵普遍扭曲、异化的根源之一,也是社会极其荒谬、无序而相对富裕、怪诞的根源之一,而我们的作家面对这个复杂、怪异的社会,文学写作总是显得那么简单、陈旧、自我和封闭。我们很难有一部作品,可以清晰地描摹出这个社会光怪陆离、变化无穷的状态和社会的未来进行时。社会的急速变化,使面对现实落笔的小说,很快都过时、滞后和没有意义。比如大陆这些年盛行的"下岗文学"、"底层文学"、"打工文学"和所谓的"职场白领小说",以及总是邪不压正的"反腐文学"等。这些光亮的文学泡沫总是紧随社会发展的浪花而起伏荡动着道德的光辉。然而,当其内容与形式和复杂的社会比较时,却显得是那样简单、简陋和浅薄,一如一个作家抓一把黄土,撒出去就希望覆盖辽阔的大地般。

另一方面,当一种作家的写作显得幼稚可笑时,我们所值得期待的那些作家,又不去直面这个社会的矛盾和复杂性。恕我直言,我想我不会因此得罪下列我非常尊敬的作家们——有一个事实似乎应该挑破窗纸说出来,就是那些最值得尊敬的作家们的代表作或影响最大的作品,大都和大陆今天的现实没有直接关系,比如陈忠实的《白鹿原》,余华的《活着》、《许三观卖血记》,莫言的《红高粱家族》、《丰乳肥臀》、《檀香刑》,王安忆的《长恨歌》,李锐的《旧址》、《无风之树》,阿来的《尘埃落定》,韩少功的《马桥词典》,张承志的《心灵史》,苏童的《河岸》、《米》,叶兆言的《1934年的爱情》,格非的《人面桃花》,迟子建的《额尔古那河右岸》以及所谓的"后六十年代"的李洱的《花腔》、毕飞宇的《玉米》、麦家的《解密》等等,这么多优秀作家最具代表性的作品,恰恰都与中国当今的现实没有关系,或隔着一层,这是非常值得探究的一个问题。即便我们不能说最优秀的作家,大家是集体逃避现实——因为以上作家,每个人都还有很多关注现实的作品,但他们最有影响和最具代表性的作品,又恰恰和今天的现实拉开了距离。形成这一写作态势的重要原因,就是一方面,大陆的文学数十年来遵从"艺术为政治服务"的法条。因此,那些有天赋的作家,便大多在写作中逃避政治和尖锐的社会矛盾。以逃避为抵抗,以逃避为唯一的艺术准则。其结果是在逃避社会政治时,也逃离了社会现实。所谓的"让文学回归文学",是大家对文学创作最由衷的写作呐喊。另一方面,它也成了一些作家回避社会现实的借口和理由。

文学应该超越政治,但不应该回避现实,这应该是个不争的写作规律。但在超越政治、关注现实时,如何让写作在现实题材中高于、大于、可调配于政治,这是作家的才华和能力,不是简单的勇气和胆量。如何在现实生活面前、在社会矛盾中,关注超越了政治的人和人的灵魂,这一点19世纪的俄罗斯文学给整个世界文学做出了榜样,这是非常值得我们借鉴和思考的。当然,写作如何超越政治(不是逃避),这是另外一个话题,是一个作家的才思和另外的艺术追求。而今天,我要说的、表达的,是我们的写作对中国大陆复杂的社会现实不够关注、视而不见和没有在写作中作出深刻表达的惭愧和内疚,是某种写作面对社会现实,没有尽力而为去洞察和描写的不安。

我们和这个时代太和平共处了,太和睦相亲了,太相安无事了,太缺少如托尔斯泰、屠格涅夫、陀思妥耶夫斯基和鲁迅、萧红那种文学与时代对峙、对立的紧张关系了。好在,最近几年,许多作家的写作一反往时,大家开始重新关注和描写中国的现实与历史。莫言的《生死疲劳》就直接抒写了大陆的土改,王安忆的《启蒙时代》、苏童的《河岸》都直接描写了他们所经历和记忆中的"文革"。余华的《兄弟》和贾平凹的《秦腔》、张炜的《刺猬歌》、莫言的《蛙》等,都是最直切地关注当下大陆现实的力作。

并不是说关注现实的写作就是好作品,而是说,最值得期待的优秀作家在某个时候都重新回头关注现实时,我们所期待的那种传统意义上的"大作品",也许就要产生出来了;或者已经产生出来,只是要假以时日去认识。即便没有产生出来,这至少也可以减少当代作家面对社会现实回避写作的那种内疚感。

三、面对历史,我们做了何样的写作选择和思考

"中国经验",这四个字最近几年不断被大陆的作家和批评家所提及,并以此来论证中国当代文学的得与失。谁都明白,这里说的中国经验是面对世界而言的,如果仅仅是为了面对中文的读者,我们不需要谈中国经验。我们用方块字讲的发生在中国土地上的一切故事和用其他语言写的华人的人生命运和一事一物,都是中国的经验。但在写作中面对世界文学强调中国经验时,就不是简单说,我们吃饭是用筷子而不用刀叉的;也不是说中国的北方人爱吃面食,南方人爱吃大米;解放前有脸面的中国男人都穿中山装,女人大多都穿旗袍。而是说,当中国小说面对世界文学以及人类的记忆和记忆的扩展、延伸的文学呈现时,我们的记忆——中国记忆是什么。

面对"中国记忆"在文学中的呈现、扩展、延伸时,我们不能不说当代作家有愧于历史那样的话。我自己以五十岁的年龄而论,也不得不承认自己有愧于祖辈在历史中所承受的颠沛、苦难的记忆。面对中国的记忆,文学应该坦承地说自己有了集体的失忆症,如同《百年孤独》中马孔多镇上的居民,大家在一夜之

间都忘记了他们所经历的一切。如果文学应该以艺术的名誉和良知去弄清许多历史内在的情感真相时,我们没有把近现代和当代史中许多历史情感的真相弄明白;如果文学不需要弄清历史情感的真相面目,只应该以作家个人的立场和文学观去扩展历史的记忆时,我们又很少有作家以自己独有的个性,正面地、直接地介入中国的历史和民族的记忆之中。以辛亥之后这将近百年的历史去说,文学回避了中国大革命时期那段混乱、复杂、最有特色的中国记忆,回避了抗日战争、解放战争的一些真相记忆;甚至不仅是回避,而且是有意逃避、歪曲了大陆半个世纪以来的风风雨雨。集体失忆了的人,在这风风雨雨的灾难、苦难之中丧失了尊严与灵魂。尽管恢复记忆的作品还时有诞生,但在写作中如《日瓦戈医生》那样,把中国记忆的灵魂,历史深层的民族情感、情绪牢牢抓住的作品我们还没有。不得不说,那些值得关注的"中国经验"、"中国记忆"和真正的"民族情感",在我们的写作中,不是成为避重就轻的文学背景,就是人物故事的温情点缀。我们不应该排除这样"点到为止"、"含蓄曲笔"的写作,但我们也还应该为在"中国记忆"中有意的"集体失忆"而感到羞愧和良知的忐忑。

也正是这样,在近年读到王安忆的《启蒙时代》,莫言的《生死疲劳》、《蛙》和苏童的《河岸》(还有贾平凹的《古炉》)时,无论它们是不是作家们最好的作品,无论它们对中国记忆与中国经验是否提供了最独有的历史思考和文学个性,都会让人感动和欣慰,感到有一种新的可能的期待。

四、面对文学自身,今天的文学有过怎样的探求和坚守

无论如何,一去不复返的20世纪大陆文学的八九十年代,是非常值得令人怀旧和想念的。而那个时期兴起的"寻根文学"和"新探索"小说,在旗帜纷呈的文学花样中,给今天的文学带来了极大的影响和营养。是它们把文学和中国的传统在几十年的割断中接续了起来,也是它们把20世纪的西方写作经验汹涌澎湃地带到了当时众多青年作家的笔下。二十几年过去之后,面对文学自身在大陆经济爆米花一样炸裂、繁荣、散发着浓烈香甜、可人胃口的气味中,我想应该思考的是两件事:

一是在当下写作中,我们在艺术上还有什么探求;二是在思想上我们还有多少坚守。不从这两点去思考当代文学,当代文学就会彻底被汹涌而来的社会消费和无止境的人的欲望所彻底湮没和消解。今天大陆的社会状况,最大的成功与失败,就是我们用三十年改革开放的时间,彻底地释放了人在几十年的历史中被牢牢禁困的个人欲望。今天被解放、释放的个人欲望,无限助长着每个

人在现实生活中的娱乐和消费。无处不在的娱乐与消费,又反过来无限扩张着人的本能的欲望和贪婪。在这势不可挡的欲望波涛中,作家无论是作为个体人还是社会人,都概莫能外地身在其中,被其滔滔不绝、愈滚愈大的欲望的洪流所夹裹。因此,作家的写作和日常生活被市场、消费、娱乐乃至网络和新闻所缠绕,作家在这种消费和娱乐中丧失了自我。写作彻底沦落为欲望的名利。在今天,文学场是真正成为了名利场。传统写作中的崇高理想被消解,所谓的文学的美的探索和思考,被消费所取代。正是在这种文化背景下,文学不再有了立场和操守。

面对权力,文学成为了服务的工具。

面对金钱,文学成了百货商场和街头地摊上的廉价商品。

面对名利,文学成了影视的附庸和一个作家人生的花边记录。

正因为这样,坚守——对一个作家显得越来越重要。而这儿说的坚守,不简单是说"要耐得寂寞",而是说要守住立场,守住情操,守住文学那点单纯、美好的理想。

在电视上看到一个新闻,说安徽一个铁路边的村庄,家家户户、男女老少的职业就是每天、每夜、每一时刻都守在铁路边偷盗。偷过往火车上的煤炭、水果、蔬菜和可偷的一切。在这个村庄里,做一个贼是正常的,而不偷不抢是不正常的。就是说,在这个村庄的现实背景下,做一个正常人,守住普通人的那点情操是非常困难的。因为困难,"守住"也就成为了理想。我们当然不该把文坛比作安徽那个人人皆偷的村庄。但我们却可以把一个不向权力献媚、不向金钱伸手、不向名利弯腰的作家比作在那个村庄努力不偷不摸的普通人。这一点,当代作家中的张承志、史铁生堪称楷模。张承志和史铁生的文学坚守,作家的操守,堪为同代人和晚代写作的一面镜子。在这面镜子面前,我——还有许多同行,相比起来,羞愧是不言而喻的。

所谓坚守,不是让一个作家坐在书房,足不出户,守着自己的笔墨文字,清贫自得,自娱自乐。而是要一个作家在坚守中去探求和疑问。而这种探求,也不简单是如当代文学在20世纪的90年代前后艺术形式的探索——语言、结构、叙述和文体上孜孜不倦的追求,而是在不舍弃艺术形式的探求中,去探求历史与现实的根本之所在,探求人在现代社会中的困境和新的境遇。今天,大陆的文化官员和批评家总是抱怨大陆作家有愧于这个伟大的时代,没有写出伟大的作品。可对于作家而言,没有一个时代不是伟大的,每个时代都应该有无愧于那个时代的伟大作品。大陆的"十年文革",我们当然不会说那是一个伟大的时代,但那令整个世界都惊颤疼痛的十年,难道不应该有伟大的作品产生吗?今天三十年的发展与变化,当然应该有无愧于时代的作品。问题出在我们应该如何去看待和理解这个发展着的和那表面上已经过去,其实还在延伸、发酵的"革命年代",如何去探求在今天这个现代社会中,"人"是什么样子,"人"有了何样的变化,"人"有了怎样的解放和扭曲。探求人、人性和灵魂的根本,用文学去见证其他艺术样式无法描绘、见证的人性存在和变化,这是文学在坚守中探求的根本。以见证时代之人性的人物而论,巴尔扎克的笔下有高老头和葛朗台,托尔斯泰的笔下有安娜和玛丝洛娃,福楼拜的笔下有爱玛·卢欧,鲁迅的笔下有阿Q,卡夫卡的笔下有格里高尔和土地测量员,马尔克斯的笔下有神奇的上校和他神奇的家族。而在我们的笔下,还没有那样一个与复杂的时代之人性相吻合的人物来。就作家对人与时代的探求而论,最终的落脚点还是还作家对人——对人物内心与灵魂的探求。这一点是19、20世纪文学留给我们在坚守的探求中最为宝贵的经验。但我们在坚守的写作中,还没有塑造、探求出这个时代最为丰富、复杂和独有的那个具有时代之人性见证意义的文学人物来,还没有创作出那样一部不为权贵、金钱和名利所驱使,也无愧于我们在坚守中探求的那样的伟大作品来。

充斥着的对当代作家和当代文学的抱怨总是大声疾呼和小声嘀咕——说作家写不出一部无愧于伟大时代的伟大作品——可尽管作家在坚守中理解的伟大和他们在鼓与呼中说的伟大有根本的差别,但毕竟,我们所探求的那种有普遍意义并又独具审美魅力的伟大作品,还没有真正写出来。因此,面对坚守中的探求,我们不得不感到深深的不安与疚愧,不得不向读者、批评者、自己的书房、钢笔和稿纸(电脑),低头表示一种文学的惭愧和对未来努力的期许。

2010 年 4 月 20 日于台湾成功大学文学院
2011 年 1 月 27 日整理
原载《扬子江评论》2011 年第 3 期

"乌托邦"笼罩下的个人写作
——在韩国外国语大学的讲演

阎连科

今天讲演的题目原定为《中国现实与我的写作之路》,可"中国现实"是个特别大的话题,我想谁都没有能力来公正、全面地说清这一点。所以,我想把这个题目缩小一下,叫《"乌托邦"笼罩下的个人写作》。

谈到"乌托邦",我想有两层意义,一是我个人写作的乌托邦,二是中国历史与现实的乌托邦。

个人写作的乌托邦,是因为希望从现实走进写作中理想的梦境,希望现实中无法实现、无法得到的东西,能在自己的笔下创造出来,通过写作,实现自己的梦想和希冀。比如,我儿时崇拜我们村长的权力,希望自己长大后能够当上一个村长,掌握一个村百姓的生杀大权,可这个理想阴差阳错,没能实现,我就在我早期的小说中写了各种各样村长的形象。我写过一个叫"连科"的乡村青年为当村长艰难的奋斗过程。对乡村村长这一形象,我进行了许多批判、嘲弄和亲爱的描述。说句实在话,把我真正带入中国文坛的,正是我在20世纪80年代中期开始写作的与村长、权力和家族有关的那批中篇,如《两程故里》和之后的"瑶沟系列"。后来,我把"瑶沟系列"合编为一部长篇,叫《情感狱》,这本书在中国已多次再版。现在看来,这批中篇,写得幼稚、笨拙,但却写得真情、投入,很感动人,给我赢得了许多读者,也把所谓"作家"的帽子,赢戴在了我的头上。现在回忆起来,二十多年前把我推入文坛的,表面看来是这批小说,实际上,是我个人乌托邦的梦想。如今,我已经对权力感到厌恶和恐惧,你让我去做一个国家可以说一不二的一号领导人,我会毫不犹豫;去做一人之下、万人之上的二号人物,我也会毫不犹豫;但让我去当一个省长、市长,我一定会再三犹豫,前思后想。为什么?因为我小的时候,希望在现实中当村长,可在我个人的乌托邦的梦境中,我是想当皇帝的。少年时期,我曾多次在睡眠中做梦,梦到自己和国家领导人下棋,他们把自己的位置输给了我。我还梦见过我和清朝还是明朝的皇帝们打赌下棋,结果一样是他们输了,他们把皇帝位和宫殿全都给了我。

同学们,你们想,我的梦境乌托邦是要当皇帝的,你现在让我当省长、市长,我能不犹豫吗?可是,这当皇帝可能吗?万万地不可能。因为不可能,我就在小说中创造和实践。比如对爱情的理想乌托邦,对田园的理想乌托邦,对山水的理想乌托邦,对金钱与财富的乌托邦。总之,一切少年的美好欲望,因为不能实现,都成为了我理想的乌托邦,都在我笔下遭到了批判和颂扬,哪怕是批判得不够深刻和有力,颂扬得有些美丽而矫情。就这样,我就在我的小说中描绘爱情、欲望、权力、金钱、女人、性、河流、土地、田园、房舍,等等等等。或者讴歌,或者鞭打,或者是一种说不明的复杂和扭曲的展现。但是,这时就有一个新的问题出现了:你的小说既是你个人实现或不能实现的乌托邦,那它为什么会那么地注重中国的现实以及和你个人几乎无关的一些事情呢?为什么你的小说在形式上虽然个人化,可在内容上会那么现实化、社会化、荒诞化、寓言化呢?这就关涉到了第二个问题,就是中国历史的乌托邦和现实的乌托邦。

因为,自己少年时期满脑子都是个人的乌托邦理想,和同类易聚、同根易亲一样,待我长大之后,尤其是经过了10年"文革",忽然之间,又跨入了30年的中国的改革和开放,这就让你能更切实、亲近地体会到中国社会的乌托邦性。

原来,新中国的现实和历史也是一个乌托邦接着一个乌托邦。

关于新中国历史,在1949~1978年的这30年时间,社会学家、历史学家、思想家和哲学家,可以从各种角度去解读、剖析和述说。但我作为一个从小就充满乌托邦理想的小说家,其感受就是一句话,那30年里,我从出生到长大,充满着理想乌托邦,而我的亲爱的祖国,也和我一样,和一个幼年的孩子一样,充满着理想的乌托邦。我的理想是当皇帝,可这个民族的理想是实现共产主义。和我当不了皇帝一样,共产主义也不会那么容易就实现。我为了当"皇帝",在部队做过了各样的事情,荒诞的、可笑的、令人作呕的。比如,在学雷锋活动中,我为了获得领导的表扬,曾经在晚上睡觉时,把连队的扫把藏在被窝中,这样第二天军号一响,我就可以扫地了;而没有扫把的战士,就只能站在边上看我扫地。其结果,就是在晚上连长、指导员的评比中,我受到了表扬。受到了表扬,我就"积极"了,就距离提干、入党近了那么一点点。别忘了,你想当"皇帝",入党和提干是一个开始,是万里长征中的第一步。还必须知道,"学雷锋"并不单单是"好人好事",他是社会主义为了实现共产主义的道德积累,是共产主义的道德建设。这就是说,你个人乌托邦的实现之路,必须在新中国乌托邦的实践中实践和进行。可是社会的乌托邦,前30年是实现共产主义,为了实现共产主义,中国人为此付出了沉重的代价。然而,中国是终于从那个乌托邦的梦境中醒了过来,开始了改革开放、发展经济。今天,中国已经改革开放了30年,经济上确实蓬蓬勃勃、发展迅速,有钱的人确实过上了"皇帝"的生活,没钱的人也确实不会再像"三年自然灾害"时期样活活饿死。关于中国的富裕,关于中国经济的强大,关于中国的未来,因为我儿时对当"皇帝"的乌托邦理想没有实现,没当上

"皇帝",就没有能力把握一个国家、一个民族的命运。可是,经过了这30年,我目睹了这个国家的变化,我为这样的变化而欣慰。然而,在这种变化中,我隐隐地感觉到,我们是从一个乌托邦中醒来,又走进了另外一个乌托邦。

这个新的乌托邦所带来的问题,我以为已经开始在社会中显出端倪,比如近年的沙尘暴、大台风,冬天时南方的大雪灾,而北方却少有飘雪。20世纪90年代连续出现的大洪水,新世纪频繁出现的矿难和"黑砖窑"事件,还有什么非典、禽流感、口蹄疫、手足口病等等。关于这些,我已经谈了很多,举了很多事例,这些事例,从表面看,有许多的"偶然"成分,但把这些"偶然"合起来时,有没有必然呢?这种必然和我们今天的乌托邦梦境,有没有关系呢?是不是一种新乌托邦梦的病症在一个民族身上发作的开始呢?

还有人心。可怕的人心。

共产主义乌托邦时期,中国人都有"集体主义"思想。现在,在新的富裕强大的乌托邦的梦境里,我们只剩下了私欲主义……

关于新的乌托邦梦境,我想有两种情况,一是我是杞人忧天,二是大家都还在梦中没有醒来。在生活中,我愿意前者;在写作中,我注重后者。哪怕我看到的是片面的、错误的、偏激的,但它是我个人对这个世界的认识,是我个人面对现实,需要在自己的作品中发出的声音。这个"个人的",是写作中最为重要的。所以,我的写作,就一直是在乌托邦笼罩下的个人写作。我的语言、结构、叙述、故事、人物、形式等等,包括我对现实的认识和写作态度、写作立场及对文学的表达与追求,其实也就是一句话:乌托邦笼罩下的个人书写。

2008年2月6日
原载《渤海大学学报》(哲学社会科学版)2009年第2期

魂灵淌血的声响
——《阎连科作品集·总序》

阎连科

写作于我,已经不是一件愉快的事情。

将近三十年的写作生涯,却在最近的十余年来,无论是写作之后,还是写作的过程之中,我都不能再在写作中得到怎样的欢愉。之所以还这样一天天地坚持写着,是因为我的年龄和身体,都不允许我再有一次职业选择。

和活着必须吃饭一样,写着是为了证明我还在这个世界上呼吸和走动,还在和朋友、读者交流和私语。还有着和人掏心说话的愿望和可能。如果有一天我不再写作了,那不等于我已经死去,只是说我已经不愿意再和人说话交往,不愿意面对这个世界发出自己独有的声响。

面对这个现实的世界,我已经魂灵出血。

家乡的那一隅土地,除了早已安葬了我的爷爷、奶奶之外,我的父亲也在黄土之下静静地躺了二十几年,怕现在透视父亲的坟墓,腐骨和棺材都已经和黄土水乳交融。而我的母亲,也已经七十几岁,每当想到她人生最后的一幕,我都会不寒而栗,长时间地无言无语,感到生命飘零的无着无落。姐姐、哥哥、嫂子和我的那些侄男甥女,他们是我与那块土地痛心的牵挂。我总希望他们能比周围的人活得好一些,可我的写作给他们生存使去的努力,无异于一缕淡光企图照亮黑夜一样。最终,他们依然还是他们。那种烦乱艰辛的生活也还是他们必然的命运。

家庭和我身处的这个混杂阔大的北京,因为妻子、儿子日常间的烦恼和微笑,让我感到了我与这个京城的世界最为细微的联系。如若不是这些,北京与我,将会是沙漠与孤独行走的一只骆驼的关系。1989年的某个深夜,我独自漫步在长安街上,内心对京城和都市的憧憬,还如朝阳对大地的贪婪。可是现在,我对北京膨胀、繁华、现代的大街小巷,都感到隐隐的厌恶和慌恐。

从懵懂记事伊始,直到我四十岁左右,每每想到死亡,内心都有着颤栗的恐惧。可是这几年,渐渐地觉得面向死亡,竟可以坦然对待。前年八月,独自在北京五环外的十三号地铁线上漫步走着,被夕阳一照,我突然有了一个卧轨的念头,并且果真在那地铁路上站了许久,直到火车从我身后隆隆驶来,钢铁的声音砸中我的脑壳，我才从铁轨上慢慢走开。去年和一个朋友爬上香山，站在悬崖边上，我又幻出纵身一跳的念头，并且觉得那崖下山青水秀、风光独好。就是前些日子，我在写着我小说中无家可归的一个人物，偶然离开书桌，看到窗外楼下的一起车祸，还觉得我小说中的人物不是没家，而是他已经在生活中真正迷失，为了贪婪生命而苟且地活着，连近在眼前如车祸那样真正的一条回家的途道，他都已经视而不见。当然，这些一闪而失的念头，大约不会引导我走向另外一条途径。我知道就是为了我的儿子和老家晚辈那些甥男侄女们，为了让他们多唤我一声叔叔或舅舅，我也会安然地活着。可是，对死亡的恐惧仿佛已经消失，甚至觉得每每想到死亡，都会有一种内心的慰藉，飘冉冉地升上来，这不知是一件好事，还是一件坏事。

怀念某些时候，面对现实，我是多么想在现实面前吐上一口恶痰，在现实的胸口上踹上几脚。可是现在，面对现实的肮脏和混乱，哪怕现实把它的裤裆裸在广众面前，自己却也似乎懒得去多看一眼，多说上一句了。

面对爱情和仁慈，曾经哪怕是一片仅有的绿叶，自己都会把它看作旺茂的春天。可是现在，哪怕果真是一片旺茂的春色，自己都会怀疑这是冬天捐赠给我们的一种欺骗、一种伪色。

朝现实的胸口踹上一脚的勇气还在，却是没有了力气。愿意在仁慈面前双膝下跪，就像跪在祖先的坟前一样，却又分辨不清仁慈的真伪。于是，就在自己的写作中默默地淌着灵魂的血汁，让那些粗糙或细腻、节俭或多余的文字，成为魂灵出血的声响，成为写作的缘由和根本。可是，总又拷问自己这些文字存在的理道和依据。20世纪90年代中期，出文集时我曾经为过去作品的粗糙而叹息，说过回头一望而伤感的话。现在，十年之后，再次出这样的系列时，我不为我的作品而伤感，只为这个世界和我只能面对这个世界而写作感到伤感和无奈。十几年之前的写作，作品多有重复粗糙，却也多有情感和真挚；十几年之后的写作，面对读者，就是批评如潮，唾液飞溅，我都不再汗颜和自责，因为只有我明白，我也坚信，我的小说确实是我灵魂流血的一种汩汩之声。

需要警惕和告白的是，当灵魂之血流干之后，我能否把我活着但几近腐枯的身躯中的那点骨髓当作最后的墨汁，能否在无力与人言语时，让我的笔从手中消失而真正地沉默。

2007年7月21日
原载《当代作家评论》2008年第1期

寻找支持
——我所想到的文体

阎连科

对于我来说,故事使我保持了长久的写作热情。对于故事的热爱,犹如夏天对风的需要,它使一个人在茫茫人海中找到了自己和自己在人海中的位置——坐标。讲故事成为一种生存、必须和日子,这是一个人的悲哀,也是芸芸众生中一个人的意义。但是,岁月的久长,使生命感到了劳累,感到了活着的意义的日渐减少和削弱,感到了故事已经成为西绪福斯受尽艰辛推到山顶而又隆隆滚下的石头。而西绪福斯对荒谬的清醒,就是他的胜利,一次次地从山顶上走下来,把石头重新推上去的过程,也就是生命的本身,就是意义的本身。可是,我们(我)所一日日讲述故事的过程,无疑是一种失败,或正向失败走去,它的意义如日落西山,而又明日有雨。讲故事的激情正在衰退,而激情,恰又正是一个故事的脊梁。我们需要在不断的故事讲述中活着,需要用讲述来支撑生命,用故事来证明自己,标明你在人海中的位置,甚至,需要用故事之笔来画出生命之图。这时候,讲故事的意义却要向我们挥手远去,要向我们"再见"远行。这是对一个讲故事的人的致命一击,是当头一棒。意义的告别与无情,除了故事本身,还有我们讲的时候总是那样一副嘴脸、一副尊容,百年一腔,千篇一律,使故事锐减了它应有的魅力和魔力,使讲失去了讲的大部分意义。

必须承认,对于故事,我已经捉襟见肘、力不从心,编不出什么新鲜和动人心魄的弯弯绕绕。浏览自己全部的讲述,也浏览许多人留给我们的讲述,两相比较,就故事本身而言,我们会惊异地发现,我们倾其心血的编织,其实并不是历史留下的故事海洋中的一朵浪花。甚至,也不是故事园林中的一个果瓜。对我自己的估量,我不敢相信,倾其努力,能在故事的林地留下半片绿叶,充其量能在哪棵树上留下一条青虫也就心满意足。当下的生活令人眼花缭乱,故事在眼花缭乱中开始、发展和结束;再开始,再发展,再结束。无休无止,永无止境。而且相互交错。甲故事的结束正是乙故事的开端;丙故事的发展正埋着丁故事的伏笔。正是因为错综复杂,无力理出一根头绪,失去了把握,使自己对新鲜和当下产生了一种恐惧,敬而远之,最终导致了自己对新鲜发现迟钝的提早到来。而过去的经验,因为与迟钝同步到来的失忆,使自己原来以为囤满仓流的经验库房,有一部分因为个人不够珍惜,浪费甚多,让抹布把棉花染得毫无使用价值,使原本雪白的棉花,还未来得及进入纺织,就已成了抹布样的废物。而库房中的另一部分物资,则完全因为无奈的失忆,使它已经悄然流去,不知去向,从而使那经验之库日益贫瘠可怜,令人寒心。

总之,经验似乎无可依靠,像空心树一样立而不牢;当下令人眩晕的生活因为晕眩而又使自己无力直面,变得痴呆,如此,就使故事的土壤转而稀薄,使故事变得脆弱无力,不要说让它去惊异和愉悦别人,连自己都已惊讶它的陈旧与软弱。加之,自己对讲故事激情的急剧丧失,这就使故事完全没有了筋骨,而成为一堆腐肉,恶心别人,也恶心自己。

故事还在,但它已经萎缩成为侏儒。

艺术还在,但故事似乎仅是穿了艺术的寿衣。

作家还在,人还活着,但已经被急需水养的故事吮吸得几近干枯,像沙漠无力供养骆驼一样,要眼睁睁地看着骆驼在沙漠中倒下,死亡在自己面前。

越来越感觉到,因为你要依赖故事而生存,那就必须给故事以养分,必须寻找一种或几种支持,使故事即便不能成为你生命中的参天大树,不能在艺术中获有勃勃生机,至少,应该让它成为写作中的一片绿荫,在艺术的园林中有它的一丝绿味郁香。

这就必须寻找。寻找一种或几种力量,来支撑故事,来营养故事,使在你笔下已经变得干枯的故事获得新生,也使你的生命随之获得某种新意。

想象和文体成为了最为接近你的两股支持故事的力量。或者说,想象有可能成为故事的翅膀,使它重新获得优美的飞翔,重新展现它固有的魔力与魅力,而文体,则有可能成为它飞翔的力源,成为它展翅高飞的起落架、瞭望塔、航向标和加油站。

事实上,我并不真的知道什么叫做文体。福克纳说他对文体一无所知。我们没有必要去考证这句话的真假。但诚实地说,我没有能力解释文体,更不能像名词解释一样在"文体"后面划下一杠,然后精确地一言而蔽之。文体对于我,好像就是故事以外的任何东西,是一种有形无形的朦胧,是变幻莫测的一片云,是有可能抓住又有可能稍纵即逝的一股风。结构、叙述、语言、情节、细节等等,这些文学(小说)中林林总总的东西,它们有可能都是文体。有时是文体的一部分,有时会独立地成为文体的骨干和构架。甚至,故事的进展过程中,文体貌似消失,当某一章、某一段,或全篇读完之后,掩卷所思,才发现文体的异妙都在细节之中。能够把文体隐藏起来,那是多么了不起的一件事情,可惜我自己没有这样的能力。读到这样的文章和段落的时候,不光是一种惊异、愉悦,而且还是一种强力的震撼。像胡安·鲁尔福的《佩德罗·巴拉莫》，按我们的理解，它只是一部大一些的中篇，可它又如何不是一部长篇的巨著？它隐含的文体的意义，又哪里比福克纳和马尔克斯的全部作品逊色丝毫？

我不是那种为文体而战的前沿的士兵。这是因为我至今仍然有着对故事狂热的偏爱，也不去想故事在小说中应该占有多少位置。在小说的沙盘作业中，谁是将军，谁是士兵，谁是领袖，谁是众生，这都不在我的思想之列。我根本没有能力在它们中间分出甲、乙、丙、丁。一切都源于我对故事的偏爱，才总是让故事走在前列。许多时候，因为偏爱，会让故事在小说中统领天下。然而，到了今天，故事讲的过多、过滥，激情在故事中开始丧失，为了寻找这种重新讲述的激情，自己不得不投靠到自己并不认识的文体门下，不得不乞求文体，予故事以支持和帮助。出发点已经决定了方向和结果。孰重孰轻，在没有出发之前，都已经明确。故事于我，确是至关重要、生死攸关，而文体则是讲述对故事的无报酬支持和援助。这种轻重缓急的划分，很有些亲爹后娘之嫌，无疑是一种笨人实言，可也不能不怪罪，故事在长久以来，在汉语写作中，总是占着统治地位，也总有它无可替代的表达的神力和魔法。

我们总是把文体和故事对立起来，像是一对兄弟，同属一个母亲，但终于分了家样，A 就是 A，B 就是 B。在理论家那里，更多的时候，它们不仅分家，而且都分房分院，相距甚远，只是因为是一奶同胞，需要的时候，才会走到一起，坐到一起。而彼此合而为一、融为一体，似乎自离开母亲的子宫，则就是不可能的事情了。而在作家那里，又似乎它们虽也分离，却是绝不愿让他们分院、分村居住，无论如何，想让它们同住一个院落，同行一个大门，彼此有事了相互支持、相互帮忙，亲密无间，以达到在行人眼里，它们原就没有分家，本来就是一个锅里吃饭的一对兄弟的情形。

这种"分"似乎已成为事实，《我弥留之际》《八月之光》，我以为算是例证。而《喧哗与骚动》则更为鲜明。《老人与海》《城堡》《审判》《百年孤独》《尤利西斯》《海浪》等等，以及许许多多在 20 世纪已有定评，并被验证为伟大作家的作品，他们对文学的巨大贡献，无不突出的在文体上有着巨大的独到。然而，我个人，还是更愿意从他们的故事中去体会文体，而不愿意从文体中去体会故事。不可否认，很多作家，他们的一生或他们一生中的几部、某部作品，其全部的意义都集中在了文体之上，阅读他们的那些作品，想要获得故事的益处，必然是种徒劳。换一句话说，他们的故事就是文体。不是说文体掩盖了故事的存在，而是说文体消灭了故事的存在，替代了故事的存在。这样的作品的意义与经典会被后人和研究者长久地记住它们。然而于我的阅读，却总是隔着一层窗纱。之所以我乐意接受那种在故事中体会文体的作品,我想还是因为我对故事的偏执,是因为我总是渴望获得文体对故事的支持。甚至,想从伟大的作品中,看出来作家是如何地去借助文体,文体是如何地去支持故事,而故事又如何地接受、消化了文体给它的力量。在写作之前,就把它们分开、剥离,排出层次、先后,这一定是我这样的笨人实施的方法。然而,文体却有它的品格,有它的孤傲,有它的新奇与玄妙,当你准备获取它对故事的支持时,它也许就先获取了你。就像猎人狩猎时反倒被狼捕获一样,在写作中,会出现因为文体而使你对故事的讲述有了新的激情,使故事有了奇妙的效果和力量,可与此同时,也会出现,你本是借助文体去讲述故事,而结果,却变成了你借助故事去展现文体,讲述文体。这样事与愿违的变故,我想不仅仅是因为故事与文体之间有一个平衡之度,更重要的是,文体已经在文学中有了它的独立命运,它虽然不像故事那样年高辈大,可也已是参天林木,自有其旺盛的生命,想借其一枝一叶可以,然倘若移植,又有它适宜的水土,它也自然要生根开花,自然要成木为林,自然要独立出自己的一片景观。

因为故事的古老、衰败,因为文体的年轻、旺盛,它们相遇的时候,不是故事战胜了文体,而是文体战胜了故事,统治了故事,它是常有的事。有些时候,在一定条件下,也是必然的事。掌握故事与文体之间的平衡之度,我想那不仅是一种技能,而且是一种神圣。仿佛,没有神谕的暗示,似乎永远达不到你想要的平衡的境界。或者,你想把文体隐藏在故事之后;或者,你想把故事编排在文体之后;再或,你想让二者并举、同隐同现,彼隐此现,此隐彼现,这一切都源于你的初衷,都是你的预谋和假设,也都有实现的可能。然而,也毫无疑问,有一种更高的境界,就是让它们合而为一,水乳交融。换一种说法,让它们从母亲的子宫生出之后,就是一颗心脏,同一躯体。一个灵魂,同一身躯。完完整整。你中有我,我中有你。你本是我,我本是你。如伟大的小说《××××》和《×××××》一样,可是,《××××》和《×××××》这样的作品,事实上只是我们的目标,而不一定就是我们的结果。

正因为我们写不出《××××》和《×××××》,我们的写作才有了方向,有了理想,有了意义。如果有一天,西绪福斯推至山顶的石头,不再朝山下滚落,那西绪福斯的生命还有什么意义?写不出《××××》和《×××××》那样的作品,也许正是一种意义的幸运。

是不是可以这样说,世界上原本没有没有文体的小说,没有没有文体的诗歌,也没有没有文体的散文。凡被称为"作品"的一切东西,都有"体"的存在,音乐、美术、绘画等,所有的艺术都必须仰仗"体"而存在。回到小说上来,无论是我们的笔记小说、章回小说,再或人家的流浪小说、骑士小说,都有其独属于它们自己的文体。一类小说的产生,必然伴随一类文体的产生。一种文体的诞生,也必然伴随着一种小说的诞生。文体永远存在,和故事永远存在一样。可是,往日被人们津津乐道的是故事,而不是文体。只是到了今天,文体才获得了同故事一样的态度和重视。故事有死去的故事,也有永生的故事,而文体也一样有陈腐如木乃伊般的文体,有神奇如百年松柏般的文体。

毫无疑问,新鲜、独到、个性的文体,会如灯塔一样,使一部作品闪闪发光。倘若这样的文体又正遇上了寻找它的故事,连腐朽的故事也可能会焕发青春,获得生命,甚至常青不老。

可惜的是,故事可以道听途说,而文体却永远只能依赖创造。

我是一个愚钝之人,唯一的聪明之处,就是知道自己是个笨人。所以,从来不敢奢望自己能够成为一个文体家,也不去为此做令人喘息的努力。对文体的一点爱心,实质上是功利主义的马脚暴露。也知道古今中外的小说中,好故事早已经汗牛充栋,一个以编织故事为己任的作家,一生中能编出一两个比较好的故事,那也就是万幸了。因此,在我讲述故事的生涯中,我既不渴望在梦中梦见独一无二的小说结构、情节、叙述,或者能暗含某种文体意义的细节和语言等,一句话,我不会像因饥饿而梦求饱食样梦求文体;也不指望在当下现实的生活中和过去的生活经验中,忽然发现有了一两则精妙绝伦的奇特故事。努力去做的,仅仅是希望从文体的森林中,获得对故事的一点支撑,使自己在讲述故事中,能永葆讲述的激情也就足矣。

环顾左右,一些作家是在对文体精通之后,而转向故事,这不是倒退,不是因创新的疲惫而求助故事,而是生命的顿悟和智慧。还有一些作家,是在对故事的讲述无力之后而求助文体,这不是进步,不是探索,而是讲述中的困惑和无奈——

比如我。

2001 年 6 月 20 日 于北京·清河
原载《当代作家评论》2001 年第 6 期

小说是一种想象的状态
——著名作家阎连科访谈录

梁 鸿

直觉、阅历、想象力

梁鸿：你特别重视小说创作的直觉，并认为自己的小说理论差一些，许多时候要靠直觉来判断创作的价值。那你认为对于一个作家来说，理论或理性意识与直觉意识之间到底有没有冲突？

阎连科：许多时候是有冲突的。在中国，在我们的视野之内，至少没有特别好的理论家也是特别好的小说家。反过来，也没有作家是很好的理论家。像人家萨特，那只能是个例外。萨特不仅用他的小说表达他的哲学观念，而且他还有很好的小说修养，所以他不仅是哲学家，也是拿诺贝尔奖的作家。就此而言，似乎直觉意识与理性意识肯定是有冲突的，为什么会是这样，我说不清楚，但事实就是这么一回事。所以，直觉对作家是非常重要的。尤其像我这样没有正规读过大学的人，直觉就是生命。没有敏锐的直觉反应，压根就不要去搞什么创作。

梁鸿：那么，阅历呢？阅历是不是也很重要呢？

阎连科：当然，阅历是很重要的。我们没有见过足不出户、丝毫没有阅历的人成为作家的。但是，我以为一个作家的想象力和敏感远比阅历重要得多。比如爱情吧，任何人都会失恋，但同样一场爱情的失败，对于有的作家来说，可能成为他一生写爱情的无限之源；可对于有的作家，可能就是一篇平平的爱情小说而已。一个作家生命力有多长，不在于你的生活阅历多复杂；再复杂，它最多供你写一两部长篇罢了。你看20世纪50年代的许多作家，他们靠阅历来写作，一部《保卫延安》，一部《烈火金刚》，一部《铁道游击队》，还有《野火春风斗古城》、《红日》、《红岩》、《红旗谱》、《创业史》、《暴风骤雨》等等，后来呢？当然，他们后来不再写作还有别的原因。问题是，他们有的还在写，而所写的作品是一种重复。这是阅历的雷同所致。

梁鸿：但是，现在的作家恰恰缺乏一种想象力，如卫慧、棉棉、九丹这一批作家。

阎连科：所以说，想象和敏感远比阅历更重要。还比如，你是一个右派，有许多的磨难，然这些磨难一本书、两本书就可以写完了，那以后你写什么呢？一个作家的生命力有多长，不在于你的生活阅历，而在于你的想象力。但是，你也必须承认，像卫慧、棉棉、九丹这样一批作家，至少她们以她们的敏感记录了她们的生活，表达了这样一群人的生活状态，这是我们所无法完成的。可是，往后再这样走，可能就比较困难了。第二部，第三部就不行了。如果她有想象力和才华，就可以肯定，她们能继续走下去。如果没有，那就很难说了。

梁鸿：相当程度上是一次性创作。

阎连科：不过，人家都还非常年轻。年轻就是本钱。

梁鸿：是不是中国作家缺乏一种真正的想象力的执着的东西？它并不是个人的原因，可能是一个民族的思维性格和文化环境决定的。

阎连科：也有想象力特别丰富的，如莫言，如刘震云后期创作的《故乡面和花朵》。还有一种，特别执着，如张承志执着的纯洁性和对一个民族的爱，达到了一种极致。

梁鸿：我们再回到你的作品上。你的《年月日》、《日光流年》、《耙耧天歌》等作品，虽然非常细节化、局部化，但是整体却是非常抽象的，可能与你追求一种直觉和混沌状态有关系。它恰恰保持了人类思想最初那一瞬间的复杂性。

阎连科：这大概是对日常生活的一种超越，表达出一种无可捉摸的复杂状态。这会形成你的某种语言叙述方式。鲁迅小说的故事并不好，但是他始终有一种精神和语言方式，让人无法超越。如沈从文的《边城》，它首先进入我们的是语言。语言的美带给我们其他的美。语言不好一切都无从谈起。如果你小说的各个要素、各个方面都很好，但是，没有语言就很难具备流传性。语言是一首歌的曲子，是曲的韵律。歌词再好也不能唱，不能唱还谈什么流传吗？还有，我们追求深刻，追求震撼，可再深刻你也深刻不过哲学家，再震撼你也震撼不过"9·11"事件。然而，人类的情感是哲学无法表达的，是一声巨响无法传达的。要表达、传达这一切，只能靠语言。如《圣经》的语言，你仔细去琢磨，在许多地方，它每句话都能给人带来韵律、带来震撼，非常质朴，但却很有意味。神奇的东西一旦出现，后人无法模仿。如果我们读《圣经》，不把它看作一部经书、一部人类文化的经典，而以平常之心，把它当作一部文学作品看，可能会更好、更有收获。

梁鸿：说到平常之心，我看你写的散文《写作是一种日子》，既有一种平静、平常的心态，同时，似乎也蕴含着其中对这种生活选择的无奈和认同，你怎么看待你的写作以及它由此给你带来的生命状态？

阎连科：到我这个年龄，如果有宗教信仰支撑，可能会活得好一些，会找到生命的支柱。但是我们没有宗教这一传统，或者说，我们没有信仰。没有信仰而活着，你会经常陷入一种无端的烦恼。你会发现，似乎如果家人不再需要你活着，不再需要你生存的努力，可能你就处于一种空虚状态。在这时候，写作，就成为了你的一种生活方式、存在方式，似乎是通过写作，来证明你的活着。平心而论，我们这一代人（或者包括下一代）谁都难写出传世之作。至少，我是不行。然而不行你也得写下去，这是生活、生存和生命决定的，是没有办法的。

梁鸿：哎，有许多人说你的《日光流年》是写给50年后的人看的，你怎么看这个问题？.

阎连科：嗨，那是一种鼓励，能当真吗？尤其我自己。自己得知道自己是谁。像我们这一代人，不光是读书少，文学修养不够，而且，我们所处的这样的历史阶段，好像也不是产生大作品的时代。当你把这看透之后，你就有一种平静、平常之心看待自己，看待文学了。

梁鸿：这样说是不是有些悲观？

阎连科：不是悲观，是平静，静心。

梁鸿：你怎么样看待评论者对你的批评？

阎连科：真正研究你作品的评论会给你一些启示，如很多评论者说我的《年月日》是中国的《老人与海》，你不能不让人家这样说，如果我自己早些想到这一点，可能会在情节上作另外的处理。稍一处理，就不会有评论家这样去说了。这说明，评论家至少他会给你一个提醒，使你避免一些东西。总之，作家应该尊重评论家的劳动。现在好像有一种时尚，好像哪一个作家都可以不把评论家放在眼里，都可以骂几句评论家，实在有些狂妄自大了。

梁鸿：人家说因为文学发展太快，评论家滞后了。

阎连科：文学发展到哪里了？难道我们还真的有经典的、超前的、评论家看不明白的作品吗？

梁鸿：还是说你的作品吧。我看你的作品，你对人的内心世界、自我状态体验非常细腻。如《年月日》里面的先爷，玉米从身上汲取营养生长，极其神奇，这种神奇不光来自情节本身的神奇，更多的是你对情景本身和人物情感、行动细致的铺叙传达出的一种气息和意味。你是怎么捕捉到这些气息的？

阎连科：说气息有些让人捉摸不定。我觉得是一种念头。有时候，你不知道念头是从哪里来的，但是，它就在你的心里盘盘绕绕。有了这种念头，你就知道你有一天非写不可，并且写出来也会非常不错。我的许多小说，好像并不直接来自生活，而是来自某一个意念。当然，意念可能是由生活激发出来的。

梁鸿：从《情感狱》到《耙耧天歌》《年月日》《日光流年》的创作看，有非常明显的轨迹，就是从具体的生活经验到一种抽象、想象的经验。但是，在这背后,仍有一个基本的东西,就是故乡与经验的升华,或者说是一种村落意识、土地意识,尽管它以一种寓言的形式出现。《情感狱》是具体的乡村经验,但《日光流年》《坚硬如水》等已经脱离了乡村的具体。这种具体生活经验和抽象的想象之间的关联,在你的作品中是一种什么关系?

阎连科:这是很复杂的话题。简单说,我们总是强调生活是创作的唯一源泉,其实这是不对的。生活不是唯一的源泉,只是最重要的源泉。想象也是最重要的源泉,敏感也是最重要的源泉。在创作中,有时生活是第一性的,有时想象是第一性的,有时是二者并具。

梁鸿:能举一个例子吗?

阎连科:像意大利的卡拉维诺,他有他的生活经验,但他是有能力靠凭空想象写作的。我认为,如他的《命运交叉的城堡》、《看不见的城市》等优秀之作,在写作中都是想象是第一性、生活是第二性的结晶。

梁鸿:那么你呢?

阎连科:就我而言,我的所有想象,即使是第一性的,也离不开生活的经验。生活和想象,如鱼如水,是互相分不开的。像我前期的作品,生活肯定是第一位的,可是随着写作的进一步发展,现在,想象又是第一位的。或者说,所有的经验都建立在想象的基础上。

梁鸿:比如《年月日》?

阎连科:《年月日》最初在我脑子里只是一个老人和一株玉米,完全是凭空想象的,但是当它落到纸上时,就要靠生活的经验了。这可能就是你所说的具体的生活经验与抽象的想象之间的关系了。

记忆与传说

梁鸿:还有,对你小说的寓言性,已经是一种公认性的评论,现在回过头来理性想一想,是什么使你的小说具有这种寓言性?

阎连科:刚开始我并没有意识到这一点,大家一说,仔细想一下,的确有一点寓言的意味。比如和童话、神话、传说的某种相连性。

梁鸿:其实就是一种"原型"的东西。

阎连科:可能是这样。仔细想想,在少年时代,我就听说许多这种神奇的故事。同时,也有过这样的经历。如小时候,一个人深夜在山坡上行走,你会发现永远有一个脚步不紧不慢地跟着你,离你不远,但也不近,总保持那样的距离,吓得你毛发直竖,可等你回过头去看时,又什么也没有。当然,这是少年恐惧的想象。可不可思议的是我自己的亲身经历。这我在其他文章中也写过。

小时候,十一二岁时,我和我的一个哥哥到我的一个姑姑家里去。姑姑家住在山区,是一个叫刘家涧的非常偏僻的村落。那地方,有一个稍大些的村庄,说大些,也还不到二十来户人家。村庄里有两棵大皂角树,非常之大,关于这两棵树的传说,就不下十几个。离这稍大些的村庄,还有一个小村庄,就三户人家,其中一户,就是我的姑姑家。

一天晚上,我和大我两岁的哥哥到那大些的村庄去帮人家剥玉米,主要是听大人们讲《三国演义》中的"七擒孟获"。那天晚上,到十二点以后,剥完玉米,听完故事,我们往回走,到村头那两棵大皂角树下,忽然听见从树上扔下了一块大石头,我们非常明确地听见石头落在树下一家的草房上,并且弹了下来,又落在院子里。于是,我们俩紧张起来,彼此拉着了手。接着,第二块石头又从树上扔到路旁的柴火垛上,并且在柴火上又弹了一下。这时,我们吓得手拉手跑了起来,紧跟着,第三个石头又落了下来,非常明确地落在我们身后,就在脚后跟的后面,还有石头滚动着追你的声音。不用说,我们是又惊又怕,撒腿就跑了回去。后来,我姑夫提着马灯去找那些石头,什么也没有找到,又敲醒了树下那户人家的院子,人家说并没有听到石头落在房子上的声音,在人家院内,也没有找到什么石头。但是,我和我哥的确同时经历、感受到了那样的情景。现在,在别人听来已经是了传奇,胡扯八道,但对于我来说,却永远是真实的、毫不含糊的。

梁鸿:这可能是神话具有情感性的原因。

阎连科:不是神话,而是亲身的经历。

梁鸿:不可思议。

阎连科:是不可思议。可问题是几十年过去之后,我和我的那个哥哥都还记得这件事情,记忆也都丝毫不差。也许是这些东西,对我的小说产生着深远的影响。

梁鸿:它成为一种气息,存留在了你小说中的字里行间。

阎连科:再说一件事情。1996年的时候,洛阳邙山那里,晴空万里,忽然天空就出现了一片向西飘行的"皇宫出行图"。皇帝、皇后和无数的宫女、人马,浩浩荡荡,非常壮观,许许多多的人都看见了,有很多人跑到报社要求报道。这种景况,我们可能会用理性去推理说是因为日光、黄河、反射的原因,才出现了另外的海市蜃楼,但民间并不这样认为。因为,谁都知道,洛阳邙山那儿,是历朝历代葬埋皇帝、大官的地方。等等原因,这种认为、意识,它可能对科学、理性、逻辑来说是无用的,但是,对于文学来说是非常有用的。

梁鸿:其实,文学正是对这种唯理性的背叛或者说消解。像你的《耙耧山脉》《天宫图》《黄金洞》《耙耧天歌》《年月日》等,为什么我们看完之后总是有一种神秘的感觉?其实,并不仅仅是故事本身的原因,而是其中意志性的东西在反复强化,像尤四婆,就是为了让儿女成为全人;而先爷,唯一的目的就是要保留种子,让村庄活下去,这样一种韧性坚持下去就成了神话,就成了一种神秘的东西。而现在,人类的日常生活中恰恰缺乏这种意志性的东西。还有你的《朝着东南走》,你有一批这样的作品。它们都有很强的童话色彩,神秘性,传说性,寓言性。

阎连科:对于读者来说,它也许是一种神话。但是,对于尤四婆与先爷那样的人来说,它肯定是真实的、具体的、实在的。

梁鸿:你怎么看待你心中的真实和读者把你的小说神话化的倾向?

阎连科:我觉得,对于我来说,非常个性化、情感化、心灵化的东西肯定是真实的。至于读者怎么想,可能就管不着了。生活中有许多真实的东西,进入文学并不一定是真实的。而那种心灵的东西,哪怕是虚幻的,进入文学之后,则往往是真实的。

对"经典化"的追求

梁鸿:在看你的小说时,我有一种感受,像我们刚才谈到的你小说中的酷烈。凡是写这种情景,人物都是处在一种"生死临界点"。在这一点上,恰恰显示出人的生存的苦难性和本质性,因此,才显得惨烈,动人心魄。

阎连科:我觉得如果考验人的话,可能在生死临界点,最能考验人的本质。但现在,以后,这可能是我在写作中恰恰需要注意的、修正的、改变的。

梁鸿:那些都不是人的日常状态。我在这里所说的不是那种日常生活经验,而是指人类通常的生存状态。

阎连科:这可能是我的小说观的问题。至少在目前我认为,小说是在写一种奇迹,而不是传奇。换句话说,小说就是把最不可能的事情写成可能的事情。这是对一个小说家最最基本的要求,否则你就别去写小说。反过来说,像沈从文的《边城》、汪曾祺的《大淖记事》,这么散淡,这么诗意,实际上也是一种奇迹。

梁鸿:对,对。另一层面的想象和奇迹。

阎连科:然而,生活中真是这样的吗?可能的确有这样的影子、样子,但对于大众来说,它是一种奇迹。这种奇迹被他们淡化了;是淡化的奇迹。而另外一种,是日常被浓墨重彩表达出来变成了奇迹。

梁鸿:我一直在思索,为什么大家都认为你的小说有一种寓言性,也许它与你选择人的这一"生死临界点"的处境有很大关系,它反映出人生存的本质状态。但是,也可能这种本质状态不是真的本质呢?你认为人的日常生活状态显示人的本质状态,还是你所选择的这样一种处境更显示出人的本质状态呢?

阎连科:一个作家反映人的存在、人类的存在或某一人群的存在,肯定不能写存在的表面,我觉得最接近人存在本质的就是"毁灭",只有毁灭中最不可战胜的,才是人类最为本质的。再一个,当你把想象作为创作的第一属性,而把生活和日常经验作为第二属性或次要属性时,想象成为最重要的,必然在一般读者眼里,离我们日常看到的就远了,"远"——必然就是一种寓言。它已经不再是纯现实的东西了。

梁鸿:等于脱离了读者的日常经验,形成了一种距离感。

阎连科:可能就是这种情况。

梁鸿:那你怎么看待文坛上流行的新写实主义?包括现在的许多作家仍没有脱离这样的叙述轨道,就是对人在日常生活状态下的表现的描述。

阎连科:如果说流派的话,"新写实"应该说是当代最有影响的流派了。我觉得一个作家不应该苛求另一个作家,他有他的生活经验,有他的文学观,甚至他有他的独特的写作习惯、思维方式。你很难评论它的好坏。就拿池莉来说,她的小说有一大批读者,肯定有它的价值,并且,它远远要比金庸、琼瑶的小说好。至少它给了当代一批都市人很好的生活画像,让他们看到自己光亮的一面和不光亮的一面。也是当代都市人日常间走在大街上的一面镜子吧。

梁鸿:也是一种日常情感的慰藉。我们刚才谈到读者的问题,应该说你的作品已经脱离一般的读者,它肯定不是一种有意的选择,而是写作无意识的转向,或者说是内心的写作要求是不是?

阎连科:我写作不太考虑读者。比如最早我的作品读者比较多,完全是无意识的。那时候,除了整体的文学环境较好之外,肯定与你的写作内容有关系。是你关注了大部分人的人生,当然有人愿意看,自然会有一大批读者。

梁鸿:现在你已经很少写现实人的人生了。

阎连科:现在读者少不是有意而为之。我只考虑我的写作,而不考虑为哪些人写作。

梁鸿:这样是不是纯粹一些?回到了创作内部去?

阎连科:也许是更个人化一些。它可能不是最好的创作方式,但对我来说是最合适的。每个作家都有自己最合适的创作方式。比如《生死抉择》、《国画》、《上海宝贝》、《糖》、《乌鸦》等等,有相当一部分读者。这也不是你能去有意选择的,而是你的作品选择读者的。

梁鸿:但是,我觉得你的作品在某种程度上恰恰符合中国文化界和文化界对"经典化"的追求。其实,也是走进了我们公认的好的作品的行列。

阎连科:不管是走进没走进,肯定不是作家想的,而是作品和时间选择的。对于我来说,我是没有能力选择的。作品是否是"经典化"我并不去管它,我完全按我的文学路子来写、来走就是了。如果写到死,走到死,都没有写出好作品,我也不会去后悔。它就是获得了什么样的"经典"意义,我也不会去在意。

原载《北京文学》2002 年第 11 期

现实、存在与现实主义

张学昕　阎连科

直面现实，是拿头撞墙的艺术

张学昕：有人曾将你二十年的写作分成了三个时期："温情时代的抒写"、"激情时代的抗争"和"平静时代的沉思"。意思是说，你现在进入了一个平静的写作时代，你的沉思是内心平静时期的沉思。对于这一点我有不一样的看法。我觉得2000年以后，恰恰是你最不平静的一段时间。在这个时代的氛围中你真正地沉静下来了吗？我想，你的沉思源于你对不平静时代的思索，包括对人性、对人的命运的焦虑。那么，从1997年写完《日光流年》到2000年《坚硬如水》完成出版，我觉得你越来越不平静了。后来的《受活》、《丁庄梦》，整个儿就完全是对人性、对人的生存困境的内在焦虑，你的这种状态实际上是一种十分焦灼的状态。

阎连科：这个平静，指的是写作表面状态的平静，是做人的平静。而你说的焦灼，是就内心而言，是写作对现实和存在的不安和焦虑。的确，就近年的写作而言，我的写作是和现实关系发生了明显的变化，主要表现是和现实存在越来越紧张的关系，这种关系在生活中还好，到了写作中就越来越无法平衡，无法安静地存在。现在，还很难说这种紧张的关系是好或不好。对于写作，在紧张的关系下出过伟大的作品，如鲁迅的全部创作和陀思妥耶夫斯基的作品，还有托翁的《复活》，其实都是在某种紧张的关系之下的写作，但我觉得我在处理这种紧张关系中，平静少于急躁，这对写作非常不利。

张学昕：是啊，许多作家一直都在处理一个作家作为写作者和现实的某种紧张关系。对于你而言，我在思考这是怎样的一种紧张关系。我感觉到，从1997年的《日光流年》开始，到最近的《丁庄梦》，你对于现实一直是焦虑不安的、尖锐矛盾的。直面存在，介入现实、介入生活的冲动异常地强烈，所以，我也常常思考：一个作家沉迷现实，他如何才能使自己的想象力发挥到最好的状态？

阎连科：就我来说，和现实的紧张关系，除非不写作才会缓解，只要你坐在书桌前面，这种和现实的紧张关系马上就会对立起来。《日光流年》还相对平静一些，从《坚硬如水》开始，到《受活》，再到《丁庄梦》，这种关系如你所说，不是紧张，而是有些尖锐了。紧张、对立、尖锐，是好事，也是坏事。就像是一根绷紧的弦，绷紧必须有一个度，过松时拉不出好的音韵，过紧时一触即发、一触即断，可能什么音韵也没有了。我现在的状况是我自己还不知道是太紧还是不够紧，有没有到那个恰到好处的"紧之度"。但某种急于表达的急躁是非常有体会的。无论如何说，写作必须应该有某种创作冲动，但冲动不是表达的急躁。我想在以后的写作中应该尽量缓解一下我和现实的某种关系，从而缓解写作表达的急躁和不够从容，把握好这个"紧之度"。

张学昕：就你谈的这个"紧之度"——直面现实来说，我觉得它已经使你的整体的叙述节奏也变得急促起来，结构也越发有些"坚硬"，似乎你要直奔某种精神和存在现场。这个东西为什么会形成这样啊？

阎连科：说到底，直面现实，其实就是作家用头撞墙的艺术，你觉得我的叙述急促了，结构"坚硬"了，也许就是我"撞墙"时太当真了。你真的拿作家之头去撞墙时，其结果必然是头破血流，效果则适得其反。而你用艺术之头去撞现实之墙时，其结果可能是事半功倍、力拔千钧。我说过，我在写作时是个非常笨的人，很多道理明白，实践时又不是那回事儿。比如说，如果我和现实没有这种紧张关系，没有这种对立关系，写作对于我而言就没有特别大的意义。当然有人也写得很好，比如沈从文、汪曾祺，他们和现实没有这种直接、紧张的关系，也写得非常之好。可是我却不行。没有这种关系，我就无法写作。我一直在思考一个问题，无论是你的人生经历也好，你的阅读经历也好，写作经历也好，你都到了应该明白一个道理的时候，即"乡土文学"应该有第三条路可走。沈从文的写作道路肯定不适合于我，鲁迅的也不适合于我。现在，文学，21世纪的文学，不是20世纪的30年代，也不是新中国建立后的50年代。文学是经过90年代的各种借鉴、融合之后到了21世纪，"乡土写作"应该走出鲁迅、沈从文之外的"第三条路"来。这"第三条路"是什么样子我们不知道。但你必须要一步一步去摸索、去探索，一步一步去思考。有一种文学从陶渊明开始，到李渔，到周作人，再到沈从文，以及汪曾祺，也包括孙犁的写作——这样说我知道不准确，可这样能说得清楚些——就是说，他们一路走下来的这条文学之路，对我是不合适的。这是第一点。第二点，像鲁迅这样的作家，他的写作之路我们可以一直追溯到屈原，这条文学线源一路下来，大致为我们的"乡土写作"规定了两个写作方向、两种写作方式、两条写作道路。这两条道路我们走了这么久，"第三条道路"应该产生了，应该到了越来越清晰的时候了。当然，我的小说不能说是从"第三条道路"走过来的，我们不能摆脱对沈从文和鲁迅的喜爱，也无法摆脱他们对我们的影响。每个作家都无法摆脱文学史对你的影响。但我真的希望看到与他们完全不同的乡土写作，看到那种全新的"第三种写作"。

张学昕：其实，你们这代作家正在共同做着这种努力，比如你和莫言的乡土文学，与前辈作家差别就很大，与同代作家又完全不同。你们的小说，都具有很强的形式感，而在直面现实这一点上，你又比莫言的小说更为鲜明。莫言更为偏爱历史，而你更喜欢介入存在和现实。仿佛只有走进现实，你才能找到自我，完成或者说实现你写作的冲动。你总是通过对现实的逼视来见证人性和灵魂的分量。这种情结几乎弥散在你所有的作品当中。

阎连科：对于现实，也许别人会有另外一种解释，比如我就说过那样的话："每个作家眼里都有不同的现实，有不同的现实主义。"但是，现实有各种各样的现实，它却终归是现实，而不是历史，何况历史也有纯粹的历史和被现实照亮的历史。就创作来看，故事要和我们今天看到的现实保持一段距离，会更利于自己的写作，写起来会更畅快，更利于调动自己的想象力，但这不能成为我们脱离现实、对现实视而不见的理由。从这一点上讲，我非常尊重贾平凹的创作。例如《浮躁》、《废都》、《秦腔》等，都是对现实投以心血的关注。但我们考查中国当代一些重要的作品，像《白鹿原》、《长恨歌》、《尘埃落定》、《丰乳肥臀》、《檀香刑》、《活着》、《许三观卖血记》、《马桥词典》、《万物花开》、《花腔》，还有张炜的《九月寓言》、《古船》，李锐的《无风之树》、《万里无云》，迟子建的《额尔古纳河右岸》等等，所写的故事都不是我们今天面对的现实，都不是当下的现实。你会发现，大家似乎不约而同地对现实都"绕道而行"。当然，我们可以说上述作品每一部都是用现实之光照亮"历史"的写作，可这终究还是让我们面对现实时有些愧对，有些无力。这也包括《日光流年》的写作，同样在面对现实时采取了"躲避"的姿态，跟现实有了过分拉开的一段距离。

张学昕：你喜欢上述作品吗？

阎连科：非常喜欢。我只恨这些作品不是我写的。

张学昕：那和这些作品相对应的，你更喜欢什么作品呢？

阎连科：《秦腔》。不久前，我跟王德威先生说起过《秦腔》，说《秦腔》这部作品从直面现实这个角度看，是非常了不得的一部作品，因为当代作家面对现实时都是睁一只眼睛、闭一只眼睛，而贾平凹面对现实时，不仅是睁两只眼，而且还睁得那么大，看得那么细，这很了不得。《秦腔》对中国现实是正面强攻的，完全采取不回避的姿态，这不是一般作家可以做到的，仅此一点，贾平凹就值得受到更多的尊敬。前段时间看了陈思和老师在林建法主编的《西部·华语文学》上发的关于《秦腔》的评论，两万来字，很长，说《秦腔》是现实主义的新收获，我也喜欢这篇评论。《秦腔》在某种程度上是能够校正我们对传统现实主义理解的一部作品。

张学昕：毫无疑问，我们在《秦腔》中感受了贾平凹巨大的叙事的耐心，还有他直面现实的巨大的勇气。这在你们这一代作家中是非常突出的。其实,你的小说也是同样如此,《坚硬如水》《受活》《丁庄梦》都是这样。我觉得你想在小说中找到一种你心中的现实的结构。生活本身有它自己的秩序,你要在文字中表达出你内心中的现实的秩序。这里面有一个哲学的问题,就是你的精神坐标如何判断、厘定现实生活的逻辑。这直接影响你对生活的表达。

阎连科:对于现实究竟应该如何表达,其实我非常迷茫。刚才说直面现实是作家撞墙的艺术,这不仅是说你面对现实的立场、态度和你表达的难度;还有一方面,是说你面对现实时,现实对你想象力的约束。为什么说许多好的作家、好的作品都和现实拉开距离呢?这和写作习惯、和艺术内在的规律可能都有某种必然的联系。简单说,和现实拉开距离容易发挥作家的想象力,更有可能写出柔美而有才华的作品,这是一个方面;另一方面,拉开和现实的距离本身,就等于已经利用时间这个过滤之器过滤了现实中的文学意义和文学的无意义,已经可以看清哪些是文学的,哪些是非文学的。但这不等于说,面对现实时就容易写出非文学的东西来。比如萧红的《生死场》《呼兰河传》,尤其前者,不同样是优秀的作品吗?

张学昕:以你为例子,就你而言呢?既然你认为直面现实和存在,写作是一种撞墙的艺术,那么如何才能既撞墙又艺术呢?

阎连科:关于对现实的书写,我是希望在鲁迅和沈从文之间找到另外一个插入现实的文学楔子来。沈从文是那种看似离现实比较遥远,而内里有自己对现实独到认识的作家,鲁迅则是直面民族现实的作家。我觉得在这之间,应该能找到一种新的踏入现实的途径,这样可能更利于我们的写作。这是第一点。第二点,我希望表达的现实不是大家看到的现实,是我心中的现实。就是说,我希望用我自己的心灵过滤大家眼中的现实,用自己的嗓子唱自己的歌。这个现实是我体会到的现实,而不是大众体会到的现实,尽管有时候我的体会是非常偏颇的、狭隘的,但是对我来说是非常重要的。比如艾滋病这个情况大家都知道,而我只是体会得更局部一些,更细节一点。我要写作时,是希望写一部大家都没有体会到的小说,可结果不一定是这样。而《受活》和《日光流年》,为什么大家会更满意这两部作品?其中的原因之一就是这一点。可惜,《丁庄梦》没有尽可能地实现自己的想法,最不尽如人意之处,是故事中的有些情节是大家都体会到的,而不是单单我自己体会到的。对我来说,面对现实时,那现实必须是我独自体会到的。读者要体会必须通过我这个作品去体会。这是我面对现实写作时的一个写作教训。第三点,面对中国现实写作时,就是我们在认识社会现实生活的时候,如何用审美的眼光去看待。这个问题前一段时间在南京开会的时候大家都提到过:一是现在的中国作家对现实的理解非常表面、肤浅。比如我们现在满大街看到的流行的所谓的现实主义,包括现在我们看到的所谓的批判现实主义的作品,甚至一些所谓的主流小说,在表面上看好像是纯文学的、严肃的,是贴近现实的,但却是肤浅的、表面的,不是审美的。你去看 18 世纪、19 世纪的小说,绝对都是直面现实的现实主义,如托尔斯泰、陀思妥耶夫斯基的作品,还有俄罗斯那时一大批的名著,以及咱们中国家喻户晓的《红与黑》、《包法利夫人》、《悲惨世界》、《巴黎圣母院》、《还乡》、《高老头》等等,这些作品无论你把它说成是批判现实主义,还是说成浪漫主义,再或别的什么主义,你会发现,他们的眼光在认识社会现实的时候都是审美的。而我们认识现实的时候则往往是社会的。用社会的眼光认识现实,这是我们的一个局限,也是我的一个局限。我们必须用作家个人的审美的眼光去认识社会、认识现实,只有这样,才能有真正的现实主义、丰富的现实主义和独到的现实主义。

张学昕:我的感觉也是这样。一个作家真正需要的是认识、理解现实的独特眼光和独特的叙述角度,这绝不单单是写作技术的问题,它还体现一个作家的胸怀和气度。我们需要的是目光的独特,哪怕是怪异的,甚至是病态的,但一定要是审美的、独特的。我觉得《日光流年》在很大程度上就是一部非常独特的、诗性的小说,甚至有着唯美的品质。《受活》虽然离现实近一点,但还是与生活有一定距离的。《丁庄梦》给我的感觉就是贴着生活在写。从这三部作品,我们可以清晰地看出你处理与现实关系时不同的精神维度。

阎连科:所以,我说"撞墙"是需要艺术的,可惜我在这方面的艺术修养还有很大差距。有时撞了个头破血流也没人同情就在所难免了。

张学昕:谈了直面现实,我们再来谈谈现实主义这个老话题。我认为,现实与现实主义是两个问题,可在文学上却常常被我们混在一起。就现实来说,我觉得,我们现在所面对的这个现实的时代,是一个价值体系非常"迷乱",或者说十分困惑的时代。时代生活愈来愈复杂,有时真的难以想象你所处的生活竟是如此神奇和怪异。说到你这些年来的写作,我觉得,你介入现实的欲望还是太过于强烈,在叙述中有一种很大的焦虑在里面,这影响了评论家对你的现实主义的理解。甚至这种焦虑和介入现实的强烈欲望还直接影响你的文本风格。以前我们也曾说到内容和文体的关系、思想和文体的关系。我想文体看上去可能并没有影响你的思想性,或者就像我们以前说的,形式本身就是内容的一部分。我们以前还交流过许多作家文体风格的问题,包括你在《受活》里的注释,那种絮语、絮言,它本身就是小说的一个主体部分。我在阅读的时候,就只是觉得你的小说形式比较怪异,形式上有些"陌生化",对我的阅读有很大的冲击力。我认为这就是小说叙述的本体,我也并没有认为你另外想做点什么东西,它可能是形式上的陌生化,甚至有的人可能会说这有点"硬",是不是"做作"呀,可能也会有人从形式角度这么去考虑。但是不管怎么说,后来的《丁庄梦》表现敏感的艾滋病问题,让我们感到,你介入现实的欲望真的是太强烈了。其实你可能没觉得怎么样,你觉得中国当代某些乡村的现实就要这样来表述,或者说你看到的乡土生活的图像就是这样的。你认为你的这些作品是现实主义的吗?

阎连科: 它是"现实主义",但不一定是大家通常意义上说的现实主义吧。它是"另外的现实主义",或说"另类的现实主义"。

张学昕: 你的小说关注现实,又有非常强的形式感。当然,你对形式的认识和追求,会不会破坏了你的文本形态,让你的形式看上去是否显得"坚硬",你似乎并不在意了。我记得还曾和苏童讨论过这一点,他毫不讳言地说,形式上太坚硬,一定会影响小说的诗意和意蕴。

阎连科: 这是每个作家的文学观的差别。我以为我的形式正是我说的插入现实的文学的楔子,是我踏入现实的途径。没有这样的楔子、这样新的途径,我将无法进入现实。或者说,就没有我理解的区别于别人的现实主义的"现实主义"。这是其一。其二,无论你是怎样的文学观,就思想来说,我觉得一个作家彻底不关注当下的现实、他人的命运不能说是不对的,但至少可以说你的现实主义是狭隘的。反过来,如果现在的中国作家都来关注中国现实,现实主义也会显得特别单调和简单。但是,我们必须意识到,所有的作家都不关注现实的时候,现实主义就一定出现了大的问题。我想,中国有一两个鲁迅足够了,但如果没有一两个鲁迅,你说我们的现实主义会是什么样子的呢?这里,我并不是说鲁迅就是最伟大的现实主义作家。我们今天去说张爱玲、沈从文、汪曾祺都非常了不得,也可以说他们也都是现实主义作家,是另类的现实主义作家。但无论如何,现实主义文学中不能缺了鲁迅那种现实主义的精神。再有,你刚才讲到中国现实的迷乱、混乱,而《受活》又在相当的程度上表现了我们的现实和历史,表现了我们今天现实和历史的某种混乱。那么,你说《受活》不是现实主义吗?《受活》就是现实主义吗?其三,我理解今天的现实主义,就应该是我一再重复的话:"面对现实和历史,用你的形式,发出你的声音。"这才是我所理解的现实主义,我所试图追求的"现实主义"。

张学昕: 对。一个作家,他与普通人看待社会生活的目光和对事物的判断是不一样的,他必须越过既有的一些价值观念,发现现实中左右人们内心和灵魂的东西,洞悉到一个民族文化、性格、品质等方面的变化,细腻地深入到生活和人的精神肌理。就是说,一个作家对民族的爱和忧虑,得用心灵去体察、去表达,这是对现实主义作家的起码要求。

阎连科: 说实在的,我以为我关注现实、关注民族问题时是有偏颇的,并且我经常说,我关注得不够准确、深入和直接。但是,对我来说关注是必需的。所以,我一直在强调我的长篇小说,一定要有一种现实的疼痛感。如果没有这样一种疼痛感,就不要把自己和现实主义扯到一块儿。如果这种疼痛不存在,写作对于我就可能失去了激情,失去了意义。但是有一点,就是刚才提到的,你用什么方式去关注、去写作的问题是非常重要的。

张学昕:写作的方式就是一种打量生活的方式。我们会在作品中注意到,你所看到的生活是温暖、灿烂的,还是凄凉、沉重的,抑或是极其荒谬、荒诞的。这不仅决定了现实主义作品的底色和基调,也决定了作家叙述的方向。在这里,一个作家的审美判断力就显得尤为重要。

阎连科:比如说小说中的荒诞性,我以为荒诞性恰恰就是现实性,是现实主义。可惜大家不这样认为。你觉得这种现实的荒诞有些生硬,可我没有这样的感觉,我以为是大家太固守于传统的现实主义,太固守于生活现实主义。是这种新的现实主义元素在我们的作品里、视野里出现得太少,你才会觉得它来得太突然、坚硬,在阅读上没有准备。比如,《受活》中要购买列宁遗体,让残疾人组成"绝术团"出去演出这些情节,大家一时可能接受不了,可我写作的时候,就觉得它是现实的、发生的。当然,这个"发生"与"不发生"是相当复杂的,它是作家的一种写作观、世界观,别人不认同时你也没办法。再比如,日本翻译这本小说时,他们一再说:你这样写残疾人是对残疾人的不尊重。而我一再讲,不是我对残疾人不尊重,是生活对残疾人不尊重。可他们就觉得这也表达了你作家的不尊重,你怎么和他们解释也说不清楚。

张学昕:哦,是这样啊。这里,不是作家的道德感发生了问题,而是生活本身的道德体系发生了混乱,作家如何表现这种现实则非常重要。另外,大家对于你的这种"现实主义"的不理解,可能还因为对你的小说形式一时还有些不大适应吧?

阎连科:我一直都没弄明白,大家指的《受活》形式"生硬"具体表现在哪儿呢?

张学昕:比如,它"腾"一下蹦出来个"注释"、"絮言",包括我一会儿想专门问到方言、俚语问题,就是我们所说的"汉语写作"的问题。这种写法不就是我们说的"陌生化"问题吗?

阎连科:对,这部小说因为它的荒诞性决定它的"陌生化"会特别多。但现实主义就不需要"陌生化"吗?也许这部小说的形式,我是有些过分讲究了,比如为什么要出现"一、三、五、七、九"这样的章节形式。其实,我要讲究的是在乡村里存在的"阴性文化"问题,因为在民间奇数都是不吉利的数字。再有一个,就是讲究到所有的人名、地名都是植物名、动物名,而没有我们现实意义上的人名。后来我想这些可能都不是特别有必要,反而把它过分复杂化了。可是,为什么我们要固守的现实主义一定就必须是这样子,而不能是另外的样子呢?如果这样,那我就只能说"现实主义,我的墓地哦"那样的话。

张学昕:我也准备与你探讨"现实主义墓地"这个问题,像《日光流年》、《坚硬如水》、《受活》这三个文本,可以说给批评家和理论界提出了一个难题。因为他们以往习惯于用某种固定的眼光来看任何一部作品,所以这三部作品你就很难去说它像什么,是什么主义。显然它们不是用我们能够理解的现实主义可以解释的。那么,马上就有人提出这是"魔幻现实主义"、"狂想现实主义",又有人说它是"超现实主义文本"和"黑色幽默"等,总之,不会是我们所理解和认识的那个传统的现实主义。让我印象特别深的是你在《受活》篇首的题词:"现实主义——我的兄弟姐妹哦,请你离我再近些。现实主义——我的墓地哦,请你离我再远些!"这是一种对现实主义的纠缠不清的作家感情。实际上,你也在不断追问你自己,我怎么来面对现实,怎样面对现实主义的问题。所以,这还是一个文本和现实的关系问题,这是你对现实主义的理解的问题。

阎连科:我说《受活》是地道的现实主义,大家不满意,因为大家认为"不真实"。可《丁庄梦》呢?它是现实主义吗?大家同样不满意,同样不会说它是现实主义,因为它太"真实"了,真实感太强了。大家一方面不满意《受活》中那种"不真实",另一方面又不满意《丁庄梦》的"真实"。这不仅是我个人的困惑,也是文学发展到今天"现实主义的困惑"。我觉得,在有些批评家那里,关于"现实"和"现实主义",已经是一个混乱得理不清的概念了,是一笔糊涂得不能再糊涂的糊涂账。现实主义应该是开放的、多元的,而不是传统的、单调的。如果把现实主义这样偏颇地去理解,其实我是宁可不要现实主义、不要主义的。

张学昕:那么让你对你的小说进行新的现实主义命名时,你会怎样命名呢?

阎连科:没想过。

张学昕:为了区别传统现实主义,区别现在大家"公认"的现实主义,一定要让你对你的小说命名呢?

阎连科:这应该是我来问你的话。是应该由作家来问批评家的话,如果让你来为《受活》、《日光流年》、《耙耧天歌》和《年月日》这样的小说命名时你会如何命名?

张学昕:我可以命名你的小说为"反现实主义"或"民间现实主义"。

阎连科:其实什么主义都不重要,重要的是一个作家要写出好的小说来。

作家,应该表现出对"人民"的厚爱

张学昕:我记得你和李陀的一次"对话"里面有一个说法,讲现在的文学是一个"小人时代"的文学。实际上这个"小人",好像你们指的就是中产阶级,就是一座房子、一幢别墅、一瓶香水、一顿很美的晚餐就极为满足和骄傲的一伙人。我觉得这个时代的很多东西确实让人振奋不起来,有点琐屑的感觉,时代缺少那种能让你觉得为之一震的东西。这不由得让我们注意到"人民"和"人民性"的问题。这也是近年大家非常关注的问题,也是当代现实的一个重要方面。

阎连科:这是个太大、太容易受人嘲弄的话题。现在的文学,谈论人可以,但你谈论"人民",就像一个疯子说我想当皇帝一样,易于遭人讥笑。

张学昕:但是,伟大的现实主义文学,永远也离不开它的人民性。这也是我们无法回避的、不能不面对的现实。

阎连科:我以为,说人民时一定要把文学中说的"人民"和我们长久以来文件、报纸、领导讲话中说的那个"人民"的概念区别开来。应该把我们说的人民加上一个引号。前者说的人民,有很强的意识形态的成分,有一种阶级性,有一种人领导另一种人的意味,就像毛主席说的"我们要领导人民……",如何如何;而我们谈的"人民",少有阶级性,或说根本没有阶级性。它更多的是指"所有心怀良善而普通的人们",包括那些怀有善心的有罪之人,是指那些千千万万被人领导的人。这其中只有一种"爱"的思想,而没有别的什么。可惜,现在你分不开这个"人民"和平常所说的人民哪个概念更准确。因为"人民"这两个字,是非常精确地用汉语概括了"公民"那样的一种东西,但现在通常说的人民,已经被意识形态通俗化,其中没有了崇高的意味。而我们在文学中谈"人民"、"人民性"的时候,其实有一个前提,那就是说文学是神圣的、崇高的。如果文学没有了神圣、没有了崇高,那就不要去谈文学的人民性了。现在,我们的时代正处在一个漫长的转型期,在这个转型期中,过去的"阶级"没有了,但新的"阶级"——准确地说是有阶级性的"阶层",又凸现出来了。这个时候,谈文学的"人民性",我的理解就是希望文学的格局要大,关注点要大。什么"中产阶级",什么"白领",什么"底层文学",什么"农民工小说",如此等等,这是文化、文学中的新阶层论、新阶级论。而谈"人民性",关注"人民",这不仅使文学具有了崇高的品性,也是因此才可能使文学摆脱新阶层论、阶级论的约束,进入大的格局。"白领"、"底层"、"中产阶级"、"农民工"等对于文学来讲,你说他们有谁不是"人民"呢? 不在"人民"之中呢?

张学昕:谈到时代的转型期的现实中的"人民",你觉得文学需要或者应该在这个所谓的"转型期"中对人民承担什么吗?

阎连科:我不知道该承担什么,只知道在这个时代文学不能两肩空空。也许,社会转型期本来不需要文学去承担什么,但是有一点,文学要对此不能没有反映,没有丝毫的思考。对转型期中的"人"、"普通人"、"人民"的精神和情感要有细腻、深刻的描绘。就是前面我们讲的,社会价值体系如此地混乱,文学难道不应该去反映和思考一些什么吗?在混乱的价值和道德中,所有的人都异常迷茫,文学或多或少是可以对人们的精神、情感有所梳理的。你说,今天我们的小说,把关注点放在现实生活中的"底层人"身上,这非常值得尊敬,表达了作家的社会良知,可仅仅如此就够吗?比方说,你关注妓女就等于关注了社会,关注了农民工进城就是叫关注社会的话,那么,我关注白领和有钱人的生活,就不是关注社会吗?我关注上层就不是关注社会吗?不能这么绝对化。转型期的社会是需要关注,可这个时期的精神、情感才是我们关注的焦点。重要的是通过这些"人",表达你对"人民"的爱和尊敬。通过你笔下的人,体现你的情感思考。透过白领,你就思考的是一个小车、一瓶香水、一幢房子;透过底层,你思考的是打工者被拖欠的工资,进城的农民没有房子住,儿子没有学校读书。这不是文学最应该关注的现实的问题吗?

张学昕:这些都是很浅表的东西。但作家一定要找到或发现这些东西背后的现实和存在的问题,无论是现实的美好,还是存在的破败,作为社会存在的主体,人民的存在现状及其背后的精神性问题。

阎连科:是的,作家应该思考的是透过这样一些日常生活,更深刻地表达你对这一时期人的关切,对文学中"人民性"的表达。

张学昕:好多年前,张承志说过一句话,我一直记得很清楚,他说:"我热爱人民,但蔑视庸众。"你刚才讲到的"人民",我觉得和张承志说的这个"人民"很接近。这是否是一个作家心中的人民的概念?

阎连科:庸众也是人民的一部分。张承志蔑视庸众,表明了他的世界观和文学观,表明了他鲜明的写作立场,这非常可敬。现在,我们写作都已经没有写作立场了。不过,我以为作家写作要保持恒久的对人的尊重,这里说的对人的尊重,自然应该包括我们说的"庸众"。

张学昕:对于许多作家来说,大众、人民、民间、公仆都代表着或象征着文学和写作的真正方向。但在你的"人民"里,应该说具有着一种神圣性的东西。这来自现实中的"活生生"的人民一定是神圣的。

阎连科:"人民",一定要有一种神圣性,这是一种对人的尊重和深深的敬意。说我们的小说格局小也好,说作品不够大气也好,归根结底,就是我们的作品中缺少一种"人民性",缺少对现实中"人民"的那种崇敬感。在小说创作中,一部作品气象的大小,不在于结构,不在于风格,不在于语言是细腻还是粗犷,而在于你对人尊重的深度、对"人民"爱的深度和广度。你的写作情感在你的笔端流露出的爱只是爱某一群人、某一类的人,那你的小说即便有最好的结构、最独特的语言、最超常的故事,那也是小气、小格局。可你流露的爱是深刻的,爱是有着"人民性"的爱,即便你的语言、结构有不尽如人意之处,那你的小说格局仍然是大的格局。同样是经典,同样是名著,帕斯捷尔纳克的《日瓦戈医生》和索尔仁尼琴的《古拉格群岛》,还有托翁的《复活》、肖洛霍夫的《静静的顿河》等,比起卡夫卡的《城堡》、福克纳的《喧哗与骚动》,就小说的气象、格局来说,后者还是不能和前者相比的。为什么卡夫卡、福克纳、博尔赫斯这么容易被学习、模仿?而托尔斯泰、索尔仁尼琴等就不能被模仿?因为我们可以模仿别人的故事、语言、风格,但最不能、最无法模仿的恰恰是一个作家对人的爱,不能模仿的是他小说的"人民性"。还有张承志的《心灵史》,你说你如何去模仿?为什么我们现在写不出荡气回肠的作品?除了我们站得不高以外,确实我们的出发点太小、太低。我们的作品中没有大的格局,没有对"人民"的理解和厚爱。

张学昕:也就是说,还是缺少一种带有宗教感的、一种悲悯的大情感和大情怀。这里的爱超出了我们日常所理解的关怀、尊重等,它是一种非常博大的东西。作家不能从俗世中超拔出来,就很难有大作品。

阎连科:这个不知道怎样理解,我们中国人没有宗教或者说没有宗教情怀,那我们的文学是不是就永远上不去了呢?如果是这样,我就觉得特别悲观。没有宗教,也会有对人的深厚的尊重、对"人民"深刻的厚爱。

张学昕:宗教作为人类精神生活的另一种形式,在本质上,是人面对自己的生存境遇,在精神的深层表现出的"终极"关怀,我想知道,作为一个作家,你如何面对一个缺少宗教感的民族?还有,你认为宗教情怀对于一个作家能否写出大作品是很关键的问题吗?

阎连科:没有宗教的民族,的确会使我们的文学在谈尊重人、爱"人民"时显得有些无力,但是我们不能因为民族没有宗教就对文学失去信心。《红楼梦》写的同样是我们这个没有宗教的民族的事情,也同样是我们民族无可替代的伟大文学作品和文化遗产。我想,我们没有宗教是与生俱来的,但作家的宗教情怀却是可以一点一滴养育的。比如说,我们说"人民"、"人民性"的时候,最根本的东西是让我们去爱世界,爱世界上的一切,爱世界上所有的人,包括爱我们的敌人。当我们尝试、努力在文学中去爱一切的时候,是不是就有了一点宗教情怀呢?我想,面对我们民族没有宗教时,重要的不是我们文学如何去面对,而是我们如何表现我们对所有人和世界的爱的胸襟。

时间,是艺术的无刃之刀

张学昕:我们知道,贾平凹在写出《废都》以后,心灵和精神上也是遭到了一个很大的打击。就像你前面提到的,你在这几年里经历了一些写作、工作变故以后,面对你自己的"现实",必然会不断地思考"我为什么写作"的问题。也许有时候,一个作家的判断、意识与一个时代的现实生活有可能是错位的。

阎连科:毫无疑问,《废都》是贾平凹一生最重要的一个作品,甚至有可能是他最有价值的作品。今天去考察贾平凹的作品,实事求是地讲,不管有多少人骂,我想你还必须承认《废都》在当代文学中的价值。一部超出读者想象的作品的出现,必然伴随的是与作品同在的不断的争议。

张学昕:可能是阅读习惯、阅读心理不正常,有问题。那么,作家的写作心理也是一个需要分析、研究的重要问题。作为一个作家,当他发现了自己的内心与现实、存在的种种和谐或悖谬时,他的写作姿态、写作心理是否端正合理,是否积极健康,这也同样重要。

阎连科:更重要的是一些人的阅读心理要健康。当年劳伦斯的小说一直被禁,一直是被作为淫秽文学而存在,但今天去看,它不同样是经典吗?我们没有觉得《查泰莱夫人的情人》是淫秽的,它仍然是一种非常美的东西。我想《废都》就可能也是这样一种情况。情况就是这样,当某一种文学走得超越极端的时候,甚至连它"行走的姿态"都会遭到非议和不解。这是正常的,时间会平息、证明这一切。今天我们来谈《废都》的时候,人们不是显得从容、平静多了嘛。时间让读者平静,让文学平静。只有平静,才能看清一切,如深湖之水,我们试图看清湖底的东西时,必须要让湖水变得平静。平静湖水的唯一工具就是时间。时间让我们逐渐认清许多作品的意义和无意义,而写作也是如此。时间让我觉得写作没有意义、没有理由,可也许,时间有一天也会让我觉得写作有意义、有理由。一切,都需要等待,需要一些等待中的经历。

张学昕:不管怎么说,作家的写作总有一个文学功能和情感担当的问题。就是一个作家和一个时代的现实它有可能会是处于某种错位状态,那么,他也应该从世道人心的视角,从对世道人心的悲悯、同情视角来切入生活。实际上一个真正的作家是要表现自己的良知的,把自己的良知写在里面,是同情的或是悲悯的。比如后来我读到了你的《天宫图》、《年月日》,特别是那篇《耙耧天歌》,那个母亲为了她的不圆全的孩子们,去挖她丈夫的骨头来给他们熬汤喝,后来她自己也为了让她的孩子幸福,自杀了,实际上也是为了把自己的骨头贡献出来,特别是她刨那个骨头,和她的二女婿一起啊,我觉得这样写真是太残酷了。揭示苦难,呈现时世的艰难,呈现生存的苦难,实际上就是探究生死的冲突,这是一个作家的责任。但我感到你那里面有一种很深的焦虑啊,一种不安,更让我们感到你表达的那种残酷有些难以接受。我一直觉得,余华的那种残酷是另外的一种残酷,跟你的残酷是完全不一样的,比如他的《现实一种》,包括后来的《活着》《许三观卖血记》。在《活着》里面，福贵的亲人一个个从容不迫地以各种各样的方式死去，到后来《许三观卖血记》里一次次卖血，把人卖昏，我觉得他够残酷的。但他是一种缓慢地进行，而你是非常激烈的，这种残酷是超出伦理的，令人不可思议的。我觉得你简直是"残酷大师"。为什么要这样写？当时我阅读这些作品时，我感到意外、震惊，比起《许三观卖血记》，这似乎让我对残酷更是一时无法接受。如此想象生活，想象现实和存在，令我非常地震惊。

阎连科：不是我残酷，是我看到的现实残酷。很多新时期的小说，包括那种新探索小说，它们写的那种暴力、死亡不残酷吗？但大家不太争论，因为它离我们的现实比较远。余华的《活着》和《许三观卖血记》，采取的姿态是温情暖意、微笑的忧伤，故事讲得不缓不急，慢慢道来。而我小说中的残酷，近乎一种冷酷的残酷，或者就是冷峻的残酷。这是完全不同的表达方式，是两种面对现实的写作姿态。

张学昕：是两种写作风格，包括你和莫言。我看到过王德威写你的文章，他在文章中说，莫言的小说里呈现的是朝气蓬勃的、那种欢腾的东西，而你阎连科的小说呈现的恰恰是一种死寂，是一片死亡后的静默。我觉得他这话可能说出了某种东西，这也是你和莫言的个性不同所致。

阎连科：小说的风格、性格、个性，这种东西说到底，它不是简单的你的小说和别人的小说在语言上、叙述上有什么差别。什么是个性？个性即作家的内心。内心即风格。一个人内心中包含有什么样的文学世界，他的小说必然呈现什么样的文学样式。风格不仅是文学观的表达，也是世界观的表达。反过来，他看待世界的目光，认识世界的方式会左右他面对文学的姿态，会使他的创作表现出不寻常的个性。余华对世界暖意地同情，莫言对世界欢腾地希望，而我，是一种近乎绝望的态度。这些在小说中以"风格"的样式表现的是作家的最有代表意义的复杂的内心，回过头来都会影响你的读者。余华的小说为什么卖得那么好？最根本的原因就在这里。中国人其实不喜欢莫言小说中呈现的那种狂欢式的写作，我们的传统阅读中没有接受狂欢的习惯，你看我们的四大名著中有多少狂欢、欢腾的写作？莫言给读者的是背离传统的东西。那么，我小说中的死寂，你说谁会喜欢？如同说我们去一个乡村游览，人们自然会到有青山绿水的地方，而有谁会愿意到一片坟墓里去走走看看？道理就这么简单。再说，余华小说中的暖意的悲悯、疼痛中的抚摸，这正符合我们传统的阅读习惯。去想想我们传统的舞台戏剧，最受欢迎的总是那些悲情而有暖意的作品。比如《牡丹亭》《西厢记》《白蛇传》《天仙配》《大祭桩》《陈三两》《梁祝》《黛玉葬花》等等，哪一出，哪一部，不是在风格上表现那种忧伤的温暖？所以，对于读者多少，我已经早就不去想了。你的读者多少，是哪样的读者群，这是你的内心世界决定的事情,不是你的写作技术决定的事情。我们绝对不能因为读者多少去改变我们的内心。反过来,能够被改变的内心也就本来不称其为内心。

张学昕: 这恰恰是问题的所在,他们呈现的可能是一片青山绿水,而你呈现的是乡村的荒漠、坟墓、光秃野岭。一个人内心潜藏着什么样的理想,就会发现和写出什么样的现实。也许,时间会最终证明你写作的深厚与独特。

阎连科: 希望时间会让人们逐渐适应或接受我小说中的死寂吧。时间多么厉害哦,它是一把钝刀,又是艺术的无刃之刀。它会穿越时空,要么慢慢杀死你的小说,使你的小说再也没有生命,再也没人阅读;要么慢慢拉长你小说被杀死的时间,让你的小说永生或者有较长的生命,有不算太多却是不断线儿的读者。无论是你的小说被批评、争论,还是褒奖,最终都得面对时间这把钝刀之刃。比如鲁迅的小说《药》,写到了吃人血馒头的残酷,那血淋淋故事才真是一片死寂。还有阿Q的死、祥林嫂的命运,够残酷的吧,可直到现在人们不是依然地接受嘛。不怕写得残酷,就怕残酷不出独到的艺术。不怕你小说中个性与阅读习惯的不符,就怕你小说通不过时间这把无刃之刀。

存在的荒寒与乌托邦的诗意之灯

张学昕: 我记得是在1986年的时候,北京大学的陈平原、黄子平和钱理群他们写过一篇文章,叫《二十世纪中国文学》。在这篇文章里,他们提出要将20世纪中国文学作为一个整体的问题,从作家的创作姿态,从小说的美感特征等诸多方面,从文学史的角度,讲到20世纪中国小说和中国文学,其中谈到20世纪小说的美感特征,他们将其美感特征描述为悲凉。特别提到,整个20世纪中国文学史,鲁迅创造了一个高峰,以他为代表的中国作家,以及在他之后有几代中国作家,都沿着这条道路在叙写着一个相互接近的东西。文章特别提到了这样一句话,"悲凉之物,遍及华林",用它表达中国作家对整个中华民族的沧桑感、悲凉感。我觉得,你的写作中生成的美感特征就是属于这一脉的,是从鲁迅这一脉下来的,总体上是悲凉的。实际上它的这个"悲凉"只是指鲁迅这一脉的,不是沈从文那一脉。从这种意义上讲,这种悲凉就是刚才说的那种残酷、那种冷硬,或者是荒寒,是对现实、存在的绝望与虚无的反抗和搏斗。小说对现实和存在的思考已经进入哲学的层面。

阎连科: 对,他们说的悲凉很能概括20世纪中国文学的这种很大的气场,是小说精髓的一种东西,它是指一种从美感角度去认识世界和描绘世界的东西。

张学昕：那后来到余华这里，多多少少接续上了，当然包括伤痕文学时期的一批作品，还有后来的知青小说、王安忆的"三恋"、梁晓声的《今夜有暴风雪》、韩少功的《风吹唢呐声》等。他们那批作品，就是略微有那么一点类似清冷、荒寒的东西，但不是整体美感的东西。所以，我们只能讲，就是一直到20世纪90年代，余华的写作稍微接续下来了。我感到从你的《日光流年》开始，包括你的一些中短篇，这种接续非常鲜明。基本上就是我刚才说的几个词，是冷硬的、荒寒的、悲凉的。

阎连科：说"荒寒"比较合适。我自己经常想，你为什么写作？找不到理由，可又不得不写。这种心境最能体现荒凉的写作情态。史铁生说：我写作，就是为了证明我还活着。这种心境是多么的荒凉啊。可是人家的荒凉是有其出处，那么我的荒凉到底来自哪里？是现实生活？生命？家庭？社会？还是世态人情？都是，又都不是。就像你每天烦乱，又不知为了什么；每天失眠，又毫无理由。这是一个无敌之阵，不见刀枪的围困，写作一旦进入无敌之阵，就会非常痛苦，非常荒寒无奈。这种景况是我最不愿经历的、又最必需的。

张学昕：这是存在对精神的围困，而你又必须面对。当年萨特写过一个小说叫《墙》，萨特想以此形象化地凸现他的存在主义哲学。墙，就是指人心之墙啊，就是人和人之间无法沟通那种生存的悖论。这个里边还是有很多哲学的东西，冷硬、荒寒，人们之间这种悲凉、冷漠，它其实就是一个存在的问题。

阎连科：哲学家都是了不起的，他们能把人们永远说不清、道不明的东西几句话说得清清楚楚，可是作家却注定是那些永远把问题扯不清的人，注定是要把小问题说大、把简单的说复杂、把说得清的搅糊涂的人。你说荒寒，你荒寒什么呀，年龄早过了不惑之年，家里日子也好，孩子也好，身体情况也好，你要面对的世事人心也好，都不需要你有荒寒的内心。还有老家的事，农民、土地、村落，你说你有必要为这些去想这想那吗？有时候我经常说，阎连科，你贱呀，操那么多闲心干啥呢！可是，你还是忍不住要想、要写；忍不住对生活要感到荒寒而无奈。

张学昕：读你的小说，就能感到你对人的存在的落寞和无奈，你小说中有一个人类整体性的孤独的问题。

阎连科：也许是孤独。也许这份荒寒就是来自你的孤独。很多时候，你似乎有很多话要和人说，可真有机会和投缘的朋友聊天了，你又发现你什么都无从说起，什么都无法和人说，说出什么都有酸溜溜的味道，都有杞人忧天的感觉，都无法让人理解。你发现，有的话是永远无法和人讲，它只能永远在你的内心储存，唯一让这些储存到一定时候的话见到阳光的机会，就是通过笔端向稿纸的流淌。到头来，你就不得不又去写你的小说。为什么写作？也许就是想把那些无法和人说的话说出来吧。可又一想,如果这是你写作的理由,这理由又是多么的脆弱啊。说不清,道不明,反正就是一个无法和人说清的烦乱、荒寒,感到什么都没有意义,只有写作使你感到某种温暖,有可能减弱你内心的荒寒,使你荒寒的内心不至于到了死寂、死亡的程度。

张学昕:孤独大多是来自于生命无意义的想法。你《日光流年》里三姓村是孤独的,《受活》里受活庄是孤独的,从这个角度讲,《丁庄梦》到了一个极度荒寒的孤独,其实这就是人类的一个缩影。你在写作中,是如何意识到这种存在的整体的荒寒? 你是有意要在文字中张扬这种美感特征吗?

阎连科:我知道自己经常有神经病似的荒寒的感觉,但没有意识到世界整体的荒寒,也没有有意地在文学中整体地张扬这种荒寒。我就是感到荒寒到一定时候,到了不能给人说、又特别想说的时候,就动笔去写小说。孤独也好,荒寒也好,我会去做那样的比较:一个单身,无论他如何地快乐,和一个温暖的家庭比起来他还是孤独的、荒寒的。一个幸福的家庭,和一个兴旺的家族比起来是孤独的、荒寒的;一个兴旺、发达的家族,和一个繁荣的城镇比起来是孤独的、荒寒的;如此类推,小城市和大城市比,大城市和北京、上海比,北京、上海和东京、纽约、巴黎比,小国家和大国家比,比如巴勒斯坦、塞尔维亚、冰岛、塞黑和中国、美国、印度比,还有穷国家和富国家比,如朝鲜和日本、美国、欧洲的国家比。还有,把这个人类放在宇宙里比,这个星体是多么的小啊,它是多么的不堪一击哦。这样一比,就觉得怎么都没有意思了,无论你是一个人、一群人、一个民族,有谁不孤独,有谁不孤寒? 其实,我们人类有一个同样的不被发现的内心,那就是荒寒和孤独。

张学昕:马尔克斯的《百年孤独》也是整个民族的一个缩影啊,当他面对世界的时候,马尔克斯感到的也是孤独,所以他内心所承载的东西也是巨大的、相当沉重的。

阎连科:所以,你写一个人也好,一块土地也好,一个村庄也好,一个民族也好,他们都有其整体的内心。一个人的内心、一个村庄的内心、一个城市或土地的内心,这个内心和你自己的内心是要相通的、相连的,不然,你的作品从意义上讲就小了许多。可惜,我们很少能把一块土地的内心和世界的内心表达出来。很难写出作家与一块土地血肉相连的情感来。其实,这种表达是相当困难的,每个作家在写作的时候,都梦想能表达一种面对土地的情感和思考,表达土地的内心世界,可你能否表达出来就是另外一件事情。具体说,你所要表达的这块黄土地能否像一个人一样活起来,就像屠格涅夫笔下的森林、梭罗的瓦尔登湖那样。这不是简单地说是对大自然的感受,是把土地写成一个活生生的人。这块土地在你的笔下能否像一个人一样有生命,有血肉,能呼吸,有和你一样的喜怒哀乐。只有这样,才算是土地的情感。

张学昕: 你还是想通过一系列作品建立一个自己的小说世界。这个世界不光是人的世界,还是有山水万物的世界。无论是中、短篇,还是长篇,你都是沿着一条道路往前走,直抵人类的某一存在现场。现在有的人说,我们是"后社会主义时代"了,或者是消费主义时代了,那你是不是在寻找一个任何时代都需要有的乌托邦?关于《受活》,王鸿生写过一个《反乌托邦的乌托邦叙事》,我觉得他进入你小说的角度也是不错的。你也是在找一种东西,在《受活》中试图建立一个"后社会主义时期"的东西,虽然包括退社、茅枝婆、整个受活庄的人,包括柳鹰雀们所做的一切,他们试图要建立一种什么。买遗体、弄魂魄山、成立绝术表演团,他们不惜自己的一切在建立一种理想的生活方式,问题是这个乌托邦是由一群弱者、残疾人来建立的。包括柳鹰雀最后也要把自己弄残了,到庄子里来,他认为这里是他生存的所在。我觉得这个很荒诞,也很滑稽,但是我还感觉到,像《受活》这样的作品,你还是想建立一个非常理想的世界。你说你不知道为什么写作,但是隐隐地植根于作品中,从作品中渗透出来的一种东西还是非常清晰的,就是说你精神主体上还是想建立一种东西。只不过这是一个由文字建立起来的梦想世界,一个荒寒的梦想的家园。也许等待我们的就是乌托邦的幻灭。

阎连科: 是啊,既然荒寒为什么还要活着和写作,而不去停笔和自杀?就是你心中还有那么一点梦境的存在。我一直以为,梦境是引导我生命向前的动力和向导。没有梦境的存在,我的眼前就会一片黑暗。梦经常会成为我活着的理由和活着的意义和趣味。比如说我总幻想我母亲能够活到一百岁,儿子会成大才,有很多的钱。知道这些不可能,又总有这样的梦。比如我自己,身体不好,看NBA时总幻想自己在场上跳投三分球百发百中,看拳击时幻想自己跳上拳台如泰森一样横扫天下。梦想,是我们活着并拥有希望的理由。你想,无论是一个人、一个民族,还是整个人类,如果没有梦境、没有梦想,那我们就没有存在的理由了。就是说,没有乌托邦的存在,就没有社会发展的理由了。实质上,我们历朝历代都在为梦境而奋斗,为乌托邦而奋斗。恰恰是一个乌托邦的破灭和另一个乌托邦的建立在引导着人类向前的精神。乌托邦是人类诗意的存在。

张学昕: 关于这一点,你能具体说说吗?

阎连科: 讲我的那个大伯吧。他没有什么文化,不识字,活了八十多岁。可总结他的一生,你发现他从来就没有对生活失去过信心。他是一个理想接着一个理想、一个梦境接着一个梦境、一个乌托邦接着一个乌托邦地生存在生活里。我记事的时候,我大伯最大的梦境就是把家里都盖成瓦房,这是他最大的梦想,像《李顺大造屋》中的李顺大一样。可这个梦想在他那样一个时代是不可能实现的。然而,他就为此奋斗了半生,吃尽了艰辛,也没实现这个梦想。到后来,他的七八个孩子大了,他的最大的梦想是要给每一个孩子成家立业。当这些孩子都一个个结婚成家之后,他就老了,他就梦想自己能活成是村里最年长的人。我们村有人活到过九十二岁,我大伯希望自己活到九十岁。在他年老之后,他每次见我回到老家,给我说的永远是他死了之后希望如何如何。从我大伯七十多岁以后,他感觉他的身体不行了,一天不如一天,他就开始梦想自己死后身后最少要有一百个孝子,浩浩荡荡,一片白色,很气派地把他送入祖坟。我大伯活了八十二岁,他艰难的一生就是被梦想和梦境牵着行走的一生。这就是我的大伯。他的一生活得传奇而又有激情,从来没有对什么失去过希望和信心,直到最后的死,他都怀有死后的希望之梦。

张学昕: 他是很重视死亡的仪式。难道死亡后的送别方式也成了他最后的生命的乌托邦了吗?这同样是很荒寒的一件事。

阎连科: 不是重视死亡的仪式,是沿着另外一种梦境和希望继续他的人生。梦,是我大伯人生的明灯,之所以活着,就是他的人生不断有着梦境的存在。我想,我会以我大伯为原型,写一部小说来。我从来没有以人物原型写个小说,这一次,我想在合适的时候试一试。回到乌托邦的话题上来,那么,乌托邦是不是我们人类的梦境呢?试想,如果没有一个共产主义那样的乌托邦之梦,这样一个乌托邦理想,我们这个民族如何会那么乖顺地度过"文革"、度过三年自然灾害?社会几十年的发展不是都被共产主义这个乌托邦的"明灯"引导向前吗?当这盏明灯到 20 世纪 70 年代末破灭的时候,我们在 80 年代初不是又迅速开始有了小康、中康、大康的梦境吗?不是又有了像资本主义那样的大国富国之梦吗?这是不是一个新的乌托邦的梦想?都在说我们民族没有信仰、没有宗教,可一个一个的乌托邦是不是我们全民族的信仰呢?乌托邦其实是人的发展中的一环又一环的梦中的明灯。是人类为生存建造的诗意的精神之园。前一段时间我在家看陶渊明的诗和陶渊明的传记。仔细去想,陶渊明是多么的了不起,他不仅是诗人、文学家,他应该还是个哲学家、精神建造学家。一千多年后,《桃花源记》成了我们现代文明多么好的一个后花园啊。"桃花源"这块净土不是我们整个繁华社会的乌托邦吗?

独有的情感,是现实存在的艺术标码

张学昕: 我越来越清楚了,你仍是依赖梦想写作,依靠心灵的真诚写作,所以,我们永远要直面现实和自身,远离矫情,蔑视虚伪的情感。请你谈谈"伪情感"这一点。

阎连科:你说的"伪情感",是指作家在创作中不使用自己的心灵写作,不讲真话。巴金说的"讲真话",在这里是判断伪情、真情的最好的标尺和试金石。试想,你在写作中使用的不是自己的情感,不从现实、存在出发,而是放弃自己的写作立场,使用"社会意识情感"进行文学创作的话,那么,你的作品即便感动了自己,打动了人心,这也一定是暂时的,而非长久的。我们以路遥的《人生》为例,以今天的眼光去看《人生》,可以从小说艺术上找到许多不足,但二十多年后,今天去看《人生》时,它仍然是感人的,仍然是打动人心的,为什么?就因为路遥在写《人生》时,倾注了自己的心灵、自己的情感,而非"社会情感"。"自己的情感"非常重要。你的写作,只需要你的心灵去为人物的心灵忧虑和欢乐,不需要你为别的担忧和欢乐。反之,就是你写作时泣不成声,也还有"伪情感"的存在。我是读这些小说长大的,具体说,就是读20世纪50年代的革命小说长大的。你能说这些小说中没有情感吗?他们每个作家都是一边哭泣一边写作的,都是到了不写就夜不能寐的地步去写的。可以说,他们的情感是真挚的、无私的,但今天我们去看,去重读这些小说时,发现一个问题,就是你的情感不是你独有的,而是革命的、大家的、阶级的。这就使这样一大批的小说的艺术高度有了折扣,太不尽如人意。加之他们的小说中放弃的艺术元素太多,所以,我们在面对这一大批前辈作家时,一边对他们表示着应有的尊敬,又一边感到许多惋惜。在我早期的创作中,有许多这些小说的影响,但没有多少艺术的含量。千辛万苦地努力,也就是仅仅会"讲故事"而已,凭借对生活的一些别人也有的庸常情感来写作,而不是独有的情感。咱们有句老话,叫"子不教,父之过"。因此我常说,那时我的小说之所以写得不好,除了我的悟性不高外,前辈作家也应该负些责任吧。

张学昕:这怎么讲呢?

阎连科:马尔克斯最初学写小说时,看的是《变形记》,所以,马尔克斯的成功有着前辈作家卡夫卡的功绩。我最初学写小说时,看的是这些小说,所以,我的失败,前辈作家也不能"不负一点责任"呀。这是一个写作的继承和传统的问题,当然,我们更应该思考的是前辈作家如柳青这样的人,有那么好的艺术感觉,而没有写出理想的作品。谁应该为他们负责呢?

张学昕:显然,他们无形之中就压低了你最初写作或者说审美判断的起点。一个作家的早期阅读和他后来的创作有很大的关系。最早读到的作家很可能影响他一生的写作走向,甚至看世界的方法和叙述的方法、个人情感与存在世界的关系。

阎连科:是这种情况。马尔克斯在读大学时,看完《变形记》拍案而起,惊呼:"天呀,小说是可以这样写的。这样的故事我外婆不是早就告诉我了嘛!"我写小说的时候,看的是另外一些东西,而且老师们也告诉我这些都是好东西,说小说就是要有大众的情感,没有说在创作中独有的情感更为重要,没有说独有的情感才是现实存在的艺术高度与标码。当你需要独有艺术情感的时候,比较一部作品和另一部作品谁好与谁更好的时候,你没有别的作品可以比较,可以做参考的坐标。但这些前辈作家,我觉得首先有一点,他们在写作中都尽力写作了,都倾注了自己的"真实情感"。我们应该看到他们所受到的强大的政治和体制的压迫,这是一个意识问题。但另外一个问题是,面对这样的政治压迫、体制压迫时,作家无法发出自己独立声音的时候,作家的写作立场、人格力量、情感力量是否丧失和完全丧失?是否应该多少葆有一些自己的写作立场和世界观?仔细去想《诗经》的创作,《诗经》里几乎一半的作品也都是关于政治生活的,比如里边那么多宫廷乐曲等,那怎么会不是政治生活呢?怎么不是体制的产物呢?然而,我们今天去研究,去看它的时候,仍然觉得它会有意义。这个意义并不是说它是两千多年前的作品,而是说它有文学的价值。为什么会这样?就是作家的写作立场和个人情感——独有的情感体验。我们再去看陶渊明的作品,除了《桃花源记》和他大量的田园诗,陶渊明也还有三分之一、甚至一半的作品是那种抒怀诗、咏怀式的写作,可为什么这些作品也会有那么强的文学性?就是他写作时倾注的是独有的情感和个人的心灵,倾注了真挚的个人独有的情感。前一段时间,我偶然还看到了一本当年叶圣陶编的小学课本,小学课本里也有宫廷传奇的小故事,这些小故事仍然比我们今天的课本有情感、有趣味、有意义。问题在哪里?就在于作家去观照这些社会、政治问题的时候,完全用的是文学的、审美的眼光,并且在写作中有着作家鲜明的写作立场。用审美的眼光去看待社会、看待政治、看待体制,把自己个人独特的情感融入社会这一个部分,或者是让社会内容、社会问题进入自己个人独有的情感,这是后类作品最大的成功之处,是所谓"红色经典"这类作品最大的缺憾之处。

张学昕:这里就有一个美学的问题在里边。一个好的作家会以自己的方式,也就是以自己的作品的结构、语言、人物、故事等建立一个独特的文本的存在。一个作家眼睛里的世界,他诉诸了很复杂的个人情感、思考在作品里,这完全是一个审美的目光,越过了诸如政治、经济、意识形态等具体的表象的边界,直接进入人的内心,进入人性的深处。面对这个文本世界,我们以一种什么样的接受方式和角度进入作家为我们提供的世界,这关系到个人的文化、文学素养,当然也关乎一个时代的审美环境。我想,一个伟大的时代一定是个有审美存在的时代。

阎连科:简单说,就是以你的心灵去观照时代,以你的真实情感去抒写时代。

张学昕：一个作家要用心灵去体悟自己民族的东西。这个民族在不同的历史长河中有种种复杂的情绪、情感，需要作家去抒写和表达。无论是历史的矛盾、现实冲突的原委，还是内心的隐秘，值得张扬的、令人鼓舞的精神，都会在优秀的作家、诗人的个人独有情感里强烈地涌动出来。故事也好，一两句诗句也好，它蕴含的常常是民族和个人情感的历史。写什么题材不重要，问题在于个人独有的情感是否得到了有效的表达。

阎连科：对，你个人的作品，投入的不应是集体的情感，他人的情感。回到最初话题，所以我觉得，在对"十七年文学"进行评价时，我就是那句话，"文学史的意义，远大于文学的意义"。

张学昕：它们作为一些资料，作为一些问题可以存留下来。文学史能记住或应该记住哪些作品，只有时间才会解决这个问题，尤其面对我们所在时代的这些汗牛充栋的作品。我在给学生讲当代文学史的时候，每一次我都把要讲的作品找出来翻一翻，我真是很打怵，我怎么才能把它仔细地再看一遍，然后认真地梳理一下，脑子里都充斥了自己以往对这些作品的认识，已经根深蒂固了，觉得有些作品我真的有些看不下去。像《红旗谱》、《创业史》，我觉得这里边也有作家的那种困惑、那种复杂的情感的焦虑，但作家的头脑还都是围绕意识形态在转，审美的意识是很薄弱的。这是与那个时代有着直接关系的。

阎连科：在这批作家里，我觉得最有才华的应该是柳青。其余的，去分析它们的作品，在那些长篇中，它们的结构是一样的，塑造的人物是大同小异的，语言个性也是一致的，没有任何作家表现出自己"独一无二"的情感和写作个性。"独一无二"非常重要，我以为"独一无二"不仅是作品的风格，更是作品的生命、作家的情感和生命。

张学昕：你说这个我就在想啊，现在的孩子们看了这些"红色经典"，慢慢地，他们渐渐地也会和现实接触得越来越多，"十七年文学"给他们提供的想象，在他们心里面究竟会产生什么样的反应？那些生活已经完全出现在他们的想象里了，变成他们想象的一部分了，他们会觉得像他们的童话一样。他们是不能想象的，不能想象他们的爷爷们、曾爷爷们是这样的一种叙述，或者说，他们叙述的是这样一种生活。他们为什么这么叙述？他们还会想中国革命史吗？还会想象中国当代史吗？他们会怎么来用这种文本提供想象的依据？对照孩子们自己所处的生活、所处的环境，他们怎么想象他们的未来？包括怎样建立起他们的情感的、精神的维度？

阎连科：要相信，孩子们的眼睛是亮的，内心是敏感的，文学的是非也会逐渐在他们的心里明确和坚定。

张学昕：所以，一个伟大作家，他也就有责任依赖他对生活的独特情感去判断，去思考和书写。

2006 年 12 月 大连金石滩渤海大学国际写作中心
原载《当代作家评论》2008 年第 2 期

"土地"、"人民"与当代文学资源

阎连科　黄　平　白　亮

时间：2007年2月6日
地点：北京·阎连科家中
人物：阎连科（作家）
黄平、白亮（中国人民大学文学院2006级博士生）

黄平、白亮：阎连科老师您好，谢谢您接受我们的访谈。我们的讨论尝试着把当代文学史的诸多"定论"再次"问题化"，重新解读20世纪80年代塑造的"经典文本"，解析不同期刊的文学规划与文学生产，尝试还原制约文学的多重语境与权力机制以及冲突与对话中的文学资源与知识立场等等。其中，在文学史视野中考察一位作家的创作历程也是我们研究的重要对象。您的写作历程跨越了20世纪80年代、90年代以及21世纪初等历史时段，写作方式发生了重要变化。我们知道，写作方式的形成与转变涉及方方面面的问题，比如文学语境的更替、文学成规的转移、作家个人的生命体验等等，同时，也需要相应的文学传统与资源的支撑。我注意到，在您的《两程故里》、《耙耧天歌》、《瑶沟人的梦》等早期作品里，采用的依然是传统的、经典的"现实主义"写作方式，而这是新中国成立以来农村题材小说中最为普遍的叙述范式。进入20世纪90年代以来，您的多部重要作品如《日光流年》、《受活》到最新出版的《丁庄梦》，梦境与现实往往交织呈现，大量使用夸张、荒诞、隐喻的艺术手法。您对"现实"作了明显不同于80年代的叙述处理。众所周知，在中国当代文学中，乡村题材中的"超现实主义"因素非常罕见，而您的小说实际为当代文学开掘了这一重要资源。您是怎么看待自己的写作转型的？

阎连科：我最初的写作是非常传统的。当莫言、余华们写作《透明的红萝卜》、《河边的错误》的时候，我还是深处在传统"现实主义"的影响之中，说白了，那时候的写作就是"讲故事"。之所以这样，是因为我开始热爱写作的时候，走进我阅读视野的是《艳阳天》、《金光大道》、《青春之歌》、《烈火金刚》、《野火春风斗古城》等这样一批"社会主义现实主义"的作品，好一些的是赵树理、孙犁、茹志鹃等人的中、短篇小说，这些是我青少年时期唯一的精神资源，也是我写作的仅有的参照物。我早期的小说不能不受到这种传统"现实主义"的影响。

那时的文学作品,没有给我提供理想的写作蓝本,我的写作起点很低。我曾开玩笑地说:我最初写得不好,除了我自己的悟性和能力较差以外,上一代作家也要替我负些责任。

至于你们谈到我现在小说中的荒诞、隐喻、寓言、象征等有些现代意味的特点,我认为这些和我们通常意义上说的现实没有什么对应和关联,它不是我们大家"公认的现实",但它也是一种"真实"。老实说,我一直觉得,生活中有一种"不存在的存在",这种不存在的存在,也许只有个别人能够看到,能够感知。这样一种"存在",尽管神秘,但它是一种"新的真实",尽管它在生活中会被认为是怪诞、离奇等不可思议的东西,可是它确实是实实在在地存在着的。这种对生活不一样的看法,一直体现在我的小说中。在我早期写作的时候,这些因素已经或多或少地时隐时现。比如我的中篇处女作《两程故里》,小说里写到只要乌鸦在村头飞来飞去,村里就必然会有人死亡。还比如《瑶沟人的梦》里,有一条狗是盲狗,但它一直盯着太阳在看,每天在看,每月、每年都在看。这种细节对故事似乎没有太大影响,不左右故事的发展方向,但放在作品里却非常合适。当然,这些东西写作和阅读时往往是一闪而过,大多都被忽略而去。可它却从一开始就在我小说中存在,自始至终地存在。也许,开始的存在是写作的无意识,是你所熟悉的生活使然,可你写到一定阶段,到了一定时候,觉得你的写作需要变化、想要求新的时候,这些东西就会慢慢地升腾起来,并作为一种大家看不见的线索,逐渐在作品中变成主流,上升到主要的地位,成为一种显而易见。其他的东西,可能反而退回到次要的地位。比如说"荒诞",在表达故事的丰富和复杂上,我认为"荒诞"可能最为合适、最为恰切,所以,荒诞就自然而然地成了我小说的一个要素、一个主要元素。当然,我的写作也不能总按照目前这种套路写下去,下一步还是要变化。可是怎么变还没有想清楚。说到变与文学史的意义,我不太考虑这么写对文学史、对当代文学有什么贡献和意义,我只考虑这么写对我的表达、对我的所思所想有什么意义。我所有的写作,就是怎么痛快、怎么便于表达就怎么写,从不去想有什么具体的意义。回到原来谈的从"写实"到"荒诞"的变化,很长时间读者和评论家都是说阎连科小说的想象如何如何,我也认同说小说的变化是来自想象的加强和丰富,但是,去年我目睹了一件怪异、罕见的事情,这使我关于想象的看法发生了很大的改变,甚至是根本的变化。去年4月,我的大伯去世了,我赶回老家奔丧。我不知道你们了解不了解,在河南,我们那儿出殡把棺材往坟地送的时候,要有很多的仪式。当时呢,我的大伯有一个孩子,也就是我的叔伯弟弟,三十年前死了。因为河南有"冥婚"的习惯,一个没结婚的男孩死了,找一个没结婚就去世的女孩,把他们埋在一起。我的叔伯弟弟三十年前死的时候,家里给他找了一个溺水死掉的姑娘安葬在了一起。当时他们年龄小,照规矩不能入祖坟。现在我大伯去世了,他们的年龄算到现在也都四十几岁了,可以入祖坟了,就把两件安葬入坟之事合办在一起,埋到祖坟里去。这种情况在农村是比较普遍的,就是"红白"事情一起办。前面是我大伯的灵棚,贴满了白色对联,挂满了白花,后面有一个小的灵棚,用一个竹帘子和我大伯的灵棚隔起来,放着一对小的棺材,因为我的弟弟虽是冥婚,但也是"喜事",所以,小灵棚中贴了红对联,棺材上盖着红布,一派喜庆之气。

出殡的那天,从早上天空就下着鹅毛大雪,铺天盖地,周围白雪皑皑。我们都在大雪中跪着进行各种各样的出殡仪式,大家膝盖全都被雪融湿了。这时候,上午九点左右,忽然间我有一个妹妹趴在我耳边讲:哥哥,你快去看看后面的棺材。我就悄悄地退下去,到后面小灵棚中一看,那对小棺材上落满了小飞蛾、小蝴蝶,一个挨着一个,一片连着一片。当时周围大雪飘飘,温度在零下左右,天特别冷。这种小蝴蝶是从哪里飞过来的?而我大伯的棺材上没有一个,飞蛾、蝴蝶全都落在后面小棺材的红布上。看蝴蝶的人慢慢地围得越来越多,大家都说这是特别好的征兆,毕竟后面是一对"新人"嘛。大概十多分钟,小蝴蝶又哗地全都飞到灵棚外面去了,不约而同,转瞬即逝,小灵棚里一只也没了。外面那么大的雪,你们说它们飞到哪里去呢?

从这件事情之后,我开始相信这种"不存在的存在"。也就是说,对"现实"的认识、对"真实"的认识,我从思想上发生了大的改变。经过这么一件"蝴蝶事件",胜过我读一百本名著。生活中的种种奇异和怪诞,它未必是虚空的想象,它实质上就是一种真实的"存在"。由此,我不再对"想象"、"魔幻"等持赞同的态度,有一种你们看不见的存在就是"现实"。这种"存在"的"现实"是难以把握的,是不被别人所发现的。我想我们应该去揭示、描绘出这种"不存在的存在"、"不现实的现实"。我以前的小说已经存在有这样的东西,那么以后,我想我可能会更充分地去描绘这些、展示这些。如果说我的小说荒诞、想象、怪异,我想不会是我以前的小说,而是我以后的小说。

黄平、白亮:20世纪80年代中期以来,"先锋文学"思潮从根本上改变了当代文学的发展走向,对它进行了"重构"。异质的文学资源、文学理论的引入,一定程度上加速了"社会主义现实主义"的衰落,预告着多种写作方式的出现。尽管从一般文学史的描述看,"先锋文学"在80年代末已经"终结",但事实上,它作为一种审美经验和文学范式,仍然在90年代后的文学创作中顽强延续,例如您的作品《日光流年》、《受活》、《坚硬如水》、《丁庄梦》等,就呈现出具有先锋意味的"魔幻现实主义色彩"。您的写作,事实上与当时的"先锋文学"有某种解不开的"密约",而在我们看来,这正是需要在今天语境中"重读"先锋文学、给它更大的历史解读空间的一个依据。因此,我们想知道,您如何看待您的写作与80年代进入中国的"魔幻现实主义"的关联?进一步说,您借鉴的写作资源主要是哪些?

阎连科:刚才说了,我同意某种"超现实"或"潜现实"的说法,但我不同意"魔幻"的说法。比如咱们刚才讲的那件"棺材与蝴蝶"的事情,它的确是"不存在的存在"。它就是我说的"潜现实",但是这种"潜现实",不存在的存在,对我非常重要。我个人的创作始终是在我个人生命的轨迹上发展的,它和社会的转型没有那么明显的联系,比如市场经济、改革开放、全球化什么的,这些和我的写作不发生明显、直接的联系。不管别人怎么评价我的作品和社会、现实的关系,我始终认为它和我自己的内心和生命的联系才最为密切。我的写作过程,其实就是我的生命过程。现在回顾我的写作历程,我发现自己的写作其实是迟钝、缓慢的一段历程,二十多年来,我们的任何一个社会事件、文学思潮,都要很长一段时间才能和我的文学发生联系,我的创作,实质上往往是"慢半拍"。就现在这样一个纷扰的世界,我认识到了它的混乱和复杂,可也许十年以后这种混乱、复杂才有可能真正进入我的文学创作,为什么会这样?这都归因于我的迟钝、慢半拍。但从另一个角度来说,等到十年以后,我们对曾经的历史会认识得更为准确和深刻!

就拿"文革"来说,从"伤痕文学"开始,有许多写作都迅速和"文革"发生着联系,就像昨天发生的事情,今天就进入文学一样。但这对我是完全不行的,过了二十年,我才去写《坚硬如水》。我记得陈思和说过,若《坚硬如水》早十几年发表的话,肯定是一部惊世之作,这就说明我的慢和迟钝。也许我对"文革"的记忆和认识早一些在作品中表达,获得的成功会更大一些,但我做不到。我没有这个能力。这也证明我对社会、思潮反应的迟钝性。回到小说创作也是如此。人所共知,我的小说早期特别传统,当人家探索的时候,我在老老实实地讲故事。大家在"寻根"的时候,我又在写《瑶沟人的梦》那样的"人生与成长",还有一些部队的故事等等。当人家写《活着》、开始"讲故事"的时候,我又走向了另外一个方向,又回来开始所谓的"探索"和实践。

说到当代文学思潮,20世纪80年代的先锋探索小说,对中国文学来说是大功不可没了。比如莫言、余华、格非、苏童等等,也包括此前的马原的小说,都给新时期文学注入了一种新的血液。但是冷静思考的话,会发现一个问题,即我们所有的探索,从30年代施蛰存开始到今天的实验,都是形式的探索。他们往往借用历史故事或者虚构编排,来进行语言和形式的探索,和当时的社会与现实没有什么关系,和人们的日常没有关系。为什么余华在90年代突然写起《活着》,写起《许三观卖血记》?除了他的悟性对文学的灵光感知外,也是为了文学重建和时代、现实的关系,重新寻找和社会的契合点。但是,谈到我的小说所谓的探索意义,我想和那时的"先锋文学"是有根本差别的,它们走的是两个方向。比如说对现实和历史的关注,如《坚硬如水》《受活》和《丁庄梦》这些小说,在这方面是做出努力的,在超现实的层面上,在"潜现实"的生活中,和中国人的生活、立场、历史和现实发生了比较密切的联系。

不过,你们提到的拉美文学,我确实是非常喜欢的。我觉得,我们应该重新认识俄罗斯文学和拉美文学的意义。要说借鉴的话,这两种文学资源都应该借鉴。

今天我们为什么怀念俄罗斯文学呢?包括陀思妥耶夫斯基、托尔斯泰、果戈理、屠格涅夫、契诃夫,甚至包括高尔基,包括《静静的顿河》这样一些作品。因为他们特别关注民族的命运、人民的命运。但我觉得,这种对"人民"的关注,应该是一个作家的创作生命和灵魂。咱们说的俄罗斯文学,它的伟大就在于它对"人民"和民族的爱上。这些作品,基本上都是19世纪的,到了20世纪的苏联文学,尤其到了20世纪后半段,这种伟大的爱和关注逐渐减弱了、消退了。从这个意义上说,我觉得拉美文学在这时候做出了非常好的榜样。我们看马尔克斯的小说、略萨的小说、卡彭铁尔的小说,拉美文学和俄罗斯文学有些不谋而合,他们和俄罗斯文学一样关注民族的命运、"人民"的命运,同时它又有自己独特的文学表达方式。他们的写作个性非常鲜明,就像屠格涅夫说过的话,一个天才最重要的是要发出自己的声音。在拉美文学里,他们把民族的命运、"人民"的命运转化成了他们个人的情感。比较我们当下的小说,也有一些作家关注现实,比如说写"腐败"的作家。我们不能说他们不关注民族和人民的命运,但他们没有把这样的关注转化为个人的情感和独特的表达方式。这里,我想强调的是,我们要用个人的方式发出个人的声音。

比如说,我们今天谈论鲁迅的时候,为什么鲁迅的地位这么高?他的艺术成就未必这么高,可他却有文学之神的地位。为什么会这样?他不是不伟大,只是没有那么伟大,和陀思妥耶夫斯基、托尔斯泰相比,鲁迅的艺术成就真的不能说多么伟大。鲁迅是我们文化的标高,是一个国家文学的标高,到底哪些方面让他成为了标高?我想是鲁迅把那份对于人民的爱和恨以他个人独有的方式表达得淋漓尽致。他对民族和"人民"那份深刻的爱与痛苦,和陀思妥耶夫斯基、托尔斯泰是相通的。鲁迅对民族的爱和恨及他个人独有的表达方式是值得我们永远学习和借鉴的。

咱们再说拉美文学。我最喜欢的拉美文学,其实不是《百年孤独》。对我启发最大的是胡安·鲁尔福的《佩德罗·巴拉莫》,一个六七万字的中篇,比《百年孤独》早问世五十年。这个小说讲一个孩子寻找父亲,他父亲是一个草莽英雄、一个司令。这个孩子一路走去,遇见的全是他父亲留下的孩子,即他的弟弟、妹妹、姐姐等。而且,他一路走去遇到的这些人中,有活人,也有魂灵,但是我们根本看不出来谁是死者,谁是生者。那种阴阳的融会贯通,那种时空的交错,是我们的《聊斋》无法相比的。《聊斋》也有神鬼妖怪,但是我们很容易就能看出来这个是狐狸变的,那个是狗或狼变的。说到对我文学的影响,我觉得最大的影响是俄罗斯文学和拉美文学。这在我的小说中应该是可以看出来的。

黄平、白亮:在20世纪八九十年代文学中,我们发现几乎每一个重要作家背后都有一个"故乡神话",所以有评价认为,"莫言的灵感来自他的故乡山东高密乡,阎连科的力量来自那条延绵不绝的耙耧山脉"。但是,我们所说的"当代文学史",其实是一个包罗万象而又笼统的"大文学史",它是由许多各不相同的"省籍文学史",如"河南文学史"、"陕西文学史"和"湖南文学史"这些"子文学史"组成的。而所谓"河南文学史",不光指一个地域意义上所发生的文学现象,更重要的是指在这里面有支撑着它的一整套的地方志、经验史、风俗史和个人经历等。记得您的《受活》一书的封面上印着:"回家吧,那里有你需要的一切。"所以,我们希望您能谈谈与河南厚重的乡土资源之间的关系,您是怎么理解"土地"、"苦难"这些比较"典型"的"河南经验"的,或者反过来说,这种"故乡神话"和"故乡传统"是否同时也促发了您创作中的"反叛倾向",与由此形成的写作模式之间产生了某种紧张的关系?

阎连科:对于我来说,我力求自己的创作和土地保持血肉相连的关系,这种关系越密切,小说的生命力就越强。我叙述的每一个故事都离不开这块土地,我只有把故事放置在这样一个背景中,我才能得心应手地写下去。我在写作之初考虑的东西,也许很宏大,比如"人民"、国家、民族等,但反映在我的作品中却是非常小的,还是离不开自己生长的那块土地。离开这块土地,我连一个情节和细节都虚构不出来。鲁迅最好的小说,还是取材于他所生长的那块土地上,若离开那块土地,也就没有什么优秀的作品。还有沈从文的小说,若离开湘西,作品就不会有太多值得称道的东西。若从这个层面来看,作家之间都有相似之处。但这也成为作家写作中最为困惑的地方之一,就是以乡村为背景来写作的作家们在得益于乡土生活积累的同时,在某种程度和某些层面上,也受制于乡土生活的局限,以致不少人在创作中缺少想象力的飞扬和升腾,存在不断重复的现象。很多从乡村走来的当代作家都很难摆脱这一矛盾。我个人也存有这一困惑,很难突破。比如贾平凹也写过城市的题材,但《白夜》、《土门》就艺术水准而言都不是很成功,和《浮躁》、《秦腔》无法相比。当然,《废都》另当别论。莫言是个了不起的人,他写了那么多东西,从来不去碰他不熟悉的东西,这就是智慧。我以为,贾平凹、莫言以及我这些土生土长的作家,若离开土地去写关于城市的作品，其实都写不过卫慧的《上海宝贝》和棉棉的《糖》。哪些东西是自己的，哪些是别人的，作家写作到今天，在头脑中会有一个清醒地认识。你的父母把你生在某块土地上，就注定你的作品所表述的一切都不能逃离出这块土地。离开不仅是一种疏远，还可能是一种失败。

但如何让土地超越文本的意义，就是在热爱这块土地的同时，还要像鲁迅一样真正关注我们的民族，关注这块土地之上、之外的"人民"，而且还要看你关注的深切程度，这是一件作家最难突破和表现的事情。现在，我考虑的就是如何让我的作品和这块土地上的万事万物离得更近一些，而不是更远。我离开家乡已经几十年了，离那块土地已经有了一定的距离，今天去回首那些人、事、景、物，你都很难与之对话。每年春节回到乡村过年，人人看你都不是童年的你，而你看人人，也都不是你回忆和想象中的人人。就我的作品而言，从表面看，似乎和那块土地紧密相连，其实是和土地拉的距离越来越远了，这是我写作中最为担心的、最需要警惕的。比如《瑶沟人的梦》，这是一个非常传统的故事，为何能打动人心？就是因为它与那块土地是紧密结合的，在情感上是紧密相连的。对于我现在的创作而言，也许从语言、结构、叙事上更加纯熟，但在情感上我最害怕和那块土地越来越远。我害怕"技术削弱情感"这种现象。每次写作，我都希望自己的情感能真正地回到那块土地上，这非常难，但又非常重要。因为在创作中若想有新的拓展，没有那份情感，就永远不会有超越。

在中国文学界，尤其是20世纪90年代以来，河南作家的确给文坛带来了某些新的气象。然而，我不认为有"河南作家群"，当然也不会有所谓的"豫军"了。所谓的"湘军"、"陕军"都是媒体操控的结果，贾平凹、路遥、陈忠实之间的创作差异多么大，他们之间没有特别的可比性。不能因为他们出生在同一块土地，恰恰又在相同的时间内写出了重要的作品，就认为形成了一股"陕军东征"的态势；而且至今为止，也没有看到有出色的评论文章来清晰地论述他们之间具体的联系和差异。对于河南作家来说，比如姚雪垠、李准、刘庆邦、刘震云等，他们之间就没有什么传统和联系可言，当然也不存在"河南作家群"了。然而，不能否认每一块土地上产生的作家，他们都有文化的相似性、文化根源上的一致性。比如刘震云、周大新的小说，刘庆邦的部分短篇，还有我的一些小说，作品中都有对"权力"的叙说。可是，其他省的作家如陕西作家、湖南作家不是也有对权力的关注和批判吗？每个作家，对"权力"都有不同的看法。既然都是河南人，大家原本就生活在河南这块曾经的政治、文化中心，就会不约而同地关注它，但这不能把他们"群"在其中，这不利于文学的探索和发展。

对于今天的河南作家来说，还远远没有充分表达出中原文化的博大精深来，还没有一人写出一部顶天立地的作品来。对于我个人的创作来说，我希望自己的作品和其他作家作品的差异性越来越大。当别人认为你的作品和其他作家作品之间的差别特别大的时候，也许就是你的作品真正最有价值的时候。就河南李准来说，若后来的河南作家都依照李准的写作模式和写作风格来创作，那样也许会形成"豫军"，形成"河南作家群"，可那才是河南作家真正的悲哀。一个作家不需要去迎合什么，最重要的是你要摆脱什么。河南作家现在创作的最大问题的症结也恰恰在这里。

说到"苦难"问题，我认为现在的评论和写作把"苦难"简单化和笼统化了，而我想表达的是人之所以为人在生存中的疼痛，这是一种人的疼痛，并不是某个人、某一个阶层人的苦难，我想自己的表达可能不够到位，所以评论者都拿"苦难"来定位它。但是，无论是《日光流年》、《受活》、《年月日》，还是《丁庄梦》，你都可以从中发现人在生存中精神上的疼痛。我一直以为自己表达还是算充分的，但评论者们仅仅用"苦难"两个字就概括了全部，这很让我说不出什么来。也许，"苦难"对评论家来说更好论述一些吧。还有一个重要的问题，就是中国文学不能简单地停顿在苦难上。我的小说在这个层面上停留得有点久了，而且，"苦难"在我的笔下似乎过分集中了。我认为文学应该全方位、不停歇地向前发展。比如封建问题，这个社会固然存有许多封建专制的问题，文学应该关注它，但如何关注就非常重要了。如果我们还要延续现代文学以来的反封建写法，就过于陈旧了。"苦难"也是同样一种情况。如果大家都在论述中说我所写的是一种"苦难"的话，那么，我认为我也应该到此打住了，尽管我的表达和现代文学以及同时期作家的表达不同。大家不约而同地关注我小说中的"苦难"，而且形成一种共识的时候，也就证明我创作当中存在着一个不可小觑的问题，我必须开始警惕这样的创作倾向了。

黄平、白亮：您的写作一直纠结着20世纪中国文学的一些"关键词"，比如"革命"、"政治"、"现实"、"民间"、"人民"、"生存"、"苦难"等。您笔下的"人民"等"大词"，与"左翼文学"传统、"社会主义现实主义"这一知识谱系的"人民"，既有某种历史同构性，也存在着时代性的差异。当然，这些关键词和修辞大量而集中的存在，与20世纪的历史和国情有极大关系，不了解这一百年中国历史的研究者，就无法真正进入到对它的研究工作当中。但是，这个问题也很复杂，有些关键词的内涵还在不断发展、延伸和变异，如"底层"等即是如此。它在一百多年来的不同时期，其内涵和对它的理解是有很大不同的，并不存在一个所谓的"同一性"。最近几年，文坛上关于"底层文学"的讨论非常热闹，当然分歧也非常大，有人甚至认为它是一个伪命题。我们注意到您2006年4月在北京某图书馆的一次演讲，就以"文学和底层人的生活"为题。您如何看待"底层文学"与您的写作的联系？进一步说，您如何看待写作者在这一大的话题之中的知识立场?

阎连科: 关于"人民",我们今天不断地强调俄罗斯文学。从那里,我们才能更清楚地看到什么是真正的"人民"、"国家"和"民族"这些概念的文学含义,而从"左翼文学"中,却很难看到这一点。或者说,"左翼文学"中说的"人民"有较强的阶级性,有较多的意识形态的意味。可我理解的俄罗斯文学中的"人民",有更多的文学的意义,有更博大的爱和被爱的意义。当然,不能说社会主义现实主义文学表达的不是人民,但它们不能代表我所理解的"人民"。这样的作品,有很多是在"文学创作要深入到火热生活中"的文艺方针的指导下写出来的,大都是写我们这个社会主人翁的生活、工作和战斗。客观地讲,在"深入火热生活"这一思想的指导下,其实,真正的"底层人民"已经被排出到火热的生活之外了。因为真正的"劳苦大众",并不在我们说的火热的生活中间。比如就今天说的"火热生活"而言,"农民工"和大量的城乡贫困阶层,他们本来是"人民"中最重要的组成部分,然而他们并不生活在我们社会的"火热"之中。真正的"人民",应该是金字塔底座的这部分庞大的人们,是他们支撑起了金字塔的巍峨,可我们通常说的火热的生活,说的并不是这样的人。尤其是"十七年"的文学,几乎忘却了这一点。还比如,今天盛行的"革命历史小说"和影视作品,他们继承着"左翼文学"和"十七年"的一些传统,也继续着"十七年"的文学,好像代表着"人民",也常常以"人民"的名誉自居,其实都是些真正脱离了"人民"的作品,它们歌颂的只是些"生硬打造"出来的"英雄",而不是真正的"人民"。所以那时的大多数作品和现在以主流面目出现的一些作品,其中所谓的"人民性"写作,都是一些"伪人民",甚至连现实主义都不是。现代文学中"左翼文学",它稍显偏激和狭隘,其中的"人民"、"革命性"等,多少有些"政治话语"的再表述。正是这一点,被今天的一些"伪人民"的作品以继承的名誉所利用。看到过一句某评论家的精彩之言,说:"30年代文学的伟大并不在于它本身的伟大,而在于30年代之后文学的过分渺小。"这句话你可以不赞成,但不能说没有一点道理。

刚才,你们所提到的"底层写作",是一个非常有意思的话题,有趣的是,写作"底层"的人都不是底层的人,这是一个非常重要的问题。当我们今天去看《诗经》的时候,其中大部分作品都是劳动人民写的。当然,你不可能让来北京打工的农民坐下来写一部小说,就是典型的"底层写作"了,这也不够实际。李敬泽说过一句话给我的印象很深,大意是说虽然写"底层"的作家笔下的人物往往显得生硬,但他们塑造的"小姐"却十分地生动。这话虽然有些尖刻,但从某种程度上反映出来这样一个问题。还有,现在的"底层写作"在艺术上都不够成熟,都还存在着粗糙之处,这也影响到人们对这一文学现象的探讨。鲁迅笔下的阿Q、祥林嫂、闰土等,能说这些人物形象不是底层人吗?《骆驼祥子》中的祥子不是底层吗？《生死场》、《呼兰河传》中的人物不是底层吗？《边城》中的人物不是底层吗？拿这些人物和今天的所谓"底层文学"中人物相比，和现今的"底层写作"相比，艺术上的差别就太大了。我始终认为，现今的"底层写作"只是具有一种"话题"的意义，而不具备一种文学的意义。就说当代文学，余华的《活着》、《许三观卖血记》，莫言的《丰乳肥臀》、《檀香刑》，王安忆的《长恨歌》，阿来的《尘埃落定》，甚至《白鹿原》、《马桥词典》、《古船》、《万里无云》等，不也写的都是底层吗？不能简单地说，凡是写农民离开土地到城市打工的就是"底层写作"，反之，就不是。这就把"底层写作"理解得过于狭隘了。我想，不管你是写底层人，中层人，还是上层人，你的作品首先要是文学的，而不是"什么人"的。当你的作品具有了文学意义的时候，再来讨论它是否是关于"底层"的可能更有意义。还有，当我们讨论什么是"底层"文学这种题材时，就像乡村题材、城市题材、工业题材的时候，其本身的文学意义就已经减少一半了。比如我们现在讨论"军事文学"，可现在的军事文学没有一部作品超越苏联反映第二次世界大战的战争文学，如《方尖碑》、《活着就不要忘记》、《这里的黎明静悄悄》、《萨什卡》、《第四十一个》等这一批作品，如今已经过去五六十年，我们还没有人家写得好，那我们还谈什么"军事文学"呢？然而，当我们讨论《战争与和平》、《静静的顿河》、《第二十二条军规》、《潘上尉与劳军女郎》这些纯正的"军事文学"的时候，我们又不会去说它们是"军事文学"，为什么会这样？这就是文学意义的大小所致。我们不说《战争与和平》是军事文学，而说《这里的黎明静悄悄》是，问题就在这里。我们不说《骆驼祥子》是"底层文学"，而说今天的一些写"农民进城"的作品是"底层写作"，这本身就已经限定了文学意义的大与小。

  我的确是在哪里说过"底层人生活与写作"那样的话题，但那不是讨论今天被评论家说的"底层写作"，谈的是大量的"艾滋病人"的生活现状和我个人的写作，不是今天说的"底层写作"。这是两个话题。那时谈到好像是说一个作家面对现实时应该有自己的世界观、文学观和历史观的问题。具体说，就是作家的写作立场，这一点我一直认为非常重要。应该说，我的小说和现实相对来说比较贴近。这使我经常想一个问题，我们的现实也好，历史也罢，永远摆脱不了的是一个乌托邦的问题。比如说1949年之后，我们的社会彻底进入了一个共产主义的乌托邦时期。几十年后我们才从梦中醒来，牺牲了几代人我们才慢慢明白，我们的贫穷、我们的饥饿、我们的人口爆炸……我们面临着这么多的社会问题，与那时对乌托邦梦寐以求都有直接的关系。明白共产主义不是那么简单就能实现的这一点。我们的民族付出了这么大的代价。在这个基础上，我们意识到必须选择另外一条道路，比如改革、开放等等。但是，是不是我们从一个梦想又进入到了另一个梦想呢？从一个乌托邦进入到另一个乌托邦呢？现在看来,我们的社会可能进入到一个发展的悖论之中。我不知道我的这种感觉是否正确,但面对现实时我就忍不住这样思考。这种认识、这种对现实的立场也许对别人无关紧要,但对我来说、对我的写作来说必不可少。那次谈底层人生活和写作好像就是谈了这个观点。

当然,作家的历史观和文学观在写作过程中是不断被修正的,随着观念的逐渐清晰和改变,作家自然会在创作中将他对历史和社会独特的认识表达出来。一个作家的世界观和历史观修正到了哪一步,他对历史的变化和言说才能表达到哪个层面上。这个问题,不进入作品都难以说清楚,让小说离开文本来说什么都是空的,只有深入到作品中去回顾那段历史、面对现实时才能真正明白什么是合适的、正确的。我对历史作不出任何的理性分析,因为我没有那种能力。但是小说作者并不是一个历史学者,分析一段历史的得失对一个作家的要求是过高的。比如《坚硬如水》,我在这部作品中真正的缺陷是没有对"历史"表达出一种更为独到的见解,这种见解有时甚至可以是狭隘的、偏激的。《受活》也是如此,比如共产党的发展史、社会秩序的演变史等,在《受活》中我都没有表现出极具个性的见解和看法。而面对"底层写作",需要的也是这一点,不光需要你写出对"农民工"的同情来,还需要你写出更深层、更个人的理解来,写出更有文学价值的文本来。

黄平、白亮:在一个作家漫长的一生中,除了创作,与他关系最密切的大概就是文学批评和文学史了。不管作家承认与否,正是这三种因素的"合谋",才把作品和作家塑造成"文学的经典"。我们知道,作家们对这些问题看法不一,有些作家不在乎评论家的看法,而有的作家可能很在意来自评论界的意见,甚至参考评论家的意见来修改自己的作品。我们想知道您如何看待评论家的批评与您的创作之间的关系?此外,这几年的当代文学史写作、出版呈现繁盛的局面,洪子诚的《中国当代文学史》、陈思和主编的《中国当代文学史教程》、孟繁华和程光炜的《中国当代文学发展史》等重要的文学史著作先后出版,基于不同的文学理念与知识背景,对同一文学现象、作家创作作出很多迥异的评价。您如何看待您的写作与文学史的关系?

阎连科:评论家的批评与我的创作之间没有那么明显的关系。评论我的文章,我会认真地去看,尽管他们所论述的在一些地方也确实和我想的不一样。现在文学界有一个不好的现象,就是作家和评论家的不合作超过了以往。现在的评论家对文本的分析越来越少,作家也和评论家之间产生了不小的隔阂,形成了一种"貌合神离"的态势。对我来说,能够指出我作品中存在的问题的评论家是非常重要的。他指出来,我不会不高兴,而且会对他倍感尊敬,我会仔细去思考和琢磨这些问题。这对我以后的写作是有很大帮助的。另外一点,我是读书比较少的人，评论家恰恰是读了很多书的人，他替代你起到了读书的作用。你没有可能博览群书，但许多评论家有这样的能力，他们读了很多书。他们对你的评论洋洋洒洒，经过多角度的比较，你自己也会从中发现自己写作中的很多优势和问题。比如就《坚硬如水》来说，曾有评论家谈到这其中有对"革命＋爱情"的写作模式的颠覆。但事实上我在写作中，对这种模式根本没有想过。事后自己想一下，从20世纪30年代开始，确实有这样一种写作模式传承下来，并被当代一些作家不自觉地在作品中来仿效。评论家不告诉你，你就是一种无意识的写作，告诉你之后，你再次面对同样的题材的时候，就会有意避免以前写作模式对自己的影响，努力寻求新的表述方式。所以，我一直强调评论家替我读了很多我没有读到的书。如果评论家不关注我的作品，就会让我失去警惕一些问题存在的机会，就会使我失去一个顶十个、百个、千个的最好的读者。评论家是最具评判性的读者。说实话，我非常在意这一点，在意一些真正的优秀评论家的看法。

  刚才我说到了评论家和作家的关系。其实，评论家都是那些知道小说怎么写的人，而作家是那些不知道小说怎么写的人。评论家能看到你作品中的不足之处，作家在写作中恰恰不知道自己小说的不足之处在哪里。反过来说，正因为你不知道，你才会不断去实践、去探索。再说文学史，文学史我以为是评论家要关注的事情，写作是作家的事情。作家只应该对作品关心，不应该对文学史关心。不要管别人怎么说，文学史如何评价，自己踏踏实实地把小说写好，就完成了自己的任务。当一个作家过分关注文学史对自己评价的时候，也许你就会离自己小说越来越远了。当你离文学史远一些的时候，也许离文学就更近一点了。面对文学史，作家的心态应该更平和一些，不管当代文学史的评价正确与否，是否谈到了你，它都是相对公正的。每一个评论家都试图以公正的眼光去看待文学和文学界，他们所写的文学史都比作家所考虑的文学史公正得多，因为作家所考虑的文学史永远只是看到自己所喜欢的作品，评论家一般不会这样。沈从文、张爱玲、萧红等作家就是典型的例子，他们最终进入了文学史，就是因为他们给我们的文学留下了非常出色的小说，而不是他们关注了文学史。把小说写好就是你的一切。你没有写出好小说，一切都没有意义。

原载《南方文坛》2007年第3期

《受活》:超现实写作的新尝试

李 陀 阎连科

时间:2003 年 12 月 5 日晚

小人文学时代的一次超现实写作的尝试

李陀:《受活》我看过了,咱们来谈谈这部长篇小说。

阎连科:对于《受活》,其实我脑子里空空荡荡,我总是写完小说——尤其是长篇和一些重要的中篇,就有一种透支的感觉,感到一种虚空,无所适从和依附,其结果是自己连对自己作品的把握能力都没了。这不光是身体上,还有精神上、思想上,完全对作品失去了控制和爱,像刚生完孩子的母亲,第一眼看到自己的婴儿时,并没有咱们日常说的母爱和冲动一样。几天前,听一位朋友看了《受活》说,这部小说没有《日光流年》好,听了这话,无异于对我是重重的一击。

李陀:那他可能是用写实的标准来衡量你这个新长篇,而且他有一个绝对的写实主义的要求。可是我觉得这样的要求,对《受活》这部小说来说并不合适。这部小说的叙事比《日光流年》复杂,其中有很多超现实的(但不完全是在超现实主义的意义上这么说)、荒诞的因素和手法,在叙事的推进中,这些因素和手法跟写实的动力缠绕在一块儿,使叙事充满矛盾、充满张力。这可能会让有些人不大习惯。

我说的张力的一头是写实主义,某种写实的自觉,使小说叙事充满着对中国农民命运的关切。在"后文革时代"这二三十年里,在中国前所未有的巨大的历史变革中,一个严峻的现实是,农民并没有从改革中像社会中某些阶层那样得益,大多数农民还没有摆脱贫穷,当很多富人忙着买别墅、买汽车的时候,农民离小康还远着呢。这些年,你的写作一直保持着对农民处境的关注和思考,形成你写作的基本动力,这很不容易,这样的作家,在中国当代已经不多了,寥寥无几。说到这儿,我们甚至可以说,现在的文学对工人、农民有一种背叛。为什么这么说? 这又涉及工农兵文学——这是一个非常复杂的老问题,我们现在还找不到合适的语言把它理清说顺。问题的复杂性在于,"工农兵文学"从历史上说,的确在很长一个历史时间里,形成一种对文学的严重束缚和枷锁,最后走向自己的反面,变成与工农利益相对立的一种官方写作。但是,它还有另一方面:在历史上,这是第一次要求知识分子跟工人和农民同命运、共呼吸,要求写作这件事与消灭剥削和压迫的解放事业联系起来。这很了不起,不但有它的历史合理性,而且深刻地影响了近半个世纪中国包括文学在内的各类写作的发展。这形成了一种非常复杂的情况,让中国文学长期陷在一种困境当中,无论在官方文艺政策层面,还是在作家的写作实践层面,都充满了深刻的矛盾。这个困境随着"文革"的结束,不但没有得到解决,反而加剧了。除了个别人的写作,作家们(或者是以作家为象征的整个知识分子群体)不但告别了或者是否定了革命,而且还心安理得地从根儿上否认工人农民在文学中应该有的地位。这算不算是一种背叛?我们打开电视看看,全是帝王将相、才子佳人,工人在哪儿?农民在哪儿?占中国人口多半数的穷苦老百姓在哪儿?我看见的,只有赵本山的电视剧《刘老根儿》在屏幕上独树一帜,虽然有很多毛病,但是我还是相当喜欢。

再回到《受活》上来。形成这部小说张力的另一头,就是它的非写实主义(或者非现实主义)因素。其实,《日光流年》中已经有非写实的成分,《受活》和它有明显联系。如果以福楼拜那样的写实主义要求,从人物性格的发展、情节的转折以及细节的描写,都要有合理性,要有"真实"的根据,从这个角度说,《日光流年》也不是纯粹的写实主义,但是,这也正是《日光流年》的过人之处。没想到的是,你在《受活》里把非写实发展到这样一种地步——一种荒诞、超现实的叙述方式,在整部小说中和写实主义构成一种紧张,互相交错,非常好。开始读的时候,读者会感觉这部小说的写作方法和《日光流年》没有很大区别,可是到"购买列宁遗体"的情节出现时,已经有点意外,后来,等到残疾人"绝术团"这一情节出现的时候,荒诞的、超现实的意味已经非常明显。不过在这个时候,在写实和超现实之间,叙事上还有一种平衡。小说近结尾的时候,故事发展到绝术团被困列宁纪念堂,就已经没有什么写实因素了,完全是一种荒诞,把一种现实生活中本来就具有的"冷酷"(或者是"残酷")在结尾时突然用一种超现实的方式表现出来。

但是,《受活》的价值和意义,不能只从形式、技术层面去讨论。

进入20世纪90年代以后,中国文学来了一次大变脸,变得好快!首先,作家群体的性质发生很大变化,写作人的成分和80年代有很大不同,有以版税、稿费养活自己的自由撰稿人,也有随着网络写作兴起而出现的数目庞大的网络"写手"。他们的出现,使"写作"这种活动不再仅仅是文化行为,更多的是经济行为。写作的性质发生了巨大的变化:写作被并入了与现代文化工业相匹配的文化/经济体制之中,写作变成某种特殊的"生产",它的"产品"和其他商品一样,也是靠利润做动力,适合"投入/产出"的模式。这样,写作成了一种行当,在这行当里纵横驰骋的,绝大多数都是改革中的获益者,写作中表达的情感、愿望、理想也自然都是改革中获益社会阶层的情感和需求(看看电视里的广告和娱乐节目,这表现得再清楚不过)。而且,反过来,他们又用写作进一步加强、巩固这种体制,那真是如鱼得水,一股随着暴富或小富而来的得意溢于言表。说实在话,如果中国没有几亿农民,没有千百万下岗工人,没有贫富差距迅速拉大带来的严重社会问题,这情况还不错。可惜,现实非常严峻。在这样严峻的现实面前,文学写作获得了一个新姿态,就是自觉不自觉地进一步加强了80年代以来文学对工人农民的疏离。不过,真正严重的,还不是文学抛弃了下层老百姓,而是这种抛弃给文学带来的后果。依我看,这后果就是出现了一种文学,也可以说文学发展到了新的阶段,不是什么"后新时期",也不是什么"后现代",我认为可以把它称之为"小人时代的文学"。为什么是小人时代的文学?为什么强调小人?这里的"小人"不是指"君子坦荡荡,小人常戚戚"那个小人,也不完全是贬义词。大概来说,这里的"小人"主要是指"小资",也就是近些年迅速崛起的中产阶级和新兴市民阶级。那么,为什么用"小人"来代替"小资"这个已经相当流行的说法?因为就文学批评来说,"小人"更形象:当代中产阶级的愿望、生活理想和价值的确都很小,都建立在特别琐碎的"物"以及对这些"物"的神往和消费上,一瓶香水、一管唇膏、一套西服、一辆轿车、一栋房子——"自我实现"也好,"生存价值"也好,全是由这些琐碎的"物"来决定的。这种依赖"小"构成生活意义的意识形态(可以套用一句话:小的才是美好的),和消费资本主义的急剧扩张有关,也和中产阶级与资本之间的复杂关联有关,这里就不作仔细的讨论了。总之,从一定意义上说,我觉得我们现在的时代就是"小人时代"。这个时代的特点之一,就是"小人"们常常掌握文化领导权。在他们领导下,文学的内容必然越来越琐碎,不要说把人类解放的目标放进去,你就是稍微放进去一些高尚道德、英雄色彩,就会马上被嘲笑。问题的复杂还在于,对这种"小",你不能简单从道德层面上去给予评判,中产阶级社会的形成有历史的必然性,可以说是资本主义发展的必然产物,所以,中产阶级要有自己的文化追求,创造自己的文化空间,你不能简单地说不对,也不能简单否定。《庄子·逍遥游》有小麻雀对大鹏鸟的嘲笑:"彼且奚适也?我腾跃而上,不过数仞而下,翱翔蓬蒿之间,此亦飞之至也,而彼且奚适也?"这小东西得意洋洋,有它的道理和逻辑,庄子说这是"小大之辨",小和大都有合理性,的确是相对的。所以问题的关键不是"小人时代的文学"到底是"好"还是"坏",是应该赞成还是反对,小人们当然有权利写他们自己的感情和生活,真正的问题是,那些手里没有笔杆子的下岗工人、民工、还在穷困中挣扎的农民,他们怎么办?他们的感情、愿望、思考、喜怒哀乐,它们的"显意识"和"潜意识",怎么来表达?

这个问题的解决,我想在某种程度上要靠作家。作家这个身份有特殊性,不要说并不是所有的作家都来自中产阶级,就是身在中产阶级的作家,由于作家和社会的特殊关系,由于写作所形成的历史传统,由于文学写作本身所具有的主体自我反思的能力,也不能只看眼前,只顾自身,只为自己所身处的阶层说话。托尔斯泰是农奴主,巴尔扎克是保皇党,金斯伯格是大学教授,列侬是红得发紫的歌手,但是他们一点都不小气,都关心大问题,对社会中的不义、压迫、贫困有很高的警觉,该对社会发出批判声音的时候从不犹豫,是不是?

因此,《受活》中的超现实写作的更重要的意义,还是你找到了一种适合今天中国现实的写作形式来对现实发言,尽了你作为作家应尽的责任。这责任既是社会的,也是文学的。

阎连科:今天我们敬仰20世纪30年代的文学,敬仰30年代的作家,除了敬仰他们的作品、敬仰他们给汉语写作带来的开创性成就以外,还敬仰的就是他们对"劳苦人的命运"的书写。我非常崇尚、甚至崇拜"劳苦人"这三个字。这三个字越来越明晰地构成了我写作的核心,甚至可能会成为我今后写作的全部内核。但是,当你真的去表达"劳苦人"的绝境时,你会发现一个问题:文学发展到今天,七八十年过去了,对劳苦人绝境的表达,不仅没有深入,而且还在倒退。可以说,劳苦大众已经从文学的舞台上退场。而今天粉墨登场的是那些有钱阶层,是你说的中产阶级和小资。文学是个大舞台,谁都可以登台亮相,但千百万穷苦人、劳苦大众从文学中消失,这就有了问题,说明文学有了富贵病、软骨症,甚至已经骨坏死。另一方面,就是我们的写作本身,在表达现实时,却充满了庸俗的现实主义、粉饰的现实主义、私欲的现实主义,如此等等,在当下的写作中,现实主义已经成了一个垃圾桶,再也没有了它的庄重、严肃和深刻。而与此相对应的生活现实,却越来越复杂,越来越令人难以把握。任何一种主义、一种思想,都无法概括我们的生活现实和社会现状。一切现有的传统文学手段,在劳苦大众面前,都显得简单、概念、教条,甚至庸俗。今天,我们的一切写作经验,都没有生活本身更丰富、更深刻、更令人不可思议。一切写实都无法表达生活的内涵,无法概括"受苦人的绝境"。使用任何狂放、细腻、周全的写实手法,所表现的所谓的写实,都显得简单、粗浅、小家子气,使写作者感到力不从心。所以,我想我们不能不借用非写实的手法,不能不借用超现实的写作方法。只能用超现实的方法,才能够接近现实的核心,才有可能揭示生活的内心。不这样,我觉得自己的写作难以为继。而且我不希望方法只成为方法本身,还希望方法是写作者的本身,是表达和揭示的本身。

李陀:其实鲁迅也曾经做过超现实或超现实主义写作的尝试,像他的《野草》《故事新编》,非常了不起,遗憾的是后继无人。而《受活》,在某种意义上继续了这种尝试。当然,这种努力不是你一个,比如莫言的《酒国》,也是做了这样尝试的一部重要作品,我也非常喜欢,一直想写评论,但总写不好。

阎连科:《受活》对我个人来说,一是表达了劳苦人和现实社会之间紧张的关系,二是表达了作家在现代化的进程中那种焦灼不安、无所适从的内心。如果说《日光流年》表达了生存的那种焦灼,那么《受活》则表达了历史和社会中人的焦灼和作者的焦灼。

李陀:对,你不但表达了这种焦灼不安,而且借助超现实手法表达得非常强烈。但是,我认为《受活》真正成功的地方并不在于对农村和农民的苦难的大胆揭示,这有人做过,现在也还有人做,不论用文学的方式还是用其他方式。这部小说的独特之处,是对农民苦难和农村文化政治这种特殊的政治形式(还有它的体制)的复杂关系的描绘和揭示,而且,这种描绘和揭示不是用写实的手法,而是荒诞、是超现实。这让我想起了赵树理这位伟大的作家。如果要证明"工农兵文学"有合理的内核,赵树理的写作应该是个证明。当然,要证明"工农兵文学"最后走向了自己的反面,赵树理也是个证明,因为他的写作在后期正是被"工农兵文学"的文艺政策所迫害。历史的辩证法就是这么无情。为什么你的写作让我想起赵树理?因为他的写作里,经常有农村政治,特别是文化政治的内容,从《李有才板话》到《三里湾》,都是这样。并且,依我看,正因为他对农村的特殊的文化政治的特别的关注,并且坚持他对这种政治的个人的理解(可惜研究赵树理的人很少从"农村政治"这角度看),他才受到压制和打击。不过,在他的农民生活画卷里,对当时农村文化政治的批评主要是靠非常温和的讽刺和夸张,这和他的写实主义视野有关。《受活》可以说在这方面是在继续赵树理的写作路子,只不过你不再受写实的限制,这使你的小说涉及当代农村文化政治的时候获得更大的自由。

浓墨重彩的漫画人物

李陀:具体一点说,特别是表现在柳县长这个人物的刻画上。我们可以说柳县长是个农村政治家,是中国在社会主义时期,特别是改革开放时期千百万个农村政治家的缩影和代表。可是过去我们不这么看,老是把他们说成是"农村干部"。就是这些人,形成中国各层干部和公务员的庞大的后备队,他们中有不少人仕途顺利,逐渐登上很高的领导岗位。如果检查一下近些年被抓出来的那些贪官污吏,其实有不少都是从这些农村政治家里出身。读一下 2003 年 8 月 22 日《南方周末》关于大贪官、原安徽省副省长王怀忠的报道,这坏蛋的经历就很像你笔下的柳鹰雀,聪明、机智、狡诈、野心勃勃、深通权术、有想象力、有政治理想,典型的农村中的"能人"。当然,你笔下的柳县长并不是现实的王怀忠的文学版,如果那样就和当下的一些新黑幕小说没什么区别了。小说里的柳县长是一个充满荒诞的漫画人物,在小说中可以说是浓墨重彩,荒诞色彩特别浓厚。但是,我感觉这个人物的漫画化还不够。比如在"受活庆"的情节里,如果有更多的漫画化的细节就好了,不过到了故事后面又好多了,如柳县长在列宁的水晶棺下面给自己也造了一个水晶棺,这荒谬之极,可也使你的漫画化的手法得到了进一步的强化。

阎连科:说到柳县长这样的人物,在现实生活中其实可以处处找到他们的影子。对那些执政掌权的人,你仔细去分析、去研究,他们中的很多人都是以革命为幌子,而所要达到的目的,却是绝对个人的、私欲的。比如说欲望,他们执政的目的就是为了满足自己的某种欲望,可他们的言行却永远是以革命的名义和人民的名义。这不是一个虚伪的问题,说虚伪就把人物和问题简单化了。我以为这是"某种革命的必然性",是体制塑造了人,是体制异化了人,是"异化人"和体制相互结合、相互作用的结果。这种体制,必然培育和产生这样的人物,必然造就一批又一批柳县长这样的人物。柳县长这个人物,从表面上看,是夸张、放大、漫画化。但从深层说,是另外一种逼真,是另外一种真实。如果你不用漫画化的方法,压根就画不出这类人物的轮廓,更不要说描绘他的灵魂了。

李陀:我同意。其实现在的农村文化政治生活里本来就有许多荒诞因素,经你在虚构的故事中,把人物夸张、放大、变形、漫画化后,使本来在生活中被遮蔽的荒诞水落石出了,被读者看见了,看得更清楚了。近几年,"三农问题"有很多讨论,但是农村的政治生活,农村中非常活跃的大量存在的农民政治家(农民企业家好像已经被认可),还很少得到讨论。希望你创造的柳鹰雀这个人物能引起研究三农问题的学者们注意。柳鹰雀这个荒诞形象提醒我们,这样的农民政治家对今天的农村发展,无论政治方面还是经济方面,都有着非常大的影响,不能小看,不能轻视。

阎连科:他所有的行为都是对革命的庄重性的否定和嘲弄。我不知道这个人物在我们的文学长廊里是否独到,但确实有一些典型意义。我们的政治体制,必然会培育出这样的人物。这样的人物,不光是他命运的结果,或者说,他性格的形成,不光是他个人经历与命运的一种培育,更重要的,是体制对他的影响与培育。体制对于人来说,就像大山和从山上滚下来的石头。滚石改变不了大山的任何东西,而大山却规定了滚石的方向;体制对于官僚来说,就像一面丑陋的山坡和一堆牛粪,牛粪更改不了山坡的本质,但有山坡就必然会有牛粪。

柳县长又是非常具有中国农民意识的革命干部,他是农民的,又是革命的,既是努力向前的,在价值上又是传统落后的。他身上有许多矛盾的东西,比如对领袖们的忠与愚、敬与亵,对革命的热爱与私欲,对百姓的热爱与摆布,对商品经济的清醒与糊涂,对发展的努力与解构等等,正是这许多矛盾的东西统一在他的身上,才使他有了无数不可思议的、超出常规的言行举动和思想。毫无疑问,柳县长是漫画人物,但同时他这样的人物又是具体的、实在的、可触可感的。

修辞、方言和叙述的音乐性

李陀:还有一个话题,就是《受活》的语言的特色。语言上的追求是这部长篇艺术个性的另一个重要方面。

阎连科:写作《受活》的时候,在语言上我作了较大的调整,像对方言的运用,我希望让语言回到常态的语言之中。让语言回到常态中,对《受活》而言,重要的特点就是对方言的开掘与运用。在当下写作中,方言遭受到了普通话前所未有的压迫,已经被普通话挤得无影无踪了。这样说也许有些夸张,但方言在语言审美上已经显得不那么重要确是真的。如萧红、沈从文、汪曾祺的语言魅力,已经很难在当代写作中找到。汉语写作是伟大的,可如果没有方言的存在,不知道汉语写作会是什么样子,会不会像一间空的房子,空荡无物。在《受活》中,我感觉对方言的运用,肯定会给阅读带来障碍,这一点,成败还难说。

李陀:正是因为这样,我才觉得《受活》这部小说的语言比你前几部小说都成功,都要好。尤其对方言自觉、大胆地运用,特别引人注目,有很多精彩的地方。从修辞层面来说,你在《日光流年》里也很下功夫,但是有时候感觉用力过了些。《受活》在语言上同样用功,可是比较自然、贴切,有股乡土气,比如"云后边有汤汤水水的白,似要流出来,却又被云彩堰住了,只有在云缝的稀处才流出银白白的几丝汁水来",这些句子非常有味道,不俗。但我觉得更重要的是你在叙述语言当中融合书面语和口语、普通话和方言的努力和尝试。这特别表现在语气词"哩"、"哦"、"呢"的运用。别小看这些看来不起眼的语气词,我觉得正是它们给你的小说的叙述增加了一种特殊的调子和韵味,一种与河南的土地、风俗、人情紧密联系的音乐性。可惜我不会说河南话,不过我朋友里有河南人,由于常听他们说河南话,多少能体会河南方言的魅力,所以我读你的小说时,总在心里试着用河南口音去默念。将来我想我们应该找人试着用河南话念《受活》,那效果一定很强烈。

阎连科:语言就是这样,在写作中,往往是一个字、一个词用得好,会使整部小说的语言获得生命,获得一种韵律感。

李陀:对。比如王安忆的《长恨歌》,开章部分"的"这个字的运用,读起来像在听一个美妙的音乐。我曾几次想写文章来谈《长恨歌》中"的"的运用,不谈别的,就谈这一个"的"字。那"的"字实在用得太好了、太讲究了。读《受活》时,我又有类似的感受,那些"呢"、"哩"的运用,表面看不经意,实际上很讲究、很得体、很重要。

阎连科:在《受活》中,语气词我用得比较多,这样做,主要是想让自己的小说语言回到常态上来。我经常跟别人说,对我来说,最难的写作是"语言",我一直都在寻找属于我们自己的小说语言。写作《受活》时,我力求小说语言能够摆脱一种东西,摆脱那种自己语言中惯性使用的词汇和节拍,希望能有新的、常态的语言和语言的节拍,使叙述语言回到阅读的常态中来。

李陀:更难得的是,你的超现实因素的引进和你的语言之间非常协调一致,这很难。施蛰存写《将军的头》,用欧式的白话文来表达某种超现实的人、景物、故事还比较容易,但你把有很强的方言特色的农村语言和超现实的叙事结合起来,就更难。你现在能做成这样,很难得。但是,也有不太谐调的地方,往往有方言、文言和现代书面语混杂的现象,经不住仔细推敲,如开篇的一些句子。这是需要打磨的地方。

阎连科:是这样。有时候,在写作时,突然会有一些文言的词汇蹦出来,也就这样用了。要说,我的古文底子并不好,但是,写作中却往往有这种现象,说到底,这还是自己在语言上的自觉性、纯粹性不够吧。

愤怒是一种文学品质

李陀:《受活》还有一个必须提出的特色,就是它有"愤怒"。这在"小人时代"非常重要,"小人文学"都是些"喝咖啡、买房子"的快乐,要不就是寂寞、孤独、压抑的苦闷,而你的小说,和这些情绪、意境形成强烈对比,或者说对抗。

阎连科:我觉得中国当代作家缺乏一种"血性"。当代长篇小说中,有"血性"的长篇不多。不是说长篇小说有"血性"就好,没有就不好。而是说,我个人偏爱有"血性"、有痛苦、有激情的小说。前边说过,我非常敬仰"劳苦人",当你的创作和"劳苦人"结合起来的时候,和"劳苦人"血肉相连的时候,你的作品就不可能没有愤怒,不可能没有激情。我和梁鸿有过一个对话,我对她说推动我小说中的人物、故事进展的不是别的,而是激情,也就是你所说的愤怒。我甚至还不无偏激地说,我长篇小说的结构就是"激情",是"愤怒",推动我小说的原动力不是"今天没事,那就写两千字吧",而是不写不行的激情和愤怒。

李陀:我们今天的时代并不是一个真正实现小康的时代,更不是一个社会公正已经不再是问题的时代,贫穷、剥削、压迫在我们生活里不但没有消失,而且在很多地方、很多时候都让人触目惊心。在这种情况下,文学中怎么能没有愤怒和抗议?《受活》中表达的愤怒很重要,我希望这类作品更多一些,以便与"小人时代的文学"形成对比、补充和竞争。

阎连科:其实,如果没有愤怒,即使这部小说有再好的结构、再好的语言、再好的荒诞也是胡扯。就这一点而言,余华的《活着》、《许三观卖血记》是很好的小说。而莫言能把他的愤怒在小说中化成一种啼笑皆非,也实在是了不得,是一种只有他才具备的能力。而我就只能在小说里愤怒而充满激情,其实,在《受活》中,我试图将愤怒有所控制、有所转化,比如把愤怒转化成幽默与荒诞,我努力了,但许多地方做得还不够。

原载《读书》2004 年第 3 期

心雕苦难
——速写阎连科

王久辛

  1999年初,阎连科的又一部长篇小说《日光流年》出版了。花城出版社在北京召开了这部长篇小说的研讨会,评价甚好。连科送给我的书,我是断断续续看完的。我没有这样拖拖拉拉读书的习惯,之所以拖拉,是因为这部长篇读起来实在是太累人了,我不知道连科写作时是不是也非常非常的累。我思忖,若要写出饱含这么沉重苦难的作品,肯定不轻松。我深深地感到了沉重,沉重得使人沉浸那厚重的往事无法解脱,甚至在睡梦中,小说中的苦难境界仍然围绕着你、纠缠着你,使你无法排解。

  这位一心要对苦难进行审美创造的作家,生于1958年,兄弟姊妹四人,他最小。按豫西人叫法,把最小的孩子唤作"小奶羔",当然有娇宠之意了。但家境贫寒的连科并没有得到特殊的照顾,爹娘甚至连他的生日都没有记住。1978年参军填表登记,出生年月必须填清楚,爹娘推来算去。娘说,好像是刚立过秋,天还热得很;爹说,那就是8月份,我那天还去县里开会了,就写8月24日吧。

  连科入伍来到了部队,这对于穿上崭新的绿军装、进行紧张的军事训练的他来说,无疑是换了另一个天地,一切都是那样的新奇,一切又都是那样的严肃。而新兵连的紧张和艰苦,对上过高中、当过民工的连科来说,不过是一点小意思,至于写写画画,更是他的拿手好戏。字是一手漂亮的新魏体,内容更是生动得令全连的人耳目一新。没几天,阎连科就成了新兵连的拔尖人物。

  分兵时,阎连科成了大家争抢的对象。最后把他挑走的是张英培教导员。张教导员当过军党委秘书,文学修养颇深。之后,张教导员又推荐他参加军区在信阳举办的笔会。在这次笔会上,连科写了第一篇短篇小说,虽没发表,却得到文化部骆峰、龚知敏的肯定和鼓励。

  连科回到部队,一有空就写。写新闻报道,写通讯,写小评论,也写小说。这时的连科,似乎还没有当作家的心理准备,他只想把他写的东西变成铅字。部队有规定,一年里发3篇稿子就可以受嘉奖,发表5篇就可以记三等功。当兵第一年,连科就立了三等功。第二年,连科被抽到营里当报道员。到年底,5

篇任务完成，又立了个三等功。

按说连科的路走得够风光的了。但部队已有新的规定，不能从战士中直接提干。1981年底部队复转工作开始，村支书捎信来，让他回去当村干部。连科留恋部队，但再留恋也得走，于是，他领了117元复员费、50斤全国粮票，办了行李托运。站在站台上，再过十几分钟就要开车了。这时，他真的好想家，想他的田湖镇和耙耧山……

突然，一辆吉普疾驰而来，直接开上了站台，一声刺耳的急刹车，团长从车上跳下来，大声喊："阎连科！阎连科在哪里？"

连科心里一惊，忐忑不安地朝团长走去……

连科不知道，他正在走向一个命运的转折点。

原来，当时的总政治部主任韦国清看了军区的文艺演出，印象颇好。当他了解到这些节目大都出自战士之手，更是高兴。当即指示：要把文化骨干留下来。这次给军区三十多个指标，连科所在师分了一个。这个指标理所当然定了阎连科。

连科返回部队后，奉命到军区《战斗文艺》编辑部学习。因为部队规定必须经过一年以上的培训才能提干，1982年12月31日，阎连科正式接到了提干的命令，职务是师政治部文化干事。

这一年，他又发表了短篇小说《吉星高照》。

但是，吉星并没有高照。他一篇一篇地写，稿子却一篇又一篇地退回来。不过广种薄收，一年里总算还能发一两篇。1983年9月，连科考上了河南大学政教系。连科这时的目标已十分明确，他要写小说。

阎连科的妻子叫翟小莉。在操持家务上，小莉是行家里手，省却了连科许多牵挂。后来连科腰颈有疾，小莉更是精心照料，又包揽了家中所有轻重劳务。贤妻良母，美名远扬，被评为全国"好军嫂"，事迹还上了《解放军报》。这真是好人就有好福气。

1985年，一张命令下来，调连科到连队当指导员。这又是一个戏剧性情节，可以想象，这个满脑子都是小说的作家到连队当一名政工干部，这又该激活他多少小说的想象？虽然这职务他只干了四个月，但这四个月的军旅生涯，却对他日后的军旅文学的创作，起了重要的作用。此后不久，他又调到155野战医院当了院办秘书，工作更忙了，但仍未改一颗执着的心，一有空就写他的小说。这一年，他写了中篇小说《小村小河》。

小说写好了，寄到哪里呢？他翻翻厚厚的《昆仑》，抄了个地址便寄去了。一个月后，稿子退回，就像兜头一盆凉水，浇得连科心里发冷。他很沮丧，干脆把稿子一扔，不再管它了。半年以后，《昆仑》的另一位编辑、作家海波来到商丘连科所在部队。海波来,自然是连科陪同。但他始终没提稿子的事,直到海波临走的时候,他才犹犹豫豫地把这篇稿子交给他。商丘到开封也就是两个小时的路程,两小时后,海波从开封打来电话,问连科要简历,还问他打过仗没有?并告诉他,这篇小说《昆仑》决定采用。连科拿着电话的手轻轻抖起来,头胀脸红,心里一阵狂跳。但他很快平静下来,把兴奋悄悄收藏。《小村小河》在《昆仑》1986年第1期发表后,读者特别是部队读者反响强烈,连科收到不少热情的来信。尔后《坟地》、《大伯》几个短篇发表。此时的连科踌躇满志,是《小村小河》给了他信心,他觉得他更适合写中篇,他要努力再写个更好的中篇。

1988年,连科的中篇新作《两程故里》在《昆仑》第1期头题位置发表。这部深刻反映改革开放中农村现实生活的小说引起了更大反响。该作被全国颇有影响的《中篇小说选刊》转载,后来又入选1988年《全国中篇小说佳作选》。阎连科的名字在文坛引人注目,有几位评论家开始评点他的作品。这年3月,《昆仑》和《小说选刊》在北京联合召开了阎连科小说创作研讨会。

1989年秋天,连科考入解放军艺术学院文学系。这所军中的艺术殿堂,汇集了全军各个艺术门类的精英作家、艺术家。而当时文学系才创办两期就培养出了驰名中外文坛的李存葆、钱钢、莫言等在全国全军声名赫赫的大作家;而连科入学的那一期学员,虽说名气不大,但在短短的两年之后或此后的若干年里,却几乎占领了全国全军各个门类文学大奖的奖项,其引人注目的情景令人耳目一新。

阎连科,相貌憨厚、少言寡语,在公众场合,他总是悄悄地坐在角落里,默默地听课,默默地读书、做笔记,尽管功课繁重,但毕竟都与文学有关。宿舍里一室四人,免不了人来人往、嘈嘈杂杂。但连科一旦铺开稿纸,就如老僧入定,任你万千声响,他却浑然不觉。他不列提纲,也不打草稿,很少见他握笔踟蹰,皱眉苦思的样子。他端坐凝视,手不停笔,嘴唇微微翕动,唯闻笔尖嚓嚓。一天下来,少则八千,多则一万,最多时还写到一万三千多字。稿子一遍成,不抄不誊,字是新魏体,不潦草,也没多少改动和涂抹。

短篇不过夜,中篇不隔周,连科就以这样令人瞠目的速度,在军艺的第一年里,连续在《昆仑》、《解放军文艺》、《中国作家》、《十月》等大型刊物上发表了《横活》、《斗鸡》、《乡难》、《瑶沟人的梦》、《瑶沟的日头》等7部中篇小说。毫无疑问,这几部作品显示了连科不同寻常的智识与才华。他同时写了两组时代不同、人物迥异的小说系列:以写现实为主、写故乡之根的瑶沟系列,和以历史为主,写开封古城风俗民情的东京九流人物系列。这两组小说,前者揭示了中国农民的生存努力,后者充满了对中国人的劣根性的剖析与批判,使人读后既贴近了土地,又贴近了历史。

连科瑶沟系列的形成也有几分偶然。一篇初名为《十八小队》,送给了《十月》;一篇题为《日头棺材》,送给《中国作家》,编辑部没人,他就把稿子从门缝里塞进去。后来两家刊物同时在第 4 期刊出,《十月》改题为《瑶沟人的梦》,《中国作家》改题为《瑶沟的日头》。两家刊物英雄所见略同,同时改题,同时提到了瑶沟,似乎有几分偶然,但读之作品人们就会从偶然中发现必然,从此,被评论家广为称道的"瑶沟系列"就这样拉开了序幕。

第二年,连科又一口气写了 10 部中篇小说,对全国的大型刊物来了个覆盖式的"轰炸"。《人民文学》、《当代》、《小说家》、《黄河》、《时代文学》等,尤其是由著名作家巴金主编的《收获》,更是一座神圣殿堂,选稿极其严格,重文不重名,许多名作家的稿子都曾被婉辞退还。但在 1991 年,《收获》在第一、第五两期连续发表了连科的两个中篇:《乡间故事》和《黑乌鸦》。这一年,《中篇小说选刊》和《小说月报》分别选载了他的《乡间故事》和《中士还乡》。

在短短三年的时间里,阎连科发表了 20 多部中篇小说,共计 160 多万字。不仅在我们同学中他的数量和质量均属上乘,就是在现、当代文学史上,在新时期文学史上,亦可谓奇迹。

但评论家朱向前说,阎连科仍然"文运不佳"。

这里有一个大背景:自 20 世纪 80 年代后期以来,由于各种社会因素特别是商品经济大潮的冲击,使文学失去了轰动效应。而连科恰恰在这个低谷时期初露锋芒,这可谓"背时"。朱向前从文学自身分析:80 年代末,连科的一些上乘之作多用相对传统的表现手法,因此被当时文坛上追新求异的浪潮所湮没。进入 90 年代,"新生代"或"新写实"又迅速成为批评界的聚光焦点,阎连科再次被遗漏。

但连科并没有为此气馁,就像没有过多奢望、只习惯在自己的土地上耕耘收获的老农,没有牢骚、不发高论、不骂时俗,他依然不吭不哈伏案爬他的格子。就他的性格而言,他更乐于躲在文坛的角落里当一个勤恳耕耘的"老农"。

凡先读其文,后识连科其人者,心里不免都会犯嘀咕:这么一个忠厚老实、拘谨木讷的人,怎么能写出那么多华彩流溢、灵气飞动的作品?他小说世界里的那些机巧智慧、狡黠诡道是怎么想出来的?有人说他"内秀",有人干脆称他为"隐才"。据说,最著名的"隐才"型作家是沈从文先生。沈先生当年站在北大讲台上常常嗫嗫嚅嚅不能成语,与他笔下汪洋恣肆的气度判若两人。

连科有了名气,就有许多杂志社、出版社的编辑们来找他。其中解放军文艺出版社的朱传雄编辑找了他三四次,表示要请示领导为他出个集子。当时各出版社都在讲经济效益,能出就已经很不容易了,这让连科很感动。根据朱传雄的建议,他把"瑶沟系列"写成了一部长篇。1991 年,连科的第一部长篇小说《情感狱》出版。

1991年,连科从军艺毕业返回原部队,开始着手另一部长篇小说的创作。这时候,病魔的阴影正在悄悄向他移近……起初,他并没在意,但后来那疼痛渐渐使他不能落座。连科住进了他工作过的155医院。检查的结果是"腰椎间盘脱出"。这种病是腰椎变形变位压迫神经所致,是长期伏案工作的人最容易患的职业病。医院的大夫、护士,还有许多同事朋友都劝他:"连科,再别拼命了!没有健康,那名气是个啥?"

连科苦笑着。他觉得他的腰疼病不是累的。他说他写小说的时候是一种享受,从来没觉着苦和累,更没想过什么名呀利呀。1992年春节,他照例回嵩县老家过年,顺便给母亲捎了30斤大米。一路上车下车,提来提去,到家就觉得腰疼加重。回到家,他又住进了医院。这一次,连科真的感到自己病了。

这时他的长篇小说已经完稿。

这部长篇小说23万字,由五个相对独立的部分组成。写作上,他也采取了打破传统的写法,他先从第三章写起,写完第三、四、五章,再回头写第一、二章。这部小说内容上极其写实又极端假设,写了过去和现在,也写了未来,写到了2010年;写了农村,也写了城市;写了阳世,也写了阴间。总之,在这部长篇里,从内容到形式、语言,连科都作了大胆的探索。书名也起得别致,叫《落叶载动时间》。但这部病中吟式的书稿直到1995年初,才由百花文艺出版社出版。小说出版时,连科写了篇《自序》。从序言中我们可以看出当时连科痛苦的心态。序中说——

> 写完这部小说我就病了,不能说是因为这部长篇病的,更不能说是积劳而成疾。但这短短的二十几万字是我这一生身体好坏的一个分水岭。此之前,我写小说一天数千字乃至上万字可以坚持很长时间,曾经让同行们咂舌。此之后,因为腰椎病我再也不能坐在桌前写一篇小说,甚至连稍长的一封信也不能坐下写了。为此,每当我趴在床上写作时,时常黯然神伤,流下泪来;而到如今,因长时间趴着写作,又使颈椎疼痛不止,百治而少有一效。到万不得已不能不写之时,我强迫自己仰躺着写作的时候,没有人能够体会到我对坐在桌前写作的那种怀念。我想,我一生中最快乐的时候,就是过去能坐在桌前写作那段短而又短的几年光阴了。
>
> ……
>
> 我想说的是,就是忽一日,老天开恩,能让我重新坐在桌前写作,即使我能写出比这部小说好成千上万倍的小说来,那小说也不一定在我的生命中比这本书重要了多少。……

疾病给连科带来了巨大的痛苦,不能坐,也不能站,只能半躺半倚。这些身体的病痛他都能咬牙忍受,但被迫辍笔中断写作,却使他感到了一种难以承受的精神痛苦。他烦躁、郁闷,吃饭不香,睡觉不宁,常常莫名其妙地发无名火。这时候他只有拿起笔来进入创作状态,才能使他平静下来。写作已经渗入了他的膏肓血液,成为他生命的一部分,他别无选择,他只能如此,这是他冥冥之中的宿命。

1994年4月,阎连科调入二炮电视剧创作中心,从事专业创作。从他发病的1992年到写这篇序言时的1995年初,他一共发表了16部中篇小说,其中《寻找土地》、《夏日落》、《和平寓言》、《和平战》、《天宫图》、《耙耧山歌》等7部中篇小说被《小说月报》、《中篇小说选刊》、《中华文学选刊》等选载。同时还出版了2部中篇小说集《和平寓言》和《乡里故事》,写了一部12集的电视剧《乡里故事》。惊人的创造力出自一位病人,这不能不让人感动。

电视剧《乡里故事》1995年春在中央电视台一套节目黄金时间播出。播出后全国观众反响强烈,专家们也评价甚高,在北京还专门开了个研讨会,后来又连续获得了包括"飞天奖"在内的三个大奖。

此时连科却被腰颈之疾折磨得苦不堪言。按摩、牵引、贴膏药、服中药,大医院也治,偏方也用。腰里缠着夹有钢板的大腰带,睡觉不敢枕枕头。只睡硬板床,怕卧席梦思。他最怕住宾馆,睡时要扔枕头,掀床垫,折腾得一片狼藉才能就寝。不能坐着写,又不能趴着写,阎连科握笔彷徨,不知如何是好。在痛苦中他对朋友们幽默地说:"我现在找到了感觉,却找不到姿势了。"

后来连科终于找到了一种"姿势"。在一张可以半躺着身子前后可以摇摆的"逍遥椅"上,连科受到了启发。专程到一家给残疾人制造器械的工厂,让人家设计定制了一套"写作椅":座位是半躺着的,前面是一块斜板,稿纸可以夹在上面。他半躺着身子,悬肘写作,连科又可以用他的笔写作了。

小说写到这份上,真让人感到悲壮。这是一个奇迹,是一个把文学作为自己生命的人创造的奇迹,是一个以农民的坚韧和战士的勇敢向命运挑战的人创造的奇迹。

连科继续病着,也继续着创作,继续着收获。1996年,《收获》第一期发表了他的中篇小说《黄金洞》,头条;1997年,《收获》第一期又发表了他的中篇小说《年月日》,还是头条。《小说月报》、《小说选刊》都转载了这两部中篇,也是头条。1997年陆续转载《年月日》的,还有《中华文学选刊》和国内最具权威的社科类文摘《新华文摘》。

《年月日》是连科这些年小说创作的一座高峰。读《年月日》时,我就深深地感到了连科的孤独和寂寞。在一次电话中我对连科说:"连科呀,你怎么孤独得自己给自己写故事,写得这么精、这么细、这么用心呢?"连科听罢,叫了我一声:"久辛,听你这话,你可能不信,我现在就满脸是泪。"我听后心里一阵发酸。我真切地从连科那化净的语言中读出了连科的无法解脱的孤独和寂寞。那时我还在兰州,孤独亦跟着我,使我深深地理解了连科的孤独。故事单纯极了,像《黄金洞》一样,也是一部寓言式小说,但意蕴却深厚悠长。连科写这篇小说,写的时候很亢奋,他将自己的激情融入歌颂土地、歌颂生命的撼人心魄的艺术想象中,对苦难的描写达到了用心雕琢的地步。

著名作家王安忆不认识阎连科,一次当记者问她是否常看当代作家作品时,她说:"不是看得很多,有时候看见有些作品写得特别好,蛮喜欢的,就觉得自己真是赶不上。现在有位部队作家叫阎连科,我非常喜欢他的作品,写得好,有沉痛感,也很有感情……"

连科的作品早在20世纪90年代初就被翻译成英文和法文,最近几年,影响所及,竟到了遥远的拉丁美洲。北京大学赵德明教授是研究拉美文学的专家,又是世界著名作家马尔克斯的《百年孤独》的译者之一。三年前赵教授赴南美秘鲁等国讲学,发现当地华文报纸对阎连科的小说多有介绍,评价甚高。讲学时也常有人屡屡问及阎连科的作品。这种现象也是拉美文学中的魔幻现实主义对连科小说中的神秘意象的认同与共鸣。赵德明教授曾经给我们讲过课,但并不认识阎连科,回国后几经周折才见到他。赵教授表示,他要把连科的小说翻译介绍出去。

年复一年,到1996年仍然是连科的丰收年。这一年他的军事题材的长篇小说《生死晶黄》出版,5卷本《阎连科文集》出版,另外还有一部长篇小说在出版社待出。与此同时,他还写了《青山巍巍》、《喇叭声咽》等四部电视剧,每年还有多部中篇陆续问世。1997年,百花文艺出版社出版了他的第一部散文集《回望乡土》。迄今为止,连科发表的作品已有300多万字。自1988年《两程故里》获解放军文艺奖开始,《小说月报》、《十月》、《中篇小说选刊》、《中华文学选刊》、《时代文学》、《萌芽》等等,各种刊物奖和其他名目的奖,连科已获得了20多次。并于1998年荣获首届鲁迅文学奖中篇奖,1999年又获得"中国人民解放军文艺大奖"。

1995年春,连科编剧的12集电视连续剧《乡里故事》在中央电视台黄金时间播出。同时,百花文艺出版社出版了他的长篇小说《最后一名女知青》和中篇小说集《乡里故事》,洛阳市作家协会组织了由连科亲笔签名的售书活动。紧接着又是牡丹花会,洛阳市文联作协举办笔会,邀请洛阳籍作家李准、杨子敏、阎连科等人参加,报纸、电视台、电台等新闻媒介又是一番追踪采访。那些天,连科真成了风云人物,名声大噪,简直到了"满城争说阎连科"的地步。

其实,阎连科还是阎连科,还是在1995年春天的牡丹笔会上,洛阳市四大班子领导邀请与会作家座谈,大家拍手欢迎连科发言。连科说:"我的家乡太穷了,现在每次回家,所见所闻都使我心里难受。我有时恨自己是个光会写小说的作家,太无能,不能给乡亲们办些实事……"

连科曾经说过:"人们都说大作家应该关怀的是整个民族、整个人类,我认为中国的大作家至少要对农民有充分的理解和关怀。写小说要有大爱大恨、大情大义,不能愧对自己的父老乡亲,不能愧对自己的家乡。"

读连科的作品,我常常觉得他总是离不开描写苦难,而且描写得精密而细腻,尤其是他那用心体验雕琢出来的语言,常常使人如入其渊。在读《黄金洞》、《年月日》和长篇新作《日光流年》的时候,我发现他对苦难的想象与创造使亲身经历过苦难的人们都有切肤之感。连科为什么在这样的时候耿耿于怀地描写苦难?特别是当我们看看身边高速发展的现实生活,再想想连科所写的苦难,我感到他执着的苦难,并不是一般意义上的苦难,而是他在替一个民族在铭记并镂刻着那些不能也不该忘怀的苦难。这苦难对于今天的年轻人来说,或许会觉得陌生,或许会说这是小说,但是对苦难的记忆与创化,应该说永远比牧歌的创造更有意义。因为我们这个民族脱离苦难的时间毕竟太短太短了啊!

原载《解放军艺术学院学报》2000年第2期

研究论文选辑

撞墙的艺术
——论阎连科的文学观

栾梅健

2008年,阎连科在韩国外国语大学的一次讲演中,曾经用一句话概括他的文学观念:"我的语言、结构、叙述、故事、人物、形式等等,包括我对现实的认识和写作态度、写作立场及文学的表达与追求,其实也就是一句话:乌托邦笼罩下的个人书写。"[①]

乌托邦,自然是指理想、激情;个人写作,当然也就是个性化的艺术追求。这固然能够概括他的文学观念,然而,乌托邦为何?个人写作又为何?似乎又难见其个人特色。倒是他与评论家张学昕在一次题为"直面现实,是拿头撞墙的艺术"的对话中,形象、直观、具体,而同时也不无惘然地表达了他的文学思想:"对于现实究竟应该如何表达,其实我非常迷茫。刚才说直面现实是作家撞墙的艺术,这不仅是说你面对现实的立场、态度和你表达的难度;还有一方面,是说你面对现实时,现实对你想象力的束缚。"[②]

"撞墙",在此既是指作家与现实的紧张关系,同时也是作家在寻求艺术表现时的焦灼心态。它既指作品的表现内容,又指作家的表现手法。而作家本人对此的"迷茫"心态则又显出他的犹豫、徘徊与挣扎。

循此思路深究下去,我们当可窥见阎连科丰富、复杂而又独树一帜的文学观念。

一

"一个作家,你能写哪一方面的小说,是你一出生就决定了的。你的成长经

[①] 阎连科:《"乌托邦"笼罩下的个人写作》,载《一派胡言:阎连科海外演讲集》,中信出版社,2012年,第7页。
[②] 阎连科、张学昕:《我的现实 我的主义》,中国人民大学出版社,2011年,第53页。

历决定了这一切。"①

　　这是阎连科在山东大学威海分校讲演时的感慨。其实,这也是众多作家共通的成长规律。马尔克斯只能写他的马孔多小镇,福克纳只能写他的"邮票之乡",而海明威的《老人与海》与《丧钟为谁而鸣》也都是从娘胎里一出生就已经在他的命运里藏着、等着的。

　　而在阎连科的"成长经历"中,最主要与最关键的成长因素又是什么呢? 在我看来,那便是浓得化不开的中原情结、与生俱来的无边无际的穷困以及由此而产生的难以缱绻的焦虑。

　　在2012年韩国"亚、非、南美洲文学讨论会"的一次讲演中,阎连科曾以自问自答的方式对外国嘉宾阐述了他对"中国"的理解:"中国为什么叫中国? 就是人类还没明白地球是个圆的,一个人沿着地球的一个方向一直走下去,最终还要回到它的起点时,中国人就发现世界偌大,但中国却是世界的中心,因此中国就叫中国了。"在不无自豪地介绍了中国的来历之后,他话锋一转,谈到了他的家乡河南:"而在中国的版图上,河南省又在那只雄鸡地图的中间部位上。所以,河南在中国的历史上是被称为中原的。原,在中文中是阔大之意。所以,这阔大的中国的中心就是中原了。"说到此,他仍意犹未尽,进一步指出他的家乡其实就是世界的中心:

> ……既然中国是世界的中心,河南是中国的中心,那么,从地理位置上,河南省的嵩县又是河南的中心,我的家乡的那个有六千人口的村庄,就是嵩县的中心。如此这般,生我养我的那个叫田湖的山区村庄,不就等于是世界的中心吗? 我们要用一个红点或一根细针把世界的中心从世界地图上标出来,这个红点或细针就应该点在或扎在我的老家村头吃饭场的那块空地上。②

　　这种似乎有些"大言不惭"的自吹自擂,在阎连科的讲演和作品中,并不是仅此一次,而是一而再、再而三地出现。世界的中心,有时被他理解为老家村头吃饭场的那块空地,有时还被他具体地指认是老家院中的那棵大树和那块石头。他有时会情不自禁地问身边的作家:"这样,一个天然的,在地理位置上本就是世界中心的村庄优势你们有没有?"当身边的作家露出一副惘然无助的表情时,他会说:"你们没有。可我有。"为此,他常感到无比的自豪与自信:"这得

---

① 阎连科:《我为什么写作——在山东大学威海分校的讲演》,载《当代作家评论》2004年第2期。
② 阎连科:《一派胡言:阎连科海外演讲集》,中信出版社,2012年,第163页。

天独厚、上帝所赐的一点,常常让我和世界上其他作家相比时,感到神和上帝对中国作家阎连科的偏爱,让我拥有着世界中心的土地、山水、人口和自然环境中的一切。"① 由此看来,他的这种"大言不惭"并不是如阿Q的精神胜利法,而是那种天将降大任于斯人的文学使命感与责任感。

然而,作为世界中心标志的村头吃饭场的那块空地、那棵大树和那块石头,并没有给阎连科儿时的生活带来任何的好处。从他在那个名为田湖的村庄降生起,伴随着他少年时光的只是令人绝望的荒寒与饥饿。

2012年阎连科出版的长篇散文《我与父辈》,让读者充分领略到了生活在那块中原腹地的河南农民乡亲,在漫长的人生历程中饱受的煎熬与折磨,读之令人揪心与流泪,成为"最具争议作家阎连科的最不具争议作品"。仿佛是"穷二代"的命运安排,阎连科在少年时代所受的磨难一点也不亚于他的长辈。如果说,天将降大任必先"伤其筋骨",那么,这样的捶打与考验也实在是太不人道了。

"……我的少年时期家境贫穷,地域偏僻。我的故乡在20世纪的50年代和60年代,直到70年代和80年代,都是中国河南的穷山恶水之地……回到三十几年前我的选择上,简单地说,就是为了吃饱肚子,为了实现一个人有一天可以独自吃一盘炒鸡蛋的梦想,才决定开始写作。因为写作有可能改变一个农村孩子的命运,可能让他逃离土地到城里去,成为光鲜傲慢的城里人。"② 本来自感是世界的中心,然而却不料生活远不如光鲜傲慢的城里人;本来自傲于家乡地理位置的优越,然而在贫困的生活面前不得不承认"地域偏僻"。与诺贝尔文学奖得主莫言在小时最大的愿望是可以一日三餐吃上水饺相似,饿得两眼发花的阎连科当时最迫切的要求是独自吃上一盘炒鸡蛋。这是20世纪50年代出生的一批文学爱好者共同的"作家梦",也是残酷现实对于少年阎连科的当头棒喝。

在田湖农村,少年阎连科经历着漫长的生存磨难。"……剩下的,是永不间断的饥饿和寂寞,下田割草和喂猪与放牛。这让我感到了乡村的无趣和疲惫,土地的单调及乏味,仿佛葛藤草蔓般缠在我身上。"③ 而在农村上学时,"中午为了节俭,不在学校食堂买饭,而在校外的围墙下面,庄稼地边,用三块砖头,架起锅灶烧饭煮汤"。④ 这种在墙角边架锅煮饭的情景,远不是当今学子想象中的

---

① 阎连科:《一派胡言:阎连科海外演讲集》,中信出版社,2012年,第163页。
② 阎连科:《一派胡言:阎连科海外演讲集》,中信出版社,2012年,第153页。
③ 阎连科:《我与父辈》,江苏人民出版社,2012年,第13页。
④ 阎连科:《一个人的三条河》,中国人民大学出版社,2012年,第120页。

诗意盎然的郊游野炊,而是泪水淹没心田的苦焦日子。

最为辛苦的还不是这些。最让阎连科每每提起都唏嘘掉泪的是在河南新乡水泥厂两年临时工的经历。"每天天不亮时,我们弟兄就早早起床,拉着空车,快步地往三十里外的火车站去,每人装上一吨煤或沙子,然后再缓慢地如牛一样,拉着重车回来。在平和的大道上,我们步履蹒跚,徐徐而行;遇到了上坡,无论坡陡坡缓,我们都把一辆车子放在坡下路边,弟兄两个合拉一车,在那坡道上走着'S'形的路线,攀爬着自己的人生。"如今我们面对着顶多中等身材、体弱多病的阎连科的照片时,其实很难想象出他何以能用那样弱小的肩膀拉着"一吨"的煤或沙子的情景了——这样的情景,无疑是一种残酷。而且,更为惊人的是,为了能劳作两班,挣上三块二毛钱,经贿赂工头,"我和我哥,在那山上每天干上双班,16个小时,经常一干十天半月,不下山,不洗澡,也不到厂里去办什么事情","下班倒在地上就睡,醒来用湿毛巾在脸上象征一下,就往工地快步走去"①。

苦难,难以承受的苦难。"人活着咋这样辛苦哪!"②这不仅是饱尝艰辛的四叔在醉酒后哇哇痛哭的质问,同样也是阎连科少年苦难生活的真实写照。

对于苦难,其实也有着各式各样的应对之道。有揭竿而起的抗争,有默默无语的忍让,也有宗教徒式的宽慰。这与每个人的宗教信仰、性格特征、生活环境、成长背景等有关。而具体到阎连科这里,必然也会带有其强烈的个性特点。

在阎连科的家乡嵩县,与他最近、对他影响也最大的城市是洛阳。"少年时,洛阳于我,不是一座城市,它是我内心的首都。""如果县城是照亮乡村的一轮太阳,洛阳就一定是照亮整个世界,而且是永不坠落、永远发光的早上八九点的永恒日出。"③洛阳,离他的老家田湖仅仅只有五六十公里。那是一个"历史上曾有许多皇帝散步的地方"。逐鹿中原、问鼎中原、执耳中原等等,其最核心的位置便是洛阳。在历史上,有众多的王朝在这里君临天下,也有无数的文人墨客在这里竞逐风流。单是唐朝三大诗人,李白与杜甫就是在洛阳相识,并从洛阳出发开始在梁、宋一带做豪侠之游;而白居易晚年闲居洛阳,与香山寺僧人结社,自号香山居士,表示了他对洛阳的特殊感情。提起洛阳,在阎连科这里,就是提起家乡。如同他村头吃饭场的那块空地、那棵大树、那块石头,洛阳的历史与荣耀,其实就是阎连科作为河南人、作为中原人、作为"世界中心"的骄傲。

---

① 阎连科:《我与父辈》,江苏人民出版社,2012年,第35~38页。
② 阎连科:《我与父辈》,江苏人民出版社,2012年,第192页。
③ 阎连科:《那个走进洛阳的少年》,《一个人的三条河》,中国人民大学出版社,2012年,第86~88页。

这份情感,在作为中原义化的代表河南人的心目中并不稀见,只是,在阎连科这里愈益明显、愈益强烈罢了。在台湾成功大学的一次讲演中,他说:"面对我故乡的那块土地——人们常说的中原大地,我知道在我的小说中,我表现了太多的怨恨和嘲弄……"①这是爱之深、恨之切的心态。

有一次,他在上海大学的讲演中,一开头就说:"今天坐在这里跟大家聊天、说话的是一个河南人。河南人在外面'名声'不太好……"②当时是2004年,深圳警方因在小区门口贴出"警惕河南籍小偷"的横幅,而引起河南人的广泛抗议。在一次学术会议的空当,我们议论起深圳警方的这一做法时,突然一位教授说:"广东、福建人,好多都是客家人。他们的老家人去了,不箪食壶浆,主动迎接,怪不得他们这样做了!"举座愕然,抬头看时是个河南人。

历史的荣耀固然能唤起人的自豪,但同时也会因与现实的差距,而萌生出比其他地域更为强烈的焦虑感。焦虑的异端可能会出现急功近利的违法乱纪行为,而焦虑的常态则会产生那种知耻近乎勇的奋斗动力。

一方面是在那块灿烂悠久历史的土壤上不知不觉萌生起来的"世界中心主义",另一方面又是触目惊心的苦难、饥饿与死亡。这混杂在阎连科身上的少年经历与心路历程,其实正凝铸着一个作家特定的文学观念。

"就我来说,和现实的紧张关系,除非不写作才会缓解,只要你坐在书桌前面,这种和现实的紧张关系马上就会表现出来。"③

焦虑产生紧张,而紧张又急于要求突破。在体质瘦弱的阎连科面前,"撞墙"似乎也就成了他文学的宿命了。

二

在《当代文学漫谈》一文中,阎连科曾概括出一条新时期文学以来有着浓郁中国特色的文学创作规律:

> 无论你承认不承认,自20世纪80年代末,新探索小说的勃然兴起后,二十多年来的当代文学,走的是一条艺术加安全的路。因为艺术,所以安全;因为安全,更为艺术……也许正是作家疏离现实后,找到了相对安全的

---

① 阎连科:《一派胡言:阎连科海外演讲集》,中信出版社,2012年,第48页。
② 阎连科:《他的话一路散落》,中国人民大学出版社,2013年,第49页。
③ 阎连科、张学昕:《我的现实 我的主义》,中国人民大学出版社,2011年,第49页。

写作路径与去向,也才有可能在笔下进行各种各样的语言、技巧的探索与实践,也才使我们长期受掣于社会意识的文学创作有了一番新天地。①

"艺术加安全",或者说安全的艺术吧,确实是近二三十年来中国当代文学创作中的一个普遍现象,同时也是中国的特殊国情使然。在当下,作家固然有写作的自由,然而在这之外,还有出版的纪律、行政的约束和评奖的标准。你尽可以发挥你的想象,任作品天马行空,然而,你却也可能因未奏响主旋律而与各种利益、荣誉擦肩而过,或者因为思考与探索的偏离而导致作品出版与发行的限制。这不能不说是当代众多作家,甚至是一些著名作家走上"安全的艺术"之路的重要原因。

而在此,阎连科在当代文坛可谓是孤标独立、傲然挺拔!

他认为,当代历史的苦难和现实生活的混乱,比之以往任何一个时期都有过之而无不及。对此,他相信:"对于作家而言,我以为'胆'更重要些。我们的作家,在写作中总是不敢表达自己的看法,不敢讲真话、说真情、道真事。这时候,'胆',就显得尤其重要。有这一份胆,才有可能从写作走入历史时,表现出个人的、个性的历史观,才能扮演好一个怀疑一切的审查员的角色、审判官的角色。"②他坦言:"我的写作,在这许多年来,磕磕绊绊,都是行走在某种'背离'的路道上,被人失望,被人短长,乃至被大家批评和唾弃。"③无论是要求"放胆",还是勇于主动"背离",其实都是鼓励自己要敢于"撞墙"——敢于面对历史最深处的黑暗,敢于探索人人可畏的创作禁区,敢于揭示隐藏在光鲜外表之下的人间真相。

"撞墙",需要勇气,也时时可能面临危险,而阎连科却这么义无反顾地做了。在这其间,有着他对荒谬历史、混乱现实的切肤之痛,自然也有着他作为"世界中心主义者"的历史使命。

首先,他对传统的军事文学观念发起了挑战。从 20 岁入伍,直到 2005 年退役,他在部队整整待了 28 年的时光。他从这里走上文坛,自然也就从这里开始了对传统军事文学的反思。他认为军事文学之所以在整个纷繁多变的文学大家庭中能够成为一道独立、奔腾的支流,固然是因为有着英雄主义的坚强骨骼,然而,又恰恰是因为非英雄主义的丰满血肉,才使得军事文学奔流不息、绵延久远。他举《二十二条军规》、《潘达雷昂上尉与劳军女郎》的例子:"我们应该抵御劳军女郎那扭动的身姿,但我们不应该把巴尔加斯·略萨的艺术微笑拒

---

① 阎连科、张学昕:《我的现实 我的主义》,中国人民大学出版社,2011 年,第 49 页。
② 阎连科:《他的话一路散落》,中国人民大学出版社,2013 年,第 85~86 页。
③ 阎连科:《我与父辈》,江苏人民出版社,2012 年,第 220 页。

之门外;我们应该把尤索林对正义战争的厌烦情绪如倒水一般泼出盆去,但我们不应该把海勒放在盆中的艺术娃娃也泼到门外。"①对照之下,他痛苦地发现,我国当代的军事文学其实是长期牢牢地守着"一种形式,两个主题",即传统写法和英雄主义、爱国主义。

由此,他大胆地提出了军事文学中的"第三主题",比如说人道主义——当然是革命的人道主义;比如说战争中的人性——当然是无产阶级的人性;比如说反战——当然不是指反人民的正义战争,等等。他认为都应该纳入到军事文学作家的视野之中,或者由以前小媳妇的位置换坐到"婆婆"的椅子上来。同时,长期的军旅生活也使阎连科深切地感受到,过度的权力集中使得军队中的腐败一点也不亚于地方。他说:"部队是一个特殊的团体,这种特殊,除了它必须有严密的纪律和思想高度的统一,就是权力必须是高度集中。权力一旦集中,就像某个人手里有了权力的杠杆,他就有把地球撬起来的可能……面对这样的权力,你会不对权力厌恶吗?还会对权力崇拜吗?"②循此创作思路出发,《中士还乡》、《和平寓言》、《和平战》、《在和平的日子里》、《大校》、《寂寞之舞》、《生死晶黄》等一批反映军旅生活的作品,在中国当代军事文学中无疑是一股新风,是一批洋溢着自然人性与愿望、鞭笞着权力与腐败的艺术佳作。

其次,他的乡村叙事也在挑战着读者的阅读经验。中原,是他的故乡,也是我中华文明的发源地,而同时,在中国当代历史上也是我们民族最为多灾多难的地方。对于这块他少年时流汗流泪的地方,阎连科感到:"我知道在我的小说中,我表现了太多的怨恨和嘲弄——这种怨恨和嘲弄,不是鲁迅笔下尖锐的批评,明确地就是怨和恨。"③怨,是指这块土地虽然在古代有过无比的辉煌,然而却在当代经历了难以忍受的苦难;恨,是在改革开放的新形势下,这块地方却仍然是那样的停滞、混杂、无序与残酷。每每想起这块爱恨交加的土地,他都不止一次地捶胸顿足:"面对这个现实的世界,我已经魂灵出血。"④

这是与故土、乡村的极度紧张关系,用他的话说,就是一种近乎绝望的态度。于是,这种绝望感便自然而然地映射到了他的乡村叙事作品之中:1998年,长篇小说《日光流年》描绘了一个病态的耙耧山脉,展现了三姓村人在命运面前不可逆转的惨烈与悲壮;2001年,长篇小说《坚硬如水》突显了"文革"时期乡村

---

① 阎连科:《写作最难是糊涂》,中国人民大学出版社,2013年,第34、115页。
② 阎连科、张学昕:《我的现实 我的主义》,中国人民大学出版社,2011年,第90页。
③ 阎连科:《一派胡言:阎连科海外演讲集》,中信出版社,2012年,第48页。
④ 阎连科:《写作最难是糊涂》,中国人民大学出版社,2013年,第34、115页。

社会关于权力与性欲的疯癫行为,读之令人震惊;2003年,长篇小说《受活》通过耙耧山人复杂而奇特的境遇,表达出对乡土中国无穷无尽的忧思……故事是荒谬的,情节是残酷的,场面是混乱的,几乎无时无刻不在挑战着人们的审美标准。"我知道自己经常有神经病似的荒寒的感觉……我就是感到荒寒到一定时候,到了不能给人说,又特别想说的时候,就动笔去写小说。"①他坦承,他的作品是残酷的,然而现实生活还要残酷。比起那些无关痛痒的作品,阎连科的这些小说可谓是字字见血、入木三分,自然也更具有文学价值。

最后,他的知识分子题材作品虽然数量较少,然而一经描写,也是触目惊心,令舆论哗然。尽管他没有严格的高等教育经历,尽管他现在虽是中国人民大学文学院的教授却并不是一个纯粹的学者,不过,这并不妨碍他对于知识、文化以及文化人的了解与洞察。每当文学评奖时,那些平时自恃清高、满不在乎的作家们,其钻营程度一点也不逊于粗俗不堪的商人;在似乎是一片净土的高校,权力对于项目、经费、职称、出国的干预,也一点不少于任何的名利场。对此,阎连科不仅是烂熟于心,而且也是深有体会。于是,在创作起知识分子题材时,仍秉持了他一贯的"撞墙"传统,对于这些纸糊的假冠,对于这些虚伪的正人君子,铆足了力气,炮火全开。2008年,他的长篇小说《风雅颂》因其对高校学术腐败的无情揭露而招致许多人的非议,认为它诋毁高校人文传统,肆意将高校知识分子形象妖魔化。2010年,长篇小说《四书》则是"献给那被忘却的历史和成千上万死去与活着的读书人"的巨著,在荒诞、夸张的描写中,对于那些作家、学者、专家、医生进行了辛辣的讽刺……

对于自己的文学追求,阎连科也常常自省。他觉得,沈从文的《边城》平静而美丽,汪曾祺的《受戒》、《大淖纪事》也安详而静谧,然而,他却写不来那样的作品。"原因就是我的出身、我的经历、我的世界观和文学观,使我不能不关注当下的中国现实。我写作的重要资源——我家乡的那块土地,也确实不是一块平静的土地。"②同时,他也认为中国的当代文学在很大程度上缺少担当,缺少勇气。"以辛亥革命之后这将要百年的历史来说,文学回避了中国大革命时期那段混乱、复杂、最有特色的中国记忆;回避了抗日战争、解放战争的一些真相记忆;甚至不仅是回避,而且是有意逃避、歪曲了大陆半个世纪以来历史中的风风雨雨。"③他觉得当代作家应该为之感到羞愧和良心的忐忑。

甚至,他还大胆地具体指出,我们现在的一些值得尊敬的重要作家和代表

---

① 阎连科、张学昕:《我的现实 我的主义》,中国人民大学出版社,2011年,第74页。
② 阎连科:《一派胡言:阎连科海外演讲集》,中信出版社,2012年,第108页。
③ 阎连科:《一派胡言:阎连科海信演讲集》,中信出版社,2012年,第59页。

作,其实都与现实有着一定疏离感。"比如陈忠实的《白鹿原》,余华的《活着》、《许三观卖血记》,莫言的《红高粱》、《丰乳肥臀》、《檀香刑》,王安忆的《长恨歌》,李锐的《旧址》、《无风之树》,阿来的《尘埃落定》,韩少功的《马桥词典》,张承志的《心灵史》(尽管也被禁),苏童的《河岸》、《米》,叶兆言的《一九三四年的爱情》,格非的《人面桃花》,迟子建的《额尔古纳河右岸》,以及所谓'后六〇年代'的李洱的《花腔》,毕飞宇的《玉米》,麦加的《解密》,等等,这么多优秀作家的最具代表性的作品,恰恰都与中国当今的现实没有关系,或隔着一层……"①在当下的文学生态中,"安全"可能成了许多作家的重要考量依据。而他最赞赏的,是王安忆的《启蒙时代》、苏童的《河岸》都直接描写了他们所经历和记忆中的"文革",莫言的《生死疲劳》直接描写了新中国成立初期的"土地改革",余华的《兄弟》、贾平凹的《秦腔》、张炜的《刺猬歌》等都是最直接地关注当下现实的力作。

在阎连科的心目中,作家不应该向权力献媚,不向金钱伸手,不向名利弯腰,而是应该勇敢地直面现实。他宣称:

> ……作为一个中国作家,你可以逃避、远离政治而写作,但不应该一生都逃避和远离。可以有无数作家逃避而远离,但不应该所有的作家都在逃避和远离。应该有那么几位勇于介入,并敢于对中国的政治、权力、社会现实充满批判、嘲讽的作家和几部那样充满艺术张力的作品。②

这么"几位",可能没有百灵鸟那般委婉美丽的欢叫,而只是一只野麻雀的聒噪,有时可能还充满危险,甚至会撞得头破血流,然而,这才是作家的真正使命。而阎连科,正是朝着这个方向努力着,奋进着。

三

艺术手法的选择总是随着表现作品内容的需要相伴而生。

当阎连科怀揣着一颗焦虑不安的心灵,在紧张、繁复的心境下去观察、表现社会生活时,他自然会感到传统现实主义的无力与老旧。他需要一种更加痛快淋漓、任情挥洒的艺术手段,才能使他狂躁不安的心情得到宣泄。

他面对创作时的困惑是:"就中国文学现状来说,每个作家都不缺少个人记

---

① 阎连科:《一派胡言:阎连科海外演讲集》,中信出版社,2012年,第55页。
② 阎连科:《一派胡言:阎连科海外演讲集》,中信出版社,2012年,第119~120页。

忆和经验，而缺少的是把这种记忆、经验最大化地发酵、转化的能力。"①他发现世界的肮脏与龌龊超出了他的想象，简直无法下笔。"作家永远是生活面前的低能者。当我们试图以故事的形式去恢复这一切时，历史和现实对我们的嘲笑震耳欲聋……"②因此，阎连科发现，他不得不放弃长期以来被人们推崇的现实主义转而寻求新的表现方法。他说："当发现怎么表达世界的肮脏都达不到你想象的境界的时候，你就会采取一种非常极端的方式去表达它。"③

不管如何将记忆经验最大化地发酵、转化，还是觉得不得不用"非常极端"的方式来反映生活，我们觉得，阎连科在他的创作实践中已经孕育出一种急于跳出传统框架、寻求新的艺术活力的愿望与冲动。

在《当代文学中的"神实主义"写作》一文中，他果然较为系统地阐述了他关于"非常极端"的艺术手法的理解，并正式为它冠名为"神实主义"——

> 神实主义，我想应该有个简单的说法。即：在创作中摈弃固有真实生活的表面逻辑关系，去探求一种"不存在"的真实，看不见的真实，被真实掩盖的真实。神实主义疏远于通行的现实主义。它与现实的联系不是生活的直接因果……想象、寓言、神话、传说、梦境、幻想、魔变、移植等等，都是神实主义通向真实和现实的手法和渠道。④

而对于传统的现实主义，他感到虚伪、张狂、浅浮、庸俗、概念而且教条。他觉得当代文学正在被庸俗的现实主义所窒息，被现实主义扼住了成长的喉咙。他在另一篇文章中写道："越来越感到，真正阻碍文学成就与发展的最大敌人，不是别的，而是过于粗壮、过于根深叶茂，粗壮到不可动摇、根深叶茂到早已成为参天大树的现实主义。现实主义像小浪底工程和三峡大坝样横断在文学的黄河和长江之上，割断了激流，淹没了风景，而且成为拯救黄河与长江的英雄。"甚至，他还颇为极端地说："从今天的情况来说，现实主义，是谋杀文学的罪魁祸首。""至少说，我们几十年所倡导的那种现实主义，是谋杀文学的最大元凶。"⑤而唯一能拯救文学、取而代之的只有"神实主义"。

对于阎连科这一连串貌似激烈、极端的主张，有的论者认为是以偏概全，也有的论者认为是走火入魔了。不过，在我看来，只有设身处地回到阎连科遭遇的创作困境，才有可能明白与理解他为什么会发出如此极端、莽撞的声音。当下现实

---

① 阎连科：《丈量书与笔的距离》，中国人民大学出版社，2012年，第96页。
② 阎连科：《写作最难是糊涂》，中国人民大学出版社，2013年，第40页。
③ 阎连科：《他的话一路散落》，中国人民大学出版社，2013年，第57页。
④ 阎连科：《当代文学中的"神实主义"写作》，《东吴学术》2011年第2期。
⑤ 阎连科：《写作最难是糊涂》，中国人民大学出版社，2013年，第64~95页，第16页。

主义创作的相对封闭性和现实生活的无限开放性所构成的矛盾,当下作家在把握今天前所未有的荒诞现实所表现出来的力不从心,捉襟见肘,这应该才是阎连科提出这一系列主张的内在依据。相异于现实主义创作方法兴盛时较为普遍的理性、公正、客观的社会土壤,当下社会的混乱、错杂与荒诞,自然应该是"神实主义"的温床。"不是我太荒诞,而是我们的生活特别荒诞……鲁迅看到家乡的都是痛和恨,沈从文看到的都是湘西无限的美,我恰恰觉得,生活中美的东西少到几乎不在,而荒诞的东西多到无处不在,它不是走进你眼睛里来,而是一下子、一下子打进你的眼睛里来,打进你的心灵里去。"[1]这是阎连科看到与感觉到的现实,那么,除了"神实主义"还有什么能够完整地表现他的荒诞呢?

这种无边无际的荒诞感,在余华、莫言、格非、马原、孙甘露等一批当代作家那里也都有着或多或少的表现,只不过没有阎连科这般普遍与强烈罢了。这一方面可能来自于他坎坷、曲折的个人经历,另一方面也可能源自于他强烈的"世界中心主义"的心境。不过,细究起"神实主义"提出的缘由,阎连科则认为主要出自西方文学的借鉴与传统小说的接受两个原因。

先说西方文学的借鉴。在当代作家中,阎连科应该是最为广泛地阅读并接受了欧洲文学、俄国文学和拉美文学的作家之一。这在他的读书笔记和讲演集中可以明显地感觉出来。他说:"每每提到拉美文学,提到俄罗斯文学,提到欧美文学,我们有许多作家不屑一顾,而我,说心里话,总是充满敬仰和感激之情。"[2]他觉得卡夫卡、福克纳、胡安·鲁尔福、马尔克斯等,他们的写作,都在探索写作个性和底层人的现实生活的结合上,开出了成功的范例。他认为荒诞、魔幻、夸张、幽默、后现代、超现实、新小说、存在主义、魔幻现实主义这些现代小说的因子和旗帜,其实都是最先从外国文学作品中获得的。所以,他认为正是改革开放后三十多年中国作家对西方现代派和拉美文学的借鉴,而催生、孕育了中国土壤中深埋的"神实主义"的文学种粒。也因之,他提出的"神实主义"口号也便具有了与世界接轨或者同步的意味。

再说传统小说的接受。在阎连科看来,神实主义的提出并不全是西方文学的启发,其中也有着我国传统小说技巧的影响。在他十岁的时候,第一次接触到了古典小说《西游记》,一下子就被迷住了。"《西游记》正吻合着我的年龄。我开始看小说了,竟然也看得同大姐一样如痴如醉。"[3]而后来在创作时,他感到:"《西游记》中猪八戒在高老庄的所作所为,他对凡尘世俗生活的向往渴求,

---

[1] 阎连科、张学昕:《我的现实 我的主义》,中国人民大学出版社,2011年,第23页。
[2] 阎连科、张学昕:《我的现实 我的主义》,中国人民大学出版社,2011年,第148页。
[3] 阎连科:《写作最难是糊涂》,中国人民大学出版社,2013年,第16页。

又如何不是神实主义的笔墨呢?师徒四人到西天取经,九九八十一难,妖魔们都想吃唐僧肉以求长生不老,这又哪儿不是现实生活中人们对死亡之恐惧最真实的某种精神的移植描绘?"①此外,蒲松龄《聊斋志异》中的《婴宁》、《陆判》、《狼》、《促织》、《聂小倩》诸篇,鲁迅《故事新编》中的《铸剑》、《补天》、《出关》等篇,在阎连科看来,也都有神实主义的描写。因此,他自信满满地认为:"这些伟大的作品,都在告诉我们今天的神实主义写作,有一条由来已久的传统之源,而非写作的割断与横空出世,旷世孤立。"②

对于神实主义的发现,阎连科颇有几分得意与自豪。他几次强调,神实主义是他从创作与阅读中体悟出来的,是一次全新的理论概括。他认为余华长篇小说《兄弟》中那被人诟病的荒诞情节,张承志的《心灵史》、韩少功的《马桥词典》、陈忠实的《白鹿原》、张炜的《九月寓言》、王安忆的《小鲍庄》等一大批优秀作品中的那些溢出现实主义框框的某些奇异的描写,其实都是神实主义的一些具体手法与技巧,只不过他们没有提出这个口号罢了。

在他的创作中,大致从 2003 年创作长篇小说《受活》开始,就有意地进行神实主义的创作。他在该书的首页题记中说:"现实主义——我的兄弟姐妹哦,请你离我再近些。现实主义——我的墓地哦,请你离我再远些。"这似乎自相矛盾的提法,其实正折射出阎连科此时焦虑不安的创作心态,以及急于寻求艺术突破的内心世界。其实在这以前,他就在一些作品中进行着初步的实践,只是越往后便越自觉地追求。《年月日》(1997)、《日光流年》(1998)、《耙耧天歌》(1999)、《朝着天堂走》(1999)、《坚硬如水》(2001)、《丁庄梦》(2006)、《风雅颂》(2008)等,它们都是或部分是神实主义的尝试与实践。而至于 2010 年创作的长篇小说《四书》,则是他"神实主义"理论的代表之作。他自称:"如果说《四书》之前我对神实主义还是模糊、朦胧和犹豫不决,那么,在《四书》的写作过程中,有关神实主义的想法已经在我头脑里渐次清晰,逐步成形。"③

阎连科不愧是当代文坛的一位勇士。这一回,他是一头撞在艺术上了。

四

一部超出读者想象的作品的出现,伴随着的必然是无休无止的争论。这可

---

① 阎连科、张学昕:《我的现实 我的主义》,中国人民大学出版社,2014 年,第 215~216 页。
② 阎连科:《当代文学中的"神实主义"写作》,《东吴学术》2011 年,第 2 期。
③ 阎连科:《当代文学中的"神实主义"写作》,《东吴学术》2011 年第 2 期。

能在于思想,也可能在于艺术,或者两者都是。

在思想与艺术两方面都试图实行全面突破的阎连科,事实上,注定了他必然会成为中国当代文坛上最具争议的作家之一。尤其是他的一些作品出版后遭到查禁,《风雅颂》《坚硬如水》等作品发表后引起争鸣,新近的长篇小说《四书》游荡在各个出版社、尚未能正式出版的情况下,阎连科自然也就成了海内外学者关注、争论的焦点作家。

其实,争论并不重要,重要的是作家的动机。用巴金的话说就是:"对一个作家来说,更重要的是艺术的良心。"①

从作品的思想内容来看,当一个作家秉持着关注人类、自然、社会、国家、道德、法律的赤诚之心,哪怕有一些偏执之举、愤激之言,事实上都未逸出人民代言人的角色。阎连科深感自己作为一个作家的重任在于:"一只脚在历史之中,一只脚在现实之中;左手深入到今天中国荒谬而复杂的现实,右手触摸着个体人在社会现实和权力之中被挤压、挣扎、跳动的心灵;深知上一代人的现实,也努力感知着下一代人的精神。"②作为20世纪50年代末出生的作家,他觉得承前启后、接上续下,有太多的苦难需要诉说,也有太多的愿望需要表达。唯一的愿望是"让文学真真正正地、彻彻底底地回到对人、人性和爱的理解和尊重上,从而完成一种真真正正的中国文学的现代性"③。抱持这种理想与信念的作家,自然是与人民站在一起的。至于某些作品的被禁,由于有的描写过于具体,有的时间距离也过于靠近,因而受到了行政的限制。对于历史的评价,往往需要时间,在有的时候可能就只能不许争论。在这里,虽显示出作者可贵的艺术勇气,然而却也还暴露了他缺少足够的政治智慧。然而,出于一个艺术家的良心,他的追求理应受到人们的肯定,他的"撞墙"也不全部是无功而返。

此外,从他力倡的"神实主义"来看,这也是对中国当代文学艺术的一次有益探讨。一个时代有一个时代的文学。随着时代的发展,艺术永远是一种发现。他强调神实主义的"神",并不是要刻意去追求神秘、神奇、神经,而只是想通过"神的桥梁",到达今天奉行的现实主义无法抵达的幽深之处。他期盼神实主义能如聚光灯那样照亮一切被隐蔽的荒谬与黑暗。从他已创作的《受活》、《风雅颂》、《四书》等作品所引起的关注效果来看,他的探索已经取得了不小的成功。他的神实主义创作主张,应该是我们纷乱时代中的一把有力武器。不过,在我们对上述作品细细研读之后,小说在结构等方面似乎仍需格外留意。

---

① 巴金:《巴金论创作》,上海文艺出版社,1983年,第173页。
② 阎连科:《一派胡言:阎连科海外演讲集》,中信出版社,2012年,第166页。
③ 阎连科:《写作最难是糊涂》,中国人民大学出版社,2013年,第147页。

在《从实招来》一文中,阎连科觉得:"小说家的特长之一,就是讲述和编织故事的能力。没有讲述的能力,没有构织故事的能力,一个小说家很难把路走得太远。"①而在神实主义的创作中,读者往往不再能从故事中看到或经历日常的生活逻辑,也不能去触摸和捕捉故事的因果,这种故事情节的断裂与错置,也往往会给习惯了欣赏故事情节的读者带来审美上的障碍,并进而影响到对艺术内容的把握。也许,我们的读者还需要慢慢适应、慢慢掌握。

2011年,阎连科在美国迈阿密书展的讲演中这样谈到他的文学主张:"以最个性、最独有的方式去写作、表达看到和洞察到的在光明和黑暗交替频繁中大扭曲的中国现实和现实中大扭曲的人的灵魂,则为作家的最终之选择。"②

"最个性"、"最独有",既是一种艺术的良心,同时也是一种艺术的冒险。它需要一种"撞墙"的精神,也与"安全的艺术"相异。阎连科这样说了,也是这样实践了。

他的艺术锋芒,在我国当代文坛熠熠闪光。他的文学价值,仍值得我们去深入研究、反复挖掘。

原载《当代作家评论》2013年第5期

---

① 阎连科:《写作最难是糊涂》,中国人民大学出版社,2013年,第142页。
② 阎连科:《一派胡言:阎连科海外演讲集》,中信出版社,2012年,第144页。

作为世界观和方法论的"神实主义"
——《发现小说》①与阎连科的小说创作

王 尧

阎连科的小说在很长一段时间内都和他亲历的日常生活经验有关,"耙耧山脉"和"瑶沟"在他的小说中无论如何处理,总是与他血脉相连的"衣胞地",因此用最初"现实主义"理论解读阎连科并非完全牵强。但是,由《坚硬如水》开始,阎连科的创作风格发生了变化,2003年出版的长篇小说《受活》似乎成了一个捩转点。此后的《丁庄梦》、《风雅颂》、《四书》,以及新近出版的长篇小说《炸裂志》等,虽然文本的差异性很大,但都朝着一个越来越清晰的方向移动。

《受活》之后的小说创作,不仅超越了故乡,而且也超越了我们已经习以为常的"现实主义"。或许首先是因为超越了"主义"的"现实",阎连科的这些小说与"现实"发生了激烈的冲突,他颠覆了某种观念中的"现实",也颠覆了"现实主义创作方法",因此成为了一个与"现实"构成紧张关系的作家。敏锐地发现了这一变化的批评家们,用"魔幻现实主义"、"荒诞现实主义"等概念来重新定位阎连科的创作。这些概念的使用以及相关的文学批评,虽然说到了阎连科小说和这些概念或特征在某些方面的相似性,但尚未抵达阎连科文学世界的内部——当阎连科发表和出版了他的《发现小说》之后,我们发现,原先借用的一些概念和主义,恰恰也是阎连科试图摆脱,甚至也同样像颠覆"现实主义"一样想去颠覆的所在。阎连科提出并阐释的"神实主义"便是我说的那个越来越清晰的方向。阎连科终于有了自己的世界观和小说方法论。

我将《受活》作为一个捩转点,与那篇"代后记"——《寻求超越主义的现实》有关。这篇短文曾引起争议,非议者甚多。我也不认为阎连科在这篇短文中对现实主义的再反思无懈可击,但他在短文中四处出击"现实主义",在很大程度上,是对已经成为一种"文化政治"的"现实主义"的批判。因此,他锋芒所系的"我们几十年来所倡导的那种现实主义",其实是指某种主义或者意识形态所限制的现实主义,以及在这一现实主义大旗下的文学创作。如果联系到20世纪90年代以来文学思潮中"现实主义"的再兴起(比如"现实主义冲击波"

---

① 阎连科:《发现小说》,《当代作家评论》2011年第2期首发,南开大学出版社,2011年。

等),以及倡导者背后的意识形态性,我们就不能否认阎连科如是思考问题的合理性。从写实主义、现实主义到社会主义现实主义、革命现实主义、革命现实主义与革命浪漫主义相结合,再到 20 世纪 80 年代初期恢复革命现实主义传统,近百年来现实主义作为文学的主潮也一直处于变化之中。20 世纪 80 年代关于现代主义、现代派的争论,其实是和现实主义的革命性变化联系在一起的,它不仅改变了文学的秩序,也改变了现实主义的内涵。这一变化,简而言之是对"真实性"的重新理解和界定,对其他"主义"的开放与包容,而非排斥与对立,这是 20 世纪 80 年代文学形成的共识之一。但在 90 年代以后,曾经被否定了的某些观点和方法又有所回潮,成为限制文学创作的一种武器。这就是阎连科所说的:"仔细去想,我们不能不感到一种内心的深疼,不能不体察到,那些在现实主义大旗下蜂拥而至的作品,都是什么样的一些纸张:虚伪、张狂、浅浮、庸俗、概念而且教条。时至今日,文学已经被庸俗的现实主义所窒息;被现实主义掐住了成长的喉咙。"①让阎连科愤懑的这些现象,也是 20 世纪 80 年代初期文学界所否定的现象。

  显然,阎连科的重点不在这里。他特别想说的意思,应该集中在这两段文字中:"真的,请你不要相信什么'现实'、'真实'、'艺术来源于生活'、'生活是创作的唯一源泉'等等那样的高谈阔论。事实上,并没有什么真实的生活摆在你的面前。每一样真实,每一次真实,被作家的头脑过滤之后,都已经成为虚假。当真实的血液,流过写作者的笔端,都已经成为了水浆。真实并不存在于生活之中,更不在火热的现实之中。真实只存在于某些作家的内心。来自于内心的、灵魂的一切,都是真实的、强大的、现实主义的。哪怕是从内心生出的一棵人世本不存在的小草,也是真实的灵芝。这就是写作中的现实,是超越主义的现实。如果硬要扯上现实主义这杆大旗,那它,才是真正的现实主义,超越主义的现实主义。"我并不认为阎连科否定生活之于创作的意义,他在"真实的生活"与"真实的内心"之间选择了后者,也就是说,只有经过"真实的内心"过滤后的生活才会在文学中获得"真实性"。阎连科没有明确说出,但存在于字里行间的意思是:不是从"现实主义"的规则出发,而是从自己的内心出发,生活的"真实性"才有可能被揭示。所以,阎连科反复强调"内心"的丰饶之重要:"现实主义,与生活无关,与社会无关,与它的灵魂——'真实',也无多大干系,它只与作家的内心和灵魂有关。真实不存在于生活,只存在于写作者的内心。现实主义,不存在于生活与社会之中,只存于作家的内心世界。现实主义,不会来源于生活,只会来源于一些人的内心。内心的丰饶,是创作的唯一源泉。而生活,

---

① 阎连科:《寻求超越主义的现实》,《受活》,春风文艺出版社,2003 年,第 369 页。

仅仅是滋养一个优秀作家内心的养分。我们总是被现行的,有一定来源和去向,目前在视野的街上游来荡去的所谓的现实主义,弄得眼花缭乱,迷失方向,所以,我们在偶尔清醒的时候,会被所有的人看作是头昏脑涨、神经错乱的时候。"①

如果对这两段文字作一概括,阎连科的主张可能是:在"现实"、"现实主义"已经被主义化之后,作家的内心世界或者"内真实"是超越"现实主义"的唯一武器,而生活则是滋养内心世界的养分。在这里,阎连科的论述并不周延,甚至不无偏颇,但已经击中了问题的要害。此时的阎连科尚未提出"神实主义"的理论主张,但《寻求超越主义的现实》已经孕育了"神实主义"的内核。因此,我们不妨把这篇"代后记"视为"神实主义"的最初"宣言",或是《发现小说》的草稿之一;《受活》则是滋生"神实主义",同时也是最初实践"神实主义"的篇章。

在"寻求超越主义的现实"与"神实主义"之间,阎连科还有几篇过渡性的文字,这就是长篇小说《丁庄梦》的后记《写作的崩溃》、《〈丁庄梦〉写作散记》和《风雅颂》的"后记三篇"。在谈到写作《丁庄梦》的缘起时,阎连科说一个别人讲述的"卖血细节"给他内心带来了冲击,因此想写点东西。② 我想,这便是生活对内心世界的滋养。《丁庄梦》出版后,不仅受到非议,而且几乎遭遇批判。如果不去讨论这部作品在艺术上的得失,可以直截了当地说:这部虚构的小说恰恰触动了"现实"的神经,作品的"真实性"颠覆了"现实"的"真实性"(这种"真实性"常常也是构造出来的,或者是长期居于主导地位的关于"现实"的理念和阐释)。当"现实"的"真实性"与某种禁忌相关时,冲击这一"现实"的另一种来自于内心的"真实性"被误解。在《丁庄梦》出版的那个月,阎连科又写了《〈丁庄梦〉写作散记》,其中一节是"关于真实":"我所去的那个村庄,我的一切见闻、感受、经历,包括我在艾滋病村的一些简单的作为,都还蕴藏在我的心中,与小说《丁庄梦》几乎没有直接的瓜葛,没有太多直来直去的因果关系。小说是一种虚构。小说也必须是一种虚构。这是我写作的文学原则。艾滋病村、艾滋病仅是《丁庄梦》中故事发生与展开的背景,与真实的艾滋病村与艾滋病人关系甚微,甚至可以说关系无几。真实的艾滋病村给我的只是一种心灵的感受,而非情节、细节的照搬挪用,所以,请每一位读者不要依据《丁庄梦》的故事、场景、

---

① 阎连科:《寻求超越主义的现实》,《受活》,春风文艺出版社,2003年,第370~371页。
② 阎连科:《〈丁庄梦〉写作散记》,《写作最难是糊涂》,中国人民大学出版社,2013年,第108页。

细节去拷问艾滋病村和艾滋病人的生活情况。"①当阎连科不得不唠叨这些"切勿对号入座"的常识性话题时,我的内心充满悲哀。除了避免小说给"现实"中具体的人事带来困扰外,这段文字再次突出了"心灵的感受",从而让"内心的真实性"和"现实的真实性"区别开来。

和《寻求超越主义的现实》相比,《〈丁庄梦〉写作散记》中更进一步的表述是,"《丁庄梦》所追求的是小说人物精神与灵魂上的真实,而非与现实的人事和场景的相符。外在的真实永远是一栋楼房浮表的装饰,内在的真实才是那栋楼房的构架和构架组成的内在的空间"②。这一表述,将"内真实"由作家拓展到小说人物。如果没有这一表述,阎连科所说的"内真实"是不充分的,因为小说创作首先不是叙述作家的精神与灵魂的历程,而是要处理作家的精神与灵魂如何影响小说人物的塑造以及故事的讲述。但即便有了这样进一步的表述,阎连科尚未将他对诸如此类问题的认识提到世界观和小说方法论的高度,时隔两年,阎连科在《〈风雅颂〉后记三篇》中初步涉及这一话题。正如他自己预料的那样,《风雅颂》的出版"会招致一片谩骂之声",这部作品和贾平凹的《废都》一样被认为是"诋毁"知识分子的小说。无疑,这部写"回家"的书,反映了阎连科内心的柔弱、犹豫、焦虑、企盼和徘徊,他内心世界的这些因素错综复杂,而且尚未整理清楚,因此,《风雅颂》是一部可以用来考察知识分子精神状态的书,这种精神状态仍然延续在当下。在当时,我是作为替《风雅颂》辩护的"正方",我至今还是认为,阎连科将小说的人物置于乡土与文化本原的叙事具有开拓意义。当一些论者以为这部小说是攻击"某大学"时,其实这不是批评家阅读的偏差,而是"现实主义"理论的反映。

在《〈风雅颂〉后记三章》中,有一节文字和阎连科近几年提出的"神实主义"一脉相通。其中"不存在的存在"讲述了一个故事:在叔伯弟弟冥婚仪式上,弟弟的灵棚里和棺材上落满红红黄黄的蝴蝶。阎连科描绘了这一场景:"慌忙退回到后边灵棚里看,竟就果真地发现,在那充满红色喜庆的灵棚里的棺材上、帆布上和灵棚的半空里,飞落着几十、上百只铜钱大的红红黄黄的蝴蝶,它们一群一股地起起落落、飞飞舞舞,而在前边我大伯充满白色的灵棚里,却连一只蝴蝶的影子也没有。这些群群股股的花色蝴蝶,在我弟弟的灵棚里停留飞舞了几分钟后,在众生惊异的目光中,又悄然地飞出了灵棚,消失在了寒冷而白雪飘飘

---

① 阎连科:《〈丁庄梦〉写作散记》,《写作最难是糊涂》,中国人民大学出版社,2013年,第112页。
② 阎连科:《〈丁庄梦〉写作散记》,《写作最难是糊涂》,中国人民大学出版社,2013年,第112页。

的天空里。"①我完整征引这段文字,是想告诉自己,用"魔幻"、"荒诞"这些概念来套阎连科的小说,到了这个时候已经不合适了。这一场景几乎是彻底改变了阎连科,他这样问自己:"为什么在我人到中年时,人生观、世界观、文学观都已形成并难以改变之时,让我遇到这一幕'不真实的真实'、'不存在的存在',这一幕的真实和奇异,将会对我的世界观和文学观产生什么样的影响和作用?这是不是在我的写作无路可走时,上苍给我的一次文学上天门初开的启悟呢?"②回答是肯定的。这群飞舞的蝴蝶也落在了阎连科的"内心",从而进一步改变了阎连科想象和虚构世界的方式,这就是他后来在《发现小说》中说到的那句话:"在日常生活与社会现实土壤上的想象、寓言、神话、传说、梦境、幻想、魔变、移植等,都是神实主义通向真实和现实的手法与渠道。"③而"不存在的存在"、"不真实的真实"中有一条中国式的"内在逻辑",阎连科近期回答凤凰卫视记者的采访时说:"《四书》中间其实你就意识到,忽然觉得我们中国的现实其实不是魔幻的,也不是荒诞的,就是一个神实,神灵的神,精神的神,它的真实不在于我们表面的真实,而在于灵魂的真实,精神的真实,那种看不见的一个内在的逻辑,这个逻辑是任何人都看,尤其西方人完全无法明白,比如无法明白中国人为什么,那些猪不吃掉,或者死掉就扔到黄浦江去,这在西方的逻辑完全无法讲通,但在中国,它就跟内在的逻辑是合理的。中国今天发生的任何千奇百怪的事情只有中国人能够理解。"

和《风雅颂》相比,写作《四书》时的阎连科从容沉着,这是他的世界观和小说方法论最为充分和完美的一次实践。《四书》重写了黄河边的中国,重写了中国知识分子,重写了管理中国知识分子的"孩子们",也重写了"西绪弗斯神话"。这是一部重写"历史"的书,但同样被置于"现实"的对立面。如果说,《受活》、《丁庄梦》、《风雅颂》等是颠覆了"现实"的"真实性",那么《四书》则是重构了"历史"的"真实性",阎连科笔下的"当代中国"因此完整。我愿意把《四书》视为阎连科"神实主义"的代表作。

同样重要的是阎连科在《四书》这部作品中想象和塑造"中国"的方式。这部书尚无中文简体版,国内的评论也不多。我读过《四书》的初稿,后来又获赠阎连科自行印制的《四书》。在我想为这部小说写点什么的时候,我读到了阎连

---

① 阎连科:《〈风雅颂〉后记三章》,《写作最难是糊涂》,中国人民大学出版社,2013 年,第 126 页。
② 阎连科:《〈风雅颂〉后记三章》,《写作最难是糊涂》,中国人民大学出版社,2013 年,第 126 页。
③ 阎连科:《发现小说》,南开大学出版社,2011 年,第 181～182 页。

科和《南方周末》记者的谈话录,便放弃了写作的想法,因为阎连科谈话中的两段文字对《四书》的解读远比我对这部作品的理解更得要领。其一说:"在我看来,我不写那种东西就无法表达我内心对现实的感受。《四书》里有一个知识分子的深长忏悔,那个人是作家,他也是一个告密者。他的忏悔在我们中国当代文学中几乎没有过。作家在绝境中知道哪些人是吃了饿死的人肉而活了下来的,他把这些全都写在必须定期上交的揭发信《罪人录》的稿子上。可其他的知识分子知道他是告密者而没有谴责他——为此,他开始忏悔,把自己腿上的肉割下来,煮一煮,请那些饥饿的人吃。他认为他对这些人有罪。他看着人们吃他的肉心里无比轻松。甚至他对自己揭发过也是爱着的女人'音乐',在她死去他把她埋葬时,他也把腿上的肉割下煮一煮,摆在她的坟前——我们河南叫'摆供'。这样的情节在小说中是残酷的,却也是诗意的,有着思考张力的。我觉得不写这些情节,确实无法表达我内心对知识分子的那种强烈的感受。"其二是关于那个孩子的一些情节:"比如《四书》有一个情节,其中的一个孩子,像小法西斯一样,成千上万的知识分子在这个孩子的监督下劳动和改造。孩子说:你们不听我的话,我就搬来一把铡刀,由你们亲手把我铡死。结果他就果真把铡刀搬到一堆教授面前,希望不听话的教授像阎锡山部队铡刘胡兰那样把他的头铡掉。没有人敢去铡他时,孩子就说:'你们不敢铡我吗?那你们就大炼钢铁吧,你们就在每亩地上种出一万斤的小麦吧,让小麦的麦穗长得和玉米穗一样大吧。'结果,知识分子们就去大炼钢铁了,作家为了自由,就去真的找了一块地,把小麦种在皇陵上,用他的鲜血当水每天浇地,甚至把十个手指弄破,趁着下雨,满天挥洒自己的血液,让雨水落在小麦上,那些小麦穗就果然长得和玉米穗一样大,小麦灌浆时,他身上最后没血了,就把自己的动脉划开,让最后的动脉血流在麦根——在《四书》中,没有这样的情节,就无法表达我心里最深处对知识分子和中国历史的感受,无法表现我对文学的追求。"①

对这种处理情节的方式,阎连科的结论是:"我希望我的想象有力量,它不光是想象的高远、丰富和奇特。想象需要有一种力量。我想要借助这种力量,达到某种思考的境地。写一个人的忏悔,俄罗斯作家可能会写一个人跪在俄罗斯的大地上,但对我,却只能是某种极端而生活的行为现实。"②所谓"极端",或许正是阎连科自《受活》之后创作的一大特征。我在谈论《风雅颂》时曾经提出阎连科应当缓解与现实的紧张关系,从焦虑中解脱出来。我当面向阎连科说出这句话时,他没有回应我。现在看来,我当时对阎连科"内真实"的状态还缺少

---

① 夏榆、阎连科:《阎连科:生活的下边还有看不见的生活》,《南方周末》2011 年 5 月 27 日。
② 夏榆、阎连科:《阎连科:生活的下边还有看不见的生活》,《南方周末》2011 年 5 月 27 日。

体贴。当阎连科在《四书》中不得不用割腿肉、让最后的动脉血流在麦根这样的情节时,是因为他的内心世界在煎熬,而且执着地认为只有如此才能揭示"历史"的"真实性"。在这里,阎连科完成了坚守自己的内心世界以及从内心世界出发去想象"历史"和"现实"的过程。

主流评价和许多人的批评忽视的正是阎连科处理"现实"和"历史"的独特方式,而只从概念、原则出发将阎连科误置到一个并不恰当的位置。阎连科内心深处的"良知"被疏忽,甚至被抹杀了。他在《丁庄梦》后记中所说的"写作的崩溃",既是生命的苦痛和对一种现实的绝望,也是"现实"与"历史"之"真实性"的崩溃。这种冲击的力量是强大的,强大到阎连科在《受活》之后的几乎每一部作品都被置于"现实"的"对立面",这足以证明阎连科在"现实"(包括"历史")之外创造了另一个世界,也再次确认"艺术"的"真实性"远远大于"现实"(包括"历史")的"真实性"这一常识。

早几年,在为阎连科收入"世界当代华文文学精读文库"的《年月日》写的序言中,我曾经试图用心去体察阎连科的内心世界,思考由此引发的相关问题。当阎连科在持续的内心的冲突中从自己的文本世界返身抬头时,他肯定感受到了自己夹杂在文本与现实缝隙中的痛苦和压力。我一直注意这样的痛苦和压力对阎连科的煎熬。我不知道一些批评家为何在这个问题上对阎连科误解很深,他们常常只注意到延续不变的习惯和规矩,只注意到阎连科小说文本与现实的紧张关系给个人或者一个群体的刺激,而常常忽视阎连科在处理这些问题时他作为一个作家的自由写作的合法性,特别是他用文学的方式超越紧张关系的努力。这样一个现象意味着即使在今天,有许多批评其实是从训诫出发,而不是从文学出发。当一些人在坚持自己的信仰时(我尊重这样的坚持),似乎忽视了对别人坚持的尊重。我在以前评论阎连科的文章中说,其实,一个有信仰的人,如果他不想妥协,他总是处于紧张的内心冲突之中,如果没有这样的冲突,就不可能有某种秩序的改变。时代的肖像自然不是一个人、几个人或者一群人塑造的,但是,它总与无数个处于紧张的内心冲突中的人相关,紧张的内心冲突构成一种旋律从而发出赤子之声,时代的肖像因此有了真实的解说。在我看来,阎连科和我们这个时代的优秀作家的最大特点在于,他们是有信仰的写作者。我并不认为阎连科的写作是完美无缺的,但是,他这些年的文字都充分呈现了他的信仰以及与此相关的世界观。大家都注意到,阎连科对小说写作新的可能性的探索,其实这不仅在尝试新的叙事方式,而且也在建立一种新的世界观。①

---

① 阎连科:《序言:为信仰而写作》,《年月日》,明报月刊出版社、新加坡青年书局联合出版,2009年。

也就是在写作《四书》的同时,阎连科完成了他的《发现小说》。这部研究小说创作的书,在重新发现小说中提出了"神实主义"的理论主张,以前陆续表达的观点、思考在《发现小说》中系统化了。正是《发现小说》的写作让阎连科完成了他的文学世界的建构,并具备了和其他作家相区别的可能。阎连科其实是一个充满奇思异想的理论家,我一直很诧异批评界对阎连科在这方面的冷漠。

阎连科将"真实"区分为"控构真实"、"世相真实"、"生命真实"和"灵魂深度真实",以为有了这些,才完整地构成了现实主义的人体结构。与此相关,"现实主义"也被分成:控构现实主义、世相现实主义、生命现实主义和灵魂现实主义。① 从这样的划分出发,阎连科对 20 世纪中国作家中的鲁迅、沈从文、张爱玲、汪曾祺等以及世界文学中的一些经典作家作了重新阐释和定位。阎连科的这一部分论述显示了他作为一个小说家的独到之处。当他将"真实"作如此区分时,他认为如果能够将控构真实从现实主义中剔除不谈,其他三种真实相互依赖、渗透和借鉴,是递进中的深层文学境界。② 在对历史的考察和当下语境的观照中,阎连科强烈意识到,通向深层的现实主义之路障碍重重。

正是在这样的思路中,阎连科明确了经由反抗"控构现实主义"走向"神实主义"的路径,他在《寻求超越主义的现实》中的"那种现实主义"也有了明确的指向。所谓"控构",即"控制的定购和虚构",他觉得控构和反控构是中国当代文学史的一条线索。从这个角度讲,阎连科这些年的小说可以说是"反控构"的小说,阎连科因此自称是"现实主义"的不孝之子。但如此阐释阎连科的小说还不能确定阎连科的意义,他一直试图由世相真实走进生命真实达到灵魂真实,而这个过程既是文本与世界之间重建一种真实的关系,同时也是创造一个全新的美学世界。

在对经典作家作品的分析中,阎连科厘清了"内真实"的涵义以及走向"内真实"的两条不同路径。阎连科指出:"内真实是人的灵魂与意识的真实。外真实是人的行为与事物的真实,20 世纪的现代写作,在真实的努力方向下,真是朝着这个内真实目标的努力。"③他把走向"内真实"的路径分为:一种是由外向内,把故事从外部引向内部(灵魂);一种是由内向外,把故事从内部(灵魂)引向外部(环境与社会)。④ 在论及"内因果"小说时,阎连科进一步说到了"内真

---

① 阎连科:《发现小说》,南开大学出版社,2011 年,第 7 页。
② 阎连科:《发现小说》,南开大学出版社,2011 年,第 53 页。
③ 阎连科:《发现小说》,南开大学出版社,2011 年,第 152 页。
④ 阎连科:《发现小说》,南开大学出版社,2011 年,第 154 页。

实"的实现使小说的真实性不再是一个问题:"这说明内真实写作只要在写作中找到或抓住那个现实中没有,而人们精神与灵魂中必然存在的内真实——内精神,也就找到或者抓到了那个内因果的合理逻辑,关于小说的真实性,已经不再是值得考虑的问题了。"①在这部分论述中,阎连科最重要的工作是把与"内真实"相关的"内因果"上升到了世界观和方法论层面:"内因果不仅可以如《二十二条军规》那样夸张和反讽,也可以如《达洛卫夫人》那样平静和从容,还可如《河的第三条岸》那样庄重和伤情。它不是一种风格和个性,而是认识世界的一种方法、走进现实的一种新径,是一个作家的文学观和世界观。内因果不成为一个作家的世界观,也就只能是作家的个性与技巧。但倘若它成了一个写作者的世界观,文学就可能多出一架结构完全不同、结果也完全不同的由虚构通向现实的望远镜,跳过被零因果留下的疑惑,看到被半因果似是而非地模糊去的真实,从而使读者走入被全因果遮蔽的现实内部的深层。"②

阎连科的上述种种观点和思考构成了"神实主义"的发生背景、理论前提和论述支点,到这里,"神实主义"也就呼之欲出了:"在创作中摒弃固有真实生活的表面逻辑关系,去探求一种'不存在'的真实,看不见的真实,被真实掩盖的真实。神实主义疏远于同行的现实主义。它与现实的联系不是生活的直接关系,而更多的是仰仗于人的灵魂、精神(现实的精神和实物内部关系与人的联系)和创作者在现实基础上的特殊臆思。有一说一,不是它抵达真实和现实的桥梁。在日常生活与社会现实土壤上的想象、寓言、神话、传说、梦境、幻想、魔变、移植等,都是神实主义通向真实和现实的手法与渠道。"③

无疑,阎连科关于"神实主义"的论述还有不少留待他和我们进一步思考的空间。比如说,如果我们认为"现实主义注重客观世界的唯物论","现代主义注重主观世界的唯心论",那么"神实主义"的哲学基础是介于两者之间,还是偏重于后者,抑或另有支撑?与此相关,当我们承认"内真实"的重要性时,获得"内真实"的途径又是什么?在走向"内真实"的两条路径之间,有无中间状态?等等。

但这些问题并不妨碍"神实主义"的重大意义。正如阎连科意识到的那样,"'神实主义'在其出发点上与西方现代写作获得了不同之后,它有了独有的去向和目标。而在道路与方法上,自然也在寻找着自己的道路与步伐"④。阎连

---

① 阎连科:《发现小说》,南开大学出版社,2011年,第172页。
② 阎连科:《发现小说》,南开大学出版社,2011年,第173页。
③ 阎连科:《发现小说》,南开大学出版社,2011年,第181页。
④ 阎连科:《发现小说》,南开大学出版社,2011年,第206页。

科这些年来就是朝着"神实主义"这一目标和方向移动。

尽管我并不想在"神实主义"与阎连科小说创作之间确定一种简单的因果关系,但是就像我在前面论及阎连科"神实主义"产生的过程以及相关的创作时那样,我们会对阎连科的小说有新的解释。因此,从"神实主义"出发,或许能够对阎连科的创作重新定位和阐释。

我将《受活》作为阎连科创作的分界线,是因为他此后的创作已经无法归入前此的"耙耧"或者"瑶沟"系列。《受活》之后,阎连科创作了《丁庄梦》、《风雅颂》、《四书》和《炸裂志》,而在这几部作品中,我个人更推崇《受活》、《四书》和《炸裂志》。正是在《受活》之后,阎连科的小说也由"乡土中国"而拓展为"当代中国"。长久以来,阎连科的视阈始终在"当代中国",而不仅仅只是"历史"和"现实",在阎连科的小说中,历史和现实是密不可分的,"革命"的中国和"改革"的中国构成了阎连科文学世界的基本面貌。用不同的方式想象当代中国(不只是乡土中国),是阎连科长期以来的抱负和实践。不同的方式,既是指阎连科与其他小说家的差异,也是指阎连科本人从不重复自己。

文学中的"当代中国"得以形成,一方面是阎连科不断反抗"控构现实主义"并发现被它遮蔽的现实和另一种真实性;另一方面阎连科在解构的同时,又用自己的世界观和方法论(神实主义)建构他的精神与灵魂深处的文学世界。虽然主旨不同,但《受活》与《四书》构成了"后革命中国"与"革命中国"的不同侧面。如果我们将《炸裂志》和前此的"耙耧"系列等进行比较,前者更侧重改革前或改革中的"当代中国",而《炸裂志》则将"当代中国"完全置于改革之中和改革之后。在这样的相互关联中,阎连科深化了他对"中国问题"和"中国经验"的理解。阎连科并不只是关注贫困与革命时代人的命运,他同样深切关注富裕与后革命时代人的命运,而后者不仅承继了前者的问题,又呈现了近三十年来"中国问题"的特殊性。在这个意义上,我认为《炸裂志》是一部特别值得我们关注和阅读的小说。

用方志的形式创作一部长篇小说,是阎连科在几年前的聊天中透露出的信息。我对阎连科写作中的这部长篇小说一直怀有高度期待,阎连科总是在新作中突破自己并给文学界带来新的话题。阎连科一直在返乡与离乡的道路上,他现在又用《炸裂志》将那个叫"阎连科"的作家"驱逐"出"故乡",但是,也就在这个过程中,阎连科真正返乡了。"炸裂"的命名,自然可以视为一个隐喻,阎连科对现时代的理解几乎都在"炸裂"两字上。

我们可以从不同的层面进入《炸裂志》,"反抗控构"则是解读这部小说的一种视角。在中国自古及今,方志的写作是一种历史建构。炸裂市的领导显然是想以编写方志记载这个城市的变迁史,从而突出"炸裂"的辉煌和伟大。在这个意义上,炸裂市领导期待的《炸裂志》其实要书写的是一种"控构真实"。但"阎连科"则用自己的方式重写了《炸裂志》,他所突出的恰恰是地方领导所忌讳的部分,阎连科因此用一种方式解构了"炸裂"的"宏大叙事",由此突出了"中国问题"。

在"主笔"的前言中,"阎连科"有得到市长和全体编委同意的三点要求:只采用"我"相信的材料和事实,可以拒绝任何人强加给"我"的事例、事件和要求;"我"是一个小说家,要用"我"个人的方式去写志史,而不是墨守成规地照搬中国传统中的志史体例与记载;配一个聪明可爱的女秘书。其一、其二已经埋下伏笔,预示了"阎连科"版《炸裂志》的个人化风格以及这本方志与炸裂市的冲突。第三点要求,看似无谓的调侃,其实在一个细节处突出了这个时代的一种风尚。如果联系到阎连科在小说中将对炸裂市"色情"的描写,我们就会明白这不是闲笔。

所谓《炸裂志》其实有两个版本。一个是炸裂市师范学院孔明光教授主持编纂的本版本,已于 2012 年完稿并下厂印刷。炸裂市政府为使《炸裂志》广泛传播,"高价"聘请京城著名作家"阎连科"重编《炸裂志》。政府主事者的本意是"使其成为一部旷世奇书,为炸裂由村到镇、由镇为城,再由城发展为市和超级都市的演变树碑立传,为那儿的英雄、人杰、人们歌功颂德"。但"阎连科"版的《炸裂志》"交炸裂市政府和各阶层人员阅读审定,引起一片哗然,声讨和咒骂连绵不断,使之成为炸裂私传私阅的一本市志奇书"。在《炸裂志》正式出版后,"炸裂市领导、干部、百姓,上上下下,知识分子与普通民众,几乎全部拒绝认同这部荒谬、怪诞之市志,从而掀起前所未有的地方抗史之大潮",也因此勒令阎连科永无故乡,再也不得回归他的生养之地炸裂市。

"《炸裂志》"和"阎连科"的遭遇,其实也是阎连科这么多年来处境的一个写照。由于方式的特别,阎连科成为一个处境很特别的作家。阎连科的小说常常与既定的关于历史和现实的观念相左,由此产生的差异或者矛盾,加剧了他与某种秩序的紧张关系。所以阎连科是处于双重的紧张关系中,既与文本中的生活也与文本外的生活发生冲突。这在很大程度上影响了人们对阎连科创作的判断,许多批评者在捍卫自己的观念时,疏忽了阎连科究竟在什么意义上创造了另一个"当代中国"。我们常常误解了阎连科。其实,阎连科是一个怀有大爱的人。阎连科在《发现小说》中援引过刘再复、刘剑梅的一段文字,"创造大文学作品,无论受持什么立场和'主义',都应该拥有大爱和大悲悯精神。一切千古绝唱,首先是心灵情感深处大爱的绝响"。阎连科就此说"大爱",大约也就是灵魂的重量,是大灵魂与小灵魂的区别。"鲁迅以他伟大的生命,已经给我们展示了一个作家灵魂真实的写作,而我们已经大可不必去苛求他生命灵魂深度和大灵魂与小灵魂的轻重了。"①如果借用这些说法,我觉得阎连科是一个有大爱的人,且不论他的"灵魂深度"和"大灵魂"与"小灵魂"的轻重了。当他以笔为犁深耕时,他自己的手指也常常划破而滴血。

当我们参照阎连科"神实主义"的主张,便不会把阎连科这些年在小说文体上的探索与创新简单地归为形式和技术问题。在《炸裂志》中,"阎连科"在小说中的出现,自然可以在叙事学的层面上作出种种技术分析。但我想放弃这一驾轻就熟的思路,将自己作为小说中的人物从20世纪80年代中期开始到现在,是许多小说家的手法。阎连科如此使用"阎连科"并不只是一个纯粹的技术问题,显然与他自己创造的"神实主义"理论有关,只有如此,阎连科才在他的精神、灵魂与现实之间找到关联点。而它用"方志"这一形式作为小说的结构,显然是因为"方志"是记载历史的最典型的形式。在这之前的《四书》,在结构和形式上同样是一种世界观和方法论的体现。一个忏悔的知识分子分别写作了《罪人录》和《故道》,一个不知姓名的孩子口述了《天的孩子》,一个无名氏整理了《天的孩子》,一个学者写了半部书稿《新西绪弗神话》——这样的分工与布局,其实正是阎连科对"历史"的一种理解,他不仅分别了历史中不同人物的命运,而且也在这四部书的组合中还原了历史进程中的矛盾结构以及作为体现了历史"真实性"的细节和情节。因而,小说的形式在这里已非单一的技巧。同样的情形也存在于《日光流年》和《受活》之中。正是这种方法论的实践,阎连科才获得了不断创新的动力以及他想象"当代中国"的方式。

和许多作家不同,阎连科在讲故事的同时,也将自己(精神与灵魂及其他)融入其中。他是他所有作品的另一个主人公。在2007年为自己的文集写的总序中,阎连科这样说自己:

> 朝现实的胸口踹上一脚的勇气还在,却没有了力气。愿意在仁慈面前双膝跪下,就像跪在祖先的坟前一样,却又分辨不清仁慈的真伪。于是,就在自己的写作中默默地淌着魂灵的血汁,让那些粗糙或细腻、节简或多余的文字,成为魂灵出血的声响,成为写作的缘由和根本。
>
> ……
>
> 需要警惕和告白的是:当灵魂之血流干之后,我能否把我活着但几近腐枯的身躯中的那点骨髓,当作最后的墨汁,能否在无力与人言语时,让我的笔从手中消失而真正地沉默。②

---

① 阎连科:《发现小说》,载《当代作家评论》2011年第2期,南开大学出版社,2011年。
② 阎连科:《魂灵淌血的声响》,《阎连科文集》,人民日报出版社,2007年。

这就是"神实主义"的阎连科。

阎连科让我们听到了魂灵淌血的声响。

原载《当代作家评论》2013 年第 6 期

阎连科的"神实主义"

孙 郁

一

《日光流年》问世的时候,阎连科笔下有了不同于以往的苦涩。他的审美意象越来越偏离流行的话语,绝境里的生命已经无法用写实的理论言之。这是一个新的审美意识的萌动,作者已经从旧的窠臼里出走,独辟出小说的新途。细看这部沉重的书,场景都很怪异、凄惨,但意象却如此真实,乡民生活里的本然似乎就在这里。后来《坚硬如水》、《受活》出版,照例是离奇,且增加了某些滑稽,精神的隐语连着更广大的心绪。他的异于他人的个性越发明显。这与莫言如此地不同,和贾平凹亦有差异。在另类的选择里,他坚守了属于自己的存在。我们在《丁庄梦》、《风雅颂》、《四书》诸书里,看到的都是不同的文本,现实在这里均以怪异之姿呈现着,不可思议的人间,生死之际的魔态,驱走了惯性里的审美感受。

这些无不让我们感到惊异。在阅读其文本的时候,难言的荒谬感扑面而来,一切是如此离奇,又如此逼真,好像随作者去造访一个怪异的迷宫。我们内心未被命名的感受被一遍遍唤醒。小说的存在比生活更加玄奥和不可理喻。而作者却让读者经历了未有的认知之旅。

阎连科的尝试在一些批评家看来并不篇篇如意,但却让人不能忘怀。当争议四起的时候,人们会问,是作者出现了问题,还是批评家有了问题?我们今天的文坛,司空见惯的表述已让人味觉迟钝,以致稍有偏离者都被视为怪物。阎连科是这样一个异端。阅读他的作品,故事与人物多为变形的存在,追求的是神似而非形似的境界,内觉的复杂超过了形体的复杂。在向着人的内宇宙挺进的时候,神异的色彩诞生了。一切都非安详的样子,总在惊恐、黑暗、无奈里漂移,是极地似的天气,寒冷无所不在地袭扰着四周。这令人想起陀思妥耶夫斯基和卡夫卡的文字,但在经验上又如此地带着中土意味。失败感与恐怖感连带着死亡气息在四处流溢。这种感受不都是世纪末日式的存在,其文字里总能让人读出出离死灭的渴念以及与恶搏击的力量。对象世界的晦气与叙述者的不屈的挣扎的毅力,在反差里给小说的空间带来了不断开合的漩涡效应。

显然,这是一个给我们以奇态的作家。不仅在偏离读者的惯性思维,也在构建新的精神逻辑。阎连科的作品多有不祥之音,是黑夜里的体验与冥想。他对死亡有如此耐心的品味,对残忍的生活不断追问的目光让我们随其一遍遍历险。作品里一再写那些飘忽在潜意识里的暗影,当直面死亡的时候,那些离奇的场景都不再是生硬的陪衬,人与物都获得了一种人生寓意。阎连科肯定快感于这种寓意的渲染。他的精神在灰暗之路滑动的时候,感受到本质的意念就越发强烈。人是不知道何以往之的存在物,偶然性里的歧路才有生命过程的真实。预设的本质是无及于生命内蕴的。

这时候我们会感到他对鲁迅、卡夫卡、博尔赫斯、马尔克斯的呼应。在这些传统的参照里,他意识到自己所走的路应在何处,于是一种异于时代的小说精神在他那里诞生了。从《受活》开始,一直到《四书》,阎连科越发洒脱和自由。他已经不再在意读者的反应,本乎心灵的要求,开始穿越于精神的盲区,在自己的经验里寻找快慰之所。那些影响过他而又被其极为厌倦的存在,都无情地被踏在脚下,像一个出走者,身后的一切均成了弃物。

许多读者意识到了作者的极端性。甚至感到其有意与流行色对峙的意图。那些文本都极为肃杀,他常常在万难忍受的时空里拷问着一个个灵魂。可是那寒冷的文字后,又有温情之所。作者以极端的笔触去点染人间的爱意,我们便又能够感受到他是人间最传统的老实之人。这样以非儒家的态度看待生活的人,其实有着中国传统最本然的东西。阎连科以忤逆之笔所传达的恰是我们久久遗失的存在。

《四书》写完后,他曾说自己是一个"写作的叛徒"。越来越离经叛道,越来越与自己的昨天不同。可是那些不是逃逸时代的自我慰藉和浪漫的自欺。他在远离世俗的地方亲近着人的灵魂,剥离加在精神世界的泥垢,以此获得精神的自救。这是一种精神的苦役,但却是值得的选择。细细分析就会发现,他有着自己的价值皈依,五四初期的知识分子的温度在他那里出现了。在某种意义上说,他是最亲近五四传统的人。和许多作家不同的是,他的思想底片恰在鲁迅的世界里。因了这个选择,他似乎已非无路可走者那样地孤独。在其身后,隐隐约约地存在着一个精神光源。

二

一个有争议的人,作品是会溢出世俗审美底线的。这使他付出了相当的代价。那些事功里的荣耀几乎都与其无缘,留下的只有寂寞。不过他也因此可以谛听到内心的声音和来自上苍的声音。远离载道派的文学,就唤起了自己的生命内在意绪,常常回到历史与事物的原点思考问题。这正如鲁迅所言,一切都该重新来一次,他就是一个回到原点重新思考的独行者。

在几十年的写作经历里,阎连科摸索出属于自己的审美之路。这些与自己所处的时代是如此不合时宜。误解和攻击他的人也常常可以看见。他觉得应当回答这些质疑,在单一的理论时空发出另一种声音。于是有了《发现小说》的问世。① 这本书不像郁达夫那样依赖西洋小说哲学,也非茅盾那么政治化地把文学置于狭窄之地。在《发现小说》里,他十分郑重地抛出自己的小说理念,将"神实主义"的概念描述在自己的著作中。20 世纪 80 年代后,只有曹文轩等少数作家进行过如此系统的小说理论演绎,而《发现小说》的理性描述,是建立在非学院派基础之上的心得。其分量尚未被人们所广泛关注。

《发现小说》是与多种人群在进行对话。其一是与同行的交流,择其所长而言之;其二是和批评家攀谈,校正他以为盲点的存在;其三是面对大学学术体制的独白,把简单的意义简单化处理,剔除了繁复的形态。作者完全不在意读者的习惯,在自己的文字里表达的是另类的思维。

在《发现小说》里,他的灵光四射,常常有妙悟出来,将作家写作的心绪以逻辑的话语呈现出来。我最为感兴趣的是他对"神实主义"的描述,其审美追求的核心所在就含在这里。他说:

> 神实主义,大约应该有个简单的说法。即:在创作中摈弃固有真实生活的表面逻辑关系,去探求一种"不存在"的真实,看不见的真实,被真实掩盖的真实。神实主义疏远于通行的现实主义。它与现实的联系不是生活的直接因果,而更多的是仰仗于人的灵魂、精神(现实的精神和实物内部关系与人的联系)和创作者在现实基础上的特殊臆思。有一说一,不是它抵达真实和现实的桥梁。在日常生活与社会现实土壤上的想象、寓言、神话、传说、梦境、幻想、魔变、移植等,都是神实主义通向真实和现实的手法与渠道。②

阎连科抛出"神实主义"的理论,在一些批评家看来是一种蹩脚的表述,因为这里没有列宁以来的逻辑方式,也不见周扬文学观的痕迹。但是我们阅读内在的词语,则有今天的文学理论所没有的存在。阎连科的表述有一种针对性,

---

① 阎连科的长篇论文《发现小说》,最早发表于《当代作家评论》2011 年第 2 期。中国人民大学文学院与《当代作家评论》杂志社,曾就此文及《四书》召开过研讨会。
② 阎连科:《发现小说》,南开大学出版社,2011 年,第 182 页。

那些确切化的现实主义理论,在他看来是一种窒息创造性的先验理念。这个理论的结果是,人们只"注重于描写现实,而不注重于探求现实"。当作家满足于对现实是什么,而非追问现实何以如此的时候,歌功颂德的瞒与骗的作品就充塞着一切。阎连科以为,这种不能直面人生的作品,乃现实主义的一种束缚品。在他看来,这是放弃了鲁迅传统的一个恶果。

20世纪80年代,许多作家意识到了现实主义理论存在的问题,后来对"文革"批判的作品,都试图超越这个模式。阎连科发现,反抗"文革"的文学,本身可能是"文革"意识形态的另一面,还是泛道德的存在。这种同语反复的表述,乃思维习惯的必然。如果不打破传统写实主义的理论模式,作家或许永远都趴在地下,要飞动起来也是大难的。

以神实主义来解释小说的独创性,也就是王小波所言的智性。王小波在言及智性的时候,还谈到趣味。汪曾祺曾经在自己的作品里把士大夫的传统与现代主义结合起来,造成另一种非革命的文学,其间就有趣味的问题。阎连科不太喜欢谈"趣味",他注重的是精神的真实度。他与汪曾祺式的智慧尚有隔膜,他不可能像汪氏那样从旧式文人的情调里表达生活观里的问题。他在精神取向上更趋同于鲁迅的遗产。而把神实主义作为一种选择,使他与远离的鲁迅传统重叠了。

神实主义的提出,是一种主体意识的萌动。早在20世纪80年代,李泽厚、刘再复就已经在自己的文章里谈及主体的意义。这是一种理论的自觉,他们在理性的层面开始告别斯大林主义的传统。但是落实到文学实践,主体如何进入自由之地,只有王蒙、张承志等少数作家略有涉及,随后便被更实用主义的思潮淹没了。许多年后,阎连科在《发现小说》中系统地陈述了自己的思路,不禁让我们想起李泽厚、刘再复当年的思考。而由此,我们甚至可以推至鲁迅《摩罗诗力说》、《文化偏至论》诸文的精神原色。在这个层面上阅读阎连科,可以看出他与近代个性主义文化的一种关联。

阎连科谈神实主义,乃一种精神修辞。其实能够读出他的价值哲学和文章学的核心点。这些都是对本质主义和强制主义的一种克服,思想回到素心与爱意之间,不再被先验的理念所钳制。他从中外文学实践里,发现精神突围的一种通道,在这里,人可以回视已逝的岁月,可以瞭望未曾发生的可能性。不是固定在僵硬的时空里,在现实里进入非现实的写意世界。他说:

> 我确真是一个现实主义的不孝之子。对它们的逆反,厌恶到了如此境地,这让我有些惶惶不安,手足无措,如同去准备行凶而又良心未泯的罪犯。罪犯最大的敌人不是他的对手,而是他的良心。而我在诅咒现实主义

的时候,最令我痛苦不安的,是我灵醒明白,我无法彻底地告别它们……①

无法告别又必须告别,这构成了他创作中的矛盾。我们在其文本里能够嗅出革命时代的红色文学的痕迹,但在本质上,他是那种文学形态的叛徒。他知道,自己如果不从这条惯性的路中出离,便没有属于自己的世界。与茅盾以来的文学传统渐渐背离,上苍的神意才能够降临。

三

许多小说家的文本支撑了他的观点。鲁迅、卡夫卡、陀思妥耶夫斯基、博尔赫斯、马尔克斯……这些作家的文本背后有无限深广的精神空间,那是世俗社会的逻辑无法呈现的存在。在他们同代的作家里,有奇异个性的人不是很多,阎连科在对比里发现,现实主义存在种种形态,他把其概括为"控构真实"、"世相真实"、"生命真实"、"灵魂深度真实"。依次而来就有了"控构现实主义"、"世相现实主义"、"生命现实主义"、"灵魂现实主义"。在他看来,控构现实主义拒绝思考与深刻,世相现实主义貌似思考与深刻,生命现实主义追求思考与深刻,灵魂现实主义完成思考与深刻。②

现实主义走到这一地步,各类传统的弊端也显现出来。中国近60年来的文学,曾经被控构真实所缚,几乎难见伟大的作品。不清理各种伪现实主义的思潮,终还是存在一些问题。他从卡夫卡、马尔克斯那里受到启发,精神能否飞将起来,是个大问题。阎连科把它看作神实主义有无的代价。这其实是自由度与想象的问题,神实主义的意义,是注入精神腾飞的内在动力。

《发现小说》表现了阎连科良好的艺术理解力和小说史的眼光。他从托尔斯泰到卡夫卡,再到马尔克斯,发现了小说时空与肌理的一种隐含。他把小说内在的精神系统分为全因果、半因果、内因果、零因果几个层次。对19世纪以来的文学进行了较为系统的梳理。19世纪的作家笔下,故事大多事出有因,"因与果互相纠葛,又互为因果,许多时候,因果含混,因决定果,果又产生因"③。但其局限性则是多被集体性束缚,"对集体经验的重视和对个体独有经验的遮蔽"。而"零因果"与此恰恰相反,小说的故事"无因之果"。"零因果"的

---

① 阎连科:《发现小说》,南开大学出版社,2011年,第5页。
② 阎连科:《发现小说》,南开大学出版社,2011年,第7页。
③ 阎连科:《发现小说》,南开大学出版社,2011年,第93页。

概念,是阎连科的一个有趣的发现,他说:

> 零因果如同一个人走在没有道路的荒野,因为无路或没有路途的路标,因此你无法知道你走到了哪儿,应该在哪儿收脚和以什么方式收脚。还可以比喻,如一个不愿意以不同季节为因果条件的作家,要让一树苹果成熟而不知该让苹果发红并散发出芳香来。但也正因为如此,在《城堡》这部未完的名作中,土地测量员最终在村子里落户不落户,其实并不重要——就是说,有没有那样的结尾,在读者那儿绝不会引起安娜·卡列尼娜死还是不死,以什么方式去死带给我们不同的震颤和忧伤。①

卡夫卡小说的零因果的内在性因素彻底摆脱了传统现实主义作品的窠臼,在阎连科看来,其意义是非凡的。他在分析《变形记》《城堡》等作品时,发现了零因果的黑洞意义。他认为"传统的现实主义使人物大于作家。现代派写作使作家大于人物"。这结果是出现了能动的力量犹如马赫与爱因斯坦的哲学,进入了无限深广的领域:

> 说到底,他的零因果给小说创造了黑洞意义。作家没有权力不让读者面对模糊的黑洞作出自己的思考、判断和猜测。为什么零因果叙述天平会让故事保持着阅读的平衡?就在于这故事的一端是现实的世界,另一端是黑洞的重量。现实愈大、愈复杂、愈是摄人心魄,那一端看不见的黑洞,就愈有与之相应的意义和重量。②

但文学发展的复杂性在于,有成就的作家不都简单是零因果或全因果的写作,也有半因果、内因果的连缀方式。他在马尔克斯那里就看到了托尔斯泰传统与卡夫卡传统的结合,而奥维尔《动物庄园》、《一九八四》的结构方式则是另一种逻辑。他们的实践,对小说的演进有着不可多得的价值。

《发现小说》的根本用意在于,以自由的、个性的精神去抵抗已经僵硬的文学理念。他试图从二百年间的作家经验中,寻找突围的力量。陀思妥耶夫斯基、卡夫卡、马尔克斯的资源在阎连科看来,是疗救中国的写实理念的参照。这些人的经验也成了其小说理论的核心构架。

那么,中国文学传统中,精神自救的资源在哪里呢?阎连科找到了鲁迅。他眼里的鲁迅,不是瞿秋白思想中的鲁迅,也非毛泽东观念里的鲁迅,而是具有创造性和巨大精神能量的存在体。在《发现小说》里,他不止一次地谈到鲁迅的资

---

① 阎连科:《发现小说》,南开大学出版社,2011年,第84页。
② 阎连科:《发现小说》,南开大学出版社,2011年,第200页。

源,意识到其文本的多样性的价值。他在论述神实主义的时候,忽然发现鲁迅遗产里的能动的能量。那段关于鲁迅的话意味深长,他写道:

> 但恰恰在这部不为鲁迅看重的《故事新编》中,又几乎篇篇都有神实主义之趣之意。笔写古代,意在当今;神为桥梁,实为彼岸;古是故事之驱,今是用意之的。以其最为著名的《铸剑》为例,这篇最初名为《眉间尺》的小说,实在道尽了任何一个时代权势的残暴……《铸剑》的语言、对话、结构,比起《阿Q正传》就没有那么精到准确,甚至有的段落给人一种粗疏简陋之感。然而,在封建权势给"人"带来侵害这一点,《铸剑》却丝毫不比《阿Q正传》给我们带来的震颤和思考差。当然,《阿Q正传》的文意,决然不仅仅是告诉我们人在封建势力面前走入血液的精神胜利法;《铸剑》也决然不仅仅是以一个传奇故事来传递人和权势争斗的智慧和意志。但却在这共有的一点上,为什么《铸剑》会给我们更深的诧异和惊愕?比起《阿Q正传》有完全不一样的审美和思考?也正是现实主义和神实主义所带给我们的不同审美验效。现实主义写作,归根结底,你要建立在"实"的基础上。而神实主义,你可以建立在"实"的基础上,也可以建立在"神"的基础上。尤其重要的,是可以也必须建立在"神——实"或"实——神"相结合的"神实"基础上。①

这里,大地的精神与上苍的灵光交会,也恰如庄子所云:"故深之又深而能物焉,神之又神而能精焉。故其与万物接也。"(《庄子·天地十二》)阎连科所云,乃世间的大境界,其实也就是现实与精神的打通,存在与虚无的对话,此岸与彼岸的神游。从审美的肌理看,乃刘勰在《文心雕龙》所言的"神思"的现代显现,也是鲁迅所云摩罗精神的外化。这里所含的思想,乃几代人写作失败记录的一种反思。

阎连科意识到,平庸的现实主义思想几乎无孔不入地在作家的思维里。这些与自己的存在经验有着如此巨大的差异。他颇为欣赏鲁迅、萧红、莫言、贾平凹、余华作品的个性凸显,以为在根本点上出离了精神的暗区。莫言的狂放之姿与贾平凹的古朴诡异之气都远离了传统的惯性。这些也恰是鲁迅遗风的延续。鲁迅启示人的地方在于,人不都是成为《呐喊》的作者,而是成为自己。而成为自己的人,必须立足现实而又不属于现实。个性创作力与忤逆之精神的有无,乃文学能否触动心灵的条件。而相当长的时间里,文学理论家是不太敢碰这样的话题的。

---

① 阎连科:《发现小说》,南开大学出版社,2011年,第200页。

四

在这个层面上,我们或可以理解,他何以写出《日光流年》、《坚硬如水》、《受活》、《丁庄梦》、《风雅颂》、《四书》、《炸裂志》诸书。他看重的恰是来自现实、又远离现实的神秘精神体验。当现实词语无力或者思想表述受挫的时候,隐语、神话、宗教寓言便成了现实的另类摹写。阎连科发现,那些反映了现实本质的作家,常常在现实的语境里有着超越现实的表达。他对鲁迅《故事新编》的赞叹,就是感慨于鲁迅对于现实偏离的部分。而在谈及余华的《兄弟》时,他对其溢出现实主义理念的那部分出格的笔调的肯定,则与当代批评家形成一定的反差。他说:

> 以余华的《兄弟》为例,他说他是描写这个国家的疼痛,这也说明,他对当代现实主义文学创作的某种理解和不满与对"新现实主义"的大胆尝试。而我们所有的读者与批评家对这部小说的阅读与理解,却都是立足于旧有现实主义的窗口和门洞。正因为这样,小说中溢出现实生活与逻辑之外的章节与情节,就成了大家所不齿、唾弃、嘲笑、争论的最大根源。①

阎连科对批评家所不满的地方的认可,乃作家之间的心灵呼应。他们知道自己的突围之路在哪里,于是成了惯性审美的突围者。

从《日光流年》、《坚硬如水》开始,阎连科便开始远离现实主义模式的尝试。那里的宿命与怪诞性的因素,缠绕着人物的命运。《日光流年》关于死亡的体验成了一种寓言,在格式与隐喻方面,完全不同于以往的小说,倒是看出鲁迅的《狂人日记》的某些痕迹,而意象也别有天地了。《坚硬如水》写"文革"的乡下,反讽与癫狂的语境带着黑色幽默的成分。重要的是写了怪异的爱情与革命的生活。地道与坟茔里的爱情都脱离日常经验,有人看出不真实的痕迹,但照例被作品的浑厚的旋律所打动。这很像卡夫卡《变形记》的怪诞之笔,看似离奇,却有精神的真意。《坚硬如水》的故事情节是脱离现实主义的逻辑的,但在精神的层面,对"文革"的荒唐与人性的荒唐的再现,神奇得让人惊叹。从某种意义上讲,小说是对那段历史的一种漫画般的呈现,其戏仿、恶搞的背后,有大的哀凉于斯,阅读它的人,对那些惊恐的人生何曾能忘记呢?

在后来的写作中,神实主义的味道越来越浓。他的每部作品,都不重复,有

---

① 阎连科:《发现小说》,南开大学出版社,2011年,第186页。

着另类的审美的发现。《受活》的故事本身是荒诞不经的,几个农民要把列宁尸体移至中国,且在乡下演出了一场场滑稽喜剧。这在审美点上,已和茅盾、巴金的传统相去甚远,时空的呈现也完全不同。《丁庄梦》在布局与逻辑上就更为怪异了,小说的维度中多了写实文学所没有的因子。作者在极端惊恐的环境中描述死亡之神,存在的荒谬与无常就那么令人恐怖地展示着。我们感受到了冥冥之中那个无法理喻的存在,它飘忽的神影连带着人性的歌哭,在人世间弥散开来。让我们看他在《风雅颂》里的思考。这本书问世后受到了知识界的批评,那原因是不太合乎大学的现实。尤其对大学的内在性的东西,缺乏基本的了解。按照现实主义的审美思想来衡量《风雅颂》,自然会得到这样的印象。可是倘若进入文本深处,却读出作者另类的情思。阎连科写的是一个知识人的失败之旅,这一点与鲁迅笔下的魏连殳颇为相似。魏连殳在事业中的失败,乃时代精神压迫的结果,但在杨科那里,不仅事业受挫,爱情与生活都在绝境之中。魏连殳无路可走的时候,精神尚带着个性主义的锋芒,而杨科则只能在灰暗里徘徊了。作者设置了精神病院的生活,杨科被看作患者度过了一段可笑的生活。大学里得不到的成就感,在精神病院里顷刻得之。重要的是,阎连科在描述死亡的场景时,加上了幻境,不可能的存在变成真实。作品对知识分子的无奈、委顿、无力感的描述,谁能说不是一种真实?

在《四书》里,神实主义的写作理念贯彻得十分彻底。小说在韵律上延续了鲁迅《野草》里的意象,又有了《旧约》般的格律。仿佛是卡夫卡精神的中国版,陀思妥耶夫斯基的惊恐也内含其间。但是,在整体的构思与表现中,阎连科的中国经验幻化成一曲发自内心的悲歌,犹如来自上苍的神曲,在一个可怜的时空里流动。作品的人物都是写意式的,没有现实的时间里的起承转合,而故事的荒诞,则像一篇寓言,给人醍醐灌顶之感。在这里,阎连科完全告别了现实主义的路径,零因果里的故事让我们体味到存在的偶然性与宿命性。一个孩子领导着一群流放的知识分子。爱情的离奇,欲望的离奇,死亡的离奇,都是超逻辑的过程。但忧患的强烈、书写者爱憎的强烈都在此延伸。小说写意的妙思,如圣曲荡漾,地域与上苍间忽明忽暗的色调,把20世纪50年代末的历史,以神秘的方式进行了抽象。作者的精神能量,很少如此强烈地辐射着,鲁迅精神的某些遗响,在此又回荡起来。

《四书》在形式的设计与语态的把握上,都是反小说的,或者说不像传统的小说。如果说《坚硬如水》、《受活》在程序上还保留现实主义的基本框架,溢出现实主义的部分还显得有限,那么到了《四书》,散文诗与圣经体的意味占了主导,更有形而上的价值。在韵律上完全不同于以往的中国小说。洋溢在小说时空里的是一种绝望里出走的坚毅之魂,知识分子的挽歌与圣歌交织于一体,如哲学般有了庄重之感。

这是从写实到写神的过程,是从幻象到本质的过程,是无我到有我的过程。神实主义理念,就这样从实践里被他的笔一次次证实了。

五

现代小说家,能够勾勒自己的理论的人不多,这一点,似乎只有茅盾等少数作家曾有理论的冲动。不过,阎连科与许多前辈作家的理念相去甚远,他在审美与精神气质上,更偏向于鲁迅传统。他的所谓神实主义,也就是向鲁迅的神秘精神体验与超逻辑的感知的移步,向着鲁迅的清醒的现实批判理念移步。除了鲁迅的资源,沈从文、张爱玲、萧红的资源都成了他精神的一部分。而茅盾式的现实主义已经被其果断地拒绝了。

中国现代文学写实主义理念的诞生来自于现实批判作家的努力。茅盾在写小说前,已经是很优秀的批评家。他的小说写作,也可以说是批评家所写的文本,和小说家的体味有诸多差异。此后,周扬、胡风、冯雪峰的批评观,都是从哲学和革命理论那里来的,与创作的体验都有一些隔膜。他们似乎相信,文学不是独立的存在,都要服从一个最高的理念。革命思想与先验的价值才是自己要表现的存在。阎连科发现,鲁迅、沈从文、张爱玲的文学理念中,极少见到这样的因素,他们知道文学的本质应当是什么。但是,很长一段时间,作家的写作受制于理论家的思想控制,文学的本体被非文学的力量所囿。真的作家,是不买理论家的账的。汪曾祺在"三突出"理论横行的时候,自己还依然有京派的趣味,以此消解惟道德化的时风。杨绛的小说与流行的文学理论毫无关系。孙犁则在革命的背景里多了京派人的趣味。阎连科与这些前辈学者不同,他没有受过民国的教育,自己的知识结构是有毒素的,这是他必须直面的问题。他在写作实践里所面临的挑战是多于汪曾祺、杨绛那代人的。

这里的一个根本点是,当作家自觉地把自己归属于一个精神群落与党派的时候,文学的独立性就消失了。文学家越是不属于别人,越是孤独地游离于文化核心地带的时候,才可能既直面现实,又跳出利益集团的精神漩涡,获得一种瞭望与审看的自由。

20世纪80年代后,新的文学理念也多由理论家所倡,作家的真实心态被罩在理论的光环下。于是一些作家不得不出来说话,韩少功之于"寻根文学",陈建功之于"新体验小说",都是一种对理论家思想的挣脱。但是,这些叙述多少还在理论的影子下,或者说是一种技术主义的漫谈。而阎连科的陈述,试图改变这一切,作为一个思考者,他是有理论自觉的人。其思想与创作的关系,提供了认知的另类标本。他撇开批评家的模式别求新声的努力在当代小说家中是少见的。

在这个层面上我们理解《发现小说》,可以看出其别有的隐含,说它是其精神的一个宣言也未尝不对。这里一个核心的理念,是与茅盾、周扬以来的文学理论家抗衡的独白。首先把列宁主义影响下的政治化的小说理论颠覆了,不再接受先验理念的控制。其次远离了写实的基本框架,从精神生活里寻找与现实的对话。阎连科意识到,中国文坛横亘着一个巨大的法则,那就是对政治神话的迷恋以及对典型化的迷恋。人们在唯一性与排他性里建立自己的诗学逻辑,这无论如何都不能涵盖人的经验的差异性和多样性。而突围这个法则,只能像鲁迅所言,任个性而张精神。这精神乃爱因斯坦式的对既有时空的超越,不再匍匐在本质主义的路途,相信每一种思考都存在着一种可能性。而开启自由之路的,恰是他所云的神实主义。

神实主义不是别出心裁的发明,而是对隐伏在创作思维的现象的发现。这种写作理念深涵于我们的一些作家之中。王小波《红佛夜奔》,其时空的转换有不小的深意。《万寿寺》的古今一体的展示方式,也有一种神思在。这些可能受到卡尔维诺的影响,拉伯雷式的狂欢也在其间。因为在以现实不真实的方式,表现了人间的大的真实。贾平凹的《古炉》另有套路,在小说中,人神对话,草木含灵,动物之语与人语互对,都是此岸与彼岸的互换。人们真的在一个充满鬼气与妖气的世界。至于莫言,其在天地鬼神间的逍遥与狂放之舞,把审美从古典的静穆之路引向骚动与喧哗之所。《生死疲劳》中的人鬼之变、人神之变,乃《聊斋志异》的另一种版本。人性与人生的苦相,就在这阔大的空间里被多角度呈现了。当代的作家有这种冲动的很多,他们感到现实主义的方式无法满足精神伸展的渴求,于是求助于民间文学与神学,在寓言、歌谣里寻找突围之路。这个思路一直隐隐约约地存在于一些作家那里。他们以为是一种技巧,很少以理论的方式言之。对于作家来说,真幻之间、虚实之间、明暗之间是没有界限的。

这些审美意识所指向的一个题旨是:时间与空间的相对性。神实主义其实是在相对性里,颠覆了绝对性和唯一性。把存在从既定的述说中解放出来。我们看博尔赫斯、马尔克斯、卡尔维诺的作品,都有这个特点。卡尔维诺在《美国讲稿》里谈到意大利民间小说时,议论到如何面对时间的相对性问题。他说:

> 时间的相对性是各国民间文学中的一个共同的题材,例如写到阴间去的人在那里好像只待了几个小时,回到阳界家乡却变得认不出来了,因为已经过去了许多年。这里我顺便说一句,美国文学诞生的初期,华盛顿·

欧文就这个题材写了一篇短故事,《瑞普·凡·温克尔》,用一个神话故事来说明你们美国这个建立在变革基础上的社会。①

类似的思考在博尔赫斯那里也有。在讨论小说的天堂与地狱意象彼此转换的时候,博尔赫斯也意识到时间的相对性给审美带来的冲击力。他考察许多小说的精神内蕴时,看到了作者的玄机。在某种意义上说,阎连科是他们的知音。在他的思考中,汉语表达的维度本可以更为宏大,时空也应在另一种形态里。他在《丁庄梦》、《四书》中已经开始克服封闭时空里的表现局限。精神体验是可以在虚幻场景里出现的,而且带有更为深切的真实。鲁迅当年一再推介爱罗先珂的童话,就因为作者虚构的"上面的世界"、"下面的世界"的精神的真实。爱罗先珂将花鸟草虫都赋予了生命的意义,而且在看不见的时空里出现了极为壮观的神异的图景。那里有现实感受的投射,作者以奇幻的方式把人性的丑陋与善良之景栩栩如生地勾勒出来,是一种人性的深和精神的深。这些都可以放到阎连科的神实主义的理论框架里加以解释。在无数优秀作家的文本里,与世俗时空感受迥异的存在,才可能唤出我们的内觉,发现我们视而不见的存在。那是一种飞腾起来的感受。只有这时,作者才可能从庸常的世界走出,以上帝般的眼睛瞭望我们的世界。

这无疑是一种精神的解放。阎连科在源头上颠覆了20世纪20年代以来的现实主义理论的基石。这里折射着生命体验的结晶和阅读的经验。他对理论概念的设定都是非学院派的,甚至远离哲学与美学的习惯表达。不过,这并不重要。重要的是他鲜活的感受背后的那个凝结成的思想。这是一种自在自为的小说家对身边世界的揶揄,只有阅读了这些文字,我们才知道,他以远离着世俗社会,何以在众声喧哗里找到了一个属于自己的清静之所。神实主义与其说是一个口号,而毋宁说是精神存在的一种方式,它预示着被压抑的想象已经从冬眠之地开始融解,真的文学乃爱欲的爆发与情思的流淌,它终究是会冲出大堤奔向阔大的天地的。

2013 年 6 月 23 日
原载《当代作家评论》2013 年第 5 期

---

① 〔意〕伊塔洛·卡尔维诺:《美国讲稿》,萧天佑译,译林出版社,2012 年,第 39 页。

"震惊"与历史创伤的强度
——阎连科小说叙事方法探讨

陈晓明

阎连科的小说越来越受到重视,这些年来,他的每部作品都是沉甸甸的,又锐利无比。近年的布克奖、龚古尔奖之类的国际文学大奖,总对阎连科高看一眼,其总能屡屡入围进入最后角逐。虽然最后未能如愿,但已经很能说明他在国际上不容忽视的影响。在小说艺术方面,评价阎连科显得相当困难。通常人们会说,他的小说狠、硬,甚至激烈直露。这与西方经典文学推崇的微妙、精巧相去甚远;也与中国小说所提倡的白描、淡雅不是一个路数。即使以相当宽容多元的美学趣味来衡量阎连科的小说,也依然会让相当多的人感到阎连科的小说对阅读构成的非同寻常的挑战。

阎连科的小说经常有一些关键性的片断或场景,让小说中的主要人物震惊,其实也让阅读震惊。这些震惊时刻不只是构成阎连科小说叙事的一些过程,更重要的是它构成具有影响力的关节点,随后的或此前的叙述,都与这些震惊时刻相关。这些震惊时刻把小说叙事推到一个高原地带,随后的小说叙事就不得不在高处运行。这就使阎连科的小说有一种持续的高潮。传统小说的高潮是全部叙事抵达的一个核心,随后面临的是一个解决方案。但阎连科的小说叙事一直要在高潮处运行,不断地推向极限,直到断裂和终结为止。

值得注意的是,阎连科的小说叙事中,令人震惊的时刻多处可见,但总有一个最为原初的震惊时刻,它决定和支配了随后的叙事发展,甚至构成了随后叙事的依据和理由。很显然,阎连科的小说叙事最为关注的主题其实是历史创作性记忆,这些震惊的本质是创伤,它在个人生活史或历史的某一时刻发生,终至于决定了随后的历史。因为创伤性的震惊时刻,创伤性的全部历史也因此被照亮,显现出伤痕累累的形状。本文在这里主要选择阎连科最有代表性的三部小说《受活》、《风雅颂》、《四书》,关注小说中的几个震惊片断,看它如何与创伤性的历史叙事构成关联,由此来探讨阎连科这种乡土中国小说究竟创造了什么样的中国小说经验,在世界文学的格局下有何种意义。

一、震惊场景与主体的创伤性自觉

阎连科小说中的人物都具有非同寻常的性格:或者强悍,有超人意志;或者怪诞,异想天开;或者执拗,偏执到底……仿佛他的人物是一种原发性的程序错误,在某个关节有一个程序超出现实逻辑,从此他就始终在超现实逻辑的程序中运行。这个超现实的人物在现实的生活中四处穿行,无拘无束,四通八达,随心所欲。这也是阎连科的小说既具有现实感,又具有超现实的本性的缘由所在。除了他的主人公(或主要人物)具有超现实的特征之外,他小说中的生活都具有乡土中国的全部真实性,甚至是逼真性。也正是因此,他的小说永远粗犷汹涌,酣畅淋漓,直至精疲力竭。或许可以说,他的人物和小说本身的激情都有一种向死的本能,不抵达极致,不到死亡的极地绝不停息。

他的人物之所以有此能量,在于他们几乎是充电般(电击般)地经历着某一时刻,那一时刻让他们的生命突然严重偏离生活。但是,这就是主体历经创伤性时刻,从而获得自觉的时刻,也是人物意识到自我的使命、境遇、责任的重大时刻。"创伤性自觉"或许是阎连科塑造人物性格的特殊方式,这在《受活》、《风雅颂》等几部小说中尤其明显。《受活》在第九章"絮言——敬仰堂"中讲述了柳鹰雀的养父临终嘱咐的情景。在现实主义小说中,这样的情景通常是在小说的开头,叙述人物的身世和决定人物选择和命运的关键性事件,但在这部小说中,它藏在了小说中间部分,并且是作为"絮言"插叙进来的,它是在追溯人物的精神起源时的插叙。柳鹰雀一岁时被父母遗弃在路边,是公社社校柳校长在路边把他捡到并抚养成人。柳鹰雀从小就在社校里听课,十三岁就能做那些乡下干部做的卷子,就能读报读书。十六岁时,养父病危把他叫到床前,养父坚信他今后有作为,告诉了他长大成人的秘籍,把一串钥匙交到他手上。那是一把开启仓库的钥匙,与传统家传财宝不同,这个钥匙开启的是一个密室,那里放着的是其他的东西:

> 在那屋里看见了什么呢?好像并没有看见什么,又好像看见一条通往深远的路,还好像看见幽暗深处隐约亮着的一盏灯。日光明明亮亮,把社校的四面八方照得烫手刺眼。从校门口穿过校院落,到东边那几间库房时,他不知道会在那一间屋里看见啥,不知道会发生什么事,惴惴的,到那几间仓库的最东边,立下来,定了神,打开锁,推开门,首先看见原来依靠在门上的日光哗地一下倒在了屋子里,像一面席样瘫倒在地面上。①

---

① 阎连科:《受活》,春风文艺出版社,2003年,第161页。

这个隐秘的仓库里堆放的是一笔共产主义的精神财富。穿过杂乱的过道，柳鹰雀在蒙满灰尘的仓库的桌上，看到码着马恩列斯毛，还有康德、黑格尔、费尔巴哈等人的书，每台桌子上码成一个塔状，每个塔顶都有对这个伟人的生平家道简介。在最后一塔有许多人的书合码的书塔顶，他看到了画了几十层的塔格儿，第一层写着"公社通信员"。这是富有远见而又脚踏实地的养父的期望，让柳鹰雀从乡通信员做起。柳鹰雀果然是从这个小小的通信员，最后做到双槐县县长的位置。

这部小说讲述双槐县县长柳鹰雀从报纸上听说，俄罗斯因经济困窘，不想保存列宁遗体。这使柳鹰雀产生了大胆想法，从俄罗斯购买革命导师列宁的遗体运到河南，建一座巨大的陵园，让全国人民来参观。这样当地就有可观的旅游收入，就可以促使当地脱贫致富。柳鹰雀第一次和地委书记谈他的想法时，这个念头让地委书记大吃一惊，同时让书记吃惊的还有柳鹰雀对革命导师列宁的情况了如指掌。在整部小说中，"购买列宁遗体"是一个核心情节，决定故事所有的构成和走向。而柳鹰雀之所以会动这个念头，这与他从小受到的红色教育分不开。他的革命理想情怀并不是无中生有，他对革命遗产情有独钟，渊源深远，他从小就在社校听政治教育课。这当然还不足以构成强大的动力，要有一个戏剧性的关节点，这就是阎连科铆足了劲要强调的那样的场景，而且在阎连科的笔下，要把它强调为一个时刻、一个震惊的时刻。养父临终嘱咐，这已经是一个象征性的心境。而后他要采取这样的描写："日光明明亮亮，把社校的四面八方照得烫手刺眼。""日光哗地一下倒在了屋子里，像一面席样瘫倒在地面上。"后者是一个拟人／拟物的双重修辞，都是要刻画出十六岁的柳鹰雀受到的震惊效果。由此决定了他此后的人生轨迹，也预示了日后在某一个时刻，马列会在他的生活中、在他经历的历史行动中起重大的决定作用。

此后阎连科又出版了一部饱受争议的作品《风雅颂》，这部小说讲述了一个研究《诗经》的大学教师，完成了一部倾注多年心血的书稿，从办公室急匆匆回到家里，但等待他的是令他震惊的场景。当时，他站在卧室门口，"一手拿着钥匙，一手提了《风雅之颂》的书稿"。他本想用这洋洋五十万言、半尺高的书稿，借以炫耀显摆，邀功领赏。何曾想到他开门进去，妻子却正在和副校长同床共枕、偷欢取乐：

> 我惊愕地看着他们慌乱地从床上爬起来，缩成一团，肩并肩地团在一块儿，彼此脸色惨白，浑身哆嗦不止……慌忙朝后退了一步，我看见他们同时去抓床头的枕巾遮盖身子时，二人的手关节碰在一起，有一片红肉落地

的声音,在碎竹片编成的凉席上,一旋一闪放大了。

　　他们望着我,目光黯淡而忧伤,充满了期盼和哀祷,仿佛被俘的两个士兵,在望着一管黑洞洞的枪口……

小说的主人公杨科无疑是被眼前的场景惊呆了,这里有"惊愕"、"慌乱"的状态描写,还有手关节碰在一起,竟然如一片"红肉落地"的夸张修辞描写,在杨科看来,他们仿佛面对一管"黑洞洞的枪口",实际上,对于举起枪管的杨科来说,他也是处于万分紧张的状态。小说为了刻画出紧张惊愕的情景,非常仔细地描述"门洞里奇静无比"的状况:

　　轻轻关上门,我木在楼梯口。对面的墙壁上,粉上去的白色不到一年就干涸翘裂了,在我怔着目光看它时,它经不起我的直视和冷利,哗一下,有块白灰从墙上落下来。这吓了我一跳——我以为是我的脚步踢着我的耳朵了……门洞里奇静无比,从楼道的窗口透进楼梯的日光吱吱作响。楼下教马列主义哲学的吴教授家的门铃惊天动地地响了几下,让我的心跟着哐通哐通跳一阵,又一切都归于寂静了。①

这个场景对杨科的刺激是巨大的,决定了他今后一系列的命运,它构成了这部小说叙事的动机。对于这部小说描写今日中国大学的价值危机这一主题来说,李广智副校长和杨科妻子赵茹萍的通奸,正是直接揭示这个时代,权力、欲望如何对文化和知识的介入,昔日的知识殿堂,如今已经面目全非,没有标准,没有原则,没有职业道德。连大学这个求知的场所也变成了权力支配一切、权力至高无上的地方。杨科这个本来在学术上最有可能有作为的人,在这个时代变得一钱不值,最后被李广智和学校行政班子集体送进精神病院。很显然,杨科在目击李广智与他的妻子在床上通奸的一瞬间,他是真正被震惊了,那时可能他的脑子已经被震坏了,他脑子变得不正常是迟早的事,这一创伤性"震惊"的时刻在杨科的自我意识中划下深重的印记,或者说,他因此获得了"创伤性的自觉"。同样也是因为这一时刻发生的"震惊",小说的叙事被决定了一种形式,决定了叙事往非正常状态推进的格调。

《四书》在阎连科的作品中也是奇特的一部,不只是因为它在国内没有正式出版,还有它的叙述语式和富有寓言性的情境。就小说叙事而言,这部长篇几乎每个章节都在极端经验中推进,随时都有震惊的情境出现。但通观小说,最为震惊的情景依然在起持续的决定作用。固然,小说结尾最终出现孩子自吊身

---

① 阎连科:《风雅颂》,江苏人民出版社,2008年,第3页。

亡的情景,这个情景几乎是直接、强行地模仿《圣经》耶稣之死,在十字架下摆了一袋一袋的干粮袋,上面放着这些犯人可以走出去的红星。其他人都拿上小红星往外走去,最后只有学者站在十字架下等着掩埋孩子。这个结局性的情景无疑也十分令人震惊,如小说中所描写,面对这个情景,"人们都惊愕"。但是这个情景是结局式的情景,作为一个结果,孩子终结自己的故事的方式可以有多样,而模仿耶稣的方式只是其中一种,对于阎连科来说,这就是要把他的《四书》强行地与《圣经》并置,目的是在"原罪"与"忏悔"这一主题下,与西方的宗教、政治、文化对话。

但音乐的死的场景则更具有小说叙事或情节方面的概括性,对于叙述人作家来说,更具有持续的震惊效果,或者说音乐的死这一"震惊"事件,概括了音乐、学者和作家的共同命运,也表现出更深的创伤特质、更全面的历史控诉性。

音乐为了不饿死,她与九十八区的一个头儿发生性关系,音乐甚至想到通过自己出卖肉体,也可以换回一点黄豆给学者吃。但音乐在一次与九十八区那个头儿在废弃的炉窑里发生性关系时吃黄豆噎死了。这是何样的悲剧!小说这时描写道:

> 等我到了那排炼炉走进第二个炉窑里,日正平南的阳光从炉顶直直通通照下来,炉窑里光明亮堂,没有一丝儿风,存聚的湿暖如人在被窝般。就在那窝暖里,音乐死在靠东那边的炉壁下边了。她是跪在那些草和被上死去的,裤子脱在脚脖子上……①

音乐死时在废弃的炉窑里,阎连科有意把如此悲剧、黑暗、阴冷的事件放在阳光照射的温暖的场所,使事件与环境产生更巨大的反差。这里特地把音乐死时的姿态描写为跪姿,这个姿势不是祈求式的,毋宁说是控诉性的。音乐的死在小说叙事中是一个转折性的高潮,随后作家和学者的心理、精神状态,他们之间的关系,都发生了相应的变化。作家把音乐的尸体背到荒地里掩埋,以及作家从身上割下一块肉祭悼音乐,他要用如此极端的行为把小说叙事推向高潮——这就是"创伤性自觉"产生的行动和事件。

其实在这几部小说中这类"震惊"时刻还有不少,阎连科总能制造这类震惊的场景。不只是这几部作品,其他作品也比比皆是。但我们这里关注的是这类震惊时刻如何构成小说叙事的动机性原动力,如何决定了人物的性格、心理和

---

① 阎连科:《四书》(红皮本,2011),第190页。因《四书》大陆简体字版未能出版,这里引用的是根据阎连科非正式出版的自己印刷的读本。

行为方式,从而决定了故事的发展变化方向。从这里可以看出阎连科小说叙事与其他人截然不同的突出特征。

二、在震惊中逆袭现代性

"震惊"(shock)这一概念是瓦尔特·本雅明(Walter Benjamin,1892—1940)用于理解现代性美学的一个关键性术语,本雅明这一概念明显受到弗洛伊德的影响。在《波德莱尔的几个主题》一文中,本雅明谈到弗洛伊德1921年发表的论文《论快乐原则》,弗洛伊德在研究"创伤性神经症"时,注意到病人梦见灾祸的那种梦幻,这种梦幻试图以"回顾的形式"来控制经受过的那些强刺激。本雅明认为瓦雷里也有类似的想法,保尔·瓦雷里(Paul Valery,1871~1945)把人的印象和感官知觉"归入惊异范畴",引发震惊的事件具有严格意义上的体验性质。本雅明由这里看到,震惊与时间构成的特殊关系,震惊"能够在意识中以牺牲完整性为代价,把某一时刻指派给一个事故"。这就是说,震惊高度有效地概括某一个时刻发生的事件,也就不需要对这个事件的整体作全面的回顾,只要突显出这一震惊时刻就可以表现这个事件的特征。本雅明认为波德莱尔把震惊经验置于他的艺术创作的中心,震惊属于对波德莱尔的个性有决定性影响的经验之列。纪德也倾向于认为,波德莱尔的诗兴存在于他的诗歌中的意象与理念、词与物之间的空隙地带,里维埃则认为波德莱尔的诗歌"被暗地的震惊所震撼,它们似乎引起词语的坍塌"[1]。对于波德莱尔来说,"震惊"是置身于大都市的大众人群里的经验,波德莱尔几乎不直接写到大众,而描写那些穿行于街市大众人群的经验就足以引起震惊,本雅明详尽地分析了波德莱尔的十四行诗《给一位交臂而过的妇女》,这里没有一个说法提到人群,但"事情的整个过程都以它为依托,正如一艘帆船乘风才能破浪"。这首诗描写一个戴着寡妇面纱的陌生女人,穿过大街和人群,让诗人震惊:"从她那像孕育着风暴的铅色天空／一样的眼中,我犹如癫狂者浑身颤动,／畅饮销魂的欢乐和那迷人的优美。／／电光一闪……随后是黑夜!——用你的一瞥／突然使我如获重生的、消逝的丽人,／难道除了在来世,就不能再见到你?"本雅明认为,这首诗"提供的

---

[1] 关于纪德和里维埃对波德莱尔的看法均出自本雅明《波德莱尔的几个主题》,见本雅明《巴黎,19世纪的首都》,刘北城译,上海人民出版社,2006年,第194~195页。

是震惊的形象,实际上是悲剧的结局"①。

本雅明把波德莱尔诗中的"震惊"经验看成他的诗性的集中显现,也认为是波德莱尔介入现代性的特殊方式,因为"震惊"经验最为有力地表现了现代性的时刻,那是发现英雄景观的时刻。虽然未必是英雄形象的体现,而是说这样的时间瞬间形成的震惊体验,本身包含了一种英雄意志。也可能这样的时刻是一个女人的一瞥,也可能是一个微不足道的小人物的面容一闪而过,也可能是一个悲剧时刻,所有这些,都说明现代性有一种转瞬即逝的时刻与一个观看者、体验者在交流,在时间消逝的时刻,体验到现代性的永恒性。正因如此,本雅明赞同普鲁斯特的看法:"在波德莱尔那里,时间被很特别地切割开,只有很少的几天是开放的,它们是有意义的日子。"②

总之,在本雅明的阐释中,波德莱尔的"震惊"是关于时间的突然开启,关于英雄景观以及现代性的审美。本文在这里并不想过多陷入关于波德莱尔或本雅明的"震惊"论说,在我关于阎连科小说叙事的理解中,"震惊"是小说叙事中被强调的时刻或场景,这一时刻决定了主人公的意识,影响了随后的叙事,它甚至强迫性地决定了通常是悲剧性的结局。

很显然,这是阎连科小说叙事的独特方法,相比较其他几位作家来说,均未见如此运用"震惊"作为小说叙事的关键性要素。看莫言的几部代表作品,如《丰乳肥臀》、《檀香刑》、《生死疲劳》未见得强调某一个场景。《丰乳肥臀》开篇就是上官鲁氏难产、驴的难产、日本鬼子打进村庄,这三件事交织在一起,上官鲁氏难产无疑也是一个重要的场景或时刻,但整部小说叙事并未见得多么信赖这个时刻来推动,人物的主体意识也未见得被其贯穿支配。《檀香刑》中有多处令人触目惊心的场景,但它们是并置的,并不起决定性的作用。也就是说,它们在叙事中是以单元格局存在的,并不具有中心化的支配性的作用。《生死疲劳》的开篇颇为令人惊异,但是莫言有意让它戏谑化,并且它是一次性的行为,投错胎造就了地主西门闹成为动物的事件,此后西门闹就变身为多种动物。在贾平凹的小说中也有强调这样的震惊性的事件,颇为不同的是,贾平凹的小说经验会在高潮部分设置令人震惊的场景,它们迅速地导致结局。如《五魁》中白衣土匪枪杀受辱的妻子的事件,小说结尾处五魁目睹少奶奶与狗交媾的情景。《秦腔》中白雪在葬礼上唱秦腔,暗示乡村传统文化的末日。《古炉》里枪毙夜霸槽

---

① 关于纪德和里维埃对波德莱尔的看法均出自本雅明《波德莱尔的几个主题》,见本雅明《巴黎,19世纪的首都》,刘北城译,上海人民出版社,2006年,第200~201页。
② 关于纪德和里维埃对波德莱尔的看法均出自本雅明《波德莱尔的几个主题》,见本雅明《巴黎,19世纪的首都》,刘北城译,上海人民出版社,2006年,第216页。

的场面,一伙人拿着馍等着沾脑浆吃,如此情景无疑让人想起鲁迅的《药》里的华老栓,贾平凹几乎是强行地戏仿,试图表明过去半个世纪,历史几乎不断地重演。具有某些相似性的是王安忆的《长恨歌》,王琦瑶在片场看到一个拍电影的场景,王琦瑶感觉到这个场景似曾相识,多少年之后,在小说的结尾,王琦瑶被长脚掐死,王琦瑶眼前才又重现了第一次到片场看到的那个场景。按说这个场景是很有象征意义的,但这个场景并未全盘支配小说叙事,只是在开头和结尾两处响应,隐含某种宿命论的意味。

在阎连科的小说叙事中,"震惊"的场景或事件构成了小说叙事的动力机制,这与阎连科的小说叙事总是以某一个人物为主导有关,而这个人物经历了震惊性的场景或事件之后,他处于高度昂扬而又失衡的状态。很显然,阎连科的小说叙事在这样的时刻,都有一个"看到"的动作,人物看到了一个秘密,这个秘密瞬间颠覆了存在的通常秩序,导致人物与生活一道在这一时刻发生偏斜,向着非理性的或者荒诞的境地义无反顾地挺进。波德莱尔的"一瞥"诗中人物发出的动作,这惊鸿一瞥与诗人的目光相遇,让诗人"震惊"。其震惊在于芸芸众生作为个体突然间呈现出生命的无穷深度。故而波氏从来不直接写大众,但他的诗作却是大众时刻在场,就是因为有那样的"一瞥"从人群中发出,让波氏感到心惊。但诗人则是隐身的,他也是一个大众,他也隐身于人群中,只是在这一个时刻,时间开放了,他们彼此都脱离了人群,从时间中逃脱出来,他们成为两个孤零零的存在。但是,这一切只有瞬间,只是瞬间,它才能归于永恒。对于波德莱尔来说,并不需要质问和批判现代性,因为现代性实则是不可知的巨大的无边的存在,街道、都市、涌动的人群、邂逅的个人,所有这一切都会被背后的深渊般的当时所吞噬。波德莱尔把现代性秘密化,并且封存于深渊之内。

但是,对于阎连科来说,他的人物发现了现代性的秘密(那是现代性的能量蓄积爆发的时刻),在那一时刻他们被真相所灼伤,他们遭受了重重的一击。故而阎连科笔下的人物的思维方式都有点离谱,都超出常规常理。《坚硬如水》中的高红军,他和夏红梅在废弃的墓穴里交媾,他们要一起发动村子里的"文化大革命"。《受活》里的柳鹰雀琢磨要从俄罗斯买列宁遗体来建旅游景点,他在带领农民脱贫致富的道路上做的一系列举动,无疑都是别出心裁,正常人当然没有这样的思路。如果不是十六岁时,养父让他到那个隐秘仓库看到那么多的"圣典",他哪里有那样的想象力呢?《风雅颂》的杨科在看到妻子与李广智通奸的那一时刻,无疑惊呆了,从此大脑思维偏斜并走向极端。《四书》里的作家看到音乐之死,也才有后来割自己身上肉的疯狂之举。阎连科小说叙事依靠人物性格的执拗来带动,在偏离常规中他们获得了一种自行其是的力量,那是一种反现代性的破坏性的力量,因为他们被现代性的超能量所击中,他们的创伤本身植根于现代性的创伤谱系之内,它/他们是这个创伤谱系中的一个环节。

确实,纵观中国(乃至当今世界上)所有的作家,没有一个人像阎连科那样,创造出一种与现代性搏斗的人物,他的最典型的作品——也就是他的创作特点最为鲜明的作品,总是表现一个人与现代性不懈的较量,他们把生死置之度外,几乎就是向死的较量。某种意义上,他们身上有着英雄意志。如果说波德莱尔的大众人群中隐藏着一种英雄意志,他们在时间开放的瞬间释放出要存在的倔强性;那么,阎连科的这些偏斜的个人,他们也不屈服于现代性的震惊性灼伤,他们顽强地摆脱命运,并且是在给定的命运之路上一路狂奔,他们几乎是不顾一切地尽快走向命运的终点。看看柳鹰雀(《受活》)、杨科(《风雅颂》)、作家和孩子(《四书》),实际上,高红军(《坚硬如水》)也是如此,他最近的作品《炸裂志》中的人物孔明亮又何尝不是如此呢?甚至孔明亮有过之而无不及。

阎连科小说中的人物几乎是逆袭命运,同样也是逆袭现代性。他们为现代性蓄积的巨大能量所伤,但他们正是从这样的创伤中获得了超能量。阎连科小说叙事的秘籍就在于他集中所有的笔力去塑造一个主人公,即使像《四书》写了一群知识分子,作家、学者、音乐、宗教,其中真正的主人公实际上就是两个,作家和孩子,周围的人实际上是围绕着这两个人物展开的。他让孩子具有超能量,惊恐不安的作家与孩子正面相对的时间最多,作家几乎不堪一击,但作家是逐渐成长为一个具有超能量的人物的,在他最后背着音乐尸体的时刻,他在音乐的墓坑前面,在对音乐的祭悼时刻,作家成为一个反现代的英雄。作家割股祭祀音乐,或许是戏仿了古典传说中的介子推割股侍奉晋公子重耳的故事。作家用他的祭祀来表达对现代性暴力的抗议,对正直、善良、美和正义之消亡的哀悼。

就阎连科小说中的人物与故事而言,他确实是把现实主义推到了一个奇特的高度。正如他在《受活》的题词里表达的那样:"现实主义——我的兄弟姐妹哦,请你离我再近些;现实主义——我的墓地哦,请你离我再远些……"如果认为阎连科对现实主义只是虚情假意,那就错了。他是参透了现实主义这门经,并且真正去实践它并超越它。或许他实践了胡风的现实主义理论,那就是让人物充分体现"主观战斗精神",并且去揭示人民大众"精神奴役的创伤"。① 而这两点,正是胡风领悟鲁迅现实主义理论最为精到之处。现在,阎连科把"主观的战斗精神"不当作是主体的天然强大(阶级属性或政治想象决定的强大),而恰恰是"精神奴役的创伤"的主体,它有勇气逆袭自己的命运,与整个曾经奴役了

---

① 胡风:《置身在为了民主的斗争里面》,《胡风文集》(下),人民文学出版社,1984 年,第 26 页。

他的现代性暴力抗争,由此他具有向死的超能量。故而,阎连科的人物穿行在自己的命运里,如同自己命运里的帝王,挥霍一切可能存活的机会。他们在荒诞、狂欢、异想天开、绝望里舞蹈,整个现代性的历史在这样的时刻出现裂隙,他们是一些越出时间边界的精灵,在墓地(高红军、柳鹰雀)、废墟(杨科)、荒野(作家、孩子)里我行我素,蔑视向死的命运,去除掉所有的创伤性记忆,向未来的极限处眺望。柳鹰雀最后被撤了县长之职,他走出常委会会堂,被汽车压断了腿,这样他就只好到受活庄去落户,成为那里的一员。他作为一个残疾人的新生活开始了。这是什么样的未来?一个刚刚开始的"新生活"!杨科最后也是回到耙耧山,在那里寻找到什么呢?是诗经的起源?还是玲珍生命的凋零?作家领着九十九区剩余的人走出去了,去哪里?结果如何也不知道,那是一种有希望的未来吗?所有的人都走了,只有学者守候在孩子的十字架旁,他的守候也是一种未来的期待吗?如同等待弥赛亚的降临。这些终结之处,仿佛是他们的新生处,一个有着无限未来的成就生命永恒的去处。

三、历史创伤的强度与震惊的逻各斯

震惊是一个起源,又是一个陷阱,阎连科的人物从那里出发,走向无限远的终结处;但他的人物从震惊的那一刻起,就被决定了,就被震惊附体了,从此就以这种方式、这种格调行事言说。有人说阎连科的人物一根筋,他们的性格一开始就被决定了,他们被上足了发条,一直以这种节拍舞蹈到死。根源都在于那个震惊,那一次震惊就足够了,他们陷在里面,一直与自己战斗,与自己的命运战斗。

但是,关键的问题还在于,那样的震惊是带着历史性的能量。正如我们前面所说的那样,它是历史蓄积的能量导致的结果。阎连科的人物之所以可以如此逆袭命运,就在于他们的命运是历史给定的。他们目击的震惊是历史给予的,那一时刻是历史的幽灵附体。由此,也可以理解,阎连科笔下那些精神意志超强(而且经常是不正常的人物),他们做的所有的事情,都是在历史中的自我拆解;也是以自我之名去拆解历史。因为他们早就为历史所伤,他们也反过来再伤历史。如福柯所言:"它应该揭示一个完全为历史打满烙印的身体,和摧毁了身体的历史。"[1]阎连科的作品最大限度地让人物和历史纠缠在一起,他们相互印上印记。他的人物的命运完全被历史化了,他们就是历史创伤最重的一道

---

[1] 〔法〕米歇尔·福柯:《尼采·谱系学·历史学》,中文译文见《尼采在西方——解读尼采》,刘小枫、倪为国选编,生活·读书·新知三联书店,2002年,第288页。

伤口。

他们也以重击的方式与历史较量。柳鹰雀所做的所有出人意料的举动,如当村长时,为那个村引来南洋富商,为村子里修上了公路。他的做法是在富商下车的地方铺上一条用各种红布拼合成的"红地毯",此举感动了南洋富商。他当乡长时,则要修水库,动员了上千人为另一个南洋商人的母亲哭丧,此次却为商人所骗。他当县长,则要去买列宁的遗体,让残疾人组成绝术团去表演。所有这些,都是为了回应当下中国农村要走脱贫致富的小康道路,这也是回应在以经济建设为中心的时代,共产主义革命遗产如何继承与发扬的问题。柳鹰雀在秘密仓库里为那么多的蒙着尘土的"圣典"所震惊,他是把革命真理与中国革命(后革命)的实践相结合,革命的遗产在现实中获得新生,与新的到来的历史一起向前。

其实阎连科在这里思考了一个严峻的问题,那就是革命历史的异质性问题,他恰恰和这种异质性过不去,要让它呈现出来,让它现出荒诞化的实质。所有的人都不想面对这样的异质性,都装作它们是同质化的,它们是和谐一体的。但是阎连科较真儿(较死理),他要让异质性——不协调的、自相矛盾的、不可能的方案,呈现出真相。革命怎么能以它最为痛恨的两种方式——市场化的和娱乐化的方式去继承和发扬呢?购买列宁的遗体建立陵园供瞻仰,然后赚取满钵银元,这是什么样的想法?恰恰是市场化和娱乐化,使列宁遗体得以保存,得以重新被崇拜他的人民瞻仰。这就是历史性,这不只是那一时刻给柳鹰雀大脑里印上印记,也是在列宁的遗体上印上新的历史印记(中国特色的印记?)。好在这样的历史并未发生,它只差最后一步就完成了。但它一直在实施,柳鹰雀所有的计划都在有步骤地推进,只是最后功亏一篑。但这并不妨碍他把已经被历史打满烙印的身体和摧毁了身体的历史呈现于人们面前。

"震惊"通过对人物的建构,重新规划了历史叙事。阎连科的历史不再是简单地还原历史,他的历史叙事总是呈现为偏斜或者荒诞,这些历史或现实以人物为原点出发,建构起一种自成一体的"叙事格调"。《受活》的历史其实是柳鹰雀的历史;《风雅颂》的现实,其实是杨科的现实;《四书》的历史就是作家亲历的历史。它们都打上了人物的印记,如果离开这样的人物,这些历史叙事几乎不可能成立。当然,所有小说的人物都是紧紧和人物粘连在一起,但换一个人物或换一个叙述人,这些历史发生的方式、存在的状态,未尝不能大体一致。但在阎连科的小说中,其小说叙述的历史和现实完全由这个人物来发生和发动,这个人物决定了历史如此发生,以如此方式存在。也因此,阎连科小说重建的历史叙事有着独特的强度。归根结蒂,阎连科不只是意识到历史创伤的深度,更为重要的是他意识到历史创伤的强度。中国大多数作家写历史,都追求历史的广度和深度,但惟有阎连科追求历史的强度,而且他只写历史创伤的强度。没有人像他对20世纪乡土中国的历史悲剧性命运给予了如此独特的表现,对历史的创伤机制作了如此详尽的描写。也没有人对历史中发生的权力与欲望、压抑与变态、诱惑与妄想、屈从与自虐、盗用与歪曲……如此丰富多变的创伤性的生存形态给予了全面书写。他笔下的历史,自成一格,汹涌澎湃,放浪形骸,如此荒诞却又如此强悍,不啻是一份真实详尽的历史诊断书!

在这一意义上,"震惊"如同小说叙事中的逻各斯,历史在这里坍塌,历史承受的过强的压力也在这里显现,因而它们不可避免形成原初的聚集,历史的强力通过对人物致命一击,从此决定了人物的性格、思维方式和行为方式。阎连科的小说因此显示出独特力道,但也被"震惊"这一逻各斯所自始至终决定,阎连科的小说有点太信赖(依赖?)这个逻各斯,这既是阎连科的独到的特长,但是否也会因此有模式化之嫌? 在他最新的小说《炸裂志》里,可以再次重现"震惊"的场景,这个由三姓(孔、朱、程)构成的炸裂村,孔东德两度被朱庆方加害入狱,第二次是在"文革"结束后跑回家,半月后的某个晚上,他把四个儿子叫到床前,告诉他们出门朝着东西南北走。"别回头,一直走,碰到啥儿弯腰捡起来,那东西就是你们这辈子的命道日子了。"但是,二儿子孔明亮碰到仇人朱庆方的女儿朱颖,"他们都轰隆一惊站住了","片刻后,下边的话,响在他们一生的传奇里"。

孔明亮说:"操! 我遇到骚鬼了。"朱颖说要嫁给孔明亮,"这辈子我都要把你们孔家捏在我手里"!

对于孔明亮来说,"朱颖的唤,像闪电从后边蹿过来……"。这无疑又是一个令小说中的两个主人公震惊的时刻,并且也决定了他们日后奇怪的爱恨情仇和生死搏斗。当然,小说中还有其他震惊的场景,也同样在起决定作用。例如,孔明亮用给钱的方法怂恿全村人向朱庆方吐唾沫,并把朱庆方淹死。这个令人震惊的场景无疑离奇且构成孔明亮雪仇的场景,也是给朱颖造就杀父之仇的时刻。这个场景合并他们在村口相遇,就构成了他们日后奇异的婚姻并且相互报复的关系。这个关系贯穿于炸裂村的历史发展进程中,并且成为一种神奇而持续的推动力。

《炸裂志》叙事从这几个震惊的场景出发,如受惊的野马,脱缰而去。也可以说阎连科显得更为自由,无拘无束;或许也可以说他要摆脱唯一的震惊的逻各斯,他的叙事要用更加狂怪、荒诞的方式展开,要用"震惊"的连环套,让小说高潮迭起,呼啸而去。《炸裂志》已经有很浓重的神话色彩,在这个意义上,孔明亮这种人物已经有共工的模样了,或许阎连科本来就是中国当代小说家中的共工,他为什么就不能头触不周山呢?

确实,"震惊"是阎连科拓展的一方宝地,但也可能是他的逻各斯或者陷阱。这里未尝不是罗陀斯,这里未尝不能跳得很远。① 阎连科未必会身陷其中,因为他一直有超强的弹跳力。

2013 年 7 月 24 日

原载《当代作家评论》2013 年第 5 期

---

① 这句话转意自马克思的"这里是罗陀斯,就在这里跳跃吧",语出马克思《路易·波拿巴的雾月十八日》,见该书的单行本,人民出版社,2001 年,第 13 页。原意为:"这里就是最主要的,你就在这里证明吧!"见该单行本的注释 16,第 120 页。

论阎连科的"世界"

郜元宝

20世纪90年代以来,随着都市化进程日益加速,农村题材的文学渐渐失去了它在80年代的"辉煌",但也有一些作家不甘心偌大的农业国就由那么一点初级阶段的"都市文学"支撑门面,继续探索着农村题材文学创作的道路,只是这种探索很难偏出旧的途辙,比如"问题小说"的模式。不直接触及当前或历史上某个重大问题的固然不是"问题小说",但反之也不一定就是"问题小说"。许多世界名著表面上都是"问题小说",然而由于透过"问题"发掘了更深更广的内容,就非一般"问题小说"可比。"问题小说"不能一概而论,但前两年几部引起普遍关注的农村题材小说,确实仅仅因为触及了某个敏感、重大的社会历史问题——民办教师、救灾、扶贫、基层领导机构改革——而轰动一时,那些问题一旦不再是大家共同关心的焦点,"轰动"也便成了明日黄花。

宽泛地讲,阎连科笔下农村的贫困、窳败、封闭也是"问题",甚至是最基本的"问题",但或许正因为农民的日常生存这个问题太基本了,对于麻木起来并不困难的社会神经来说,反而不成其为"问题"。又或许这种人人可见的"问题"长期摆在那里,渐渐就生出了思考、谈论、对待此问题的一整套固定的策略和语言,"问题"一词本身就是这一整套策略和语言的浓缩式表达。农村生活的真相一经"问题"式策略和语言的过滤,永远只能以其片面而僵硬的存在呈现出来。作为意识形态用语的"问题"一词淘空了农村的广袤与深邃,真实的农村在"问题"的覆盖下消失了。阎连科描写农村生活,并不希望在"问题"的意义上耸动视听。他不像别的作家,急于将自己的农村生活体验归入某个外界容易理解的"问题",而是在习惯成自然的"问题意识"之外把握他的对象;写的还是"问题",意之所瞩却与"问题"无关。惟其如此,在他的小说才有了熟悉而陌生的东西——在他所描写的生活现象面前,在由此而激起的激动和震撼之中,你会有一种说不清楚的困惑;你不能用惯常的问题意识来理解他的问题。

我最初读到的阎连科的作品,是发表在《萌芽》上的一个中篇,讲死去的军人如何被迎回家乡与另一个亡魂"冥配",爱情、权利、仇怨与民间宗教仪式奇怪地混合一气,一上来就不同凡响。艺术上给我印象最深的则是乡里人特有的辨别细节的锐利目光、对具体事物持久的记忆、执拗的凝视和并不急于加入文学时尚的那份镇定。后来知道他以前也曾讲述过"市井风俗的历史",写有"军旅小说"系列,一番曲折之后才决定从十多年来二百余万字的创作中认定一条自己的路——依托"耙耧山脉""创造自己的'小说世界'"。他的创作谈《希望拥有一个世界》、《回头一望的伤感》(《"长中篇小说优秀作品大奖"获奖作品集》,上海文艺出版社,1999 年 5 月版)对此有很好的交代。

  走进"耙耧山脉"的阎连科,确实营造了一个自己的"世界",那对乡野无距离的贴近,对乡野与非乡野的生活现象的严格区分,对潜藏于乡野同样惊心动魄的权力角逐和世代恩怨的揭示,对乡民在绝境中激发出来的强韧的生命力的恣意渲染,对朦胧神秘的气氛中说不清道不明的人鬼之情的细致刻画,中原深处独特的人性风物,以及饱满、沉重、精于刻镂而略为滞涩的笔触,都显示了无可怀疑的创作实力。

  20 世纪八九十年代,鲁、豫两省堪称"文风较盛之地",涌现出许多名噪一时的作家。因乡土的连带,他们的创作多少具有某种"家族的相似"。当我知道阎连科原籍河南时,也曾不假思索地将他和一些鲁豫作家联系起来,希望从中找到理解他的有效参照。事实证明,这样做并不能让我心安,尤其并不能让我将上述那种既熟悉又陌生的困惑所包含的阅读体验整理清楚。

  比如王兆军的《拂晓前的葬礼》、张炜的《古船》、刘震云的《故乡相处流传》,还有李佩甫最近的《羊的门》,和阎连科某些作品一样,都致力于揭示乡土中国的权力纽带。但这些作家写权力,往往牵连着人性善恶的思索,客观上则呼应了当时席卷中国大地的人道主义、人的发现和"性格组合"的潮流,有的还特别想通过模仿乡野的权力戏剧来进一步编织更加宏大的权力寓言。阎连科写权力,却并不涉及善恶,也与乡野以外的权力结构无关,只显示着本能的欲望和近乎尼采所谓的意志冲撞。一定要分善恶,倒是善的成分居多。《耙耧山脉》那个欺霸乡里的村长在阎连科作品中是孤立现象,更多的倒像《日光流年》里"三姓村"人,他们觊觎村长的位置,是想按自己的计划将村民们带出苦海。阎连科用权力关系结构他的小说"世界",又用"世界"来范围权力——他的"世界"的高度封闭性和纯粹性限制了(不像上述作家那样挑逗着)读者从小说的权力描写出发展开寓言或非寓言的社会想象。

  那部让大家吓了一跳的中篇《年月日》出来时,我还将他和既非豫籍亦非鲁产的杨争光作了一番比较。杨、阎皆敏感地嗅出中国农民常遭压抑、千年淤积的怨气,他们笔下的人物,简直个个都是《从百草园到三味书屋》中提到的那种为怨气所化的"怪哉",怨气一消即神散而形灭。但首先,两人所写怨气具体内容不同。和上述四位鲁豫作家一样,杨争光描写的农民的怨气是强弱失衡而致的不公与冤屈,阎连科发掘的则多半是人对不可战胜的天道的无奈和愤懑;一个指向乡村社会正义的缺席,一个指向超越乡村生活的天道之无常。其次是怨气的发泄,杨的著名的方法是让倔犟的"老旦"在幻想中变成戳在仇家粪堆上的一棵树。有人说这模仿了美国谁的作品,我看不出,只觉得那是当代文学中少见的神来之笔。这棵树戳在什么地方,至少让得意洋洋者略一惊诧,失去了他们的世界的圆满。这比起鲁迅的"爱乎呜呼兮呜呼阿呼"来差远了,但凝聚着老旦全部心力的那棵似真似幻的怪树无论遭到怎样讪笑与砍伐,其挺然傲然仍是何等快意——恐怕要胜过知识分子一切的叽叽喳喳。但阎连科的人物发泄怨气的方式大不一样,或者如《年月日》中的"先爷",在无益地朝歹毒的太阳抽打几十皮鞭之后,只好拼却残躯,滋养"满世界"唯一的庄稼——钻到玉蜀黍"树"底下让根须无孔不入穿遍全身,因此也算是变成了"树"的一部分;或者如引水失败后的三姓村民以自杀了却一切。悲壮是悲壮,较之老旦,却黏糊了点。阎的怨气始终不超出苦主自身,至多在亲近者周围游荡,最后也就在游荡中消弭——消化掉了,从不把怨气移发向别人,成为社会性的情绪力量,怨天怨地之外,只剩下跟自个儿较劲。人这样,鬼也好不到哪里去。你看《耙耧天歌》那一家之主死后变成了鬼,要多窝囊有多窝囊,和鬼雄、厉鬼之类一点边儿也沾不上。在阎连科小说中,人与鬼即使有所动作,也只是地平线以下的闹腾,不会让"世界"外面的人们听到半点响声。鬼身上有太多人的思虑,人身上有太多鬼的灰暗;倘说有什么壮观,至多也只是不惊动他人、不影响外界的毅然处置自己身体的豪举了。但这就像先爷或者用自己的骨殖救治儿女的尤四婆的"死",要掘开掩埋他们的厚厚的泥土,其悲壮性才能为世人所知。阎连科创造了一个人鬼二气混合为一的"世界",又把所有人气与鬼气收敛在高度封闭的"世界"中,不肯稍有外泄。

同样泥土气十足,阎连科也不像张炜常有海风吹拂、海水冲刷,所以他的文字少了一分灵醒,多了一分从中原深处的穷山恶水中慢慢沤出来的黏稠与懵懂。张、阎写鬼,写人与土地的血肉关联,气象迥乎不同。不同之处还在于,尽管张炜时常走出人群,来到钟情的"海边小平原"描写无边无际的天地之思,但仍然可以从中读出社会历史的含义。张炜的大地哲学总牵涉着实际的社会历史问题,他着力描写的"文革"中被侮辱与被损害者的下一代如何忍受、思索、体悟、抗争与希望,隐隐作为背景的始终是政治、经济和道德结构的某种变动,甚至他的大地哲学,也包含了基于这种社会认识与社会期待而在想象中对民间生活的诗性改造,是20世纪70年代末到80年代初一部分被侮辱与被损害者的乐观的社会理想通过这种诗性改造的集中投射。阎连科的作品完全看不到这些。《年月日》和《日光流年》都隐约暗示了某一历史时期的社会背景,但这些模糊的背景对小说主题并不具有什么决定性意味,我们完全可以将"耙耧山区"理解为某个与世隔绝的原始村落、超越时间的阻隔,从先爷对酷日的反抗和司马蓝惊世骇俗的引水事业中,读出夸父逐日、大禹治水的神话原型。事实上也只有完成这种隔绝,收势返听于封闭的世界,他的叙述才显得更加饱满畅快;一旦进入其饱满畅快的叙述,民谣一样无头无尾翻来覆去的回忆与诉说,又会使小说主题的社会性那一面一再归入晦暗,如行人在大山深处若有若无的歌吟。阎连科对土地的想象当然也基于某种社会认识,但具体内容和张炜的全然不同。阎连科没有张炜在"秋天的思索"中朦胧而坚定的社会期待,也不可能像张炜那样为脚下的土地涂上一层梦幻般的柔美夜色。一个突出的意象是,张炜几乎将暴露一切、烤炙一切、榨取一切的太阳从他的故土野地驱逐了,剩下的只是遮蔽一切、保护一切的夜色,而君临阎连科受难的土地之上的只有肆虐的毒日头。在阎连科和张炜对天空与土地的不同想象背后,是各自不同的社会期待——确切地说,阎连科并没有什么明确的社会期待,他笔下的人物至少在精神上已经失去了向外界祈求援助的兴趣。在社会救援的期待破灭之后,他们无助地面对贫地与毒日的考验。

阎连科对苦难的关注还使我想到来自浙东的余华。两人都喜欢写苦海无边、彼岸遥遥,但余华在冷酷的玩赏性描写中有意无意散布了宿命思想,把一切都交托给蔓延于中国民间社会的这种可疑的超然智慧,以烟云模糊法解决根本不可能解决的问题——《活着》中那个浪子晚年简直变成大彻大悟的哲人了。阎连科则老老实实交代苦难的根源以及人们怎样拼尽全力征服苦难;在一次次征服失败之后,你感觉到的与其说是从超然的静观得来的宿命论,倒不如说是比宿命论更切实的绝望与愤懑,是失败者折腾一阵子以后不管三七二十一的倒地休息,就像村长司马蓝两次昏天黑地的长睡。农民在反抗天道时根本没有闲暇思索宿命之类的抽象问题;反抗停止了,也不会让宿命论乘虚而入,因为那时候的头等大事是休息。反抗失败则休息,休息过后再反抗,循环无已,以至死亡,这似乎更符合中国农民实际的生命史。但同在苦海,总希望有解救之道,哪怕无法之法也好,西绪福斯式的惩罚谁也不乐意接受。因此,余华的模棱两可、故弄玄虚更能被认同,老实巴交的阎连科则只好多年如一日重复着他的"耙耧天歌"。

他写得再真实、再酷烈,也很难满足既成的阅读期待。人们除了想在文学中看到自己的世界里熟悉的事物,多数情况下恐怕更希望超越自己的世界,看到他们不曾拥有的东西。过于实在的阎连科呈现的只是前者,后者却一直阙如。和上述作家相比,阎连科所多的是对乡野生活、尤其是对中国农民苦难岁月异常浓烈的写照,所少的则是这以外的空间的扩张与思想的接引。他似乎很满足于在历史的地平线以下进行遮蔽式写作,不肯轻易接受地平线以上各种公开的尺度。他的作品首先是描写,最后还是描写,与思想的归宿或提升无关。

读者掩卷之后，只能把他重新置回他所描写的本来就在地平线以下的世界图景，很难在某个现存的公共领域与他对话。

阎连科迄今为止都在坚持一种地平线以下的写作吗？我的描述太粗陋了，然而尽管他写得很多，也确实至今没有引起广泛的注意，难以被整合进当代文学的整体格局。也许我的总想整合他的企图本身就值得怀疑——为什么非要把一个作家放到客观的座架中才能考量其意义呢？可不管怎样，我还得坚持追问：如此专心致志地营造一个地平线以下的不能被整合的"自己的'小说世界'"，对阎连科本人意味着什么？在这种罕见的固执背后，有什么力量一直支撑着他？

阎连科的每部小说都选取一个或一系列绝对刺激（在这词的原初含义上使用）的材料，人鬼合谋，人狗对话，开棺盗墓，死去的村长整夜滔滔不绝地说话，骄阳不同时间可以称出不同分量，植物拔节生长的声音瞬息万变，老鼠大军遮天蔽日席卷村庄，72岁高龄困顿不堪的先爷和狼群一夜对峙居然获胜、最后居然活埋自己以滋养一株玉米，寡妇尤四婆用死去的亲人乃至自己的骸骨熬汤治疗儿女的遗传疾病——这些摄人心魄的描写在阎连科小说中司空见惯，到了长篇《日光流年》更是登峰造极：三姓村人为争取活过四十，寡妇、单身女子甚至少女相继卖淫，男人集体卖皮，濒死的老村长以身体做诱饵引来乌鸦给后死者提供苟延残喘的食物——这样的材料，换个作者，单独一个就足够拉出一大篇了，阎连科却惟恐不够似的，接二连三地排列出来。材料本身惊心动魄，再加上工笔画式的千皴万染血淋刮地不依不饶的刻画，就构成了他特有的作风。关于人和自然（包括自然的顽疾）奋斗的作品不可胜数，描写中国农民贫穷、愚昧和坚韧的小说也绝不少见，阎连科靠什么取胜？靠的就是这种坚持不懈、无以复加的具体描写。

但与此同时，他并不准备向读者提供超出这些具体描写之外的别的什么。他的作品始终沉重而单纯。依靠专心致志的重叠、雕刻乃至堆垛式的具体描写，阎连科确实建造了一个以"耙耧山区"为中心的属于自己的小说世界。他将目前几乎被年轻一代作家彻底遗忘的农村，尤其是遭到不断暗杀的关于农村的过去的记忆，和大众传媒塑造的形象格格不入的农村的窳败与窘困，特别是农民独特的世界观、道德意识和感情方式，通过触目惊心的回忆与诉说重新揭示出来。这在新的都市文化的呼声日益高涨之际，几乎成了文坛令人不得不侧目而视的另类。那些和政治／经济魔手一夜之间制造出来的都市神话暂时还相距遥远的人们，那些不相信生活可以在别处、不相信迁徙可以解决问题、一辈子忠实于脚下的土地的人们，那些并未、也不可能迅速融入经济文化全球化统一步调的人们，那些在资信疯狂发达的时代仍然或更加固守昨日世界的人们，困惑犹豫之际蓦然读到阎连科的作品,恐怕会重新思考他们和这个变动不居的时代的背面的旧有联系,重新思考或许也曾一度动摇的自我认同。阎连科提供给我们的,是我们无论怎样拔足飞奔也甩不掉的表面上只有向后才能看到的另一种真实。

尽管如此,在欣赏他那始终封闭式的具体描写时,我总感到缺点什么。中篇这样演绎某个单纯的主题尚可对付(在这方面《年月日》其实并不逊于海明威的《老人与海》),但一到长篇,问题就暴露出来。具体描写依然很精彩,但始终在事实层面延伸,则是长篇小说不能允许的,因为如此一来,很难像中篇那样实现整体的跃进,获得坚实的形式感。没有这种跃进与形式感,一大堆精彩的具体描写就仍然停留于零散材料的层次,不可能真正完形为万象森然的"世界",至多是一片压扁了的拥挤而单色的天地。我读《日光流年》不可谓不细心,却始终觉得作者的思想火花被闷在密集的材料下面出不来,因此也就很难读出他所展览的事实材料以外究竟有什么。就像一道菜,我们当然不希望厨师放太多佐料,完全失去原味,但如果全无加工,清汤寡水地端上来,恐怕任何崇尚清纯口味的食客也会难以下咽吧。在一篇勉强结撰的短文中,我曾说这部作品许多地方就像是作者退场或甘居记者地位而写出来的"灾情报告",现在也还有这个感觉。

如果仅仅着眼于作家的才情,这也许可以归结为善具体描写而不善从具体描写出发向更深广的领域提问。但阎连科有无超越具体材料继续提问的才情,我们不能断言,因为他从来就没有这方面的尝试。既然非不能也,实不愿也,那么何以致此的原因就只能从他的创作思路去寻找。这样问题就变成:阎连科为什么满足于重复目前的写作方式?为什么一再拒绝超越具体描写以外的思考?阎连科的"世界"为什么总是封闭而非开放的?阎连科小说的语言为什么总是描述性的而非思索性的?开放、思索的小说结构与小说语言如今不是已经成为难以拒绝的文学时尚了吗?

大多数读者都已经看到两种元素在阎连科小说中明显的不平衡。一方面,是专注于封闭的乡野世界的描写性语言过于丰富;另一方面,是不同于描写性语言、按其本身逻辑必然要指向开放的世界的分析、思索、议论性语言过于稀少(《日光流年》干脆将这一部分语言放在注释里,用另一种字型排印,以便和正文区别开来)。阎连科似乎有一种难言的失语症,很不善于将发达的具体描写直接转换为另一种语言。语言的转换通常应该不是取消本来描写内容的独立性或真实性,而是进入另一个语言空间,自不同角度述说原来的描写内容,从而与单纯的封闭性描写相得益彰。但在阎连科这里情况却变得相当严峻:他必须守住自己熟悉的描写性语言,小心翼翼地规避另一种发散性的语言。好像一旦进入另一种语言,就会损害他一直专注的那个封闭世界的完整与真实,丢失乃至背弃他在描写性语言中坚持的东西——他刻意追求的那个与众不同的"自己的'小说世界'"。

全部问题的关键在于:究竟什么是阎连科心目中"自己的'小说世界'"?阎连科在他所描写的那个世界背后暗藏着怎样的世界观?

《年月日》结尾有句话,颇耐人寻味。叙述者不经意地说,大旱过后,外出逃荒的村民们陆续"从世界外边走回来"。注意这里的措辞:"世界"的含义并不等于词典上的解释,它不是向外延伸的开放性存在,而是向内收敛的有限的空间。对耙耧山区村民们来说,真实的世界不仅局限于他们的活动范围,更具体地指他们应该终生坚守、不能随便迁徙的土地。当他们说"满世界"如何如何时,绝不是说一般所谓的"全世界",而仅仅指他们的"耙耧山区",和他们所不熟悉的外面的世界无关——"外面的世界"的讲法,在他们看来是有语病的,应该叫"世界外边"。他们的世界之外的空间与时间并不具有他们可理解、可接受的真实性,所以不能称为"世界",只能说是"世界外边"。

但既然是"世界",就不可能全然封闭。"世界"的本质不止是名词性的静止现象,还是动词性的不断向四面八方伸展的存在。名词和动词相互依存与争斗,才是"世界"完整的含义结构。这个结构在阎连科的小说中多少有所反映,然而是严重扭曲的。《日光流年》几次写"三姓村"人与外界的交往:去"九都"卖淫;到"教火院"卖皮,用卖皮所得的钱上城做生意;村长司马蓝在开渠工地上"艳遇"一位不知名的外村寡妇(从她口中第一次听到"外面"土地已经分给各家各户的消息);杜家父子两代给似乎从不在场的政府(除了改造梯田那一次)做事——每次与外界接触,逻辑上都是对封闭的"三姓村"的巨大冲击,都有可能使"三姓村"的世界扩大、沟通或融入外面的世界(想一想铁凝如何借一次偶然的坐火车而展开乡村姑娘香雪对外面世界的无穷遐想吧),但实际上,这种接触始终被司马蓝所代表的一股强大的意志力否定着、牵制着,不能充分实现。司马蓝自己也要和外界接触,不过按照他的雄图大略,这只是和外界进行一种严格控制的一劳永逸的单向接触——从遥远的山那边引进新鲜纯净的活水,让三姓村人从此可以更加安稳地封闭下去。只有在司马蓝的号令之下与外界进行有限的接触才是合法的,否则就要遭到道德良心上的痛苦谴责而最终被禁止(小说多次渲染司马蓝赖以号召乡里的那种绝非伪善的逼人的道德力量)。应该看到,一方面固然是司马蓝的意志约束着"三姓村人"向"世界外边"的张望;另一方面,也正是"三姓村人"(甚至包括司马蓝自己)一度浓厚的对"世界外边"的兴趣,刺激了司马蓝誓死将大家拽回来的意志力更加骇人地爆发。司马蓝逼迫村民们一心一意死守家乡,一心一意开渠引水;村民们内心深处涌动着的走出去的愿望也同样逼迫着司马蓝,促使他调动一切可以调动的智慧与力量将大家吸引在他们自己的"世界"。阎连科的"世界"正是在这种双重逼迫中形成的。

如果说《日光流年》是从司马蓝的视角出发,讲述对外界开放的恐惧和坚守故土的艰难,那么《年月日》则是从大旱之年唯一留在故土的"先爷"的视角出发,强调被迫迁徙的无奈(但全体村民一年多外出乞讨的经历都被省略了)和死守故土的崇高(在先爷的感召下越来越多的青年人开始认识到坚守的意义)。然而,无论先爷还是司马蓝都并不曾简单地否认外面的世界的真实性,他们反复强调的只是外面的世界不属于"我们",那是"人家"的世界。不同的人有不同的世界。如果在自己的世界活不下去了,便想迁到别人的世界,那就会打乱他们关于世界秩序的想象。司马蓝拒绝迁徙的理由是,世界是有限的,"人家"的世界并没有多余的土地和粮食为我们预备着。先爷的态度比较缓和,他鼓励大家逃亡,并且指导大家怎样逃荒,然而和司马蓝一样,他也认为世界是有限的,没有什么世界不住着人,没有什么世界是人所不能到达的。既如此,世界还有什么无限性可言?

西方式的进取意识与扩张精神是以世界的无限性为前提的,中断、阻止或者否定了关于无限的世界的想象,也就是否定了西方式的进取与扩张的世界观的前提。阎连科也许是在无意之间掘到老中国的世界观,它对于世界的无限并无兴趣,而只关心有限世界中人的生活,这种世界观是保守而安详的,它一直顽固地存在着,并且作为对西方式世界观的必要的补充,几乎是注定要发挥它应有的作用。

先爷在觅食、找水、侍候庄稼诸般大事一度安排得颇为得意的时候,也就是说当他在自己的世界的生存暂时比较圆满之际,曾经无限轻蔑地想起多年前到过他们村的某个做学问的读书人关于地球自转和地心引力的高论,认为那纯粹是"放屁",跟他自己在"地球"上生活多年的经验格格不入,"我太给那读书人面子了——我怕当着全村人的面他答不出来脸上挂不住——他是靠学问混饭吃,我不能砸了他的饭碗呀"。地球的无限大、世界的无限辽远,在先爷看来都是毫无意义的笑谈。先爷对无限的概念近乎哲学的批判固然有刚愎自用、坐井观天之嫌,却符合他实际的生存经验。他断然否定世界的无限性,确实有别人无法否认的理由在,因为世界的无限性对他有什么意义?"地球是转的为啥我们在床上睡时没有把我们倒下床?为啥缸里的水没有倒出去,井里的水没有流出来,人为啥总是头朝着天走路?——地球是吸着我们才睡着了不会掉下床,可你们想,地球吸着我们,我们为什么走路还会抬起脚?"先爷觉得在这些没意思的问题上花力气实在愚不可及,因为他的问题最后"全部水落石出地摆在了狗和玉蜀黍的面前"。

如果说"九都"对蓝四十和"藤"意味着陌生、掠夺和与己无干的罪恶的繁荣,如果说"教火院"对被迫卖皮的三姓村后生们意味着外面人和城里人的优越与狡诈,如果说吸引大家去做小生意的城市对司马蓝意味着具有权利被弱化的威胁,那么"世界外边"以及关于"世界外边"的知识对于先爷,则意味着一种不真实的存在感,一种引诱他疏离故土从而落入空虚与失重状态的恐惧,就像我幼时在农村明净的夜空下乘凉,仰面躺在竹床上,四周都在黑暗里,只有自己跟满天星光相对,时间一长,就似乎要飞离地面,掉进无边的星海,不马上将目光从星空收回,就无法驱除这大恐惧,无法重新建立脚踏实地的安全感。有形的压迫和打击尚可承受,而来自空虚之境的无形的引力造成的失重感才是最可怕的。这也正如鲁迅所说的,对于天地宇宙无边的想象并不比大腿上蚊虫的叮咬更实在。但二者又并非毫无关联:惟当意识到彼此的力量(比如一种无形的吸引)敦促你离开此地时,你与此地的血肉联系才会在心理上获得再次强调,你对此地深深的依恋才会被再一次唤醒。从这角度说,先爷只认他的三姓村或耙耧山脉为"世界",而把真正意义上的世界关在"外边",是可以理解的。在先爷的世界观中,自己的"世界"和"世界外边"并不存在同一的"世界性",我们在小说中几乎看不到一般所说的"世界性因素"对先爷的"世界"的渗透,倒是依稀可以读出先爷逃避这种公认的"世界性"因素的线索。

阎连科的创作也许可以从这个方面促使我们思考20世纪90年代中国文学中对所谓"世界性"的一种特殊的感受方式,这种感受方式无疑也是阎连科小说的内在尺度,在它面前,一切向外界祈求援助的努力事实上也许很有功效,价值上却是第二位的,最终应该得到肯定的则是外界援助不在场的情况下处于封闭的有限性世界的人们自己的坚守与搏斗。拒绝了世界的无限性,认定人和他的世界不容挣脱的联系,不就应该把希望始终寄托在个人有限的世界吗?难道可以一味寄希望于和自己没有必然关系的那种无限的世界性概念?

基于自己所能经验的世界,我们可以说世界本身是有限的,然而同样基于自己所能经验的世界,我们又不得不承认世界本身还有为我们的经验无法达到的无限的另一面。认识到世界的有限性是深刻的,但如果因此而否认世界的无限,是否马上又会变成浅薄呢?这确实是一个难以回避的问题。

阎连科自然不等于先爷或司马蓝,但他之所以刻意追求"自己的'小说世界'",之所以不知不觉地满足于对封闭世界的精雕细刻,无疑是从这种强调世界的有限性、强调坚守故土、依靠自己的哲学中汲取了力量。如果从当代文学的实际发展着眼,阎连科对"自己的'小说世界'"的刻意追求,以及从内部支撑他的"小说世界"的独特的世界观与生存哲学,有可能为我们反思所谓"农村题材小说"一直未能摆脱的尴尬处境提供一个新的尽管也同样值得反思的视角。

本文将阎连科归入"农村题材小说",不知是否符合他的自我定位。在别的作家那里,这是通不过的。大概三四年前吧,有人评论李锐的《无风之树》时不慎用了"农村题材小说"一词,就惹得这位作家大发雷霆,认为论者用这个旧词严重贬低了他的突破性写作。"农村题材小说"确实曾经被狭隘地理解为领导出思想、群众出生活、作家出作品的那种创作模式,也确实有大量依照这种模式制造出来的作品,但讨厌这一狭隘理解,并不能就此否定其客观存在,而竭力与之划清界限,也并不意味着必然与它无关,因为即使被狭隘理解的"农村题材小说",也没有随那特殊时代的结束而结束,它所包含的"创作思想",并不仅仅表现为极端简单化的被动写作,而是大面积地散布开来,渗入中国作家的无意识底层,往往以主动追求的形式改弦更张。

这种"创作思想"的本质,就隐藏于"思想"一词在现代汉语系统的特定含义。现代汉语中,不管什么样的"思想",总是具有超越土地、超越现实的先验权威性。作为名词的"思想"始终先于和高于作为动词的个体"思想"活动,这已经是中国现代思想史(也是中国现代文学史)的公开秘密。现代中国作家在开始描写据说是没有思想的原野时,自己必须具有超越沉睡的原野的某种超越性的先进"思想",这种创作原则一直就从现代思想史的特殊结构中获得合法性依据。"思想"虽然与原野的实际生活有关,但并非可以从原野中自行产生,而是作家主观投射和灌注的先在理念。广义的农村题材小说,从来就是自在的农村生活与超越其上的各种形态的先验思想的结合。李锐特别表示不满的狭义的"农村题材小说"只是其极端的表现形式而已。

经过近几十年的努力,"农村题材小说"已经呈现出多样化趋势,但似乎并没有谁敢于从根本上碰一碰"农村题材小说"与生俱来的问题。之所以如此,除了迄今尚未停止的意识形态教化与鼓励以外,"五四"至今描写农村生活的小说业已形成的传统,也不乏对这种思想加生活包括其极端表现形式的支援意识。"五四"以前以及"五四"初期把农民写得跟花鸟一样幸福温顺的作品无论矣,此外像挖掘灵魂型(鲁迅传统)、为民请命型(从叶圣陶、赵树理到高晓声)、图解政策型(从茅盾到现在)、审美的现代神话型(废名、沈从文)、传统文化神话型("寻根文学")、换个天地描写自己的现代谪臣型(王蒙、张贤亮乃至"知青文学")、独立的民间型(张炜、张承志)——哪种不是广义的"农村题材小说",不是预先具备了作家(知识分子)的理解——"思想"——再来"看"农村的模式?

但同样是知识分子看农村,却有各自不同的看法,有时竟是天渊之别。"农村题材小说"的问题不在于"看"与"被看"的模式本身。老实说,这是具有历史命定意味的现代中国作家不可违抗的模式,鲁迅也不例外。李锐先生拒绝这个名词,那么另外可有更合适的名词吗？倘若没有"看"与"被看"的对立,一直停留在"本体论鸿沟"尚未出现的混沌状态,现代农村生活就不可能进入现代小说视野,也就不会有现代农村题材小说的诞生。这里的关键不在"看"和"被看"的结构是否合理,而在于"怎样看"和"谁看",在于在"看"与"被看"的结构中,看者与被看者各自以怎样的面目呈现出来。

所以今天,中国作家不应该自欺欺人地通过否定"农村题材小说"这一名词而洗刷自己和至今仍然没有废绝也不可能废绝的一种小说传统的血肉联系,而是要在抚摩旧伤口的时候,认真反思在新的条件下"农村题材小说"如何可能的问题。

站在这个传统背景中,阎连科的位置或许可以看得清楚一些。他其实一直在努力走一条拒绝的路;只肯直接呈现孤立的、"思想"尚未射入的土地,而不承认外来的"思想"有资格解释这亘古不变的土地。所以,他依赖描写,不指望任何意义上的评述与思考。质言之,阎连科试图拒绝的是"农村题材小说"的整个传统。他希望通过这种整体的拒绝,纯粹地展现他的"世界"。

阎连科的拒绝(李锐其实也试图以他的方式在拒绝)确实使我们不得不反思当代农村题材小说远未洗去的历史积弊。解释太多,议论太多,先在的框架太僵硬,对象就会陷入由历史性话语做成的历史性遮蔽。这大概是"五四"以来农村题材小说的根本问题。但太多解释、议论的话语以及由此输送的"思想"——或者如乔治·奥维尔所谓的"新说法体系"——既然是历史性的,那它就有自我呈现的理由,即使在它的自我呈现中遮蔽、扭曲了生活世界,但扭曲与遮蔽本身,不也正是各种"新说法"的真实内容吗？作家不是完全可以在此遮蔽和扭曲中,在各种话语的暴政中,捕捉他经验到的混合着虚伪的真实与包含着真实的虚伪吗？当代文学中,王蒙主要指涉乌托邦语言的以"话"写"话"的创作,早就充分证明了这一点。相反,彻底排斥"新说法"于视野之外,全无应对、解释、议论与思考,对所有呈现的生活也会构成另一种同样的历史性的遮蔽。而且,拒绝一切流行的思想话语进入创作过程,也可能意味着放弃对这些流行的思想话语进行思想批判和话语批判的任何努力。如果这样,那么从前门送出去的东西又会马上从后门溜进来。

历史的真实,是由被一定的思想话语所解释的生活与解释一定生活的思想话语在激烈对抗或逐渐融合的胶着状态下共同缔构的。没有赤裸的思想,也不存在赤裸的生活。当张炜让某个在夜晚滚烫的野地上疯跑的"廷鲅"突然有滋有味地唱出"我们都是飞行军"时,读者并不觉得流行的政治话语掩盖了"小村"的真实,倒是在政治流行话语和"廷鲅"的奇妙因缘中,看到了特定时期故乡野地的历史真相。这种描写在张炜作品中不是太多,而是太少了,到阎连科,则几乎全然没有——但我们不会因此承认,惟这样才是纯金足赤的农民,才是地地道道未被扭曲的乡野。就拿农民口头语来说吧,张炜在那中间适当掺杂一些政治流行语言,反而让我们觉得真实(就像鲁迅在《采薇》中让华山强盗小穷奇模仿周武王的"恭王天讨"而胡诌什么"恭行天搜",更能写出浩浩王道之下刁民的猖狂),相反阎连科让农民和政治流行话语完全绝缘,即使碰到"包产到户"这样的名词,也要让农民用自己的话翻译一遍再说出来,就未免为求真实而反失其真了,其实农民对这类语言的"学习"通常是不假思索的,他们在语言上的主体性与排他性并不像知识分子那样强烈。

作为对以往偏颇的反动,我完全理解阎连科的拒绝姿态,但正如思想本身不能演绎出生活一样,孤立而纯粹的生活也不能诞生思想。阎连科对以往"农村题材小说"普遍存在的"思想过剩"、"话语过剩"的反动,倘若仅限于拒绝一切思想性话语,而不在拒绝中产生新思想与新话语,那么思想与话语的封闭将不可避免,而封闭的思想话语对想象中的本然的"世界"的展示,也会陷入同样的封闭与重复。

一个人的世界不向外扩张,就向内收敛,不会在某个恰到好处的中线停止。阎连科反复渲染的泥天泥地的世界里的坚守往往不得不退缩到纯粹的身体,这是他的小说一再出现的值得注意的现象。拒绝扩张的世界观无可遏止地收敛,最后只能退缩到身体。农民在自己的世界中最后可做的事情,竟是"自由"地支配剩给他们的仅有的资本——身体,动辄从身体中汲取反抗灭顶之灾的力量。这是上述特定世界观和生存哲学必然的结果。看得出,阎连科相当偏爱这种描写,也是他写得最顺手的。问题在于,他描写的这种"自由"和外界一直处于隔绝状态,只能导向对绝对孤立的身体的处置。现实中,这固然可以惊天地而泣鬼神,写在纸上,却只能是无历史和反历史的抽象、绝缘而不断重复的独舞。每当阎连科笔下的农民以骇人的方式处置身体时,确乎有某种精神因素的爆发,但这爆发产生的光芒太有限,像大山深处浓黑的暗夜,星星之火甚至连自己都不能照亮。

原载《文学评论》2001年第1期

乡村苦难的极致之旅
——阎连科小说论

洪治纲

阎连科是一位对极致化审美境界充满痴迷的作家。他常常带着异常充沛的叙事激情、狂放无度的艺术想象、悲喜并举的叙事语调,在各种极端化的生存境域中,为人们打开许多撼魂动魄却又令人深思的生存场景。从《耙耧天歌》、《年月日》到《黄金洞》《耙耧山脉》,从《日光流年》、《坚硬如水》到《受活》、《丁庄梦》等,读这些作品,我们不仅要在那些惨烈的细节还原中经受巨大的情感冲击,还要在那些充满绝望与无助的人物命运中饱受人道的折磨。它们将那些来自民间底层的苦难、蒙昧乖张的人性、强悍刁钻的传统伦理与现代美学上的残酷紧紧地熔铸在激情化的抗争理想之中,并由此构成了阎连科小说所特有的一种异常繁富的审美特质。

一

纵观阎连科二十多年的创作历程,我觉得,阎连科虽然也历经了几个相对明显的"自我变更期"①,但这些"变更",并不像王安忆、贾平凹、铁凝、张炜等作家那样,往往带有某些本质性的自我超越,而只是对作家初始写作目标的不断强化和深化。在他的早期成名作《两程故里》中,阎连科就已经确定了他对乡村社会内部的权力结构与宗法伦理之间纠葛的深度拷问;而在随后的"瑶沟系列"里,他不仅强化了这一叙事目标,还进一步转向对乡村恶劣自然环境的极致化表达。至此,阎连科基本上确立了他的整个叙事理想:以乡村平民的生活作为叙事背景,全力演绎创作主体对权力体系的解构性反思,对外在生存条件的宿命性抗争。在他后来的绝大多数小说中,其表达主题都没有溢出这两个核心的意识范畴。像《耙耧山脉》、《天宫图》、《坚硬如水》等,主要目标就是向基层权

---

① 阎连科的自我变更过程大致为:《两程故里》时期→"瑶沟系列"→"东京九流人物系列"→"和平军人系列"→"耙耧山系列"→《日光流年》、《受活》和《丁庄梦》。

力结构发问;《耙耧天歌》、《年月日》、《日光流年》等,核心目标就是集中向恶劣的自然环境发难;而《受活》、《丁庄梦》等,则将吊诡的权力与恶劣的自然交织在一起,进行一种双向的审度与探究。

但让我感兴趣的,首先还不是阎连科如何表现现实底层的权力和自然的恶劣,而是他为何以此作为自己写作的核心目标,并且一以贯之地坚守着。也就是说,作为一个作家,阎连科为何倾其二十余年的心智和情感,专注于中国底层社会的权力结构和生存形态的审美表达?这种强烈的入世精神,表明了作家怎样一种价值立场和人文情怀?尽管这个带有发生学意义的追问或许存在着某种自我预设的成分,但是,这种追问有助于我们打开创作主体焦灼而繁杂的精神世界,也有助于我们厘清阎连科小说的特殊价值。

阎连科的小说版图是一个相对稳固和封闭的豫西乡村世界①。无论是"瑶沟"还是"耙耧山",在作家的笔下,都永远处于一种自然环境偏僻贫瘠、现实秩序僵固粗鄙、传统伦理积厚沉郁的状态。它们深入中原腹地,既是作家成长的故土,也是作家的精神摇篮。即使是"和平军人系列"看似叙写了现代军旅生活,但无论是作家的立足点,还是主要人物,都拥裹在乡土文化的精神血脉里,甚至承受着农民与军人双重身份的撕裂。这表明了阎连科所构筑的小说世界与他的成长环境和文化记忆有着密切的关联,而且这种关联是自觉的、清醒的,带着强烈的干预意愿。他曾说:"地域就是作家的世界。一般来说,一个作家的出生地——那一块供他成长的土地,对他的影响非常重要。"而他之所以对豫西故土充满深情,除了这种成长记忆之外,还因为"河南人、特别是河南农村人的生存状况非常糟糕。河南农民所受的外部压榨,以及外部压榨造成的内在的、精神的伤害,给我的印象非常深刻,痛之又痛"②。这里,阎连科用"压榨"表明了他对故土乡村生存状态的尖锐感受,用"痛之又痛"传达了他那无奈无助的体恤性人文立场。事实上,读阎连科的小说,我感受颇深的是他的叙事一直浸润着某种强烈的愤懑情绪和焦灼心态。即使是在那些具有浓烈的狂欢气息的小说中(如《坚硬如水》、《受活》),也同样隐含了创作主体悲愤甚至绝望的意绪。这种意绪,既表明了作家与现实之间的一种高度紧张的关系,凸现了创作主体对现实生存境遇的极度不满,亦呈现了他那悲天悯人的伦理情怀。

那么,"河南农民所受的外部压榨"究竟是什么呢?阎连科以他的小说直接告诉

---

① 关于此点,郜元宝在《阎连科的"世界"》一文中已有详尽论述,此处不再赘述;见《文学评论》2001年第1期。
② 阎连科、姚晓雷:《"写作是因为对生活的厌恶和恐惧"》,载《当代作家评论》2004年第2期。

了我们:吊诡的基层权力和残酷的自然环境。前者集纳了中原文化丰厚而又沉重的历史积习,甚至浓缩了乡土中国从封建意识形态向现代性过渡过程中的大量文化信息,是河南农民所承受的精神上的压榨;后者突显了中原腹地艰苦匮乏的生存条件,展示了饥饿对生命的反复摧残,对尊严和人格的不断褫夺,这是河南农民所承受的肉体上的压榨。而且,这种精神和肉体上的双重压榨,并非是某一特殊历史阶段的生存状态,而是伴随着阎连科成长至今的生命感受,是他渴望逃离故土而又难舍故土的潜在动因,也是构成他全部写作激情的内驱力。

先看基层权力体系对乡村平民的压榨。对此,阎连科曾有刻骨铭心的体会——

> 我从小就有特别明显的感觉,中原农村的人们都生活在权力的阴影之下,在中原你根本找不到像沈从文的湘西那样的世外桃源。我家是农村的,从几岁开始,对村干部是什么、乡干部是什么、县干部是什么,都有直接的认识和领教。那时候,你的工分、口粮都控制在上边有权力的人手中,上边的人又控制在更上边的人手中,每一个人都是在权力的夹缝里讨生活的。哪怕一点点权力,都可以与你的生存密切相关,可以成为你比别人过得好的砝码。直到现在仍然如此……这样的环境,自然就形成了普遍对权力的敬畏和恐惧。你说这是不是民间的心理个性?就我而言,现在虽然出来二十多年了,可是回到农村,见了村干部,仍然一样地毕恭毕敬。一方面是因为你年轻时代已经形成了那种心理烙印;另一方面,即便你自己出来了,老家里还有人在他们的管制下,你同样不敢得罪他们……这种对权力的敬畏与恐惧,一年一年,一辈一辈,便会扩展为你对无所不在的能够左右你的一切力量的恐惧、厌恶和敬畏。①

我们无意去讨论中国乡土社会中权力结构的复杂性和诡秘性,尤其是对于"两程故里"的中原大地,封建形态的宗法观念、刁钻狡黠的人性欲望、隐秘善变的道统意识、僵固愚昧的风俗伦理……这一切沉重的历史积习,早已形成了一整套异常严密的专制性权力结构,也革除了一般百姓自我抗争的自觉意识。但是,面对"每一个人都是在权力的夹缝里讨生活的"真实境域,以及由此产生的"对权力的敬畏和恐惧",我们完全可以想象,在那片土地上生活的乡村百姓是如何战战兢兢,他们的内心是何等的脆弱,他们的命运又是何等的飘忽。阎连科正是意识到了这种权力痼疾对乡村平民所造成的精神扭曲,所以才不惜动用一些锐利的笔触,不断地向这种带有专制化意味的底层权力体系进行解构性的

---

①阎连科、姚晓雷:《"写作是因为对生活的厌恶和恐惧"》,《当代作家评论》2004年第2期。

表达。于是,我们看到,《两程故里》中的程天民不断地利用宗法势力和狡猾奸诈的权术来谋求自己的权力资本,而程天青看起来似乎更具现代胸怀和远大眼光,但他谋求权力的最终目标也仍然是为了光宗耀祖。《耙耧山脉》里的村长死后,李贵口口声声地答应为村长办丧事,却在守灵之夜,将一泡热尿尿在村长的棺材里;乡长为了巩固自己的姻亲关系,巧妙地打通二爷这个关口,让村长的儿子顺利地接任村长,而满怀改嫁希望的村长女人由此变疯致死。更为绝妙的是,死了的村长还在墓里夜夜为公章的丢失与死去的老支书吵闹不休——这足见权力对他们灵魂的影响。《天宫图》里,村长玩弄残弱的路六命如同戏弄一条狗——他凭借自身的权力资本和小小的金钱利益,不仅随意差遣和侮辱路六命,而且让路六命的女人心甘情愿地和自己上床,直到最后长期霸占路六命的女人,逼死路六命。《丁庄梦》里的丁辉虽然白手起家,但是在没有村长、权力处于真空状态的丁庄,他凭借自身一副钻营的本领,在傍上了县教育局长之后,迅速地由卖血的血王成为卖棺材卖尸体配阴亲的暴发户,最后俨然成为"县热病委员会主任"……如果我们再看看《坚硬如水》里的高爱军和夏红梅在神圣的革命历史语境中,以"狂情暴爱"和"摧枯拉朽"的方式在程岗镇的所作所为……通过这些作品我们不仅能够理解阎连科对权力的"敬畏和恐惧",也更能理解他笔下的那些普通平民对权力人物的惶恐和惊惧——在任何一种小小的权力面前,他们都会随时失去亲情、失去道德、失去尊严,甚至失去生命。

再看恶劣的自然环境对乡村平民的压榨。如前所述,阎连科笔下的"瑶沟"或"耙耧山"是河南伏牛山系里一个灾荒不断的偏远之地,地处三省交界之处。在那里,"说山,也不成为山,没树林,也少明石;说河,却终年不闻哗哗的水响"(《两程故里》);土地永远是一些山坡地,"大的二亩不足,小的也就几分,每一块都在深冬中呈现出暗红,连丁点大的坷垃都没有……易塌方的地边都用石块垒着,远看着齐整如盖房的房基。而坚硬的地处,堤埂齐垄如墙,镂痕锹痕闪亮着深色的暗光"(《日光流年》);太阳永远是炽烈而歹毒的,"岁月被烤成灰烬,用手一捻,日子便火炭一样粘在手上烧心"(《年月日》);有时还会六月下雪,冬日酷热(《受活》)……在这种土地贫瘠、灾害频繁、信息闭塞、农民们基本靠天吃饭的自然条件下,"活着"显然已成为一个极其严峻的现实。阎连科自己也说:"对我这一代人来说,最深刻的记忆就是童年的饥饿。从有记忆开始,我就一直拉着母亲的手,拉着母亲的衣襟叫饿啊!饿啊!总是向母亲要吃的东西。贫穷与饥饿,占据了我童年记忆库藏的重要位置。"①

饥饿不仅仅是一种肉体的折磨,更是一种内心的恐惧。它彻底地掏空了马

---

① 阎连科、张学昕:《写作,是对土地与民间的信仰》,《西部·华语文学》2007年第4期。

斯洛心理学上所强调的人的最低需求——自我生存的需求,使"活着"成为每一个生命首先要面对的压力,甚至使他们不自觉地变得惶惶不可终日。这种来自童年的记忆阴影,对阎连科来说不仅是刻骨铭心的,也是他诠释耙耧山恶劣生存条件的重要手段。因此,我们看到,《年月日》里的先爷为了一株玉蜀黍的存活,像堂吉诃德那样与大旱之灾进行不懈的抗争,直到将自己的躯体化为玉蜀黍的水分和养料;《耙耧天歌》里的尤四婆只是在准备死去时,才让自己的儿子吃上五个油馍;《天宫图》里的路六命为了偿还娶媳妇的债务,心甘情愿地让村长与自己的女人通奸;《耙耧山脉》里的寡妇张妞为了能够得到更多的返销粮,最后被逼得上吊自杀;《日光流年》、《丁庄梦》里的人们为了彻底地解除对饥饿和贫穷的恐惧,不惜以卖皮、卖肉、卖血来进行绝望的反抗……饥饿以及由饥饿引起的恐惧,以一种最为决绝的方式,彻底地摧毁了耙耧山人活着的信心、尊严,也颠覆了中国传统伦理中最为基本的秩序和观念,使人们对生命自身变得异常的漠视。

正是这两个方面的"压榨"让阎连科"痛之又痛",甚至成为他内心深处一直无法摆脱的梦魇,所以,二十多年来,阎连科始终沿袭着这两大主题不断地进行审美思考。这种创作姿态不仅表明了他的写作是一种入世的、干预性的写作,还折射了他那知识分子的体恤情怀和承担意愿——从某种意义上说,阎连科是一个济世意愿非常强烈的作家,他的激情、愤怒和伤痛几乎全部源于对乡村底层平民多难生存的关注,就像他自己所说的那样,"我们希求写作的那种历史的疼感,之所以能'疼',就是要求写作者具有独立的觉察与感受,具有独立的怀疑与思考,具有独立承担疼痛的勇气与胆识。如果没有这些,那种疼痛,就只能是破了手指的一声叫唤,是看见了别人流血,就先被吓得墨水流在了纸上的写作"①。阎连科对这种知识分子独立意识的清醒认知,使他在对现实疼痛的理解之中,不仅浸润了创作主体对底层弱势群体强烈关注的情感,对文明秩序下所出现的种种巨大落差的愤懑和忧思,还饱含了一个现代知识分子的尖锐批判和无情的嘲谑,甚至在很多时候还呈现出"哀其不幸,怒其不争"的复杂意绪。

王小波曾说:"对一位知识分子来说,成为思维的精英,比成为道德精英更重要。"②的确,阎连科在直面豫西故土的苦难现实时,始终采取了一种平视性的叙事语调,渗入了创作主体的大量情绪,从某种程度上看,道德化的立场和价值取向十分明显。但是,如果透过那些激情和愤怒话语的背后,他的理性思维依然清晰而明确,他那反思和批判的锋芒始终对准了那些苦难背后的根源性因

---

① 阎连科:《关于疼痛的随想》,《文艺研究》2004年第4期。
② 王小波:《我的精神家园》,文化艺术出版社,1997年,第118页。

素,尤其是乡村中的权力,以及围绕着权力所形成的巨大的宗法伦理秩序。像《耙耧山脉》《黑猪毛,白猪毛》《天宫图》《日光流年》《坚硬如水》《受活》《丁庄梦》等,都在不同程度上探究了基层权力系统与苦难现实相互勾结、狼狈为奸、助纣为虐的状态,并由此导致了一幕幕不忍目睹的惨烈景象。我有时甚至认为,阎连科的极端化叙事追求,与其说是在凸显乡村平民顽强的生存意志和坚韧的受难品质,还不如说是在拷问乡土文化中权力运作的乖张形态以及某些伪道德伦理的强悍姿态。或许,在阎连科的心目中,这是中国乡村社会在现代变革过程中最艰难、最复杂也是最迫切的痼疾之所在。正是这种深入的思考,使他的创作超越了那些大量地在现实层面上"搔痒"的所谓的"现实主义"作品,而带着某种现代思想启蒙的意味。

这种对权力体系的公开质疑、对苦难现实的执着反抗,与阎连科的平民立场、独立意识形成同盟之后,显示了阎连科作为现代知识分子所应有的批判精神——他将自己安置在公共领域之中,以封闭乡村中的农民代言人身份,努力向这个世界"说真话"。这种代言人身份,恰恰印证了萨义德对知识分子的有关定义,即,它"总是关系着、而且应该是社会里正在进行的经验中的有机部分:代表着穷人、下层社会、没有声音的人、没有代表的人、无权无势的人"①。我无意在此探讨有关现代知识分子的一些基本品质,而只是想说明,阎连科的写作之所以是一种干预性极强的写作,固然与他的个人成长记忆有密切的心理关联,但与他的承担勇气、疗救意愿、独立思想和批判锋芒存在着更大更紧的关联。它显示了一个作家在公共领域中积极介入的自觉性和理性思考能力,也显示了一个作家对各种底层生存隐秘之痛的发现能力和传达热情。而这,在当代作家中,无疑是难能可贵的。

二

作为一种知识分子的批判性叙事,阎连科的写作无疑带着很强的抗争意愿。有很多评论家认为,阎连科常常预设一种生存的绝境、一种宿命的现实,就像《日光流年》在开卷中所言的"天意",是一种无法破解和超越的苦难,然后将人物置入这种境域之中,进行"西绪弗斯式"的抗争演绎。但我并不完全认同这一看法。事实上,阎连科的反抗是双重的。其一,是向恶劣的苦难现实反抗,像

---

① 〔美〕爱德华·萨义德:《知识分子论》,单德兴译,生活·读书·新知三联书店,2002年,第95页。

《年月日》、《耙耧天歌》、《日光流年》等,始终围绕着"种的繁衍"这一核心意旨,确实带有宿命的意味。其二,在他的绝大多数小说中,主要还是展示对乡土社会内部权力体系的反抗。也就是说,他的很多重要作品并不是单纯地为写苦难而写苦难,而是在传达苦难的痛感体验的同时,为叙事批判的有效性建立起自己的反抗机制。这种反抗,或许是阎连科小说的重要价值所在。

对恶劣自然条件的宿命性反抗,虽然使阎连科的小说在荒诞的意义上展示了生命的强大求存意志和牺牲精神,甚至凸现了人物的某种文化传统禀赋①,但是,由于宿命性的在场,我们除了对这种决绝的反抗过程表示震撼和敬畏之外,只能从小说的悲剧效果上给予审美的认可。我甚至认为,像《年月日》和《耙耧天歌》完全是一种夸饰性的叙事,它除了彰显创作主体内心里的某种极致情境,对乡土的恶劣生存进行了一种隐喻性的表达之外,并没有特别的深义。从某种意义上说,这种审美追求与张艺谋的那些"民族化"电影并没有多少区别。

但我更看重的是阎连科对基层权力体系的反抗。记得萨义德在谈及福柯的有关"权力"理论时,曾指出福柯的局限就在于"他沉浸于权力的运作,而不能够关切抗拒的过程"②。的确,关注对权力的反抗比关注权力本身或许更有意义,因为权力的存在必然会引起抗拒的出现,而抗拒又会加剧权力的专制化运作力度,这是一个不言而喻的事实。阎连科在面对那些盘根错节的乡村权力体系时,在抗拒方式上所做的审美选择是非常尖锐的,也是独具意味的。这一点,最突出地体现在他的《坚硬如水》、《受活》和《丁庄梦》等代表性作品之中。

作为一种对极权时代的隐喻化表达,《坚硬如水》以一种狂欢的叙事语调,展示了"文革"时期的暴力化现实对乡村伦理与基本人性的强力肢解。以前,我们所读到的有关"文革"题材的小说,大多是通过批判性或忏悔性的叙事,表现创作主体对极权历史的反思,但《坚硬如水》却以崇高神圣的"革命情怀"来定位人物的精神理想,使人物的全部生命激情始终处在"伟大使命"的核心部位,这无疑为解读暴力化的历史提供了一种新的思维向度。事实上,无论是高爱军还是夏红梅,他们对于"革命"的信念是不折不扣的。"革命"是他们生命激情的催化剂。一曲又一曲雄壮的革命歌曲,将他们原始、野性而又血气方刚的欲望不断点燃;一次又一次摧枯拉朽的革命行动,将他们的雄心、斗志和理想推向高峰。高爱军曾深有感触地说:"我替你们发现了你们永生不能发现的伟大规

---

① 陈思和先生曾在《读阎连科的小说札记之一》中分析了《年月日》和《耙耧天歌》里所包含的后羿射日、精卫填海等古老文化特征,见《当代作家评论》2001年第3期。
② 〔美〕爱德华·萨义德:《知识分子论》,单德兴译,生活·读书·新知三联书店,2002年,第111页。

律,那就是世界上最复杂的事情往往最简单,最简单的事情往往最复杂。正是因为革命有这样美妙的千变和万化、深奥和简洁,革命者才会从革命中得到乐趣和刺激,才会有那么多人不畏艰难地投身到革命的洪流中。"正因如此,他们的颠覆性欲望和叛逆冲动所构成的巨大破坏,与"革命"产生了奇特的共振关系——在这种共振关系的背后,暴力的恶性循环便成为一种至高无上的法则和全社会共同遵从的价值伦理,而这,正是阎连科所要触及的权力本质。它与其说是对"文革"暴力的批判,还不如说是对盲目遵从的极权伦理的一次反讽。

这种反讽,还表现在作者始终将人物的原欲本能紧紧地纠结在革命化的权力语境中,使性欲与权力又构成了一种奇特的互动状态。高爱军与夏红梅的邂逅,从一开始就在革命的浪涛声中结成了紧密的欲望同盟。随着革命歌曲从四面八方传来,夏红梅很快被"激荡"起来,接着"是她把她的激荡传染给了我",于是,"狂情暴爱和革命就这样暴风骤雨般地开始了",这两个权力化的怪胎便迅速成为程岗镇一带呼风唤雨的人物。一方面,"只有革命的爱情才能带来革命的力量;只有无产阶级的爱情才能使革命者在蓝天翱翔"。对革命有着病态般迷恋的夏红梅,不仅以肉体激发了高爱军的"革命斗志",而且在情欲的放纵中获得了自我的拯救;而回到程岗镇的高爱军,他在部队所获得的革命理想、人生志趣,也同样因为夏红梅的情欲激发而变得更为坚定和执着。但另一方面,在那种革命化的语境中,性与革命又不可能达成绝对的统一。所以我们又看到,小说中的性与革命常常处在某种对抗性的状态,形成"一种正反同体的奇异现象,性诱发了革命,性又毁灭了革命,革命鼓荡了性,同时又扼杀、葬送了性"①。这种矛盾,就像高爱军自己所感受到的那样:"我们既是一对伟大的革命者,又是一对卑琐的偷情者。既是一对觉悟者,又是一对执迷不悟的沉沦者。"正是在这种既彼此冲突又互为激荡的现实情境中,高爱军一方面花了半年多的时间挖通了与夏红梅偷情的地道,另一方面又带着这位"战友"攻打程寺、深入"到敌人的后方去",不断向权力的高端逼近。如果不是一次阴错阳差的偶然事件,这对"革命同志"完全有可能成为暴力化历史的权力代表。

我之所以强调《坚硬如水》是对极权伦理的一种反讽,是因为它尖锐地展示了"革命"的残酷后果,尤其是对乡村社会各种基本秩序的破坏。当高爱军退伍回乡时,作为"两程故里"的程岗镇远离政治中心,一切显得平静而安详,在高爱军的眼里是"啥儿都和原先一样儿",一潭死水。而当高爱军向村支书要权而不得之后,革命的风暴便开始笼罩这个有着悠久儒家文化积淀的小镇:高爱军逼死了自己的妻子,逼疯了自己的岳父程天青,谋害了夏红梅的丈夫程庆东,在奄

---

① 汪政、晓华:《论〈坚硬如水〉》,《南方文坛》2001 年第 5 期。

奄一息的程天民面前与夏红梅疯狂做爱,四处搜集镇长王振海的黑材料,发动群众火烧程寺……家庭、孩子、亲情,所有这些人类社会最基本的道德伦理颠覆殆尽,阶级斗争成为破坏文明的天然借口,整个现实生存沦入癫疯的非理性状态。而这一切,都是高爱军和夏红梅的"革命"成果,也是他们谋求权力的一种手段。

《受活》更是彻底摒弃了对乡村权力形态的简单化处理。它通过广泛的情节勾连,将单纯的权力纳入到乡村社会特有的各种伦理之中,使之与宗法、亲情、血缘和人性等形成一种丰富的、多向度的纠结。在受活村里,最具悲剧性的,并不是自然生存条件的恶劣和绝大多数村民的残疾,而是土生土长的柳鹰雀县长雄心勃勃地带领全庄百姓踏上小康之路的狂想所引发的后果。柳县长的致富思维是:在当地建立一个庄严宏伟的列宁纪念堂,然后从解体后的苏联将列宁的遗体买回来,让无数旅游者前来瞻仰并收取门票。为了筹集巨额的"购列款",他不仅充分利用一切海外侨胞的关系,又通过"受活庆"的启发,大力发掘受活庄残疾人的各种特长,成立"残疾人绝术团",在全国巡回表演……正是在他的热情鼓动下,受活庄经历了一场轰轰烈烈的暴富梦想,随即又在被劫与折磨中消失得无影无踪。在这场癫狂式的求富过程中,我们所看到的,绝不只是一种简单的生存欲望的突围表演,而是中国乡土社会中各种伦理思维与政治诉求之间的复杂纠缠,是一种被意识形态化的梦魇所笼罩的苦中作乐式的"受活"。

这种直逼荒诞真相的叙事目标最集中地体现在县长柳鹰雀和受活庄的精神领袖茅枝婆身上。这是两个被高度意识形态化了的人物,也是两个价值观念与政治愿望截然相反的权力符号,但是他们的思维方式却是惊人的一致:要不留余地地让受活庄进入自己内心预设的生存轨道上来。由此,两人之间便出现了自由与癫狂、求存与发展、平静与骚动之间的尖锐对抗。这种对抗,既包含了传统与现代的冲突,又折射了权力的控制法则。柳县长内心的求富梦想,固然有其政绩和仕途的需要,有其"父母官"角色的自觉发挥,但从本质上说,还是由于他对权力规则的理解与纷乱的现实之间产生了巨大的错位。正是这种错位,导致了他在处理焦灼而又无奈的生存现状时,不可避免地步入了荒诞的深渊。而茅枝婆作为一种革命化的经验符号,在历史的多次教训中,自觉地形成了"对权力不信任"的观念,所以,她的唯一抗争目标,就是要让受活庄自由而平静地活下来。同时,这两个人的对立又凸现了欲望诱惑与理性法则、非理性的政治热情与客观化的生存秩序之间的潜在冲撞,也由此导致了柳县长理想的破灭和受活庄最后重归于"天堂般"的平静。

但是,在这种平静的背后,我们又看到作者对现实生存的不安和无奈、苦涩与悲悯。事实上,《受活》之所以让人颤栗不已,就在于作者通过极端的撕裂方式,对某种无边的意识形态进行了无情的肢解,展示了权力思维与中国社会发展的同构性本质。它以反逻辑的超验性叙事为支撑,通过对一些基层权力人物癫疯式政治思维、畸恋式致富追求以及单一化领导方式的喜剧性披露,使我们在一种高度隐喻化的叙事场景中,看到了人性的许多悲剧真相。这些真相,不仅表现在某些具象化的真实细节中,还体现在各种奇异的想象和四处潜伏的隐喻性话语里——无论是人物命运的设置,还是植物性章节的命名,都预言了某种时空的轮回观。它是想象的狂欢、幽默的舞蹈,又是尖锐的反讽、悲剧的裸示。

与《受活》相似,《丁庄梦》也是从"致富"思维入手。当汾县教育局高局长带着建立"血源村"的政治任务不断来到丁庄时,以丁水阳大爷为代表的丁庄人并没有接受这种权力的指派,即使当了40年村支书的李三仁被撤了职,丁庄也没有一个人愿意卖血。但是,高局长却巧妙地利用了致富诱惑,让丁庄人集体"参观"了卖血致富的蔡县,从而使丁庄百姓自愿地走上了卖血之路。从权力的运作方式上说,阎连科并没有激化平民与权力之间的直接对抗,而是更多地强调权力的"软手段"——激发百姓的"致富之梦",迫使他们自觉地膺服于自己的政治任务。这里,权力作为艾滋病的始作俑者,并不只是顺利地实现了自身的政治使命,同时在为百姓"圆梦"的过程中,全面催醒了人性里各种潜在的欲望,使丁庄人陷入无法自控的欲望泥潭。事实上,以丁辉为代表的血头,之所以能够在丁庄呼风唤雨,由卖血到卖棺材再到卖尸体给别人配阴亲,成为一种赤裸裸的吸血鬼,关键并不在于他个人的狡黠和阴险,也不在于他的精明和势利,而在于他成功地掌握了某些权力的潜规则,将上层权力巧妙地转化为个人获利的资本。这也使我们看到,权力一旦在欲望的膨胀中失控,其对生命的珍视、对灾难的预警、对痛苦的慰藉都将成为一种空洞的承诺。

当然,从叙事策略上看,《丁庄梦》完全不同于《受活》,它更多地动用了一种"后叙事"手段,强力突显了艾滋病给丁庄人带来的灾难和恐惧,并由此来追溯权力运作的真相及其惨烈的后果。对丁庄人来说,卖血并不可怕,甚至带有某种狂欢的"圆梦"心情;可怕的是,"热病"不断地出现,死亡不断地发生,绝望感大面积地蔓延。阎连科以其对苦难叙事的特殊优势,让话语反复盘旋在那些"等死"的病人之中,使他们在一种彻底无助中等待着生命的谢幕。饶有意味的是,这种令人锥心的痛,既没有得到权力层面的安抚和慰藉,也没有促动权力层面的反思和忏悔,倒是让丁大爷陷入赎罪的深渊——他一方面要为自己当初同意"参观"蔡县而愧疚,另一方面要为儿子丁辉的所作所为而忏悔。他最终亲手棒杀了丁辉,看起来是对丁辉失去基本人性的绝望式惩罚,实质上也暗含了他对冷漠的权力体系的无奈反抗。因此,从本质上说,《丁庄梦》是以平民百姓无边的生存之痛和卑贱的生命代价,隐秘地圆就了极少数权力运作者的欲望之梦。

从《耙耧山脉》、《天宫图》到《坚硬如水》、《受活》、《丁庄梦》,阎连科始终怀着一种疼痛和愤懑的意绪,在重构中原大地苦难生存的现实场景中,直击苦难产生的内在根源,揭示并拷问了乡村权力的乖张表现形态。这种揭示和拷问本身就意味着一种反抗。因为它是创作主体深入思考之后的一种警醒、一种判断、一种鞭挞。尽管阎连科还无法提供一些有效的拯救途径,但是,为民生之苦而呼告、而倾诉,这种审美姿态所体现的良知和正义,已使他在公共知识分子的角色上展示了自己的承担勇气。他自己也说:"激情和愤怒,是写作者面对写作的一种态度,是写作者面对历史、社会和现实的一种因疼痛而独立、尖锐的叫声,是一种承担的胆识,更具体地说,是写作者在面对责任与逃离时的一种极为清醒的选择。这种选择的写作,就是写作者心灵滴血的疼痛,是疼痛中的文学救护。"①为重铸乡村生命的存在尊严,为多难的乡村平民寻求最基本的价值秩序,阎连科试图通过文学的方式来实现其"疼痛的救护",这对于我们当今紊乱而失范的现实确实具有特殊的意义。

有趣的是,在阎连科的创作中,频频获奖的却是那些对恶劣的自然生存条件进行宿命性反抗的小说,而对乡村基层权力进行解构性反思的作品却总是被"遗忘"或"忽略",这种尴尬的现象多少有些耐人寻味。

三

当阎连科以一种明确的知识分子立场来对乡村苦难进行审美表达时,他的激情和想象常常会因为内心的积郁而变得难以控制。愈是深入到乡土现实的底层,他便愈是感到改变和拯救苦难的艰辛与无望,也因此变得愈加愤怒和焦灼。这样一来,却直接影响了他对叙事整体的有效调控,使得他的很多小说常常显得饱胀有余而弹性不足,激情奔泻却缺少缓冲,有时甚至出现激情掩盖叙事的情形。

这无论如何都是一种遗憾。在当代作家里,阎连科和莫言都是极为罕见的、具有丰沛叙事激情和巨大想象能力的作家,但他们在发挥自身这一特殊优势的过程中,都存在着叙事控制的问题。在莫言笔下,想象常常成为奔泻的河

---

① 阎连科:《关于疼痛的随想》,《文艺研究》2004年第4期。

水,始终带着强劲的冲击力,不断地推动情节飞速发展,尤其是像《生死疲劳》里的六道轮回,道道都是惊心动魄,很少出现节奏上的变化,以至于每道轮回都很难品味到不同的审美质感。而对阎连科来说,影响控制的主要因素并不是想象,而是愤怒和绝望式的主体情绪。这种情绪常常喷薄在话语之间,使创作主体很难跳到绝对旁观者的角度,对人物进行冷静的表达。我当然不是强调冷静是小说必需的叙事手段,像米兰·昆德拉就喜欢用杂糅性的叙事,而史铁生、韩少功、刘恪等人甚至动用多重文体的融会与整合,但对于阎连科的表达对象而言,冷静而有节制地"呈现"或许比"表现"更具有审美内蕴。

这一点,最突出地体现在《丁庄梦》里。在这部小说中,作者动用了不少现代叙事手法,试图缓解创作主体个人情绪对叙事的干预。譬如设置了一个亡灵叙述者"我",让已经死去的少年来全面介入故事现场;在结构上打破简单的线性逻辑;通过"八卷"有选择地安排故事情节等。但在具体的叙事过程中,作者仍不自觉地调用了大量的抒情性极强的短句,尤其是那些用黑体字排列的、语速很快的话语,基本上超出了叙事的基调而呈现出一种抒情性很浓的特质。虽然就小说的文体而言,这并没有什么不好,但是,倘若我们揣摩创作主体倾心于人物性格的思维逻辑,那么,我们就会发现,这种叙述严重阻遏了对人物性格及其内在深度的凸现。无论丁水阳大爷还是丁辉,从叙事策略上看,这对父子分别代表着传统儒家文化伦理和现代的私利至上法则,而且,作为小说的主要人物,他们所承担的功能就是通过不断的对抗和冲突,揭开"热病"在汶县蔓延的内在过程,突显权力与欲望勾结所产生的灾难性后果;但是,他们的性格从一开始就处在过高的平面上,并一直滑行到终点,并没有随着灾难的加剧、冲突的激化而出现应有的变化。如果再退一步,就那些抒情性话语本身来看,它们只是较多地强调了一种生存感受,或简约地交代事件过程(当然也不乏一些偶尔的重复所指涉的隐喻功能),在审美价值上并没有太多的内涵。

由于选择了一种黑色幽默式的狂欢语调,《坚硬如水》和《受活》在这方面要显得自然一些,但仍然暴露出控制失当的弱点。在《坚硬如水》里,故事的情节推动和人物关系都较为简洁,叙事始终处于情感的高端部位,尤其是对"文革"时期革命口号的使用近乎泛滥——无论是公开场合,还是私下交流,人物几乎离不开革命语录,似乎在语录之外,他们成了一种失语者。这种极端化的处理虽然将人物的身心彻底纳入了革命的情境之中,但也因此造成了人物性格的扁平化倾向,甚至削弱了小说对极权的反讽力量,因为失语者的悲剧毕竟没有主体性明确者的悲剧更具震撼力。同时,高爱军和夏红梅的"狂情暴爱"作为对革命的一种映衬,也被反复地进行夸饰性渲染,但无论革命成功之时,还是失败出逃之时,每一次性爱过程之间的差别并不大,也就是说,人物在性爱中所体现出来的喜悦、愤怒和绝望的不同体验,除了坟墓和程寺两个场景展示了特有的生命灵性,其他地方还缺少巧妙的呈现。因此,整个小说虽然极力将人物安置在神圣和崇高的信念之中,但过度夸饰的叙事又造成一种戏谑性的审美效果。《受活》也同样如此。第一、三、五卷作为故事的发端,叙事颇为从容,但到了第七卷,随着"受活庆"的展开和残疾人绝术团的成立,叙事旋即进入狂欢状态,并一直延续到最后。这种狂欢一波连着一波,泄洪式地直逼悲剧高潮,不仅给柳县长的梦想以致命一击,也将受活庄的人们推向人性沦丧的灾难深渊。应该说,这种狂欢对意识形态化的权力制度构成了巨大的解嘲,但就叙事而言,在其节奏和充盈度的控制上,显得还是有些"过"。

这种操控的过度在《日光流年》上也同样体现得十分明显。如果我们将《日光流年》和余华的《许三观卖血记》进行比较,或许可以更清楚地看到这一问题。从总体上说,这两部小说都是在演绎苦难与救赎的主题,一个是卖皮和卖肉,一个是卖血,但无论从叙事的篇幅还是审美内蕴上看,两者都有较大的差别。《日光流年》达四十多万字,而《许三观卖血记》仅十多万字。《日光流年》从一开始就确立了整个小说的宿命性立场——所有的三姓村人都活不过四十岁,因此,他们的所有努力就是为了活过四十岁的生命大限。围绕着"打破宿命地活着"这一目标,作者设计了前两代村长鼓励生育、大种油菜等,司马蓝作为第三代村长,开始通过卖皮卖肉等手段筹款来挖水渠,试图为全村人延寿。而《许三观卖血记》只是更多地强调人物自身的生存苦难,譬如饥饿、生病等。因此,许三观和司马蓝的共同之处,都是为改变生存的苦难而努力,两个人都把自己的生命赌在其中,但不同点在于,许三观只是在残酷的现实中为自己和家人争取一种更好的生活,司马蓝则要为整个三姓村人的寿命着想——彼此的立意似乎有些"境界"上的差距。

然而,我们还必须看到,许三观卖血是为了妻儿能吃饱饭,能逃避令人恐惧的饥饿,能挽救儿子的生命。从某种意义上说,许三观的卖血并无高尚可言,不仅目的是为了自己的"小家",而且在卖血的时候,还要耍些小手段,拼命地喝四碗水,希望能够将"一碗"血变成"两碗血"。这种情境的设置看起来很窄小,却一步步地辐射出人物深厚的情感基质,尤其是为了给不是自己亲生儿子的一乐治病而疯狂地卖血,使许三观这个世俗英雄在悲悯的人性上迅速获得令人敬畏的效果。而司马蓝不仅自己卖皮,还鼓励自己的相好卖肉,其"鞠躬尽瘁"之中所体现出来的"利他"品质,显然有别于许三观。但由于他的努力先天性地带有宿命意味,缺乏许三观的世俗温情,其人物背后的精神意蕴除了绝望和无助却难有悲悯,因此有人认为,作者"创作寓言的欲望太过强烈,纷繁的景观和别出心裁的结构更多停留在可以欣赏的层面"①。

倘若再从叙事细部来探究,我们同样也会发现类似的问题。譬如,《日光流年》第二十三章"大崩溃"里写卖皮过程整整花了三十多页的篇幅,卖皮之难、人物之焦灼以及卖皮后的痛苦,自然不必说了;而《许三观卖血记》里的每一次卖血都不到三页篇幅,同样也涉及了卖血的难,以及卖血后的仪式和痛苦(龙根还为此死掉)。这意味着,两者在审美效果上并没有太大的差别,但动用的叙事篇幅却差别极大。再如,《日光流年》里写司马蓝对妻子竹翠阻碍自己和蓝四十相好而进行的惩罚,绵延数章,甚至频生"杀意",直到妻子死亡,缺乏内在的亲情和夫妻间的人性温暖;而《许三观卖血记》里仅通过第六章六小节对话,以递增式的内在力量完成了许三观对妻子背叛的惩戒,但随着他在妻子的召唤下爬上床,温情缓缓地涌现出来……这些都表明,叙事的有效控制并不一定会伤害审美效果,有时甚至会增添其审美内蕴。

创作主体的情绪控制(尤其是愤怒情绪)所带来的另一个问题,是影响人物性格的丰实度。很多研究者已注意到,阎连科的中短篇里的人物更加丰满,像尤四婆、先爷等,即使是《日光流年》里的众多人物,也各具个性,这恰恰是因为创作主体是带着凝重而冷峻的情感来进行叙述的结果。而在那些主体情绪浓烈的狂欢性长篇中,像《坚硬如水》的高爱军和夏红梅、《受活》里的柳县长、《丁庄梦》里的丁辉等人物,就有些"漫画化"②;即使是《耙耧山脉》和《天宫图》里的村长,也缺乏性格上的差异性,几乎是同一个人物的不同翻版。这是否是因为创作主体对权力符号的一种对抗性愤怒所造成的结果?还是作者故意制造的一种反讽式的审美效果?

除了创作主体的情绪控制之外,阎连科在对各种现代叙事手法的运用上,虽有不少创造性的开拓,但有时也有些让人费解,甚至出现现代手法与审美效果之间的错位。从开拓性上说,像《日光流年》的倒叙,以一种"索源体"的方式"透视人生的如草木般荣枯轮回的规律"③,的确在宿命性上达成了默契;《丁庄梦》以亡灵的视角,成功地摆脱了客观时空的局限,为叙事的自由提供了保障;《年月日》中对那条盲狗的叙述,为先爷的韧性提供了重要的精神支撑;《黄金洞》以智障者"我"作为叙述者,也很好地切入到父子在金钱与性的尖锐冲突之中,为展示日常伦理遮蔽下的人性景观起到了很好的作用。但是,像《丁庄梦》里"卷一"所引用的《圣经》文字,《受活》里用奇数进行章节编排,就让人不明其

---

① 阎晶明:《欲把小说比寓言》,《文艺报》2001年2月1日。
② 汪政、晓华:《论〈坚硬如水〉》,《南方文坛》2001年第5期。
③ 王一川:《生死游戏仪式的复原》,《当代作家评论》2001年第6期。

意。又如,《日光流年》和《受活》里都大量地引入了解释性的"注释"或"絮言",这种以论文的互文来弥补叙事的空白,使交代性文字剥离叙事本身,在保持叙事的流畅性上当然起到了一定的作用,但有些地方就显得颇为草率。如《日光流年》的第八章仅仅解释一个"肉王",而且有关"人肉生意"在第六章已有说明,似乎完全不必再作解释。《受活》第九章"絮言"后再加"絮言",也显得没有必要……这些细节,似乎都隐含了作家的现代主义冲动与实际审美效果之间的差距。

应该说,这种现代主义冲动与实际审美效果之间的不协调在不少作家的笔下都有所体现。譬如,贾平凹的许多小说中对荒诞细节的处理就显得怪异而突兀,有的甚至是对情色笑话的"魔幻式"转述(如《猎人》);韩少功近些年的短篇,像《行为方案六号》、《八〇一室故事》等,叙事的理念干预过于强烈,导致小说不断游离于叙事之外;苏童的《蛇为什么会飞》里,为了通过具象化的"蛇"来隐喻人物内心的欲望,作者时不时地让蛇出现在各种场合。至于年轻作家笔下,这种情形更多,像欣力近两年的一系列中短篇《针对薄情寡义者的新法规》、《灵魂纪事》、《大作家马凌之死》等,大多采用了灵魂的叙述者,仅仅为叙述提供了一种全方位视点,与全知视角并没有多少差异;薛荣的《天上掉下个林妹妹》、朱山坡的《山东马》等小说,虽然不乏丰沛的想象和饶有意味的叙述,但在人物的变形过程中,总感到缺乏某种自然的叙事过渡……这种现象,或许隐含了创作主体在叙述变革上的一种困顿,即,他们不满于自身非常熟悉的写实性手法,自觉地择取一些现代叙事技巧,试图以此来拓宽自己的叙事空间,但由于叙事技能和审美情趣的局限,往往会形成现代主义手法与现实文本之间的游离。

阎连科的小说同样也表现了这种游离的状态。对于传统现实主义的创作方法,他曾表现出极端的愤恨,他曾说:"真正阻碍文学成就与发展的最大敌人,不是别的,而是过于粗壮,过于根深叶茂,粗壮到不可动摇,根深叶茂到早已成为参天大树的现实主义。""从今天来看,现实主义,是谋杀文学最大的罪魁祸首。"因为"真实并不存在于生活之中,更不在火热的现实之中。真实只存在于某些作家的内心。来自于内心的、灵魂的一切,都是真实的、强大的、现实主义的。哪怕从内心生出的一棵人世本不存在的小草,也是真实的灵芝。这就是写作中的真实,是超越主义的现实"[①]。不错,就文学艺术而言,一切真实都源于创作主体的内心,都是一种经过主观化审美同构的真实,从某种意义上说,现实

[①] 阎连科:《受活·寻求超越主义的现实(代后记)》,春风文艺出版社,2003年,第369~370页。

主义的"典型化"法则,也正是这种主体内心同构的一种表现。只不过,在主体性飘摇不定的当代文学历史境域中,主体内心的真实由于不断受到主流意识形态的屏蔽,无法回到真正的个体意志之中——而阎连科所反对的"现实主义"在很大程度上就是指这种被扭曲了的现实主义。因为一个显在的事实是,阎连科的小说最具情感冲击力的恰恰是他以写实的手段对那些惨烈情境(或狂欢情境)的想象式还原以及大量方言土语的袭用。尽管它们常常会颠覆我们的阅读经验和日常逻辑,有时甚至还出现一些魔幻的意味,但从根本上说,仍是一种现实主义的内在力量决定了他的小说在审美上的震撼力。因此,如果一定要从"主义"的角度给阎连科归类,我觉得,人们更多的可能还是将他归属于现实主义作家阵营,尽管他的主观意愿里饱含了现代主义的审美冲动。

尽管阎连科在叙事上还存在着某些待解的难题,但作为一位在当代乡村写作上具有特殊意义的作家,他的血性气质和执着情怀,他的批判勇气和思想锋芒,他的疼痛、怜悯和愤怒,都直击我们的现实内部,为中国乡村的现代性进程提供了一种重要的文化参照。王鸿生先生说,"阎连科的奥秘是靠血肉而不是靠观念,抓住了生存本身的关键词",他试图"把他的巨大的想象力、同情心和语言才能推上一条彻底改写乡村中国书写传统的广阔道路"[1]。这里,我们已很难对"乡村中国书写传统"再进行讨论,但从阎连科对苦难与权力的执着关注与思考来看,他的确已开辟了属于自己的艺术领地。

原载《当代作家评论》2007 年第 5 期

---

[1] 王鸿生:《反乌托邦的乌托邦叙事》,《当代作家评论》2004 年第 2 期。

革命时代的爱与死
——论阎连科的小说

王德威

阎连科（1958—）是当代中国小说界最重要的作家之一。阎连科出身河南西部伏牛山区的农村。那里虽然是中原腹地，但穷山恶水，民生艰困。如他的自传式文字所述，少年时代的阎连科很吃了些苦头，到了二十岁上下，他选择从军，离开家乡——这几乎是当地子弟最好的出路。① 但故乡的人事景物日后不断回到阎连科的笔下，成为创作的重要资源，而军中的所见所闻，也一样让他有了不得不写的冲动。与同辈作家如莫言、张炜、韩少功等相比，阎连科出道虽早，但并未得风气之先。20世纪80年代的"寻根"、"先锋"运动一片红火之际，他谨守分寸，写着半改良式的现实主义小说。他几乎是以老家农民般的固执态度，只问耕耘，不问收获。他虽然也开辟了一个又一个主题，像"东京九流"、"和平军人"等系列，成绩毕竟有限。然而90年代中期以后，阎连科仿佛开了窍，风格突然多变起来。他写家乡父老卑屈的"创业史"、"文革"的怪现状，或是新时期的狂想曲，无不让我们惊奇他的行文奇诡，感慨深切。经过多年磨炼，他的创作有了后来居上之势。

平心而论，由于多产，阎连科的作品水平显得参差不齐；而他的语言累赘，叙事结构冗长，也未必入得了文体家的法眼。但小说创作不是作文比赛。在阎连科近年的作品里，他能将已经俗滥的题材重新打造，使之成为一种奇观，而他的语言和叙事结构恰恰成为这一奇观的指标。也因此，他的变与不变往往成为讨论的话题。或有论者认为他的新作已有哗众取宠之嫌②，但对一个已经创作超过二十五年的作家而言，这似乎小看了他的抱负。

我以为阎连科的近作之所以可观，还是来自他对自身所经历的共和国历史提供了一个新的想象——和反省——的角度。传统革命历史叙事打造了一群群出生入死、不食人间烟火的工农兵英雄，阎连科却要将他们请下神坛，重新体验人生。他笔下的农村既没有艳阳天下的山乡巨变，也不在金光大道上往前跃

---

① 阎连科：《想念》，见《阎连科》，人民文学出版社，2004年，第532~567页。
② 肖鹰：《真实的可能与狂想的虚假——评阎连科〈受活〉》，《南方文坛》2005年第2期。

进。那是一个封闭绝望的所在,生者含怨,死者不甘。他以军人生活为主题的"和平军人"系列则在思考没有战争的年代里,英雄还有什么用武之地?

阎连科不仅要让他的农民和军人血肉化,还更要情欲化。在后革命、后社会主义时代,他有意重返历史现场,审视那巨大的伤痛所在——无论那伤痛的本源是时空的断裂、肉身的苦难,还是死亡的永劫回归。他的世界鬼影憧憧、冤气弥漫。不可思议的是,阎连科看出这伤痛中所潜藏的一股原欲力量。这欲望混混沌沌,兀自以信仰、以革命、以性爱、以好生恶死等形式找寻出口,却百难排遣。死亡成为欲望终结或失落的最后归宿。

论者每每强调阎连科作品中强烈的土地情结和生命意识。的确,从《日光流年》以来,他渲染身体的坚韧力量,由牺牲到再生,已经有神话的意义。《坚硬如水》等作品写革命语言的诱惑与革命身体的狂欢,极尽露骨之能事;而《受活》则不妨是一场又一场身体变形、扭曲的嘉年华会串。就此阎连科的作品充满激情与涕笑,堪称有声有色。

但在夸张的声色之下,阎连科真正要写的是欲望的盲动、死亡的无所不在。他所描写的土地,其实是以万物为刍狗的"无物之阵";他所铺陈的嘉年华气氛,就是"死亡之舞"(dans macabre)的门面。阎连科摩挲枯骨,狎昵亡灵,情不自禁之处,竟然产生了非分之想。究其极,爱欲与死亡成为他辩证革命历史的底线。出现在阎连科作品里大量的尸恋(necrophilia)的场景和隐喻不是偶然。

人民共和国的大叙事向来强调生生不息、奋斗不已的"雄浑"(sublime)愿景①。阎连科的革命历史故事却写出了一种缠绵凄厉的风格,在在引人侧目。他的受欢迎和他的被争议足以说明一个以革命为号召的社会在过去、在现在,所潜藏的"历史的不安"。

一

《坚硬如水》的出版,代表"文革"记忆和"文革"叙事的又一重要突破,也已经引起热烈讨论。不论被禁的那部作品如何闹得风风雨雨,小说的成绩只能说是平平,在议题的发展上,并未超过《坚硬如水》。我以为《坚硬如水》仍是阎连科到目前为止最好的创作。《坚硬如水》的背景是"文革"时的程岗镇——宋代

---

① 有关毛泽东主义和雄浑美学的功过,见 Ban Wang, The Sublime Figure of History: Aesthetics and Politics in Twentieth-century China (Stanford: Stanford University Press, 1997),尤其是最后一章有关丑怪、狂想、精神分裂叙事美学的讨论。

理学大儒程颐、程颢的故里。复员军人高爱军回乡闹革命,和当地妇女夏红梅一见钟情。两人不顾已婚身份,陷入热恋,同时他们的革命大业也堂堂展开。

高、夏的夺权斗争无所不用其极,但两人的真情也一样惊天动地。他们的性爱关系花样百出,无不和革命的成果相互辉映。小说高潮,高爱军为了一遂相思之苦,竟然挖通了一条地道,好与夏红梅夜夜幽会。他们有了名副其实的地下情。

对一代中国人而言,"文革"的残酷和荒谬是如此一言难尽,怎样不断地追记、诉说这场浩劫就成为后之来者的道义负担。阎连科选择的方式不是伤痕文学的涕泪交零,也不是先锋作家的虚无犬儒。他将"文革"看作一场血泪啼笑交错的闹剧,任何人置身其中都要原形毕露、丑态百出。高爱军和夏红梅所以出人头地,因为他们不仅令人可怕,而且可笑。阎连科借用了20世纪30年代"革命加恋爱"的小说公式,大写这两个造反派的斗争史加罗曼史①。但他笔下的革命和暴力难分难舍;恋爱和宣泄无非是一体两面。

《坚硬如水》以闹剧手法连接革命、暴力与性,在大陆小说传统中也许前所少见,但20世纪50年代台湾的姜贵(1908～1980)其实已经做过示范。我曾经在他处讨论姜贵如何承袭了晚清小说嬉笑怒骂的风格,将20世纪二三十年代中国社会政治风暴做色情化的处理②。在《旋风》和《重阳》这样的作品里,姜贵将意识形态的狂热与性欲的扭曲相提并论。他的人物不分左右阵营,都陷在纵欲的诡圈里,从通奸乱伦到恋物癖、性倒错、虐待狂,不知伊于胡底。夏志清先生曾将《旋风》与陀思妥耶夫斯基(Feodor Dostoyevsk)的《着魔者》(The Possessed)相比,认为两者都算得上是"彻头彻尾的滑稽戏"。他指出两位作者都以轻蔑的态度看待"一群自私的、执迷不悟、走向自毁之途的人",并点出"追求色欲享受的人,正如革命家一样,是会对人类的状况不满的,所不同的是,他们要求的只是官能享受上无限制的刺激而已"③。

当然,20世纪四五十年代左右翼文学以诋毁私生活——尤其是性生活——丑化敌对人物的手法,其实司空见惯。姜贵的笑谑尽管别有眼光,毕竟也未能免俗。另一方面,正因为姜贵抱着如此大的兴趣描写一群色情狂兼革命家,他

---

① 有关革命加恋爱的文学历史背景,见我的讨论《革命加恋爱》,载《历史与怪兽:历史,暴力,叙事》,麦田出版社,2004年,第19～95页。
② 见《历史与怪兽》的第二章,载《历史与怪兽:历史,暴力,叙事》,麦田出版社,2004年,第97～153页。
③ C. T. Hsia, "The Whirl Wind," A History of Modern Chinese Fiction (New Haven: Yale University Press, 1971), p. 561.

也难掩自己暧昧的立场①。

我认为姜贵所曾探索的风格,半个世纪后由阎连科代为补足。高爱军与夏红梅是《坚硬如水》里两个头号坏蛋,他们的所作所为死有余辜。但阎连科对他们嘲讽之余,显然不无同情。在二程故里那样无趣的社会里,我们的主角不惜挣脱桎梏,无限上纲上线地搞革命、闹恋爱,其实有不得已的原因。我们可以批评他们的疯狂暴虐,但不能无视他们的激情渴望。他们爱到深处,视死如归,简直是"文革"文学中一对最另类的生死冤家。

论者多已提到《坚硬如水》写情欲的放浪形骸,或《受活》写残疾人的绝技表演,显示了巴赫金(Mikhail Bakhtin)式的狂欢冲动②。这样的看法忽略了巴赫金"身体原则"所隐含的厚生恶死的前提,似与阎连科的观点仍有距离。如果要卖弄理论,巴赫金他以(Georges Bataille)所谓的"消融的色欲"(erotics of dissolution)或许更庶几近之。"暴力是社会排除禁忌的行动",而革命就是暴力与禁忌间最匪夷所思的合流。革命必须以暴力和破坏为手段,它提供了一个场域,使得被禁忌所驱逐的暴力及其与理性对立的特质在此被颠覆。暴力不再是理性的对立面,反而是革命逻辑里的一环。不仅如此,革命的高潮带来"消融的境界"(state of dissolution),这高潮可以来自纪律与死亡的折磨,也可以来自欲望与性爱的解放。身体或痛苦或狂喜的震颤成为最不可恃的分界。死亡成为最后的主体消融奇观③。

于是高爱军、夏红梅这对革命伴侣白天无欲则刚,晚上欲火焚身;人前狂暴嗜血,人后柔情似水。他们所献身的革命,与其说是以主体的建立为目的,不如说是以主体的消融为目的。革命的激情必须押上身家性命,销魂深处,正是让人欲仙,也欲死了。

论者对《坚硬如水》的政治喻意已经有相当掌握,但对高爱军这类人物的背景着墨仍然不多。而我认为这是理解阎连科创作的重要角度之一。高爱军是复员返乡的军人,因缘际会,赶上了"文革"。从广义角度来看,他是阎连科常处

---

① C. T. Hsia, "The Whirl Wind," A History of Modern Chinese Fiction (New Haven: Yale University Press, 1971), p. 561.

② 如:汪政、晓华《论〈坚硬如水〉》,《南方文坛》2001 年第 5 期;南帆《〈受活〉——怪诞及其美学艺术》,《上海文学》2004 年第 6 期。陈思和的讨论《试论阎连科〈坚硬如水〉中的恶魔性因素》别有见地,见《当代作家评论》2002 年第 4 期。

③ Georges Bataille, Eroticism: Death and Sensuality, trans. Mary Dalwood (San Francisco: City Lights, 1986), p. 42. 亦参见 Sigmund Freud, Totem and Taboo (London: Hogarth Press, 1955)。也可参考陈晓兰《革命背后的变态心理——关于〈坚硬如水〉》,《当代作家评论》2002 年第 4 期。

理的"农民军人"的角色的一种再诠释。这类人物出身低微,因为生活所迫,文化水平往往不高,但他们不甘就此在家乡埋没一辈子,从军往往成为现成的出路。军队成员来自五湖四海,相对于农村,他们的集体生活、严格纪律和机动任务不啻有天壤之别。但军队是另外一种封闭的社会,有它独特的生态循环。禁欲的律令、机械的作息、牺牲的感召无不与肉身规范——不论是肉体的约束或捐弃——息息相关。

阎连科自己就曾是农民军人,对农村和军队两者间微妙的关联显然深有体会。他的作品像《中士还乡》(1990)写回乡军人面对感情和出路的考验,平淡中有深情;《大校》(1997)写在军中有所成的军官,再回头已经难以面对故乡的一切,包括病入膏肓的老父和精神状态有异的妻子。军中日月长,但农村的生活更是地老天荒,枯燥乏味得很。家乡是归还是不归呢?《生死晶黄》(1995)中的军人在家乡和军中的拉扯间,经历了勇气和自信心的最大挫败,最后以一死完成任务作为补偿。阎连科笔下的军人在外边闯过,也懂得一些人情世故,但却不能抛开心中抑郁自卑的情结。家乡的风土人物没有什么好留恋的,但失去了这点凭借,他们更难以面向外在的挑战。他们是一群心事重重的军人①。

明白了这样的背景,我们对高爱军或吴大旺的造型和行径,也许就多了一份担待。高爱军在军中高不成、低不就,然而故乡的父老对外出参军的子弟别有期望,复员返乡的军人哪里能不有所表现?阎连科同时特别着墨高爱军的那桩几乎带有交易性质的婚姻,和他的性苦闷。因为见过世面,高的心思活络,一有风吹草动,自然顺势而起,何况是"文革"。革命加恋爱原本不就是当初离开家乡的浪漫动力么?

如上所述,《坚硬如水》可以看作《为人民服务》的前身,两者最大的特色都是对革命话语的重写。如果《为人民服务》集中在"为人民服务"一句话的无穷欲力上,《坚硬如水》则是集合新中国成立到"文革"的种种金玉良言、圣训诏告,颂之歌之,形成百科全书式的语汇奇观。不论我们是否经历过那个时代,阎连科经营的叙事形式都要让人惊讶语言和暴力的共谋,何以荒唐如此。高爱军和夏红梅一见钟情,但只有借革命歌曲歌词的豪情壮志,他们才能够互表衷肠。当地道挖通了,他们便可以痛快地成其好事,同时更展开了革命话语的精彩试验。上床做爱前为了掸掸灰尘,擦擦身体,引来如下对话:

> 我说:不怕灰尘不掉,就怕扫帚不到。
> 她说:要以防为主,要讲究卫生,提高人民健康的水平。

---

① 可以参考朱向前的《农民之子与农民军人》,见《当代作家评论》1994年第6期。但朱文的写作早在阎连科风格改变之前。

我说:要有勇气,敢于战斗,不怕牺牲,连续作战,前赴后继,只有这样,世界才是我们的。一切魔鬼通通都会被消灭。

她说:质变是从量变开始的。滔天大祸也是从萌芽升起。不把矛盾解决在萌芽状态,就意味着挫折和失败就在前边等你。

我说:晚擦一会身子,少洗一次澡,身上绝不会长出一个脓包。即便身上有了脓包,一挤就好,如"私"字样,一斗就跑,一批就掉。

她说:从短期来说,灰尘是疾病的通行证;从长期来说,灰尘是幸福的绊脚石。流水不腐,腐水不动。有了灰尘不及时打扫,成疾蔓延,到了灵魂,叫你后悔莫及,搬起石头砸自己的脚①。

在古典威权观念里,语言被视为清明的传播媒介,也是君父大法的化身。但阎连科另有所见。革命时代是如此无法无天,语言就像"灰尘"一样,散布、渗透到日常生活、身体肌理,"成疾蔓延,到了灵魂"。符号和所指涉的现实之间发生了诡异的变化,似非而是,借题发挥,声东喻西,成了自我繁殖的怪物。高爱军和夏红梅必须在不断征引、诠释、争议革命话语的过程中,才能成其好事。他们"以土床上的白灰为题目、以扩音机和喇叭为题目,以稻草、被褥、水珠、箱子和头发、指甲、乳房、枕头、气眼、衣裤为题目"②,抒情咏物、会意形声,好不快活。

然而高夏两人还有其他积极分子所炮制的革命话语不论如何出奇制胜,无非是一种伪托、一种拼凑。而阎连科在文本层次所刻意凸显的更是伪托的伪托、拼凑的拼凑。相对于革命话语所曾追求的石破天惊的新意,《坚硬如水》所呈现的世界则是陈陈相因,它的新意吊诡地来自语意系统完全封闭式的排列组合。高夏两人的地下情是没有出路的爱情,他们的语言游戏是一种物化的仪式,而物化的底蕴没有别的,就是死亡。

不仅如此,高爱军、夏红梅言之不尽兴,更必须歌之咏之。他们将革命的声音政治发挥到极限。高夏两人的定情是因为革命歌曲而起。而歌曲成为春药一般的东西,泛滥小说每一个偷情场面。在语言、歌曲形成的众声喧哗中,革命激情如狂潮般地宣泄。

但这样的众声喧哗只是假象。艾塔利(Jacques Attali)在论音乐与政治的专书《噪音》(Noise)里,曾指出资本主义制度下的音乐生产已经失去创造力,流于交换价值的重复演练。这样的声音体系听来若有不同,但又似曾相识。听众的喜悦来自他们的对号入座的归属感,他们自以为是的独立性其实建立在对权威

---

① 阎连科:《坚硬如水》,长江文艺出版社,2004年,第171页。
② 阎连科:《坚硬如水》,长江文艺出版社,2004年,第172页。

的忠诚。如此,音乐不带来创造力,而是死亡的化身①。

艾塔利的批评有其左翼立场,但是如果用在对"文革"时期,极左阵营所鼓动的语言/声音政治居然有契合之处。最革命的歌曲和最狂热的口号曾经鼓动多少人的心弦,在亢奋的音符和飞扬的韵律中,小我融入大我,无限的爱意涌出,直到力竭声嘶而后已。

二

阎连科来自农村,在军中待了二十多年,农村和军队构成了他创作的重要背景,乡土题材尤其是他的强项。谈到乡土文学,我们不能不回溯鲁迅、沈从文以降所形成的庞大传统②。鲁迅的沉郁义愤,沈从文的敬谨宁谧,都曾为中国的原乡想象提出精彩示范。论者往往强调鲁迅反映现实、批判人生的立场。事实上,鲁迅早在 20 世纪 20 年代指出"乡土文学"内蕴的矛盾:原乡的想象其实来自时空的暌违,所谓的乡愁只有背井离乡者才能够体会;写故乡因此总是以故乡的"不在场"为前提。另一方面,沈从文不是天真的牧歌作者。正因为理解现实生命的残酷,他反而拒绝以写实模拟手法,重复呈现故乡人事已然的命运。他以抒情笔触化腐朽为神奇,将文字化为一种对现实的干预、一种充满人文理想的承担。

20 世纪 40 年代以来,在革命现实主义的指导下,乡土叙事成为控诉不义、忆苦思甜的大宗,虽然也曾产生不少动人作品,毕竟有画地自限之虞。尤其当原乡的想象和原道的感召合而为一,现实一跃而成为真理,土地上所发生的血泪或涕笑反而变得无足轻重。从《李家庄的变迁》到《山乡巨变》,从《太阳照在桑干河上》到《艳阳天》,左翼乡土小说的转变不难看出。这也是为什么 80 年代中期寻根文学出现,能得到如此热烈的回响。寻根文学一方面重启鲁迅、沈从文一代对原乡与中国现代性的种种辨证,一方面也开发土地所包含的多元象征可能;寻根文学与先锋文学因而有了密切关系。

---

① Jacques Attali, Noise: The Political Economy of Music (Minneapolis: University of Minnesota Press, 1985), chapter 4.
② 见我的讨论, David Der-wei Wang, Fictional Realism in Twentieth-century China: Mao Dun, Lao She, Shen Congwen (New York: Columbia University Press, 1992), chapters 6, 7。

阎连科对他所承袭的"土地文化"颇有自知之明①,他对老家爱恨交织的情绪也反映在 20 世纪 80 年代的小说中。中原虽然是中国文明的发源地,千百年来却是如此多灾多难。生存从来是艰难的考验。但彼时的阎连科有太多话要说,无暇建立一套乡土视野。即使如此,他作品中所透露的那种自惭形秽的抑郁以及无所发泄的委屈已经让读者心有戚戚焉。到了 90 年代,这种抑郁和委屈不再甘于在现实主义的框架内找出路。它必须化成一种感天撼地的能量,开向宇宙洪荒。于是有了耙耧山区为背景的系列作品。在这些作品里,生存到了绝境,异象开始显现。现实不能交代的荒谬必须仰赖神话——或鬼话——来演绎。

在《年月日》(1997)里,又是一个荒旱的灾年,村中十室九空,老农先爷是唯一留守的活口。天可怜见,他发现了一株脆弱的玉米秧苗,因此有了生存的期望。先爷仔细照顾他的玉米苗,无所不用其极,还是眼看不保。他最后不惜以自己的肉身作为玉米成长的养料,成了他要栽种的粮食的粮食:

> 那棵玉蜀黍棵的每一根须,都如藤条一样,丝丝连连,呈出粉红的颜色,全都从蛀洞中长扎在先爷的胸膛上、大腿上、手腕上和肚子上。有几根粗如筷子的红根,穿过先爷身上的腐肉,扎在了先爷白花花的头骨、肋骨、腿骨和手骨上。有几根红白的毛根,从先爷的眼中扎进去,从先爷的后脑壳中长出来……②

阎连科写他的老农和自然抗争,颇有海明威(Ernest Hemingway)《老人与海》式的架构③。他意在凸显先爷面对困境绝不服输的意志力,但描写得如此惨烈,以至于让读者不忍卒读之余,发现了些别的。阎连科几乎是以歇斯底里的力气,不,怨气,写自然秩序的颠倒、万物成为刍狗的必然。在极致处,人定胜天的老话成了阿 Q 式的精神胜利法。身体的完成在于自我泯灭,成为土地的一部分。

在《耙耧天歌》(1997)里,尤婆子的四个儿女都有智力残疾,相传只有以亲人的骨头入药,才有治愈的可能。为了二女儿的归宿,尤婆子掘坟开棺、挖出亡夫骨头,作为女儿的药引。最后她又安排了一切后事,自杀而死,好让其他两个女儿也能有足够的骨头吃。

---

① 阎连科:《仰仗土地的文化》,《阎连科》,人民文学出版社,2004 年;见赵顺宏《乡土的梦想》,《小说评论》1993 年第 6 期,第 576~580 页。
② 阎连科:《年月日》,《耙耧天歌》,北岳文艺出版社,2001 年,第 102 页。
③ 郜元宝:《论阎连科的"世界"》,《文学评论》2001 年第 1 期。

如果《年月日》写土地吃人,《耙耧天歌》则写的是人吃人——而且是至亲之人的尸骨。前者暗示自然生物链的裂变,后者暗示伦理秩序的违逆。《耙耧天歌》可以让我们联想到鲁迅的《药》。鲁迅感叹革命烈士的血救不了一个年轻肺痨病者的命,只能显出传统医疗的愚昧残酷,还有父爱母爱的徒然。阎连科笔下的世界是没有革命者的世界(或革命者来过了,却已经走了?),他的人物出入阴阳两界边缘,懵懵懂懂,以本能的反应对付死亡和疯狂的威胁。尤婆子的牺牲当然可以循例列入"勇气母亲"的队伍,但这恐怕难以说明阎连科的本意。在母爱的前提下,怀有病原的母亲以自己的死亡提供子女的活命的骨头,这是以毒攻毒的恐怖故事,而且是古典孝子割股疗亲的传说的颓废逆转。尤婆子之死与其说是舍生遗爱的壮举,不如说是死亡威胁下文明全然溃退的演出。

夏志清先生论中国现实主义小说的发展,曾有"露骨写实"(hard-core realism)一说①。就此,夏指出作家如此"赤裸裸"地描写民生的困苦艰辛,以致任何美学的附会或思想、意识形态的诠释都显得贫乏无力。20世纪30年代的"血与泪的文学"——柔石的《为奴隶的母亲》、吴组缃的《天下太平》等——无不让我们义愤恐怖、无言以对。值得注意的是,夏的"露骨"一词英文(hard-core)原有色情隐喻,容易引起误会,却有深意存焉。它触及了心理学施虐/受虐欲望(sadomasochism)的辨证。在对现实作最赤裸裸的暴露时,作家挑战人间苦难极限,但是否也在挑逗他自己和读者承受/想象苦难的能量?苦难的露骨描写可以凸显天地不仁,也可形成肉身伤痛的奇观,以至于勾引出受虐欲望(masochism)②。受虐欲者以自我的恐惧、惩罚、剥离、延宕、失去来完成主体建构,在否定情境下演绎欲望的律动。如果苦难的极致是死亡,受虐欲望的极致就是助纣为虐,以(幻想甚或实践)死亡作为那欲望的出路——或没有出路。这样的欲望书写当然充满辨证意味。而我以为阎连科的作品游走苦难的暴露和苦难的耽溺间,"露骨"的程度尤其超过20世纪三四十年代的前辈。吊诡的是,由此形成的死亡剧场就是他对乡土叙事的贡献。

以上的讨论引导我们思考《日光流年》(1998)的意义。这部小说堪称集阎连科苦难叙事之大成。耙耧山脉中的三姓村世世代代罹患喉堵症,患者肢体变

---

① C. T. Hsia, "Conclusion Remarks," in Chinese Fiction from Taiwan: Critical Perspectives, ed. Jeannette L. Faurot (Bloomington: Indiana University Press, 1980), p.240。有关阎连科对苦难叙事的执着,可见姚晓雷《论阎连科》,《钟山》2003年第4期。
② Sigmund Freud, "The Economic Problem of Masochism," The Standard Edition of the Complete Psychoanalytical Works, trans. James Strachery (London: Hogarth Press, 1953), vol. 9, pp. 159-70. Gilles Deleuze, Sacher-Masoch: An Interpretation, trans. Jean McNeil (London: Faber & Faber, 1971).

形,无论如何活不过四十岁。一代代的村民在村长的领导下找寻治病的偏方,却毫无所得。到了村长司马蓝这一代,他断定村人的病因是水质不良,因此号召开山修渠,引进百里以外灵隐渠的活水。他发动村中的男人到城里为烧伤的人卖皮,女人到妓院卖淫,以此换来皮肉钱,作为村里开渠引水的资本。然而等到村人开通灵隐渠,引进的水源却是脏臭不堪,"黏黏稠稠","是一股半盐半涩的黑臭味如各家院落门前酵白的粪池味"①。司马蓝含恨而死。

以恶疾、以身体的病变来影射一个社群的颓废,是当代大陆小说常见的主题。《日光流年》尤其让我们想起了李锐的《无风之树》。李锐笔下的山西吕梁山山村里,所有居民都染上大骨节病,成年人也形似侏儒。他们生活在封闭的环境下,一筹莫展,世世代代忍受不可知的宿命,直到一个健康的女人逃荒来到山上,引发了一场骇人的公妻闹剧。作为叙事者,李锐写山村村民的无知与无助,喟叹之余,却也保持苍凉的抒情距离:所谓"念天地之悠悠,独怆然而涕下"②。与此相比,《日光流年》的喧闹与庸俗活脱是话本小说口气的延伸。三姓村民的意志力不能不令人瞠目以对。外面的世界无暇顾及他们的病痛,但他们不甘坐以待毙,在村长的号召下,他们展开自立救济。然而事与愿违,他们越是努力,越体验了一切尝试的徒然。

值得注意的是《日光流年》的倒叙形式。小说从司马蓝的死亡写起,上溯到他的出生,再上溯到三姓村其他世代的抗病努力,所以司马蓝的故事是以节节后退的方式,逆向发展,他的出生必须含蕴在他的死亡里——一切的生命都是倒退归零,都是生命的否定③。阎连科的实验未必完全成功,但他的叙事结构是他历史观点的重要线索。在司马蓝之前,蓝百岁带领全村村民翻地,企求改变土质。为此他的亲弟弟累死在田中,而他的亲生女儿也被送给了公社主任。蓝百岁之前更有司马笑笑不畏饥荒和蝗灾,发动村民广种油菜;还有第一代的村长杜桑则鼓励村民大量生育——人多好办事。凡此都不足以破解三姓村民四十岁死亡的大限。司马蓝死后,他们的命运想来仍是如此。

阎连科以工笔刻画三姓村各代的艰苦卓绝,他的叙事"黏黏稠稠",本身就浓得化不开。三姓村村民在劫难逃,但是他们前仆后继,一辈又一辈地牺牲奋斗。《日光流年》读来几乎像是世纪末中国群众版的西绪弗斯神话。阎连科自谓借这样的描写"寻找人生原初的意义"。但已有评者指出,小说内里包含一个

---

① 阎连科:《日光流年》,花城出版社,1998年,第142页。
② 见我的讨论:《吕梁山色有无间——李锐论》,《跨世纪风华:当代小说二十家》,麦田出版社,2002年,第215~235页。
③ 王一川:《生死游戏仪式的复原》,《当代作家评论》2001年第6期。

虚无的乌托邦逻辑。三姓村人固步自封,唯村长之命是从,他们进行一场又一场的抗争,注定堕入徒劳无功的轮回。叙事者越是要轰轰烈烈地渲染村人的惨烈事迹,反而越凸显了理性的消磨、救赎的无望①。

回到前述的露骨写实主义与受虐欲望逻辑,我要说这也许正是阎连科乡土叙述的美学本质:三姓村的故事说不尽、讲不完,因为他们的苦难还没有到头,也到不了头。他们与死神搏斗最大的本钱就是不怕死。但故事的前提却是他们等待死亡的必然到来,还有延长等待的时间。是在这延长般的等待中,阎连科调着方法将同样的故事作不同的讲述。受苦,或是自虐,是叙事得以持续的原动力,叙事存在本身就是预知——也是预支——死亡纪事。

而放大眼光,阎连科的叙事法则哪能没有历史的光影?想想《创业史》、《红旗谱》这样的经典,不都是描述穷乡僻壤的农民排除万难,将无情大地开辟成为人间乐土的故事?所不同者,这些经典不论如何描写苦难与死亡,都提供了一个天启的时刻。梁三老汉、朱老忠这些大家长率领他们的家人,一代一代坚持百忍,终能等到创业有成、红旗飘扬的一天。为有牺牲多壮志,敢教日月换新天。只要意志坚定,不可能必将变成可能。

尤有甚者,被三姓村村民视为延续命脉的重要工程,开通灵隐渠水道,不由我们不想到当年河南重要的红旗渠史话。20世纪60年代林州红旗渠的开凿,曾经是红极一时的样板工程。这条渠道的开凿是在三年自然灾害时期。在极度艰难的施工条件下,千百工人沿着太行山悬崖绝壁,架设了151个渡槽,凿通211个隧洞,干渠总长70公里,分支共达1500公里。红旗渠在"文革"高潮中完工,曾被誉为是"劈开太行山",建成了"人工天河"②。

贯穿在这样的信念之下的最重要的资源之一,应该是20世纪40年代就已经被毛泽东钦点的"愚公移山"——也是发生在太行山脉——的神话。相传太行、王屋二山挡住了愚公的出路。他乃发动子侄,日夜铲土移山。河曲智叟质疑愚公自不量力。愚公回答:"我死了以后有我的儿子,儿子死了,又有孙子,子子孙孙是没有穷尽的。这两座山虽然很高,却是不会再增高了,挖一点就会少一点,为什么挖不平呢?"③

20世纪50年代小说中的现代愚公为数不少,他们都立志以时间换取空间,改变自己的命运。当神话化为历史,超英赶美、大跃进、三面红旗等运动应声而起。《日光流年》的背景相当模糊,但时代的印记毕竟隐约可见。我不认为阎连

---

①姚晓雷:《论阎连科》,《钟山》2003年第4期,第115页。
②http://www.jsdj.com/luyou/lyzy/hnhongqi100.htm。
③毛泽东:《愚公移山》。

科有意批判"愚公移山"的寓言。但如前述,既然生长在一个"毛语"无所不在的环境,他的写作必然引发微妙的对话。

三姓村的百姓在大家长的带领下与宿命搏斗,然而耙耧山区的土地不能带来生机,灵隐渠的水竟然是腥臭无比的死水。《日光流年》最后写了一则牺牲与代价之间的诡异交易。不论西绪弗斯式的存在主义,还是愚公移山式的"毛记神话",都不能完整解释阎连科的受苦哲学。如《年月日》、《耙耧天歌》所示,当人成为他所种植的作物的肥料,或是促进子孙健康的良药,生与死的秩序已经颠倒。"置之死地而后生":阎连科的版本不折不扣是个诡谲的教训。这个教训在《日光流年》达到高潮。死亡是叙事的开始,而不必是结局。

三

《日光流年》、《耙耧天歌》所演义的苦难叙事到达饱和点后,阎连科改弦易辙,在《受活》里写出个苦中作乐的故事。小说的焦点受活庄原是个三不管地带,居民非伤即残,却意外成了化外之地。受活庄的茅枝婆曾是红军女战士,负伤脱队,多少年后成了庄里的民意领袖。全国大办合作社的时候,她带领全庄入社,换来的却是无尽的天灾人祸。日后茅枝婆的唯一心愿就是使受活人集体退社,重过自由生活。为此她不得不向管辖受活庄的县长柳鹰雀妥协。柳县长满怀野心,想出了一条致富门路。苏联解体以后,列宁的遗体已经无从安置。柳希望从俄罗斯买进列宁遗体,在家乡建立列宁纪念馆,发展观光,好带领人民致富。

故事由此开始。受活庄的居民虽然身体有缺陷,却残而不废。柳县长看出了他们的本事,号召他们组成绝术表演团,巡回各地表演,一时轰动全国。断腿赛跑、独眼纫针、聋子放炮、盲人听物,外加瘫痪的媳妇能刺绣,麻痹小儿套着瓶子会走路,俚俗的把戏竟然让城里的人趋之若鹜。至于 60 岁的拐子号称 120 岁,和弟弟扮成祖孙两辈,九个侏儒化妆成三天三夜生出来的九胞胎,哄得观众团团转,则是等而下之的骗术奇谭了。

阎连科不厌其详描写的绝术团的不伦不类,充满民间传奇粗犷的想象力。这样的表演正中了城里人的下怀。精致的娱乐看多了,何不来点土特产式的节目?绝术团演出有了经验,也越发懂得投其所好。如此乡下人和城里人各取所需,一种新的消费循环已经形成。

绝术团的行走江湖是《受活》最精彩的部分,阎连科写来显然也乐在其中。他的异想天开,他的毫无节制,在在让我们想起了同样也是农民兼军人出身的作家莫言。在莫言最好的作品里,像是《酒国》、《丰乳肥臀》,他夸张身体吃喝拉撒的丑态,欲望的荤腥不忌,笔锋所到之处,无不尽成奇观。在一个曾经厉行意识形态禁欲的社会里,莫言以狂欢的冲动,大肆揶揄礼教规矩,所形成的《巨人传》(Gargantuan)式的丑怪系谱,恰和主流的伪美论述大唱反调。相形之下,阎连科的表现反而显得像小巫见大巫了。

但阎连科和莫言毕竟有所不同。莫言的小说不论情节多么血肉模糊,描写多么匪夷所思,总有一股元气淋漓的感觉。《酒国》里的婴儿肉盛宴,天下农户竞销"肉孩"的怪态,还有《丰乳肥臀》中的天上地下万乳争艳的奇景,不过是比较明白的例子。莫言的故事可以悲壮,但他的叙事姿态总有一股异想天开的青春期征候。即使在写庚子义和团事变的《檀香刑》里,在他种种惨不忍睹的刑罚大观之下,依然流动着昂扬激烈的活力。

阎连科的《受活》尽管也充满狂欢冲动,却并不像莫言小说那样地肆无忌惮。他还不能完全摆脱原道的包袱,不时提醒读者乡与城、"受活人"和健全人间的对比意义。他也忘不了苦难的代价,故事中的两个主角茅枝婆和柳鹰雀各怀鬼胎,总有抛不掉的委屈往事。更进一步,我认为阎连科、莫言对乡土的空间观照恰恰相反。莫言的胶东平原上红高粱四下蔓延,他的"鬼怪神魔"外加英雄好汉窜藏其中,不时扰乱人间。阎连科的耙耧山脉却有灵隐渠的恶水流过,一片荒芜,是生存本身逼出了种种恐怖现象。如果莫言的土地是植物性的(vegetarian),是物种孕育勃发的所在,阎连科的土地则是矿物性的(mineral),不见生长,唯有死寂。

这引导我们思考《受活》最重要的情节。绝术团的一切都是为了积累本钱,好在地方上建立列宁遗体纪念馆,大发死人财。阎连科曾经提到这样的情节安排其来有自。在前苏联解体时,他从《参考消息》看到了一则一百字左右的小消息。有几个政党觉得应该把列宁的遗体——已经以化学药物保存了几十年——火化,而共产党觉得应该把它保留。争执的理由是当时的政府没有保存的经费。这一则新闻让阎的"心灵受到了非常大的震撼和冲击,因为是列宁的十月革命的炮声给中国带来了希望。一位革命鼻祖式的人物生前死后的命运,会令你想到很多问题"①。

革命伟人逝去,让信仰者怅然若失。为了让伟人长相左右,必须让他虽死犹生。这其实是先民图腾崇拜的现代翻版、木乃伊纪念仪式的一大跃进。列宁遗体的防腐技术如此高超,他的尸体竟能够抵抗时间的流逝,永保新鲜。

在一个以革命是尚、打倒一切的时代里,伟人的身体却成为串联过去和现

---

① 阎连科:《受活》前言,春风文艺出版社,2003年,第113页。

在的重要纪念物。列宁的尸体栩栩如生,提醒我们过去的并不真正过去,音容既然宛在,魂兮可以归来。马克思主义的一支一向有"招魂驱魅"(gothic)的论述①,由此可见一例。然而我们必须质问,肉身物故,我们的难分难舍,到底是意识形态上的矢志效忠,还是集体潜意识中面对爱与死亡的痛苦表白?那原初激情的对象已经不在,任何鲜活的事物都只提醒我们的失去难以弥补。我们的悲伤——还有我们无尽的爱欲——无以复加,最终导向那已经消亡的皮囊,不愿让它入土为安。爱,就是悼亡。这岂不是一种恋尸的征兆?

然而阎连科所无意揭露的问题不止于此。在《受活》中,列宁的遗体已经因为苏联的解体而难以为继。更不可思议的是,它可以待价而沽,卖给识货的行家。柳鹰雀县长和受活庄的残疾人就是第一个买主。列宁不是号召过资本主义和殖民地半殖民地的无产阶级应该互通有无,鱼帮水,水帮鱼么?改革开放后的中国,"发展就是硬道理"。受活人的如意算盘是在家乡陈列伟人遗骸,发展观光业。至此,列宁的遗体发挥最后的剩余价值,成为一种资本。这是残疾人绝术团的绝招了:死亡变成奇观,朝圣就是聚财。

资本主义真是阴魂不散,经过大半世纪的革命,它到底还是回来了。而对左翼评者而言,资本主义的第一课是什么?是以虚无的交换价值换取血肉凝聚的劳动价值;是没本的生意,却能利上滚利。换句话说,在象征数字快速的循环下,赢家全拿,却不事生产。这是阎连科悲观主义的底线。于是在魂魄山上,一座阴森的列宁纪念堂巍然矗立。受活庄人还有千百农民心目中的天堂,就建筑在列宁遗体大驾光临的美梦上。

千百年以来把耧山区的垦殖不易,在阎连科(或柳鹰雀)的狂想里,只要外国革命伟人遗体入驻,财源滚滚,过去的经济困境自然迎刃而解。由此我们回到阎连科所构想的土地与人的关系。农作物的生长太少太慢,比不得和死人打交道。这块土地的意义在于成为供养死神的地方。

《受活》的结局急转直下,等待列宁就像等待果陀。最后来的不是伟人,而是强盗。他们以最原始的"交换"形式,将绝术团抢劫一空。这群残疾人辛辛苦苦,到头来落得一无所有。《受活》成了后社会主义乐极生悲的寓言。

《丁庄梦》(2006)是阎连科作品被禁风波后的最新作品,在许多方面持续了阎这几年的小说,尤其是《日光流年》与《受活》的特色。值得注意的是,《丁庄梦》有相当明确的现实背景——它触及了 20 世纪 90 年代中期以来,发生在河南省的"艾滋村"危机。话说回头,河南东南部的乡镇普遍贫穷,为了脱贫致

---

① Margaret Cohen, Profane Illumination: Walter Benjamin and the Paris of Surrealist Revolution (Berkeley: University of California Press, 1993), pp. 2, 12.

富,出现集体卖血的现象。这一现象因鼓励输血而起,但"识货"的人士一旦发现有利可图,开始展开大规模的血液收集买卖。一时之间,农民趋之若鹜。殊不知因为采血过程草率,艾滋病毒经过交叉感染,深入许多卖血者的身体;他们将以生命付出代价。根据官方统计,截至2005年秋,河南已有超过3万人发现感染,一半以上已经出现症状,近4300人死亡①。

"艾滋村"的危机牵涉广泛,这一危机暴露不只是医疗卫生问题,也是国民经济问题,以及一个国家对人民身体的监控管理的问题。更耐人深思的是,它也可以成为后社会主义国际关系的隐喻。艾滋病毒起源于非洲,主要经过性交和毒品注射传染,四下蔓延,成为20世纪末渗透全世界的瘟疫。河南乡下农民勇于卖血,为的无非是改善生活现状,他们把身体当作商品待价而沽,哪里料到如此这般,他们已经进入全球化的经济和病毒交易循环。

阎连科以小说探讨河南"艾滋村"危机,可谓用心深切。但在作品曾遭禁之后再处理这样敏感的题材,想来费了一番周折。他笔下的丁庄民生艰困,自从卖血成为一种谋生方式后,迅速发展起来。然而死亡已经环伺左右,一旦爆发就不可收拾。丁庄不过两百来户人家、八百多人口,现在流行为死人送葬。如前所讨论,阎连科写恶病、写残废已经是行家。艾滋病提供了一个现成话题,落实他独特的历史观照。就像《日光流年》里的喉堵病,阎有意赋予艾滋一层寓言向度,在小说里多半以"热病"称之。的确,对丁庄老百姓而言,他们所遭受的不就是一种无名的天谴、一种诉诸身体官能迅速败坏的怪病?

阎连科的世界里,命运的赌盘不停转动,过去的主宰是土地庄稼,现在则换成了金钱,但农民的身体总是那孤注一掷的赌本。我们还记得阎连科《耙耧天歌》、《日光流年》等小说里的农民身染恶疾、走投无路,他们以最素朴的方式对抗命运的诅咒,世世代代,形成一种苦难奇观。《丁庄梦》里的农民则是为了发家致富,不惜铤而走险。在这层意义上,阎连科看出了艾滋的现代性意义,并赋予相当批判。然而他对社会主义市场化以后的经济发展保持暧昧的看法。以往小农式或合作式的经济模式不再能够约束阎连科丁庄的农民。他们现在要的不是子孙香火(《耙耧天歌》)、不是宗族伦理(《日光流年》),而是实实在在的物质生活的日新月异。他们把卖血当作没本的生意,却落得血本无归。他们是

---

① 见新华网于2005年11月10日的报道 http://www.ha.xinhuanet.com/fuwu/yiliao/2005-11/10/content_5553877.htm:"据河南省副省长王菊梅介绍,河南1995年3月发现了首例艾滋病人。由于既往有偿供血在上蔡等地农村局部地区引发的艾滋病疫情,使河南成为全国乃至国际社会关注的热点。截至2005年9月30日,河南累计报告艾滋病毒感染者30387人,已累计死亡4294人,现症病人19334人,其中血液途径传播感染27429人,占90.26%。HIV感染者和现症病人主要集中在农村,分别占总数的97.22%和98.37%。"

一群失败的投资人。

就此,阎连科可以探问(因卖血采血所引发的)艾滋病下复杂的政教腐化、经济投机、社会福利失控等问题。但这样写一定冒犯政治不菲,岂可轻易碰触?阎的做法是将丁庄的灾难放在更广阔的人性角度观察,而他的结论是丁庄的病不只是身体的病,更是"心病",贪得无厌的心病。而在风格上,他运用已经得心应手的人物场景,甚至情节,变本加厉,务求烘托故事阴森怪诞的底色。

《丁庄梦》的主要角色是祖孙三代。丁家爷爷多年前响应号召,鼓励乡民卖血。儿子丁辉看出其中的好处,私设采血站买血卖血,大发利市。也正因为抽血过程草率,他成为造成地方艾滋病病毒交叉感染的元凶。丁辉12岁的儿子则在故事开场前,已经被艾滋病患和家人毒死。小说是由这个死去的孩子的观点,看到爷爷的悔恨、爸爸的狡猾,还有丁庄艾滋病患者和家属种种惊慌失措的反应。

阎连科将艾滋病肆虐化为父子三辈间的道德剧。丁爷这个人物不会令我们陌生,像是《年月日》中的先爷、《受活》中的茅枝婆一样,他是阎连科理想的宗族长老式人物,敬天法祖,负担家乡的命脉。但他的敬谨谦卑只带来灾难。儿子丁辉既是灾难的始作俑者,也竟然是灾难的受惠者。卖血盛行时他懂得一针多用,用啤酒掺血,绝不浪费血袋。艾滋病患大量死亡时,他已经摇身一变,成为代理政府的棺材买卖人。为了不让年轻死者身后落单,他又开辟冥婚中介事业,一时生意兴隆,供不应求。丁辉充满企业精神,简直和丁庄格格不入。他的作为让我们想起了果戈理(Nikolay Vasilevich Gogol)的名作《死魂灵》(Dead Souls)里种种发死人财的勾当。他横行不法,却能得到政府信任。当丁辉的冥婚脑筋甚至动到自己儿子身上时,他的老子丁爷忍无可忍,终于导致了弑子的结局。

1934年,吴组缃的《樊家铺》曾写出了一个女儿杀了母亲的故事。苦旱的农村,陷入绝境的夫妻,嗜钱如命、见死不救的母亲,终于酿成一场人伦血案。对吴而言,资本主义早已颠倒人间秩序;故事中的女儿被逼得失手杀了母亲,因为非如此不足以保持她道德的清醒、并预见革命的必然。70年后的《丁庄梦》做了类似的安排。不同的是,这已经是后革命的时代。当已被毒死的孙子目睹爷爷杀了爸爸,弥漫在小说中的无奈(尤其是以"就……这样了"的句型一再呈现)气息,哪里是20世纪30年代的左翼作家可以料到的?

阎连科以天道伦常的违逆作为叙事基调,再次显现他民间说书人似的世故,也因此避开了更尖锐的问题。艾滋病的爆发毕竟不再只是"天作孽";像丁辉这种人的所作所为,还有像中国农民的艰苦无知,究竟孰使由之,孰令致之?小说诚然不必是政治批评,但正因为"艾滋村"事件的起因和后果千丝万缕,阎连科将其融入已经熟能生巧的叙述模式里，难免使他的结局显得轻易。

阎连科倒是在描写丁庄艾滋病患的形形色色方面，扳回一城。这些病人多半为了物质需求卖血，但他们的下场和他们的动机不成比例。在痛惜这些患者和家属的无知无助的同时，阎连科也不假辞色，写出了他们的愚蠢和贪婪——不只在罹病前，更在罹病后。这群满身疮疱、散发恶臭的病患在丁爷的率领下，聚集一处隔离治疗。一开始他们各尽所能、各取所需，在最不可思议的情况下，竟然活出了人民公社式的理想生活。

好景当然不长，要不了多久，偷窃争产，夺权内讧，"正常"社会里有的毛病他们一样不少。阎连科行有余力，还安排了一段病危的已婚男女通奸偷情的好戏，把禁忌之爱作了艾滋版的诠释。等到这群将死的病人为了争棺材、比葬礼、抢冥婚媳妇时，小说竟已经散发诡异的嘉年华会气氛：死生事大，如何成为这样的闹剧？

再回到吴组缃。20世纪30年代吴组缃也曾写了《官官的补品》（1932）。这是一则黑色喜剧：城里的少爷车祸重伤，输的是贫农的血，喝的是贫农的奶，最后要了贫农的命。吴组缃的批判意图再明白不过，他却以嬉笑怒骂的笔触揶揄一切。到了90年代中期，余华曾以《许三观卖血记》（1996）广受瞩目。余华的重点落在血缘和亲情的辩证关系上，笑中有泪，而以家庭伦理关系由疏离到和解作为结局。十年之后，阎连科的《丁庄梦》反其道而行。血液成为流动的资本，就算是骨肉至亲也不能挡人财路。

阎连科的政治寓言至此呼之欲出。正如《受活》所渲染的恋尸和狂欢情节一般，阎连科不只意在浮面的讽刺，他更夸张了一个社会里不请自来的邪恶诱惑，以及集体敢死欲望。《受活》写残废人为了活下去发死人财；《丁庄梦》写要死的人见了棺材还不掉泪。《日光流年》那污染灵隐渠的毒水现在是循环丁庄人体内的致命血液。

血，由补品到商品，由旧社会到新社会，由呼唤革命到告别革命，似乎仍然透露着神秘的象征意义：是活命的本钱，也是要命的消耗。将近一个世纪的现代中国革命，流了多少鲜血，凝成了多少爱与死的神话？在艾滋蔓延的时代里，阎连科借卖血故事为那逐渐模糊的革命时代、为爱与死的神话添上了最荒凉的一笔。是的，中国社会历经灾难，"死人是经常发生的事"。《丁庄梦》里阎连科左右开弓，感慨不可谓不深。他未来要如何继续他的预知死亡纪事，提出更有思辨深度的议题，令人期待。

原载《当代作家评论》2007年第5期

骨骼里树立着永恒的姿态
——阎连科的短篇小说及其叙事伦理

张学昕

一

最近,在阅读阎连科短篇小说的时候,一个经常遇到和思考的问题,一个有关写作的老问题,开始缠绕着我。作家的虚构,写作发生与故事、人物的原型之间到底存在着怎样的神秘联系?现实和虚构之间的距离有多远?创作灵感之源究竟在哪里?小说艺术的智慧,究竟是思想的结晶还是精神气度的体现?是生活本身具备的浑然天成的结构,还是作家得到了某种神示般的指引,生发出直面现实的力量?

阿来在写长篇小说《格萨尔王》之前,曾沿着格萨尔生活、征战的足迹寻访格萨尔的故乡。他在金沙江边拜访兵器部落后前往河坡乡时,听到一个关于格萨尔曾经途经此地的传说,精心研读过相关史料的阿来,询问遇到的一位长者,质疑格萨尔征服霍尔回来不可能经过这个地方,因为霍尔在北方,岭国的王城也在北方,而这里差不多是南方的边界。老者不说话,看着阿来,直到离开他民间知识视野所覆盖的地盘,与阿来即将分手的时候,这位长者才开口说:"为什么非要故事就发生在真正发生的地方?"是啊,传说、历史和讲述故事的时间与空间,都已经发生了位移,呈现出不确定性,那么,故事发生的时空,也就可以在叙述中发生转换,这似乎没有什么问题,是虚构的常识。关键是,为什么要转换?如何才能转换?作家叙述的激情和文本中蕴藉的力量,究竟源自何处呢?是什么力量可以影响叙述时间和空间的改变?

我觉得,这句话一定会对作家阿来有很大的启发,也可能会对所有擅长虚构的小说家有一定的影响,甚至可能对我们的阅读、批评产生触动。其实,这涉及作家处理生活、现实与虚构之间的关系问题。生活本身是否都需要重构?惟此才可能实现作家的创作意图吗?许多时候,生活本身的力量和意义,也许就大于虚构,大于写作者的意识、精神范畴。我想,一个作家所选择的叙述背景一定是宿命般的不得已,或者必须,它是一种依托,是那种作家与一块土地血肉相连的情感维系。最典型的是福克纳,他选择"一个邮票大小的地方"作为写作背景,使他名满天下。这种现象在中国作家里似乎更普遍,莫言的"高密东北乡",苏童的"枫杨树乡村"、"香椿树街",贾平凹的"商州",阿来的"机村",阎连科的"耙耧山脉"。这些,已经成为他们各自创造的文学世界的"地标"式寄寓,是他们每个人赖以进行叙述的"风水宝地",同时,这些文学的地标,也支撑起一个作家的写作地貌和创作格局。如此,我想,他们的写作就必须选择一个类似精神原乡似的所在吗?难道这既是他们写作的出发地,也是他们的"回返地"吗?接下来,就是阿来遇到的那位老者的诘问:为什么非要故事发生在真正发生的地方?也许,写作就是一个思乡之梦、还乡之梦?难道故乡真的是梦?梦可以从这里开始,也可以从这里结束,更可以从这里延伸开去。所以,我想清楚了,为什么许多作家的故事都"发生"在故乡,或者类似故乡的一个精神性所在。故乡作为精神、情感之根,或者已经成为一个作家审美判断的出发点,甚至,成为他诠释现实生活和存在、确立自己文学叙事伦理的关键所在。

在这里,我想说的是,对于阎连科来说,他一定是,也必须会将他讲述的所有故事,置放在他的故乡,他拟设的"耙耧山脉",无论是虚构的,还是现实本身,都会使人物、场景、生活在这个场域中真切地复活、重现。这也是一个作家对自己的故乡永远挥之不去的理由,就像一个内心充满喜悦或是满怀痛苦的人,首先想到的可能就是回家。我这样讲,完全是基于我对阎连科写作初衷和内在品质的不断理解。关于为什么写作的问题,阎连科有过深情的表述:"有些话永远无法和别人讲,它只能永远在你的内心储存,唯一让这些储存到一定时候的话见到阳光的机会,就是通过笔端向稿纸流淌。到头来,你就不得不又去写你的小说。为什么写作?也许就是想把那些无法和人说的话说出来吧。说不清,道不明,反正就是一个无法和人说清的烦乱、荒寒,感到什么都没有意义,只有写作使你感到温暖,有可能减弱你内心的荒寒,使你的荒寒不至于到了死寂、死亡的程度。"[①]我联想起余华说过的一句话:"我只要写作,就是回家。"每个作家在写作的时候,都梦想能表达一种面对土地的情感和思考,将自己所经历的风风雨雨在故乡的屋檐下晾晒,都在与故乡、童年和往事厮守。所以,至于小说里讲述的故事,是否发生在自己的故乡,已经不那么重要了。重要的是,在叙述往事、沉淀记忆的时候,能否驱走内心的"死寂"和"荒寒",进而战胜虚无。这个时候,作家所借助的那个"故事",其所承载的意义空间,就会帮助作家建立起一个新的精神结构。看来,在这里,个人的命运和困境还不足以占满一个写作者的感官和心灵,惟有在新的叙事结构里,故事以及故事背后的"我"才可能获得重生的生机和喜悦。这时,即使我们已经离开故乡或者往事很久,但写作仍然

---

① 阎连科、张学昕:《我的现实 我的主义》,中国人民大学出版社,2011年,第73~74页。

会让一个人找到来时的"林中路",并且,让人感到从此他的力量不再像以往那样单薄和空旷,因为,文本所建立起的价值已经超越了事物本身的内涵。

所以,我越来越明白了,阎连科的故事为什么永远也离不开他的"耙耧山脉",离不开他的故乡。记忆,从这样一个小小的地方开始,却在一个阔大的精神世界里弥散开来。于是,在这个背景里,生命、苦难、残酷、宿命、坚忍都成为阎连科写作、想象的文学地理版图上魂牵梦绕的叙事母题。"耙耧山脉"的骨骼,也就成为阎连科叙事的结构支撑点和精神原点,在这个骨骼里,也树立着阎连科叙述的一种姿态,我甚至认为,有许多时候,阎连科的写作甚至就像是飞蛾扑火,在精神和语言的快感里追逐并获得一种新生的自由,仿佛只有这样,他才会觉得这是以自己的痛感触摸到了故乡的脉动,对得起他的土地和人民。

我们知道,真正给阎连科的写作赢得重大影响和声誉的是他的一系列长篇小说。20世纪末,他的长篇小说《日光流年》令其引人瞩目、声名鹊起。这部小说运用了一种所谓"索源体"结构,让一个"单纯"的故事一下子变得异常丰富、坚硬起来。无疑,这也是一部令阎连科在创作上获得极大信心的作品,这是一个关于时间、关于生命、关于死亡和恐惧,也可以说,是把作者自身从叙述迷谷中解救出来的故事。通过这部小说,他似乎竭力创造了一种新的文体结构,或者说,在一种新的小说理念和哲学理念的照耀下,让一个现实的故事被一种精神照亮,获得再生性的力量。而且,更主要的是,这部文本呈现出一种"结构性"的力量,体现出阎连科非凡的小说结构能力。而这种结构性力量,日后渐渐养成了他写作的内在精神气度,构成了后来他许多小说的血肉,或者是小说的内蕴和灵魂,成为后面一系列小说的精神纲要。正是从这部小说开始,阎连科更加注重对小说文本结构的寻找和锤炼,将埋藏在内心多年的有关故乡的记忆整理出来,并且,激活了现实中处于沉睡状态的那部分生活。《坚硬如水》、《受活》、《丁庄梦》、《风雅颂》、《四书》,一路下来,阎连科似乎已经在自己制造的话语的狂风暴雨中"顺水推舟"、突飞猛进了。每一个不同的故事,都在这里被打造成有密度、有强度、有深度、有冲击力的结构,在其间,阎连科像一个"荒原狼",在他的文字里,也仿佛在人性的、精神的荒原上"狼奔豕突",这里不是一种"小资"式的所谓"知识分子"作家的绵绵絮语,不是仅仅站在同情和怜悯的立场上,去完成对阴郁的乡土生活及穷困、落后农民做那种隔靴搔痒的人道主义精神按摩,而是超越普泛的人道主义价值审美维度,超越俗世的价值观念,在写作中逐渐确立有新的意义、价值的"乡土经验"。因此,从这种视界出发,"耙耧山脉"在阎连科的笔下开始慢慢地耸立起来。我们在这些文本里,看到一个有关生命的沉实的精神框架,或者说,这些文本为"耙耧山脉"树立起一个坚实、坚硬的骨骼。这个骨骼后面,不仅永远站着一个人、一个"角斗士",也站着"耙耧山脉"这块土地上忠诚、孝顺的儿子。而且,他树立着一种永恒的姿态,面对坚硬的存在,实有与虚妄、意义与空无,在略微阴郁、感伤的情境里挣脱出深切的矛盾,经受着残酷的心理的折磨。因此,我们可以说,阎连科是中国当代最具情感担当的重要作家之一。他对人生和现实直面而无情的剖视显示出他对时代深层结构细腻而掘进式的探寻,也凸显出他与众不同的叙述现实、存在的勇气、强大的精神力量。

二

我感到,阎连科的短篇小说也是这样。他不仅在叙事伦理上把自己视为"耙耧山脉"的"子孙",并且,在叙事结构上,同样也张扬着具有丰润、强悍和坚实的"耙耧山脉"的骨骼。所以,在一定意义上讲,阎连科短篇小说写作的使命感、结构感都来源于他故事"发生地"的情感激发。前面提到的,阎连科写作的内驱力之一,他对现实的冷硬与荒寒之感,肯定会直接影响到他小说的美学、艺术形态。实际上,短篇小说的力量,短篇小说的内爆力、叙事气度和美学风貌,完全取决于文本承载故事、叙事内核的重量的大小。这个"叙事内核",凝聚着作家在经验世界中提取、游离出的情感结晶,对现实、存在思索的力度,因此,它也必然是一种具有充足的个性光芒的生命咏叹、一幅别致又精致的审美图像。这个咏叹或者图像,在一个作家的叙事美学谱系里,必将成为他精神价值的趋向,贯穿其写作的始终,构成小说扑朔迷离的神秘景观。对于阎连科而言,近些年的长篇小说写作是他一次次大规模的、对现实较为全面的整理或整合,这足以缓解他阅世的苦寂感、苍凉感和紧张的意绪。我还不清楚,阎连科在长篇小说写作的间隙里写作短篇小说,是一种写作情绪的调整,还是对一个有叙事长度的文本的补充。我曾揣摩这两者之间是否具有"互文性"价值追索,这种对存在世界"横断面"的"窃取",让我们感受到阎连科目光的犀利、锐利和强悍。阎连科也一定笃信,短篇小说对现实和存在世界具有非凡的穿透力,它对于现实生活,在很大程度上所构成的绝不是普通的压力,而是巨大的"压强"。这种"压强",使文本呈现出深邃、驳杂、明暗不定、带着一股幽暗苦涩的形态,叙事"坚硬并不如水",这也是我阅读阎连科小说时,总是感觉他的文本的"骨感",往往大于美感的一个重要因素。

有人曾将阎连科的小说与凡·高的画相比较,"《日光流年》或者说整个'耙耧山脉'都仿佛映现在我的眼前。这就是凡·高的《星月夜》,它立体地凸现在我的审美视域。《星月夜》是凡·高艺术成熟期的代表作之一。从画面中可见,远处宁静的小镇伴着几点灯光沉睡在山谷中,四周连绵起伏的山脉连接着深邃的夜空向上铺展着,几乎占据了画面的三分之二,明亮的星月在其中闪烁,使整个夜晚不再那么黑暗。村庄、山脉、夜空由近及远地延展着,使整个空间似乎都在向高处、远处延伸。然而,一棵暗褐色的丝柏却悄悄地逼近眼前,从大地的深处蓬勃向上地生长着,直插天空……这代表的正是凡·高内心的孤寂与难耐的激情……阎连科的'耙耧山脉'相对于现实的世界,它是封闭、单一、滞后的,就像挂在墙上的黑白照片,存封于古老的记忆中。然而,在作品中,它却是这般地鲜活、灵动、缤纷绚丽。为什么会有如此大的差别?我想,这是缘于阎连科对于土地的热爱和对乡村故土的怀恋。一切的色彩皆源于自然,耙耧山脉的人们都有着与天地互融的'自然生命'。因为他们命系土地,命系山川河流,命系生生不息的劳作,命系汩汩流淌的热血。正是作品中色彩的运用,让我们看到了阎连科独特的生活体验,以及对于故土沉甸甸的、交织着苦痛的复杂情感。这是色彩抒发出来的真性情。无论是随意的一笔,还是有意的涂抹,在他的眼中,耙耧人的生命就是那般地多姿多彩,他们热爱土地,热爱生命,感谢上天馈赠的同时,也在与人生的种种磨难抗争着,以使生命之花开得更加艳丽,长久"①。对此,我也有同感。一个中国作家对存在世界的感受,对生命和自然的理解和解读,竟与画家凡·高的美感和生命感悟是如此接近和相同,阎连科虽然与这位异国的画家有着迥异的现实处境,但他们似乎都经历过某种精神炼狱。小说的叙述和绘画的色彩,是以不同的艺术方式,触摸到生命、自然和命运的内在旋律,这两种不同艺术样式却极可能产生相同的艺术精神张力。我们看到了,在阎连科笔下的那些也许并不十分古老的村庄,经常发生新的故事,出现新的事物,并且随即就会带来心灵的冲击。而当新的事物带来变化的时候,却有意想不到的结果,一切都不是事先的预设,世界的面貌与人的内心都会因此发生剧烈的震荡和深刻的变化。有时,这块土地所发生的一切,在阎连科的文本里,常有似梦非梦般的感觉。阎连科经常选择那些呈现生存困顿的真情实景,写出人生、存在的窘迫和逼仄,写出生存的陡峭感,他会将存在的绝望埋藏在生机乍现的那一刻。有时,虽然没有什么令人触目惊心的情节,但却在貌似平静的叙述中,有灵魂内在的激烈碰撞的声音从字里行间传出。或者,他先是给人物一个活生生可以改变命运和境遇的希望,最后,一种突兀、奇崛的生存图景却决绝、不可逆转地消逝而去,深刻地呈现出存在世界的晦暗,或者说灰暗。表现现实透彻的阴冷、生命状态的悲苦,昭示命运的不可抗拒性,已成为阎连科释放内在紧张感的重要方式,直逼现实,直逼心灵,而那种刺痛感,是被烧灼过

---

① 孙萍萍:《阎连科的小说与和凡·高的画》,《文艺评论》2013年第1期。

的锋利断断续续地戳穿的,那种画面感更是扑面而来、呼啸而过。

此前,我的的确确很少在当代作家的文本里看过这样令人心痛的文字。他不仅给我们提供了一些新的乡土经验、认知价值,而且,文本所呈示的这个世界的大量令人惊骇的图像,令我们心碎,令我们沉重,鲜活而冷峻的生活气息,生命、宿命的彷徨,很难令我们陡增直面现实、反抗绝望的勇气。

写于2012年的《黑猪毛 白猪毛》就是表现命运凄苦、现实残酷的当代杰出短篇小说文本。这是一篇奇崛的小说,它让我们在一个很狭小的叙述空间和短暂的叙述时间里,体悟到生命的沉重和惨烈,生活的光景直逼存在的真实面相。在这里,我看到,一个倾尽了心力,想帮助其作品主人公在生活逼仄的缝隙里寻找生机的作家,在现实、存在面前只能选择无奈地"忍气吞声",简直就是酷烈的叙述,几乎令人窒息。因此,当我读罢这篇小说的最后一行文字时,我仿佛一下子就理解了阎连科在许多文字里所表现出的那种不可理喻的激愤。不同的是,这种将理性的力量包裹起来之后的冷峻更让我们心碎。一个镇长开车撞死了人,无论撞死了谁,都应该负担他理应负担的责任,这是天经地义的事情,不容置疑。但是,这个意外的事件,竟然成为许多人赖以改变生存境遇的一次重大机会。像是百年不遇一般,乡里的四个人都争先恐后地要去顶替镇长坐牢,他们都心甘情愿地给自己戴上镣铐。看似不可思议,其中却暗藏玄机。谁能取得镇长的恩宠、愉悦,就拥有了改善生存状态的可能。在这里,权力具有至高无上的威慑力,它很可能会建立改变生活固有秩序和常态的新逻辑。很难想象,四个青壮年汉子,或者是因为生活的艰辛和困苦折磨,想尽早摆脱每日缓缓升起的噩梦;或者是试图依靠镇长的权力讨要回自己被霸占的媳妇,一个完全可以通过正常法律途径解决的问题;或者为了解决自己弟弟的职业问题,绞尽脑汁寻找巴结镇长的机会,他们都不惜选择牺牲自己的自由和声誉,争先恐后地去代人受过,去蹲监,更不必说什么人的尊严。问题在于,这竟然成为求之不得的一件大事,鲁迅笔下有一群"想做稳了奴隶而不得"的人,这里却有一群为了基本生存想去坐牢而不得的人。这迫使召集人李屠户只能采取"抓阄"的方式,来确定可以去顶罪的人选。主人公根宝,却没有那么"幸运",没有得到那根可以为镇长消灾的"一寸长、发着光麦芒一样尖尖刺刺"的"黑猪毛",但他最后辗转从另一位获得"顶罪权"的柱子手里,求取了这次宝贵的机会。我们以为,根宝成家娶妻的梦想可能就要变成现实,但阎连科再一次将现实残酷地推向这个可怜的孩子,使得根宝及一家人从希望的看台坠入绝望的深渊,因为,被撞死者的家属没有追究镇长的过失或法律责任。

阎连科将这篇小说的叙述背景置放在一个村落的屠宰场:

根宝从村里出来，一听到屠案上红血淋淋的尖叫，身上抖了一下，像冷一样，可他很快就把自己控制住了，不再抖了。说到底，是杀猪，又不是杀人……赤背的李屠户正舀着清水往扇肉上浇洗，一瓢一瓢，泼上去，淋下来，红艳艳的血水流过一片水泥地，从一条水沟流到李家房后了。

屋外又有了一阵猪叫，粗粝而骇人，像山外火车道上的汽笛叫，只是比那汽笛短促些，也比那汽笛混杂些。夹杂有猪的喘息和人的乱哄哄的声音。这样过了一阵，便突然安静了。不消说是利刃从猪的脖下捅进脏腑了。

阎连科叙写的这个外部世界的环境，立即让我们联想起鲁迅的名篇《药》，这篇我们虽已经读过数年，但仍然难忘的现代短篇经典，创造了一种20世纪独有的现代中国沉重、抑郁、窒息的生存语境和叙事氛围。华老栓为儿子买下的饱蘸"革命者"鲜血的"人血馒头"，那血色的殷红，虽在他手中早已渐渐褪去，但仍然映照出人心的残酷、无色与坚硬。我们在内里所看到的，是一个有良知、有疼痛感的作家，对人生和存在世相无情的剖视。困顿、灰冷的生存样态就像是一个"无声中国"的缩影。这时，我感觉，阎连科的文字与鲁迅走得异常相近。我们不得不惊叹阎连科的残酷叙述，人性的善恶在俗世的纠缠中被清晰地洞见。在耙耧山脉，有血有肉的男人在生活的苦难面前，无法主宰自己命运时的凄苦、无奈和潦倒尽显无遗。我想，阎连科在小说里想表现的，绝不仅仅是人性面对落后和贫困时的"低贱"，而是在苦难、残酷生存状态的人心沙漠上，小人物的羸弱、无助和艰涩。作家没有显示任何救赎的姿态和悲愤的情怀，但平静、不露声色的艰涩叙述，仿佛要挤干虚构的水分，具有撼人心魄的震慑力，并挑战着我们的阅读。我们所看到的，是残酷，残酷，还是残酷；凄苦，凄苦，还是凄苦。这么多的人，像是被拴在一个无奈的绳索上面，都朝向一个必然没有出路的入口蜂拥而至，执拗地坚信那其中一定有一个实现梦想的机遇，而这个机遇，实际上就是寻觅一个基本的生存可能性。生活如洪荒、沙漠般地寂寥，无边无际，阴影如阴霾令人瞠目，它继续吞噬着那些最简单、最普通、最基本的生存需求和希望。有时，现实的秩序还可能改变生命的基本伦理，荒诞悖谬、颠倒黑白、不可思议的人性变异将阎连科的"残酷美学"、"苦难美学"推到了极致。另一个短篇《三棒槌》，与《黑猪毛 白猪毛》的叙述意旨非常接近。在一定程度上，前者更像是后者的续篇。我开始时在想，对于后者，我们在文本里，为什么竟然丝毫没有对现实苦难的悉心追问：生活为什么会沦入如此这般的磨难？也许，无需梳理我们就清楚了，混沌的空间和木讷的人群，人们的生活就是为了生存而挣扎，人之为人，意义在哪里呢？在中国乡村，一代代人生活过的乡村貌似日渐变动，其实,旧乡村有意味的传统和文化正在被所谓新的人性欲望吞噬,底色消失殆尽的时候,许多人几乎堕入动物般的生存。人即使发展出极为丰富的感受能力,但也只是为了嘴巴和胃囊在一个基本层面奔波,兴奋或者悲愁。当刘根宝无力、无意挣脱生活、命运的设定,任凭日子无奈地流淌时,《三棒槌》里的石根子本能的冲动似乎煽动起并不清醒的自觉,怒发冲冠,对长年霸占自己妻子、欺辱自己到牙齿的李蟒,决绝地做了"一次性"的"了断"。表面上看,石根子的这次"了断",似乎是一个男人在长期被羞辱状态下的火山式爆发,实际上,这个事件的表象背后,有一股巨大的有形或无形的力量在"怂恿"石根子制造这样一次壮举,也就是说,这是一件迟早都会发生的事情。对于乡间恶霸李蟒,弱小的孩娃会把可以致人死命的棒槌悄悄地移至石根子的身边,石根子打死李蟒后接受法官审问时,法官在提审中甚至多次暗示石根子,希望他修改自己的供词,想竭力帮助他减轻罪责。同样,他们对石根子奋力一击所获得的最后尊严,无论是不谙世事的孩子、充满理性的法官,还是曾对石根子"怒其不争"的妻子,都因为他终于男人般地挺起了胸膛,给予了符合人性的支持和爱护。石根子从一种自虐、自贱和自卑式的隐忍到火山喷发式的爆裂,其间经历了长达八年的阵痛和折磨,在极限处生发出不可遏制的抗拒,一切既在情理之中,也在意料之中。这个复仇的故事,看上去丝毫也不张扬,人物的命运和可能性都不是通过性格和外力透露,而是内敛地渗透出一种捆绑、压抑生命时,囚禁产生的反作用力。导演伍迪·艾伦说过这样一句话:"生命有两种,一种是可怕的,一种是悲惨的。"显然,阎连科让人物选择了"可怕的"方式来体会、考验自己的"本质力量",而暴力充当了更悲惨命运的吊诡的途径,让我们循着苍凉、凄苦的路径,遁入了恐惧和人性黑暗的渊薮。

短篇小说《奴儿》,是一篇将苦涩包裹起来细心品味、以柔软对峙生硬、困顿,以温暖抵御寒冷的文本。可以说,这是阎连科一篇最细腻、语言最绵密、充满了人与自然交融气息的短篇小说。如何描摹一个辍学后帮助父母维持家庭生计的十二岁的小女孩,面对世事,对于外部世界、自然、生命的本然状态,如何呈现她内心最纯净、最美好、最善良的愿望,以及她与成人世界的复杂、算计相互映照的乐趣、无邪、执拗,都体现在阎连科娓娓道来的叙事耐心里。虽然看上去这是一篇很"单纯"的小说,没有复杂的情节和人物关系,但阎连科却是极其用心思来营构奴儿心灵世界的微妙变化。奴儿似乎可以一个人独自承受生活的压力,爹爹伤残瘫在床上,她依靠割冬草卖钱给舅舅补贴家用,她没有被生活挤榨掉生命本身的韧性。阎连科不会写唯美故事,但他在童话般的情境里,比照出人物与情感在风雪雷电世界中的自由生长。我明白阎连科为什么要写这样一篇小说了,这部小说耐心地叙述,表现出一种表象微弱的、对美好生活的向往,其中蕴含着一股不屈、坚韧的生命力量。阎连科喜欢在弱者内心的毛细血管里,发现并发掘能够撼人心魄的灵魂力量。

三

在小说写作中,生活大多是被作家重新虚构的,已有的生活方向和基本趋势也可能被作家肆意"扭转"。这对于虚构类文体来说,是正常的叙事手段,无可非议。但问题是,作家在"加工"生活、处理自己经验的同时,常常要按着某种具有强烈个人性的叙事伦理,或者意识形态、概念、观念、思潮等潜移默化的规约,对"原生态"的生活进行大胆的重构。这通常还被认为是对生活的超越。但在有些作家那里,"还原"生活就是再创造一种生活,我们曾经对生活和写作的关系有着很顽固的理解,我们总是以为写作的使命和责任就是要对生活进行改造式重构,总是要奔向生活理想的、革命的、积极的、兴高采烈的那一面,刻意地将自己一厢情愿的想法嵌入生活本身;而常常回避现实的、平淡的、低调的,甚至落寞、迷惘和残酷的那一面,将叙述凌驾于人性和生活本身之上,"把他们当作粗糙的材料进行加工改造,不过是可怜的杜撰,以高调形式表现出来的致命平庸"①。实际上,无视生活已有的常态,触摸不到生活真实的"糙面",真实就会隐藏在另一种封闭的迷津里。无疑,阎连科的写作是直面现实、追求真实的写作,他的写作呈现出的十分强烈的深刻性和矛盾性既构成他写作丰富的精神层面及其复杂性,也形成其作品给我们带来的深奥、沉重命题,弥散着不可遏止的悲观主义意绪。在阅读他为数不多的短篇时,我们能够感觉到他饱含宿命意识并昭示出哲学余韵的叙事品质,一方面,体现在这个作家叙事中的骨感,另一方面,作品中笼罩的彻骨的寒冷和灰暗,没有温和与优雅,有时甚至没有希望,给我们窒息的感觉。

显然,阎连科从来不会肆意地"拔高"生活,诉诸以某种理念、理想的寄托。他坚信,若想认清一个时代的生活和人生场景,必须把一个时代的人性描摹清楚,才可能知道一切的来龙去脉,只有书写出存在的本色,才会发现它真正的质地。那么,这里就存在一个作家如何叙述、如何建立自己的叙述结构并使这个结构与生活、现实存在达成默契,具有同构性的问题,同样,这也是小说叙事伦理的问题。

阎连科清楚,一个短篇小说的体积所能涵括的生活容量,如何在有限的叙

---

① 张新颖:《生活从来不是需要加工的材料》,《长城》2012 年第 4 期。

事时空里,呈现、延展能够超越存在本身的人性空间,是体现一个作家信仰、艺术追求和审美维度的关键。记得好像是托妮·莫里森说过,她痴迷于小说的理由是,"它扩大了我的生存"。对于阎连科来说,文学写作从来就不会成为滥情和虚无的产物,它一定是对生存、现实的深入体察,以及人道主义的探究和追问,并在生存现实和基本存在理想之间的差距里,洞悉俗世存在的不可理喻性。阎连科的短篇小说,有时,往往从一个节奏舒缓的叙述开始,扎进生活深处从容地咀嚼或吞吐现实的龃龉,生长延展出强大驳杂的根茎。人文的情愫被牢牢地嵌入。在叙述上,看似用力均匀,但无法掩饰那种对现实锐利直面的压迫状态,有时,他也常常故意"压扁"故事或情节的形状,以突兀式的叙事掘进,白描生活原点的恍然。

《往哪里走》是一篇很特别的、寓意横生的小说,在阎连科小说里是比较特别的一篇。以往,特别是近年来,阎连科的小说,很少借助魔幻、荒诞和悖谬等手段,来铸造或装饰文本的叙事形态和格局,但这个小说却使用了让人略感现代,也会觉得有些"生硬"的手法,来表现存在世界难以摆脱的苦涩和惶惑,叙写生活艰难,表现主人公日子凄苦,决计摆脱生存煎熬。32岁的李大平,已经无力依靠自己的能耐,娶妻生子,传宗接代,无力改变自己和一家人灰暗的生存状态,家境的贫穷无法让他过上正常的、普通的、最基本的人间生活,他四顾茫然,无力回天。有一天,他竟然感知到一只野狗在冥冥之中对他的指引,而他的父亲也在空空荡荡的田野里,遭遇到同一条脊背腐烂不堪的野狗对他的暗示,同时听见已死去几十年的大平爷爷亡灵的声音:让李大平明天一定要"往东走"。李大平顺从了这样一种令人捉摸不定的虚妄的安排,从此离开困苦的家园出门向东远行。沿途所发生的事情更加怪异、蹊跷,不可思议。开始,每当李大平试图向所遇到的驾驶各种交通工具的人们求助时,都会被以种种理由刻意拒绝,只有一辆汽车停下来主动让他搭车,而这辆车的方向就是一直向东,而且是开往监狱的。车上的每一个人都像罪犯一样满脸晦气,被很宽松地捆绑着,他们相互探讨着、询问着,每一个人都仔细地反思自己从小到大曾经有过的大大小小的劣迹,然后,一起主动走进那幢"红色瓦房的狱院里"。叙述随即切换到十几年后,李大平竟然从这个城中监狱出来,携妻带子回到乡村,以衣锦还乡者姿态接自己父母去城里享福。这个求生、谋生的模式后来被村里的年轻人纷纷效仿,成为一条生路。这篇小说,除了具有浓郁的寓言性,还颇有童话的色泽,阎连科有意使用轻松的笔法叙述一个沉重、沉痛的故事。这又让我想到鲁迅,这篇小说更像是鲁迅散文诗《过客》的现代版,只不过《过客》是从形而上走向形而上,阎连科的小说是从活生生的形而下现实,将我们引向形而上的玄思和臆想。显然,《往哪里走》给出的结果是虚幻的、不定的,而且没有任何略显澄澈的光芒,小说里的"东边"——监狱,在此都是一个朦胧、迷惘和模糊的所在,我们无法知晓其中有什么,也不能想象人们在其间经历了一种怎样的"炼狱",是否获得救赎。正如生活永远没有结论,一部小说其实也就完全没有义务提供结论,无论是虚无的还是昂扬向上的,只是不要运用概念、理念和空洞的诉求性符号,来伤害世界,毁损我们应有的生活,就足够了。如托尼·莫里森所说,小说"扩大了我的生存",这也印证了阎连科"小说延伸着他的存在"的写作初衷。这篇小说的荒诞性恰恰就是阎连科喜欢的"直面现实性"。也许,我们会觉得这种荒诞有些生硬,但它建立了一种叙事的可能性,是否发生并不重要。

这里,我不能不提到短篇小说《柳乡长》。这是一篇直接挑战当代人传统观念的小说。乡村如何获得物质文明、摆脱贫穷,这是 20 世纪八九十年代最大的焦点问题,它好像一夜之间就摆在一个国家和民族的每一个人面前,而且必须做出自己的抉择。阎连科在这个小说里,叙述了一个基层干部柳乡长如何带领乡村农民致富的一个极端选择,柳乡长竟然在乡里下死命令,来导引人们生活的出路。这就是让农民背离自己的土地,轰赶农民进城谋职谋生,可以去做一切可能致富的事情,甚至不择手段,不惜牺牲耻辱感、道德感。果然,一些人率先、迅速地富裕起来,特别是,其中槐花在城里"闯荡"赚了大钱,还带动许多人奔富,还要无偿地给乡里修路筑基。以至于柳乡长兴奋不已,甚至敢于决定放弃向新来的县委书记汇报工作的机会,而去看望这个"女英雄"。他对槐花心怀崇敬,号召全体乡民向她致敬、向她学习,并且,乡里还为槐花立碑:学习槐花好榜样,以表彰她对乡里的贡献。初读这篇小说的时候,我曾想,这是不是阎连科纯粹虚构的一个乡村故事? 在我看来,这应该算是当代农村生活中的畸形故事,它不仅越出了乡村政治的边界,还折断了人性、道德的"红线"。这是将农民从一种无奈逼入另一种无奈,仿佛是为农民选择的一种突围方式。明显地,柳乡长是受到了"不管白猫黑猫,只要抓住耗子就是好猫"的深入启发。小说有意没有正面叙述这个女性的内心世界,也没有涉及她的具体行为、道德和情操,这些,都被阎连科隐匿在叙述深处。但小说留给我们许多思考:她的所为,真的可以成为我们必须接受的现实吗? 这又是哪一种文明与疯癫?

小说写作,被阎连科喻为是"直面现实,其实就是作家拿头撞墙的艺术"[①]。阎连科"撞墙"的含义究竟是什么? 撞什么样的墙? 后来,在对阎连科的阅读中我渐渐清楚,阎连科是以自己真诚的心在撞"生活的墙",撞击现实的冷硬与荒寒。这种姿态,似乎也决定了他写作的叙事方式和精神取向。我在与阎连科探讨小说叙述和现实之间关系时,曾谈到阎连科叙事的"急促"和结构的"坚硬"。

[①] 阎连科、张学昕:《我的现实 我的主义》,中国人民大学出版社,2011 年,第 49 页。

这种情形,后来也不断出现在他的短篇小说中。我觉得,像阎连科这样的作家,在短篇小说结构里,应该会对生活材料作另一种有别于长篇的处理,尤其是在表现存在世界矛盾和焦虑时,会放缓叙述的节奏,没有想到的是,他始终用力强劲、威猛、严苛,甚至一往无前。如何处理写作中人与现实的紧张关系,作家如何把握"紧之度",就成为深入地考量阎连科写作的一个最大的"变数"。阎连科渴望他的人物摆脱苦难和死亡的厄运,渴望将他们从苦难和死亡的恐惧中解脱出来,这种诉求,使得阎连科将想象力推至逼真的极限,用直觉填满生活的空缺,让人的材料具有生活气息。

我以为《生死老小》这个短篇,非常能体现阎连科短篇小说的这种审美特性。这篇小说写于20世纪90年代中期,那时,阎连科还没有写出重要的、有影响力的长篇小说,或者说,他在短篇小说上的用力更为集中。《生死老小》是一个情节非常简单的故事,一个同村的无父无母的孩娃,不慎从树上摔下来,血肉模糊一团,被一位老人背到医院抢救,没有治疗费,生命垂危,急需输血。老人回到村庄,念想挨家挨户能筹到1000元医疗费。他倾其所有,也不惜与儿子一家反目,更令他没有想到的是,他年年月月生长于斯的土地上的人们,面对一个十几岁孩子的生死,竟然是残忍地拒绝伸出救助之手,不惜抛弃、泯灭了善良和美好。最后,老人自己回到医院给医生跪下来,自己为孩子献血,结果被抽血至死。以往,阎连科所写的农民大都是与自然抗争,但这一次他对乡土发出了一次深刻的怀疑和警觉,乃至哀怨。愚昧、自私和狭隘令"耙耧山脉"布满阴霾。这不由得让我们想起阎连科的那部中篇《耙耧天歌》。小说里的尤四婆因为四个儿女都有智力残疾,相传以亲人的骨头入药可以治愈,便掘坟开棺,挖出亡夫骨头,作为儿女的药引。最后她自己又安排后事自杀而死,以让她的儿女们也能有足够的骨头吃。无疑,这是一个人吃人的故事,对于人伦而言,实在不堪入目,令人发指,文明于此丧失殆尽。同样,这位"耙耧山脉"老人,他体验到的人们对生命的冷漠,是孤独的、人性的荒寒,精神的恶疾,这种荒寒的内心终究将归于死寂。这篇小说,确切地让我们意识到世界整体的荒寒。但也引发我们对于苦难存在境遇中"自私"的理解和同情,令我们思索数年来何以导致这种生命形态、存在现实的深层原因。

我知道,阎连科在小说中竭力追求的,就是将"矫情"写得不矫情,将坚硬写成柔软如水,让苦难风干,让恐惧在风中瑟缩,让内心不失血色,胸怀宽厚而不羁,让狭小和逼仄走向开阔。他的这种写作激情从何而来呢?我们恐怕不能不沿着阎连科的人格和性情追溯写作的发生。"再说连科的宽厚,在他的小说中这种宽厚演变为对生存绝境的清醒意识和广大悲悯,因为悲观所以宽厚。而连科的小说不是'温'的,既不暖洋洋也不懒洋洋,相反,总是暴烈、激越;他的艺术眼光总是盯着宏大的、极具戏剧性的事物,而对日常生活的平庸、琐碎、无秩序他倒是安之若素。"①我们看到,这种宽厚,却常常表现为那种决绝的无情和残酷的叙述。他自己曾坦率地讲:"不是我残酷,是我看到的现实残酷。我小说中的残酷,几乎是一种冷酷的残酷。"②在这里,我们不能不思考阎连科写作的矛盾性和复杂性。他的"残酷经验"来自何处?阎连科那种强烈的"存在感"、叙述的"急促感",对叙述产生的作用力,究竟是一种压迫性力量,还是因为对终极性意义充满孤愤感、绝望感的思索,而造成极度的情感宣泄?我们注意到,他在充分地意识到乡土社会危机的同时,对在工业文明、后工业文明冲突时代,农民心理的劣根性和"优根性",并没有情感上的过度迷恋与倾斜,而是在新的现实语境中重新确立参照系,倾注极大的深刻的悲悯、关怀,对面临苦难的底层也给以批判现实主义的诟病,他在充满悖论的双重精神价值中,作出了富于现代性和历史感的选择。

这时,我们会清楚,阎连科的小说与他的故乡之间的神秘联系,他虚构的故事与当代现实之间的理性成分,乡土之情的"轻"与"重",他的美学选择和文化深度背后所蕴藉的精神、智慧。也就是说,他所延伸、拥有的有关乡土的叙述,既是"耙耧山脉"的,也是中国的,是现实的,也是心灵的。我们看到了他不停歇地对人性的思考,对生命和存在的追索,以及思索的疼痛与坚韧。

1919年,周作人曾经翻译安特来夫的小说《齿痛》。在他的长篇译后记中,引述过安特来夫的一段话:"我们的不幸,便是大家对于别人的心灵,生命,痛苦,习惯,意向,愿望,都很少理解,而且几乎全无。我是治文学的人,我之所以觉得文学可尊者,便因其最高尚的功业,是在拭去一切的界限与距离。"③周作人引述的这段话,足以表明自20世纪20年代以来现代文学写作传统中的人道主义、人本主义精神,以及"人的文学"的思想,都已经成为世界性潮流。这个传统虽然在近百年的文学写作中,总是若隐若现地承续下来,但不同时期,尤其近年来的写作中,却很少作家在具体的宏观、微观语境中,去表现对"别人的心灵,生命,痛苦,习惯,意向,愿望"的细腻描摹和深切"理解"。我想,阎连科应该算是真切地沉潜至乡土深层的作家,他所描摹的底层社会的生死歌哭成为人在生存困境中"人间性"的写照和构图。而且,阎连科通过大量的中、短篇小说,建构起叙述对象与存在世界的"对抗性",主体性的羸弱和强悍错综交织,"复调性"的产生,使得小说具有了丰富的意义空间。还有,阎连科的小说,无论长篇还是

---

① 李敬泽:《目光的政治》,中国文联出版社,2003年,第97页。
② 阎连科、张学昕:《我的现实 我的主义》,中国人民大学出版社,2011年,第68页。
③ 周作人辑译:《点滴:近代名家短篇小说》上册,北京大学出版社,1920年,第182页。

短篇,其结构和语言都有独特而坚硬的质地,这种结构,都向着生生死死、沧桑岁月中那些被苦难所覆盖的人性,陌生的事物敞开,丝丝缕缕地潜入我们的生命,走进我们的心房。这些人性故事,决定小说的风格,也决定语言的样式。杰出的作家一定会超越日常生活惯性,去理解事物和存在之象,建立自己理性和情感世界的双重结构。阎连科的叙述是如此接近里尔克所说的:"我们必须尽量广阔地承受我们的生存;一切,甚至闻所未闻的事物,都可能在里面存在。根本那是我们被要求的唯一的勇气……就因为许多人在这意义中是怯懦的,所以使生活受了无限的损伤。它们都被我们日常的防御挤出生活之外,甚至我们能够接受它们的感官都枯萎了。但是对于不可解事物的恐惧,不仅使个人的生存更为贫乏,并且人与人的关系也因之受到限制,正如从无限可能性的河床里捞出来,放在一块荒芜不毛的岸上。因为这不仅是一种惰性,使人间的关系极为单调而陈腐地把旧事一再重演,而且对于任何一种不能预测、不堪胜任的新生活的畏缩。"①有时候,我猜想在阎连科小说里,是否隐藏着一种"目光的政治",或许,正是因为这种叙事伦理的存在,它才始终影响他小说叙述的方向,鼓舞他在小说中产生可以"扛千斤之鼎"的力量。"愿意在仁慈面前双膝下跪,就像跪在祖先的坟前一样,却又分辨不清仁慈的真伪。于是,就在自己的写作中默默地淌着灵魂的血汁,让那些粗糙或细腻、节俭或多余的文字,成为灵魂出血的声响,成为写作的缘由和根本。"②尽管,在阎连科的短篇小说里,我们很少看到他在中、长篇小说中延续绵长的诸如革命、暴力和性等主题,以及在现实世界中触目惊心的艾滋病危机、"文革"记忆、当代政治等敏感区域,但是,他在为数不多的短篇小说中,强烈生发出的生命意识、土地情结,以及发掘死亡、苦难、人性、荒诞、愚昧和丑恶的坚决,这些,都表现出他梳理生活现场的细部形态,还原农民"血肉化"残酷奇观的现实勇气。我们在他利刃般的短篇小说的光影里,感受到那缥缈的"乌托邦"诗意之灯的寻找及其回响,看到了沉重的大地的骨骼,看到了作家阎连科奇崛的精神骨骼——那是一座灵魂的建筑,并且,还看到他直面存在真相的理想主义的永恒姿态。

原载《当代作家评论》2013年第5期

---

① 转引自张新颖:《迷恋记》,上海书店出版社,2010年,第40页。
② 林建法等:《中国当代作家面面观——文学的自觉》,复旦大学出版社,2010年,第22页。

论阎连科的中篇小说兼及中篇小说的当下境遇

何 平

一

几乎每一个作家都有或长或短的学徒期。阎连科的写作始于1974年。在长篇散文《我与父辈》中,阎连科说:"1975年前后,我萌动了写作的念头,播下了写一部长篇小说,到城里出版并调进城里的一种狂妄而野念的种子。"写作成为阎连科生活的秘密,"正因为文学的存在,才有了我那时活着的意义";同时,写作也促进阎连科对写作自身的理解,他很快"不太寄希望于以它的出版,来改变我的命运,让我逃离土地,走入城市,而觉得,现实让人觉得生存的绝望,在写作中,能让人觉出有个新的世界的存在"。① 这段并不成功的写作前史,后来以手稿被母亲当作烧火的引子烧了告终。但对阎连科未来的写作,其意义却不可小觑。多年以后,已经成名的阎连科说:"我希望能通过写作,在我的后半生中,对无所不在的恐惧形成一种抵抗。"②其实,"抵抗"不只是在"后半生"才发生,早在阎连科还是一个文学学徒的时候,写作之于阎连科就是对物质和精神匮乏现实的"抵抗"了。

阎连科文学生涯起于长篇小说,后来又经过十年短篇小说的操练,但把阎连科真正带入中国文坛的,正是"在20世纪80年代中期开始写作的与村长、权力和家族有关的中篇小说,如《两程故里》和'瑶沟系列'"③。从1988年直到1998年长篇小说《日光流年》的出版,阎连科的文学声誉几乎都是由"中篇小说"确立和获得的;而且对各种"权力"的批判和反思也成为阎连科反复书写的文学主题。

阎连科是中国作家中对小说理论有着自觉思考的作家之一。除了零散的文艺随笔和讲演,迄今集中体现他小说观的是发表在《当代作家评论》的十万字

---

① 阎连科:《我与父辈》,中信出版社,2012年,第32、33、43页。
② 阎连科:《我为什么写作——在山东大学威海分校的讲演》,《当代作家评论》2004年第2期。
③ 阎连科:《"乌托邦"笼罩下的个人写作》,载《一派胡言:阎连科海外演讲集》,中信出版社,2012年,第2页。

长文《发现小说》。①阎连科将自己"发现小说"的过程视作成为"写作的叛徒"的过程。而这十年的"中篇小说"写作恰恰可以让我们清晰而完整地看到一个"写作的叛徒"的成长史。需要指出的是,阎连科反叛的不但是他之外的种种写作教条,"我是现实主义的不孝之子"②,而且如果我们承认每一个写作个体都自成一个人的文学史,阎连科的反叛也是阎连科对既有"阎连科文学"的不断否定和超越。粗略地看,文学史上有两类作家,一类是在形成自己的母题、结构、语言和腔调,并逐渐风格化和标识化这些,然后"吃老本"式地自我吞噬,以至于最后耗尽的作家;另一类是像阎连科这样的,风格和自我标识一样地明显,但却时刻保持着警醒和推进,其文学行为是旧我生新我的自我教育、自我更生的可持续性和生长性的。

阎连科认为传统的"现实主义"、"真实"可以区分为控构真实、世相真实、生命真实和灵魂深度真实,而他生造出的"神实主义"之"神实"则是另一种意义的"我的真实"。在这中间,从全因果、半因果,到内因果,又构成不同的小说叙述逻辑。《发现小说》中,阎连科涉及的中外小说甚多,但却很少谈及自己的小说。而我想,如果阎连科在写作《发现小说》的时候,能够既对中外现实主义进行清洗,同时也对"阎连科"小说进行自我清洗就更好了。如此,让"发现小说"同时成为发现"我的小说"的一种自我批判、自我发现的过程,如其所言:"过去,我曾经是在社会和人群中消失而活着的人;可现在,多少年来,我希望自己是一个没有在社会人群中消失而活着的人,是大家可以看到、可以感受、可以触摸的一个活生生的、有血有肉的'独立存在的作家',是一个有独立精神的阎连科,是一个在世界上许多国家看来似乎已不值一提的那个'中国人和中国作家',一个有自我存在价值的阎连科。"③如果真能这样,阎连科就应该将自己的小说安放在他所想象的小说等级中接受自己严苛的审视和拣选。我私心地以为阎连科并不害怕这样做,因为他说过:"在中国写作,要超越政治、体制、宗教、党派和现实社会中的金钱、名利、地位、娱乐以及盲从的读者,首先就要超越自己内心存在的自觉和不自觉的自我约束和审查,还要超越本土传统的写作经验和 20 世纪以西方文学为中心的现代写作经验。"④而现在阎连科在《发现小说》中未完成的工作只能由研究者来做了。

---

① 阎连科:《发现小说》,《当代作家评论》2011 年第 2 期。
② 阎连科:《发现小说》,南开大学出版社,2011 年,第 1 页。
③ 阎连科:《寻找、推开、疗伤:在澳大利亚佩斯作家节的三场演讲》,载《一派胡言:阎连科海外演讲集》,中信出版社,2012 年,第 88 页。
④ 阎连科:《乌龟与兔子 压抑与超越——在法国第四届"小说国际论坛"上的讲演》,载《一派胡言:阎连科海外演讲集》,中信出版社,2012 年,第 44 页。

阎连科和"控构真实"的媾和是不需要追溯到他的写作学徒期那部关于"阶级斗争和地主、富农、贫农,以及剥削与被剥削,反抗与被反抗,还有远离家乡之后,主人公去找共产党的那部长篇故事"①,就以中篇小说《两程故里》作为阎连科写作的起点来看,这应该是一部"世相真实"的小说。两程故里选村长,在所谓基层民主的幌子下,是乡村的沉渣泛起和各种力量的角力和搏杀。显然,《两程故里》还不是阎连科理想中的"世相真实"。小说中,天青、天民、正顺叔、庆贤爷是各自被预设了身份的当代乡村政治的意义符码。虽然小说也试着去尊重人本身的复杂性,"出乡者"和"在乡者"也不是简单的进步和落后对抗,但还是没有脱出20世纪80年代乡村小说乡村"新人"受挫的窠臼。在整个八九十年代之交改革艰难的共识背景下,《两程故里》和现实客观上是互构的。因而,《两程故里》对"控构真实"的反动是节制和妥协的,甚至可以说是"控构真实"可以容忍的部分,和其后两年的《瑶沟人的梦》相比,《瑶沟人的梦》虽然和时代政治的关联不明显,却更贴近民间人和底层人的生存本相。阎连科的中篇小说和"控构真实"之间的关系是很复杂的,他以中篇小说《黄金洞》和《年月日》两度获得鲁迅文学奖。两部小说都不是"控构"之作,其文学品质甚至是"反控构"的,但却能够被体制所接受,这说明当代文学体制和制度的复杂程度已经远远超出我们的想象。

这里有一个问题需要指出,如果《瑶沟人的梦》这部小说其写作的动力真的像阎连科所说来源于:"我儿时崇拜我们村的村长的权力,希望自己长大后能够当上村长,掌握一个村的百姓的生杀大权,可这个理想由于阴差阳错而没能实现,我就在我早期的小说中写了各种各样的村长的形象。我写过一个叫'连科'的乡村青年,为当村长艰难的奋斗过程。对乡村村长这一形象进行了许多批判、嘲弄和可爱的描述。"②阎连科把这样的写作描述为"个人写作的乌托邦"③,但其本质上却是"反乌托邦"的写作。秦晖在讨论王小波的写作时指出了王小波"既是反乌托邦的,也是批判现实主义"的奇特共栖,因为"反乌托邦"与"批判现实"在逻辑上的互斥,"'乌托邦'既然是一种虚幻的'理想',那么反对它便意味着对'现实'的承认,而'批判现实'也意味着追求一种超越现实的'理想'"④。阎连科的写作同样既是反乌托邦的,也是批判现实主义的。由于阎连

---

① 阎连科:《我与父辈》,江苏人民出版社,2012年,第33页。
② 阎连科:《"乌托邦"笼罩下的个人写作》,《一派胡言:阎连科海外演讲集》,中信出版社,2012年,第2页。
③ 阎连科:《"乌托邦"笼罩下的个人写作》,《一派胡言:阎连科海外演讲集》,中信出版社,2012年,第1页。
④ 秦晖:《流水前波唤后波——论王小波与当代批判现实主义之命运》,载《共同的底线》,江苏文艺出版社,2013年,第373~375页。

科的"乌托邦"是对现实权力崇拜滋生的幻觉,它本身就是"现实"的倒影。在阎连科,"乌托邦"即是"现实","现实"即是追求一种超越现实的"理想"。同样,"反乌托邦"将是"反现实"的;而"批判现实"也将是"批判理想"的。因而,当阎连科的写作还停留在对现实权力匮乏的创伤心理补偿阶段,阎连科的"反"和"批判"是不可能做到彻底的。所以,阎连科《两程故里》、《瑶沟人的梦》对"权力"本身的批判是被悬置的,他的批判范围只被限定在对权力攫取过程中的阴暗和非正义。因为在这时,"权力"还是阎连科的"理想"。类似的情况也体现在阎连科写乡村出生的军人对土地逃离、对城市渴念的一系列中篇小说中。只有到了《耙耧山脉》、《天宫图》,阎连科"反乌托邦"与"批判现实"才同时展开,对权力的批判从具体的个体走向对权力本身的批判,对现实的批判同时也是对个人乌托邦之"反",他写乡村政治才真正以"控构真实"反动的面目出现。在这里,乡村基层政治和政治人的恶不再是可容忍的。再有,如果写作被赋予了建立文学"新的世界"的生杀大权,会不会滋生新的专制?作家会不会是另一种意义上的文学王国的"村长",从而对真实构成盲视和蔽见?事实上,仅就阎连科小说的"村长"而论,不是所有的"村长"都有着《日光流年》里的丰富性和多义性的。其实阎连科自己是能够意识到个人经验的限度的,他在谈到"'大江文学'给中国文学的几点启示"的时候就指出过:"大江健三郎先生给我们的文学启示之一是,他如何把个人的经验发酵、转化为文学最独特、广泛的意义。"①

二

在《发现小说》中,阎连科提出一个富有意味的话题:"深层的现实主义道路可以走通吗?"而如何"走通"深层的现实主义?阎连科认为一个作家只有获致"我的现实"和"我的主义"现实观才可能通向深层的现实主义。② 据此,1993年的中篇小说《乡村死亡报告》在阎连科的写作中有着重要意义。从这部小说,我们能够发现阎连科对传统现实主义和"阎连科文学传统"的双重反叛。小说肇始于每天都可能在中国乡村路街上发生的车祸。当这个被误作、假想为本街孤老刘丙林的无名死者被抬上马路拦车要钱埋尸的时候,应该说小说还是在传

---

① 阎连科:《"大江文学"给中国文学的启示》,载《拆解与叠拼:阎连科文学演讲》,花城出版社,2008年,第96页。
② 阎连科:《我的现实,我的主义——在复旦大学的演讲》,《拆解与叠拼:阎连科文学演讲》,花城出版社,2008年,第128~136页。

统现实主义的逻辑起点笼罩之下。但小说很快逃逸出日常生活的逻辑,摆脱传统现实主义的隔离和控制,全村人都拿着刘丙林的胳膊和腿,三条公路上,都有几拨举着刘丙林一段(点)尸体(如左手指、右胳膊、左胸肋和大腿肉)在拦汽车要钱。《乡村死亡报告》的"真实"是一种"不存在"的真实、看不见的真实,不被情理和因果逻辑认同的荒谬的真实和存在。这种真实和存在甚至和《天宫图》中的亡灵叙事不同,不仅因为亡灵叙事让我们意识到这是小说的叙述策略,而且《天宫图》亡灵漫游虽然悖乎公理和常识,但亡灵所叙的真实却是符合日常逻辑的看得见的真实。阎连科中篇小说在《乡村死亡报告》这个谱系上的中篇小说应该还有《年月日》、《耙耧天歌》和《桃园春醒》。在《年月日》,在千古旱天那一年,先爷为一棵嫩绿的玉蜀黍苗留在山脉上,极生命之潜能和天数抗争;《耙耧天歌》,尤四婆用自己的骨头疗治儿女的疯傻病。《乡村死亡报告》、《年月日》、《耙耧天歌》,阎连科的"真实"是单数的"阎连科"的,是独异的,虽然阎连科可以以"我的真实"来为自己张目强调"我"看。但事实上,"我的真实"和"不真实"是很难界分的。在这种意义上,我更肯定《桃园春醒》对我们习焉不察的"真实"的发现。这部小说,没有《乡村死亡报告》、《年月日》、《耙耧天歌》中阎连科式的狂放不羁的想象,它平静而日常。小说的主题应该还是阎连科惯常的对权力的反思,但《桃园春醒》中的"权力"已经不是现实乡村政治中的"权力"。在阎连科的许多小说中,都曾经写到乡村女性在乡村政治中的"性"臣服。而《桃园春醒》中的"权力"则深入到文化、心理在乡村性别关系上的沉疴和可能的新变。我现在尚不能对阎连科这两种风格迥异的"真实"发现衡长论短。但从我的个人趣味上,我更喜欢《桃园春醒》中的日常之"不常"的"真实"。小说家在以自己狂放恣肆的"我的真实"凿通通向深层的现实主义的时候,完全可以成为读者同样走通深层现实主义的引领者。

2009年获得诺贝尔文学奖的赫塔·米勒其授奖辞中有一个在汉语中引发争议的词"the dispossessed"。从英文词义上看,"被剥夺"虽然是第二个意思,但我却倾向挪移"the dispossessed"的"被剥夺"的意思来指认阎连科的小说。值得警惕的是,在当下阎连科的阐释中有一种简单化的倾向,就是把阎连科描述为一个政治异见者。事实上,政治上的"被剥夺"只是阎连科小说的一部分,阎连科的写作的意义是作家自己同样作为更广泛的、被体制、被疾病、被死亡、被莫名的恐惧寂寞剥夺的"被剥夺者"而存在。从《两程故里》开始,阎连科写乡村被权力剥夺的村民,写被城乡割据剥夺的出身于农村的军人,阎连科自己就是作为一个"被剥夺者"而存在的。阎连科自己说:"毫无疑问,作为一个作家或诗人,可以选择站在蓝天和丽鸟那一边,也可以不作任何选择地站在所有的鸟类和天空、大地共有的立场上。可我作为一个小说家,在中国的现实中,一个必须选择的人,我将坚定地站在丑陋的断翅的麻雀这一边,为那些断翅的麻雀去疗伤。然而,我作为一个作家站在麻雀这边时,我并不知道我能不能写出动人的作品来,但我知道我将背叛天空飞翔的小鸟和那些歌颂飞翔的诗人、作家们。"①

我们是不是谨慎地认为阎连科的写作是作为"被剥夺者"的写作?值得注意的是,阎连科小说中不只是强者对弱者褫夺意义上的"被剥夺者",大量的"剥夺"和"被剥夺"却发生在弱者和弱者之间。再有,阎连科小说中的"被剥夺者"可能像《天宫图》中的路六命、小竹,《乡村死亡报告》中的刘丙林这样沦为屈服的弱者,同样可能是抵抗者,就像《黄金洞》中"哥"对"爹"的僭越,《年月日》、《耙耧天歌》中的先爷和尤四婆对天命的违逆。这些"抵抗者"和阎连科作为"剥夺者"以写作来抵抗"恐惧"具有内在的精神一致性,从而构成文本内部的对话和复调。但需要指出的是作为"被剥夺者"写作是冒险的。阎连科自己也意识到:"我对那块土地充满了一种哀怨之气。这种怨气阻隔着我和那块土地的联系和沟通。"②事实上,阎连科遭遇到的问题在当代文学中不是孤立的个案,仅仅以阎连科同代的"五十年代"作家为例子,他们中许多都经历过作为"被剥夺者"写作的伤痕文学和知青文学。"文革"和"文革"中的"上山下乡"作为20世纪中国人重要的精神事件为什么放在世界文学格局却很少经典性的作品,一个很重要的问题就是"怨气阻隔"。阎连科是对20世纪下半叶中国重大政治事件有正面强攻的勇敢和纯粹文学信念的作家,现在阎连科已经自觉到"怨气阻隔"的问题,意识到"不解决好这个问题,就肯定无法解决我今后的写作问题"③。这是不是意味着阎连科的写作已经到了一个至为关键的时刻?阎连科有可能走通深层的现实主义吗?

三

如果不是简单地抽样来缩小研究的范围,而是将"中篇小说"作为有着自身审美规定性的文类,现在看选择阎连科的"中篇小说"作为一个独立的研究对象

---

① 阎连科:《寻找、推开、疗伤——在澳大利亚佩斯作家节的三场演讲》,《一派胡言:阎连科海外演讲集》,中信出版社,2012年,第99页。
② 阎连科:《我的现实,我的主义——在复旦大学的演讲》,《拆解与叠拼:阎连科文学演讲》,花城出版社,2008年,第132页。
③ 阎连科:《我的现实,我的主义——在复旦大学的演讲》,《拆解与叠拼:阎连科文学演讲》,花城出版社,2008年,第132页。

似乎缺少审慎的考虑,低估这个研究的难度,我担心文章写到最后成为一个"硬做"的题目。但在大半年前确立这个题目的时候,我是肯定这个研究的基本前提存在的:一是,从文类上看,"作家"阎连科既是《日光流年》《坚硬如水》、《丁庄梦》《受活》《风雅颂》等"长篇小说"的作者阎连科,也是《两程故里》、《横活》《夏日落》《乡村死亡报告》《天宫图》《黄金洞》《年月日》《耙耧天歌》《桃园春醒》等三四十部"中篇小说"的作者阎连科,如此丰富的"中篇小说""量",当然值得从文类上去考察阎连科对当代"中篇小说"的独特贡献;二是,我想当然地以为,即便从鲁迅的《阿Q正传》算起,"中篇小说"也有了一百年的历史,作为一种现代文类,我们的研究对于其内涵和边界应该弄得很清楚了。因了这个前提,研究阎连科的"中篇小说"是可以预先有一个文类尺度在的。所以,现代"中篇小说"谱系中阎连科的常与变、同与异,是可以用这把尺子量出来的。事实却是,当我把阎连科的"中篇小说"和学界谈论"中篇小说"的文字差不多都读完了之后,我发现陷入了批评家程德培在二十多年前就遭遇的"难言的苦衷"。程德培写《难言的苦衷》的1986年正是"中篇小说"的盛世,"中篇小说艺术探讨的直接缘由是取之于中篇小说的特别繁荣"①。从研究论文的检索情况看,这确实是"文革"后这几十年当代文学研究谈论"中篇小说"文类属性最多的时期。不只是专题的研究文章多,而且在辽宁丹东市还召开过专门的"中篇小说学术讨论会"。但就在许多批评家趁"中篇小说"繁荣之"势"绅绎出"中篇小说"的文类属性之一二三时,程德培却认为:"我在颇多的顾虑之中,朦朦胧胧地感到有一个难以逾越的障碍,即我们从大量的中篇小说中能否找到中篇小说的艺术本性?我们对中篇小说艺术所作的理性思考是否最终有效?"②

事实上,对于一个作家选择某一种文类,一种可能是感觉上的,阎连科自己就说过:"生活中有了某种担忧,这种担忧到一定时候,就写一个短篇借以排遣和对抗。有了害怕,害怕到一定时候就写一个中篇,借以排遣和对抗。对某一件事,某一类事,某一种情绪、精神、状态感到长期恐惧,越恐惧越想,越想越恐惧,长期、长年忘不掉,无已排遣,那就写一部长篇借以排遣或对抗。"③文类选择的另外一种尺度可能就是"字数"。如果是"字数",在很多时候,"中篇小说"和"长篇小说"之间的转换可能就不像我们想象的存在着不同的文类壁垒。

---

① 程德培:《难言的苦衷——探讨中篇小说艺术的困惑》,《文艺争鸣》1986年第4期。
② 程德培:《难言的苦衷——探讨中篇小说艺术的困惑》,《文艺争鸣》1986年第4期。
③ 阎连科:《我为什么写作——在山东大学威海分校的演讲》,《当代作家评论》2004年第2期。

至少在阎连科的小说中就有两部小说游走在"中篇小说"和"长篇小说"之间,这两部小说发表的时候都是"中篇小说",但其中一部后来"拉"长成长篇小说出版。《夏日落》在《黄河》杂志上发表的期刊版和后来春风文艺出版社出版的图书版的不同在于"十年之后,时过境迁之后,许多情况发生了变化之后,我又把《夏日落》从沉浮的尘土中清理出来,加以修饰——主要是增加了当时写作中因某种忧虑想写而未写的相当于又一个中篇的文字和情节了,删去了少量有阻于阅读的叙述,使它成为今天的模样,最终独立成书与读者见面"①。在"春风版"的《夏日落》里多了连长赵林和王慧的感情纠葛以及赵林和乡村的关联。而《为人民服务》发表时,《花城》说明"本刊发表时有删节"。这部后来遭禁未能在大陆完整出版的小说,其实是一部长篇小说"压缩"成的中篇小说。对照原稿版和《花城》发表版,我发现删节的除了很少部分是政治禁忌和情色的内容,更多内容同样是吴大旺和乡村的关联。从这两部小说的转换似乎可以印证长篇小说是以多线索的"宽度"赢得了"字数"的"长度",但是不是能够据此证明中篇小说是一种比长篇小说线索更单纯更窄的文类呢?事实上,阎连科的中篇小说固然有单纯且窄的,比如《乡村死亡报告》、《天宫图》、《年月日》、《耙耧天歌》等。但《两程故里》、《黄金洞》、《桃园春醒》却是多头并举的。而且,在阎连科的写作中还有一种先中篇小说然后组合成的长篇小说,如他自己说:"后来,我把'瑶沟系列'合编为一个长篇,叫《情感狱》……"②这在当代文学中也不是孤立的现象,比如莫言的《红高粱家族》、阿来的《空山》都是类似的中篇小说组合的长篇小说,甚至我认为阎连科的长篇小说《日光流年》都是可以拆成五个独立的中篇小说的。这意味着,在研究者还在纠结于"短"、"中"、"长"的文类边界在哪里时,作家早已凿穿文类的壁垒,自由地穿行在不同的文类之中。这时任何文类都没有单独的命运,中篇小说可以寄身于长篇小说,而长篇小说也可以做减法减到中篇小说。

因此,如果我们换一个角度,研究者的"难言",写作者是不是也"难写"呢?研究说穿了是一种规训。"中篇小说"的"难言"一定意义上不是落实在"小说"上的"难言",而是落实在"中篇"上的"难言"。"说到底,区分中长短的唯一可行可见的标准是字数,因为只有字数才能提供一个大家都能接受的标准化计量。"③确实除了"字数",我们还能靠什么去厘定"中"和"短"、"长"之间的文类

---

① 阎连科:《关于〈夏日落〉的几句话》,载《夏日落》,春风文艺出版社,2002年,第190页。
② 阎连科:《"乌托邦"笼罩下的个人写作》,《一派胡言:阎连科海外演讲集》,中信出版社,2012年,第2页。
③ 程德培:《难言的苦衷——探讨中篇小说艺术的困惑》,《文艺争鸣》1986年第4期。

灰色地带？既然能够坐实的只剩下"字数"，"中篇小说"是不是可以作为一种只是规定了一个大致的字数的依靠写作者自我感觉、自我控制的自由的富有弹性的文类？因此，如果从小说结构上看，和长篇小说作比较，恐怕很难找到单独属于中篇小说的结构，但如果我们设定了"字数"，对于写作者确实是一种规定，因为规定字数就意味着每一次写作都要考虑材料的取舍、节奏的控制、结构的选择等等。

　　研究者的"难言"并没有妨碍中篇小说在当代文学的成就，甚至有人认为："特别是中篇小说，不仅代表了这个时代高端的文学成就，而且也是百年中国文学成就最大的文体。特别是20世纪80年代以后，中篇小说成为中国最健康的文学力量。这种健康不仅是意识形态意义上的健康，它更表现在中篇小说作家对这一文体的充分理解和对文学在这个时代的理解。""也正是包括中篇小说在内的文学的守成性，才使得文学在惊慌失措的'文化乱世'中，最大限度地坚持了文学的艺术性，为人类基本价值尺度的维护作了力所能及的承诺。在当下这样的语境中这不能不说是一个奇迹。"①这个判断如果放在20世纪八九十年代，尤其是80年代，应该是成立的，就像阎连科是靠中篇小说《两程故里》被文坛所承认。事实上，不只是阎连科，和阎连科同样出生在20世纪50年代，以及稍后的60年代的中国作家，不但以中篇小说成名，且各有其中篇小说的代表作，甚至有的只有中篇小说。在整个80年代，中篇小说几乎每次都在小说思潮的最前沿。但有如此辉煌的前生，不是保证中篇小说一直站在文学前沿的护身符。一个时代有一个时代的文学，一个时代当然也有一个时代的文类。不要说中篇小说，整个小说成为时代的中心文类也是近现代文学革命之后的事。"在一个处于稳态的社会中，中篇小说就其审美属性本身而言，与长篇小说、短篇小说比较，并不具备它必然取得'天之骄子'的地位、必然要覆盖整个文学生活的特殊条件。假若没有社会因素的参与，它就只是一种普通的文学体裁，加入其他文学样式的序列，由文学读者去汰选。""如果说前几年创作生产力几乎一律向中篇倾斜，那是由于以社会需求的重心为转移，势所必然的话，现在情况已有变化，中篇的发展临到新的转机，创作生产力要是仍如既往蜂聚于中篇，从发展看就未必是明智之举。中篇的异样繁昌意味着文学生产力配置的不平衡。中篇占有了我们主要的文学生产力，在一定时期内，这是合理的，有它的必然性。对文学作长远的、总体的、多样化的发展观，这未必是合理的，也不一定有它的必然性。中篇的异样繁盛也意味着文学体裁的单一化发展，在一定意义上也意味

---

① 孟繁华：《新世纪十年：中篇小说发生了什么——论作为高端艺术成就的中篇小说》，《东岳论丛》2011年第2期。

着文学审美趋向和文学审美能力的片面、狭窄,从长远看也未必有利于文学发展和审美发展的全面性、多样化。"①

"中篇小说"在当下的境遇究竟是对文学品格坚守的"守成",还是走向没落的龟缩的无奈?恐怕不能轻易下结论。应该看到,中篇小说被中国当代文学的某一个阶段遴选为"核心"文类不是偶然的。这是由特殊的文学供需关系决定的。"如果说中篇小说必然在1979年崛起,这两者之间比较实在的联系恐怕体现在这样一个方面,亦即在这一年,国内大型文学期刊数量突然上升,从1978年的两家(《钟山》、《十月》)增至1979年的14家之多。这创造了一种特殊的需求。显而易见的是,一本容量在45万字上下的大型期刊,不可能由短篇小说唱主角,而长篇小说驰骋其间则未免狭窄,因此只有中篇小说是长度适中的体裁。"②1978年,《十月》创刊,《钟山》试刊;1979年,文学杂志《收获》复刊,《当代》、《花城》、《清明》、《百花洲》、《红岩》等大型文学刊物创刊。1981年,《中篇小说选刊》创刊。"丛刊丛生,中篇复兴"③,1981年《小说界》创刊时就声明以"发表中篇小说为主"④,1983年创刊的《小说家》"以发表中篇为主,也酌情发表优秀的长篇小说,优秀的特约的短篇小说"。事实上,类似的情况不只出现在20世纪80年代,早在20世纪30年代就出现过出版引动"中篇小说"的繁荣的文学事实。"该时期各种文学刊物非常兴旺,而一些主要的文学刊物都辟有'中篇创作'、'特约中篇'等栏目,如当时影响很大的《文学》杂志,1935年第五卷就先后把张天翼的《清明时节》、沈从文的《八骏图》、严敦易的《摇落》、老舍的《新

---

① 滕云:《中篇好,其唯中篇而已乎?》,《文学自由谈》1986年第3期。
② 李洁非:《1977~1980年的中篇小说》,《当代作家评论》1995年第5期。施战军也认为:"大型文学期刊之众多与作为连续出版物的相对恒稳,中篇小说是为其填充页码的最佳选项。从20世纪70年代末看过来,随着老牌大型期刊的复刊和一批又一批新的大型期刊的创刊,大型文学期刊的总量之大前所未有,大多数期刊具有现代时期并不具备的长期稳定的按时出刊率,其容量特别容易凸显中篇小说的主干地位,从目录上看,基本上也是中篇小说几乎占据了一半左右的篇目,而长篇、短篇小说以及散文、诗歌都很像是为了围绕和搭配中篇小说为中心的布局而设——作为主要的文学载体或曰文学作品的主导传媒,大型文学期刊对中篇小说持续的大量需求,刺激着这一文类生产的兴荣。"(施战军:《中国叙事与中篇小说》,《当代作家评论》2008年第1期)
③ 据张韧统计:"1979年以来,全国各地兴办的大型刊物,为扶植中篇作出了贡献……省市一级的大型文学期刊,1978年仅有一种,1979年上升为13种,1980年竟达26种之多。但这还不是止境,1981年上半年,原来未办大型刊物的省市也开始创办了,如中原河南的《莽原》,陕西的《绿原》,黑龙江的《北疆》,浙江同时兴办了《东方》和《江南》,东南海滨的福建办起了《海峡》及《中篇小说选刊》等。"(张韧:《中篇小说三十一年》,福建人民出版社,1983年,第28页)
④ 《〈小说界〉发刊词》,《小说界》1981年第1期。

时代的旧悲剧》、郁达夫的《出奔》等作为'特约中篇'刊出。同时，一些出版社也纷纷出版中篇小说丛书，如文学出版社出版的'小型文库'就是以中篇小说为主，仅1936年就出版了茅盾的《多角关系》、欧阳山的《青年男女》、张天翼的《清明时节》等；而欧阳山的《鬼巢》、白尘的《泥腿子》、奚如的《忏悔》等，则是被冠以'中篇创作新集'由出版社出版的。这种提倡和推动，对于中篇小说创作的繁荣发展也起了很大的促进作用。"①因此，如果考虑到大型刊物对文学"中篇小说"时代的造就，在20世纪90年代文学期刊普遍走低，《小说》、《漓江》、《昆仑》、《中外文学》等一些大型文学期刊停刊的背景下，除了影响力式微的传统文学刊物，"中篇小说"的阅读和传播依靠的是"年度选本"、作家个人选集、文学评奖，其阅读和评价越来越局限在文学内部。另外一个值得注意的现象是，新世纪创刊的新文学刊物，比如《天南》、《文艺风赏》等青睐的是短篇小说，而长篇小说在整个文学出版市场几乎一家独大。因此，这种客观上自我封闭的"中篇小说"生产的文学生态是很难保证"中篇小说成为中国最健康的文学力量"的。事实上，新世纪期刊和文学生态的关系，已经完全今非昔比。20世纪八九十年代，大部分的文学活动、文学制度、文学生产都是围绕着期刊展开的。期刊可以催生文学思潮，当然也可以通过可以掌控的期刊行为导致整个时代的文学向某一文类（比如中篇小说）倾斜。而且应该看到的是，由于"文革"客观上所造成的文学断层，20世纪70年代末走上文学道路的年轻作家还缺少驾驭更为复杂的长篇小说的文学经验。出版市场对不成熟长篇小说的宽容远远不如现在。"中篇小说"自然成为承载复杂文学书写和通向长篇小说的当然文类。"长篇对于他们来说未免写起来太旷日持久，太不及时了，而短篇的形式又不足以发表他们的积贮了太久的许多、许多话，不足以叙述他们积贮了许久的经验阅历。而中篇这种形式，恰恰在现实性（及时性）、丰富性这两方面得到一定的平衡，应运而生，应运而'红'，成了活跃于文坛的作家所喜爱运用的体裁。""中篇小说则显得既要求有一定的真实货色，一定的厚度，不允许你通篇玩'花活'，又保持着相当灵活性，能够很快地吸收在短篇小说中已经吸收了的新的叙述、结构乃至修辞方式。"②但时至今日，这批80年代成长起来的作家驾驭长篇小说已经完全不是一个问题，而且他们往往都有以长篇小说来证明自己文学实力的雄心和期许。他们自然会在长篇小说上投入更多的精力，这也自然会削弱中篇小说在整个文学格局中的份额。一个显见的事实，包括阎连科在内，20世纪五六

---

① 周斌：《在时代需要和自身发展中趋于成熟——论新文学第二个十年的中篇小说创作》，《复旦学报》（社会科学版）2001年第6期。
② 王蒙：《中篇小说论集》序，福建人民出版社，1983年，第2页。

十年代出生的当代作家中坚力量,"中篇小说"的"量"越来越少。从2001年的《寂寞之舞》到现在的十数年中,阎连科的"中篇小说"也仅有《桃园春醒》一部。因此,阎连科的写作可以说恰当地反映了中篇小说在这二三十年的命运。

  还要指出的是:"中篇小说"在20世纪80年代的崛起和繁荣,几乎与"反思文学"、"寻根文学"是一致的。"中篇小说从它崛起之日始,不但为历史拨乱反正作出了独特的思考和贡献,同时对新时期的社会现实问题给予了独特的思考和贡献。"①因而,不只期刊需要有"长度"的文类,时代也需要有"长度"的文类来容纳拉长的时空和推展的深度。短篇小说同样可以对时代及时作出反应,但短篇小说的"长度"会制约到"宽度"和"深度",也会制约到叙述的完整性。因此,在整个80年代,甚至直到90年代,"中篇小说"成为作家同时以"长度"、"宽度"和"深度"参与时代"问题"思考的文类。这就使近30年中篇小说中相当多的部分和不同时代的意识形态存在重叠和共构。所以,在"中篇小说"发展最好的80年代中期,就有人指出:"此后,中篇的前景,主要就赖于这种艺术形式自身审美属性的发挥的程度了。"②某种程度上,80年代韩少功、莫言、王安忆、苏童、余华、格非等的先锋小说的逃逸是中篇小说对具体现实的一次有力摆脱。从这种意义上讲,在先锋退潮的90年代,阎连科的《乡村死亡报告》、《天宫图》、《黄金洞》、《年月日》、《耙楼天歌》回荡的是80年代文学先锋精神的余响。

原载《当代作家评论》2013年第5期

---

① 张韧:《中篇小说三十一年》,福建人民出版社,1983年,第14页。
② 滕云:《中篇好,其唯中篇而已乎?》,《文学自由谈》1986年第3期。

生死游戏仪式的复原
——《日光流年》的索源体特征

王一川

两年多以前,我被阎连科的长篇小说《日光流年》①一举"击中"了:小说还可以这样写?尤其是,小说文体还可以这样设置?简直出人意料、令人称奇了!处在惊喜中的我怀着好奇心去琢磨,竟一时找不到进入它的文体世界的门径。对这样一部在中国现代长篇小说中前所未有的"倒放"式文体,我确实一时感到无话可说。这也就是为什么,在随即于北京召开的《日光流年》研讨会上,我对这部自己偏爱的作品竟采取了可能让人误会的沉默态度。这种情况在我并不少见,因为,对我认为是"好"的小说,常常舍得花更多的时间去琢磨。

在这两年多的时间里,这部小说的文体问题时常萦绕在我脑际,唤起我"破译"的冲动。文体是我近年感兴趣的一个问题。按我的理解,文体是指文学的意义得以呈现的语言组织,这种语言组织是按一定的形式法则结构起来的。这样的文体不是文学作品的多余的或可有可无的外在修饰,而直接地就是它的意义的生长地,是意义的呈现方式。因此,文体对于文学作品来说是至关重要的。从梁启超的《新中国未来记》(1902~1903)的"杂糅文体"到20世纪末的"跨体文学"②,中国现代小说文体已经展示了它的丰富与奇妙,似乎该有的都有了。但面对《日光流年》的文体,我还是感到了意外和奇异。我也不时地留心一些敏锐批评家的评论文字,希望看到有令人满意的解答,那样我就可以释然了,不必再费神了。有的论者称赞小说讲述了一个闻所未闻的惨烈故事,把苦难写得质感透明,把深厚与天真糅成了至纯和心酸,从而写出了中国农民的一部心灵宗教史、生命救赎史③。另有论者则关注小说里"三姓村"人的英勇而又惨烈的反抗及无奈的悲剧命运,认识到"耙耧山脉里面三姓村命运只能是,从一出悲剧进入另一出悲剧"④。这些评论都很精当,富有眼光,不过,我所挂念的文体问题却还是没有得到直接的回答。我以为,在这部小说的美学效果的实现过程中,

---

① 阎连科:《日光流年》,花城出版社,1998年。
② 王一川:《倾听跨体文学潮》,《山花》1999年第1期。
③ 何向阳:《缘纸而上或沿图旅行》,《花城》1999年第3期。
④ 南帆:《反抗与悲剧——读阎连科的〈日光流年〉》,《当代作家评论》1999年第4期。

文体起了十分重要的作用。只有对它的文体特征作出适当的说明,才有可能对这种令人惊奇的美学效果道出其奥秘之一二。同时,对文体特征的说明,有可能使我们见出小说中被通常阅读所忽略的某种无意识的深层意义。所以,我在这里不揣冒昧地略谈小说的文体特征,以便作为今后深入讨论的引玉之砖。

一、索源体

这部小说在文体上有一个显而易见的特征:倒放,或复原。与通常倒叙体小说只在开头叙述结尾而很快从头说起不同,这部小说干脆先写最后发生的事情,再倒回去依次逐步回溯过去的事情,几乎就像倒放录像带一样。用叙述人在小说中说的那样,它寻求的是"往事继续复原":"盛旺的树叶缩回到了芽儿,壮牛成了小犊,一些坟墓里的死人,都又转回到了世上。司马鹿、蓝三九和竹翠也都回到了娘的肚里……"具体地说,小说本文由五卷组成,依次逆向地回溯故事进程,即第一卷叙述主人公司马蓝的死亡过程,第二卷说司马蓝担任村长后的奋斗经历,第三卷说青年司马蓝如何当上村长,第四卷讲少年司马蓝成为同辈中的领袖,第五卷说司马蓝的童年生活及出生,中间穿插几位前任村长和其他有关人物的故事。如何看待这种文体设置呢?应当承认,这样的倒放式文体,在中国现代小说中应是前所未见的创造。如果要给它一个名称,我想是否可以说它是"索源体"小说?"索源",是从刘勰《文心雕龙·序志》借鉴来的:"振叶以寻根,观澜而索源。"这里取的正是拨开枝叶以寻根茎、观察波澜以追索源头的意思,突出的是对事物原初或初始状况的寻找和复原。在这个意义上,所谓索源体,就是指按时间上的逆向进程依次地倒叙故事直到显示其原初状况的文体。索源体的特征是按时间上的逆向进程来结构,依次地倒叙故事,其目的是要追索事物的原初状况。由此可见,《日光流年》的全部叙述都是按索源体特征来安排的,因而可以称为索源体小说。

二、索源体的特征

这种索源体小说具有自己的美学特征。这可以简要概括为:逆向叙述。这是从小说的本文叙述结构来说的,属于这部小说的最鲜明的特征。逆向叙述,是指本文的时间进程恰是故事时间进程的逆向展开形态。小说的故事时间总是一种线性地推进的过程，从事件的开始演进到它的结束，是不可逆的。但本文时间却是受叙述人操纵的，是可以自由地演进的，也就是说，它可以不受故事时间的线性束缚而非线性地和自由地展开。这里的逆向叙述，就是指本文时间与故事时间的一种不一致状态，它呈现为逆故事时间流而展开的本文时间形态，本文全篇都处在倒叙形态。小说的五卷按事件的倒放顺序安排，正表明了这一点。这在小说中是一目了然的。

具体说来，与通常的叙述不同，逆向叙述有如下特别形态：第一，在叙述顺序上，后发先叙。后发生的事先说，先发生的事后说。例如，先说主人公司马蓝的死亡过程，再退回去说他从中年到青年到少年再到幼年直到出生的经历。第二，在人物的生长节律上，先死后生。与后发先叙相应，人物（如司马蓝）总是先走向死亡，然后才回退着逐步显示出一生的经历，直到出生。第三，在事件的因果关系上，先果后因。先讲述事件的结果，再将其原因逐渐地倒放着打开来，犹如先观波澜后见源头一样。例如，我们先知道了司马蓝违背诺言没有娶蓝四十，后来在倒放中才一点一滴地明白了其真正原因。这样的逆向叙述有什么意义呢？可以说，其意义是重要的：第一，可以激发读者的寻根索源的好奇心；第二，强化故事的神秘感；第三，显示作者的探本索源意向。当然，要具体地回答这一点，还需要继续问下去。

三、行为模式：反抗与代价

这种索源体小说显然是以追索事件的源头为目标的。那么，故事中的三姓村人在行为上体现了怎样的模式呢？这可以概括为反抗与代价的二元对立模式。一方面，以司马蓝为杰出代表的耙耧山三姓村人，在四十岁必死的宿命面前体现了无所畏惧、前仆后继的英勇无畏的反抗精神。在他们的行为中，反抗宿命是理所当然的、不言而喻的。但另一方面，他们为了实现"活过四十岁"这一崇高目标，又甘愿以人生中最宝贵的东西为代价：集体下跪，卖皮，卖婚，卖淫，直至舍身。他们的反抗是如此英勇无畏，而付出的代价又是如此巨大而无法估量，这就形成反抗与代价的二元对立格局。这种二元对立的对立性集中地表现在，他们的反抗不折不扣地具有伦理的合理性，但他们的代价却往往又丧失了这种伦理合理性，或者甚至干脆与之相对抗。例如，司马蓝要当村长以便实现带领村民活过四十的愿望，这似乎体现了行为的最大的伦理合理性；但是，为此他竟然让出恋人蓝四十，并荒唐到让她以处女之身去"侍奉"卢主任、直到去九都城里卖淫，这就丧失了伦理合理性了。这无疑构成了合理的反抗与不合理的代价之间的二元对立关系。这种二元对立造成的紧张关系甚至贯串了小说始终。似乎可以说,哪里有宿命,那里就有反抗;但哪里有反抗,那里就有代价;而哪里有代价,那里的反抗就打折扣了。

四、关键词:生死对话

要追索这反抗与代价二元对立模式的源头,可以有若干不同途径。这里只是从小说中的关键词入手去作尝试。从小说本文使用的众多语词中选择一二个关键词去分析,有助于发现小说的意义的特殊组织方式。可以说,这部小说的关键词是"生"与"死"。"生"有时换成"活","生"即"活","活"即"生",两者是同义语。这里展开的是"生"与"死"的对话。简单说,就是生死对话。在这里,生与死相生相克,如影随形。生,必然伴随死;死,必然通向生。例如:第一卷第十四章写司马蓝修渠成功,等待着与蓝四十合铺,这代表了生的希望;但同时,却发现了蓝四十的死,紧接着就是司马蓝与她一同赴死。而正是在这死亡氛围中,传来二豹的"灵隐渠水通了"的狂唤,给村人带来了生的希望。但接下来,又出现杜流死的噩耗。这样,三姓村人就似乎总是处在频繁的生死对话中。生死对话并不是单纯的语言行为,而就是生活本身。如果我们还相信所谓的"生存本体论"的话,那么,生死对话就直接地构成了三姓村人的生存本体。他们的生活就是生死对话。这种生死对话表现在:一方面,人活四十必有一死,这是死的恐怖;另一方面,为了活过四十又发掘出生的无尽渴望,这是生的诱惑。耙耧山人就是生存在这死的恐怖与生的诱惑之间,展开了奇特的生死对话。在这里,指出这种生死对话是相对容易的,因为只要认真阅读这部小说的读者,都会承受小说中的严峻的生死问题的剧烈震撼。然而,真正重要的是指出这种生死对话的具体表现方式:耙耧山三姓村人的生死对话的特殊处何在?在我看来,正在于两点:一是生死循环,二是生死悖论。

生死循环,是指三姓村人的生活体现出生与死之间的循环往复关系。具体表现在:第一,由死及生。由于意识到四十必死,"置之死地而后生",就生发了顽强的生的冲动,这可以解释耙耧山人的顽强奋斗的原因和动力。第二,为生而死。为了生,他们甘愿死:付出生命,付出贞操,付出皮肉,付出尊严,直到付出几乎一切。这可以解释他们的奋斗方式。第三,死而向生。前人的英勇、壮烈和惨烈的死,更激发起后人的生的渴望,一切"为了活过四十"。这可以解释他们的奋斗的传统原型。第四,生而向死。他们的生是指向未来的,永远为未来而活着,为了"四十以后"的未来远景而不惜牺牲自己的当下幸福、甚至生命。

这也就是说,为了生而不惜死。这就注定了他们的生是为了死——为避免早死而求生,为求生而不得而寻死。这可以解释他们的奋斗的目的。这样,他们由死及生、为生而死、死而向生、生而向死,实现了生死循环。他们是无法逃避这种生死循环的宿命的。而要理解这种生死循环,就有必要进一步分析他们的行为中的生死悖论。耙耧山人们的行为多种多样,但都可以概括为这样一种奇特的悖论:重生轻死和重死轻生。

先来看重生轻死。全村人十分重视生,一切为了活过四十岁,这是不言而喻的。与此相关的是,他们轻死——轻视死亡,不把死亡当回事。可以看到,其一,司马蓝率众弃尸,大胆地舍弃在教火院死去的杜桩的尸体,形成尸谏,以此换得大批工具修渠。其二,蓝三九死了,杜柏把妻子"静默悄息埋了"了事。其三,七人在修渠时死去的消息竟被司马蓝死死藏匿住,然后"丧事喜办"。这似乎证明了一个道理:过分重视生必然导致过分轻视死。

然而,我们还可以看到一种奇特的相反的现象:重死轻生。重死,就是非同一般地重视死,或者过高估价死的重要性。不妨来看这些事例:(1)活寻墓穴。司马蓝兄弟三人在活着时就争抢墓地面积。(2)"合睡"。司马蓝和蓝四十生前有许多机会都没有"合铺",但死后却一定要"合睡"。他俩的合睡仪式令人感慨。(3)睡棺。司马蓝的岳父杜岩将死未死,迫不及待地活着就往棺材里钻:"人生在世如一盏灯,灯亮着要灯罩干啥儿?活有房,死有棺,死人没有棺就如活人没有房。"(4)戴孝。看见女儿蓝四十主动为司马蓝的父亲司马笑笑戴孝,"蓝百岁气得嘴唇发抖,说四十,日你娘哟,把孝服脱下来,你爹你娘还活着哩"。蓝四十睁着一双黑珠亮丽的眼说:"爹,你们不是要让我做蓝哥哥的媳妇吗?"(5)扛尸。少年司马蓝勇敢无畏地把翻土累死的蓝长寿的尸体扛走。(6)结阴亲。司马蓝看见被乌鸦啄死的27个残疾"儒瓜"的尸体说:"活人要成家过日子,死人也要过日子。把他们男女配成对儿埋。"死了也要结成"阴亲"。这些事例说明了村人对死的过分敬畏和重视。另一方面,他们在重死的同时又必然地轻视生,即轻生。轻生就是轻视生命,轻视活着。这具体地表现为生弃——生生抛弃,活着却舍弃活人需要的宝贵的东西。(1)弃膝。人的膝盖是用来直立行走的,但司马蓝建议蓝百岁带领全村人向卢主任下跪,以便卢主任同意带人来翻地。(2)弃皮。为了换来钱,司马蓝及村人频频选择卖自己的皮的方式。(3)弃爱。司马蓝为了当村长、实现带领村人活过四十的夙愿,不得不选择舍弃自己的至爱蓝四十而娶了同村权力竞争对手杜岩的妹妹杜竹翠,从而过着没有爱情的生活。(4)弃贞。为了活过四十,蓝四十在司马蓝的劝说下竟舍弃贞操,先后"侍奉"卢主任和去城里做"人肉生意",成了"肉王"。还有司马桃花舍弃贞操伺候卢主任,司马蓝的母亲杜菊与蓝百岁私通等。(5)弃生。司马蓝的母亲杜菊因与蓝百岁的私情败露,自己在丈夫坟前吊死;蓝四十的母亲因女儿蓝四十被"逼"侍奉卢主任服毒而死。村长司马笑笑为了全村活命,活活舍弃了27个残疾儿"儒瓜",接着不久,司马笑笑自己也以身饲鸦,为饥饿的村人换来乌鸦做食粮。这些事例又表明,他们是那么轻生,不把生命当回事。重死轻生,就是过分重视死而又过分轻视生,太把死当回事而又不把生当回事。这不是矛盾又是什么?

从上面关于重生轻死和重死轻生的分析可见,耙耧山人在生死问题上体现了一种奇怪的悖论:既重生轻死而又重死轻生,换言之,既重生又轻生,既重死又轻死。他们的生命就这样陷入悖论之中,演绎出一出出既感人至深又令人困惑的人生悲剧。说它感人至深,是由于以司马蓝为代表的耙耧山人的无私的、富于自我牺牲精神的奋斗,常常催人泪下;而说它令人困惑,是指他们的合理行动却又往往违背起码的情感和伦理逻辑,如司马蓝为当村长而舍弃恋人蓝四十、让她"侍奉"卢主任、去九都做"人肉生意"等。司马蓝的话显得如此具有合理性:"想给我成亲也可以,趁公社卢主任还没走,你去侍奉他两天,让他把外村人全都留下来,把咱村的地全都翻一遍,今年家家户户就能吃上新土的粮食了。""不要说你是侍奉卢主任,你侍奉啥儿人我都要娶了你,我要不娶你做我媳妇我天打五雷轰。"如此充满矛盾的生死对话又能怎样?到头来谁能打破或超越这个悖论呢?

五、生死游戏仪式及其作用

问题在于,这种生死循环和生死悖论是如何形成的?换言之,造成这种生死循环和生死悖论的深层原因是什么?要回答这个问题,不应忽略小说中一再出现的带有原初意义的仪式形象——生死游戏仪式。"仪式"一词在这里当然是在较为宽泛的意义上使用的,既指专门的正式"仪式"如出殡,又指具有仪式般庄重意味的场景。似乎正是要回答上述生死循环和生死悖论的谜底,小说穿插讲述了令人印象深刻的生死游戏仪式。在这里,代表生(活)的是结婚游戏、亲密触摸仪式,而代表死的则是合睡和出殡仪式。

发生在司马蓝和蓝四十之间的生的游戏仪式,从小说本文时间顺序(逆向叙述)看,先后出现过三次。第一次,是两人童年时候的结婚游戏仪式(第四卷)。在一场蚂蚱灾害之后的油菜地里,司马蓝和蓝四十"摹拟"了一对夫妻的吃饭、睡觉、谈话过程,彼此通过视觉和触觉而辨清了异性的身体特征,从而实现了与异性的初次身份认同。第二次,是两人的拉手游戏仪式(第五卷)。面对由司马蓝父亲发起的全村夫妻加紧行房事、生儿育女的"运动",司马蓝和村里其他孩子都获得了一种特殊的体验:他们"感到自己长了十几岁长大成人了","明白了人世上最为神秘的一件事"。于是,他们聚集在一起,无意识中男孩与女孩手拉着手。在这里,司马蓝生平第一次与蓝四十"牵手"了。两人手分开了,司马蓝的感觉是奇妙的:"分开了,司马蓝感到握着蓝四十的那团肉儿的手里,像飞走了一只鸟,只剩下空空荡荡的热窝捏在手心里。"第三次,是两人婴儿时候的吸奶仪式(第五卷)。被迫提前断奶而吸猪奶的孩子司马蓝,被蓝四十的母亲叫去,与不足一岁的蓝四十一起吃母奶。叙述人这样告诉我们:

> 她对他笑了笑。这是四十一生对他的第一次笑,笑得无声无息,就像一瓣初绽的红花浮在她那水嫩的嘴角上。
>
> 于是,他们相识了,开始了他们情爱最初的行程。他含着她母亲的右奶,她嚼着左奶,两个人的一只手都在那双奶的缝间游动着,像一对爬动在一片暄虚的土地上的多脚虫。他们的余光相互打量着,两只手爬到一起时,他们的目光都带着奶香的甜味碰响在奶前的半空里,如两股清泉在日光中流到一起,积成一潭,闪出了明净的光辉。这当儿,他们的手在那片胸前的空地上相互触摸着,就像他们彼此来到这个世界上,第一次发现了还有对方样新奇而又欣喜,都感到那已经开始稀释了的奶水甜得无边无际,把眼角外的山坡、村落、房舍、树木、猪狗都染得甜腻腻的了。他们不言不语。……

这次相识和相处仪式是他俩生平的第一次,但也是原初的一次。原初就意味着开端,而开端不是随便什么开头,而就是后来不得不遵守的规范:它注定了会在以后的时间里重复出现。这第一次亲密触摸仪式般地预示了司马蓝和蓝四十的悲剧性爱情历程。

有生的游戏,必然就有死的游戏。司马蓝和蓝四十之间的死亡游戏仪式有两次:合睡和出殡。合睡仪式发生在蓝四十死后和司马蓝死时(第一卷)。在这里,对于临死而满含遗憾的司马蓝来说,合睡的意义是双重的:既是与心爱的人一同慷慨赴死,又是在死亡中实现在生前无法实现的与心爱人"合铺"(即结阴亲)的愿望。在这里,村头灵场上的葬乐恰好同时成了他俩的合葬的哀乐和合铺的喜曲。叙述人不惜篇幅地长段渲染这种仪式的音乐氛围,从而幻化出司马蓝和蓝四十两人的爱情的乌托邦景象。在这里,合睡仪式沟通了葬礼和婚礼,集中地点明了小说中生死循环题旨。

而出殡游戏仪式则出现在第五卷第五十七章(末章):司马蓝扮演死去的村长,由蓝四十扮演他的媳妇,与村里孩子一起为他送葬。"村长"司马蓝躺在棺材里,体验到了丰富而又复杂的感受。"忽然他想咯咯笑一下,躺在做了棺材的门板上,如坐轿一样悠悠闪闪的舒服哩。他有些后悔这出殡送葬游戏做晚了。他想以后天天都做出殡的游戏该多好。"司马蓝想着"天天都做出殡的游戏","游戏"成了他的白日梦。而正是在这死亡游戏幻化出的梦境中,"世界又回到了原初的模样儿",司马蓝又回到了母亲的子宫里,"被半温半热的羊水浸泡着"。他的婴儿的五官敏锐地感受到了来自外部世界的诱惑力。于是,"司马蓝就在如茶水般的子宫里,银针落地样微脆微亮地笑了笑,然后便把头脸挤送到了这个世界上"。在这里,死亡游戏是直接通向生命的初生的。这也印证了前面所谓"死而向生"的生死循环论述。

上述生死游戏仪式有什么共通的东西? 它们在小说里的作用何在? 我们看到,游戏都是在假定情境中进行的,假的;但是,这些假定情境又往往会在现实生活里出现,真的。司马蓝与蓝四十之间的游戏仪式注定了会在生活里复现,尽管是变形的复现。这表明,假的并非假,而可能通向真。而另一方面,假如把游戏全当真,又会发现它毕竟只是虚拟物,是不折不扣的假。这样,真的就又是假的了。假作真来真亦假,真作假来假亦真。生活就是如此。这些生死游戏仪式的出现,似乎在证明一个道理:对于司马蓝等三姓村人来说,人生不过如一场生死游戏仪式,假作真来真亦假,假假真真,真真假假。你当真时它假,你当假时它真,真假难分。由此看来,小说中令人既荡气回肠又遗恨绵绵的所谓生死对话、生死循环、生死悖论,其实正导源于这原初的生死游戏仪式。游戏是虚幻的,但它可以虚拟出比真实还真实的致命的"超级真实",注定了会在生活中现形;而生活是真实的,但它不过是虚幻的游戏的摹拟而已。生命如游戏,游戏如生命,人生就在这真与幻之间。这该是这部索源体小说所要竭力追索的人生奥秘吧? 当然,我这只是多解之一解了。

六、正衰奇兴语境与索源体的意义

应当如何看待阎连科在《日光流年》里创造的索源体呢? 他自己在《自序》里坦陈:写这书"不是要说终极的什么话儿,而是想寻找人生原初的意义"[①]。对"人生原初的意义"的寻找,构成了明显的作者意图——正是索源体所追索的人生原初意义。但这"人生原初的意义"究竟如何? 作者没有也不可能直接点明,而是借助小说的全部叙述去表现。读者能从这故事中"读"出什么"原初意

[①] 阎连科:《〈日光流年〉自序》,《日光流年》,花城出版社,1998年,第2页。

义"来呢？这应当是见仁见智的事。作者还有这样的话："所谓的人生在世,草木一生,那话是何样的率真,何样的深朴,何样的晓白而又奥秘……草木一生是什么？谁都知道那是一次枯荣。是荣枯的一个轮回。"这里关于"人生如草木"和"荣枯的一个轮回"的表述,暗示了作者的索源体叙述所指向的目标——透视人生的如草木般荣枯轮回的规律。说人生如草木般荣枯轮回,其实正是说人生如一个生死循环过程。而这种人生的生死循环规律,早已蕴涵在童真的生死游戏仪式中了。可见,作者的意图与索源体呈现的生死对话情境及其与生死游戏仪式的关系,是大体一致的。这暗示,小说的深意在于探索人的生存状况的原初游戏仪式渊源——人的现实生存不正是受制于原初的纯真游戏仪式么？这个"谜底"可能来得太简单了。但简单的东西有时是要历经繁复以后才能寻到的。阎连科自己看得很明确："一座房子住得太久了,会忘了它的根基到底埋有多深,埋在哪儿。现代都市的生活,房主甚至连房子的根基是什么样儿都不用关心。还有一个人的行程,你总是在路上走啊走的,行程远了,连最起初的起点是在哪一山水之间都已忘了,连走啊走的目的都给忘了。而这些,原本是应该知道的,应该记住的。"他写这小说的目的,恰是"为了帮助我自己寻找这些"①。显然,他创造索源体正是要倒放地回溯人生的被遗忘的生死游戏仪式"根基"。

自20世纪80年代以来,中国作家掀起了一浪又一浪的文学"寻根"热潮,对"人生原初意义"的追寻成了他们的相近目标,尽管他们各自采用的方式是那么不同。单就文体来说,作家们的追求确实丰富多样。而正是在这种以不同文体追索人生原初意义的热潮中,阎连科的索源体小说具有自己的独特位置。我们曾经论述过一些文体现象:王蒙的"拟骚体"(如"季节"系列)、张炜的"双体"(《家族》)、刘恪的"跨体"(《蓝色雨季》和《城与市》)②、铁凝的"反思对话体"(《大浴女》)③。现在需要在这支文体探险队里增列阎连科的"索源体"了。这些新型文体在文体历险上的一个共同特征,就是奇体。奇体是与正体相对而言的。正体是指正统的、主流的文体模式,而奇体是指非正统的、边缘的文体模式。当正体衰微时,往往有奇体产生,并且走向兴盛,成为新的正体。这就是正衰奇兴。20世纪90年代以来的长篇小说文体正处在这种正衰奇兴语境中。以往的以"现实主义"为支撑的正体走向衰微,这为奇体的兴盛带来了契机。人们

---

① 阎连科:《〈日光流年〉自序》,《日光流年》,花城出版社,1998年,第2页。
② 王一川:《汉语形象美学引论——二十世纪八十—九十年代中国文学新潮语言阐释》,广东人民出版社,1999年,第297~331页。
③ 王一川:《探访人的隐秘心灵——读铁凝的长篇小说〈大浴女〉》,《文学评论》2000年第6期。

既从外来的"现代主义"和"后现代主义"这类奇体中找到灵感,也从中国古典文学的奇体传统中寻求启示,制作了一个个新的奇体小说。在这种奇体竞相喧哗的语境中,阎连科的索源体也是以"奇"的姿态亮相的,显示了独一无二的独特的奇体风貌。在逆向叙述中叩探生死循环和生死悖论及其与原初生死游戏仪式的关联,由此为探索中国人的现代生存境遇的深层奥秘提供一个充满想象力的奇异而又深刻的象征性模型,似乎正是这种索源体的独特贡献之所在。我个人以为,由于如此,这部索源体小说完全可以列入中国现代长篇小说杰作的行列。

2001 年 6 月 10 日完稿于北京志新桥
原载《当代作家评论》2001 年第 6 期

试论阎连科的《坚硬如水》中的恶魔性因素

陈思和

陀思妥耶夫斯基在《群魔》的扉页上引用《路加福音》第八章里的一段话："刚巧在不远之处，正有一大群猪在饲食。群鬼就要求耶稣准许它们进到猪群里，耶稣答应了。群鬼就离开了那人，投入猪群去。那群猪忽然冲下悬崖，掉进湖里统统淹死了。"①陀氏用这个故事来形容当时俄罗斯混乱的道德与社会状况是否准确，一向是有争论的，但这个"魔鬼附体"的比喻却使人联想到人类历史上某些疯狂的阶段，在这个阶段里，"魔鬼"作为一种客体的意象制约了主体的理性，同时它又是通过主体的非理性的疯狂行为来完成一种灾难的创举。关于这样一种介于主客体之间的诗人疯狂的因素，基督教经典与陀氏小说里称之为"魔鬼附体"，而在文学史上，则有一个与此相对应的现象：the daimonic，根据比较直接的理解，可以把它译作"恶魔性"。我们从陀氏引用的圣经故事里还可以进一步来理解这个词：这个故事的背后还有某种拯救的含义，因为当魔鬼附在猪的身上疯狂地跳下河里，那个被魔鬼纠缠的人却获得了拯救。我的理解恶魔性主要体现在猪疯狂冲下悬崖这一刹那，它意味着，这种恶魔性同时也包含着某种神的意志，大破坏中包含了大创造的意图。

如果联系到20世纪的世界性现实环境，那么，陀思妥耶夫斯基对恶魔性的忧虑非但不是无的放矢，而且至今还闪烁着先知的光彩。它的现实依据完全不同于以前几个世纪，那是在人类文明获得了高度发展、科学技术使人的本能欲望获得了最大释放的前提下，关于两次世界性的大战、德国与日本的法西斯运动、犹太人集中营、越战和柬埔寨的大屠杀、中国的"文革"以及"九·一一事件"引发的对恐怖主义的世界性围剿，等等等等，都可以成为重新思考恶魔性这一范畴的材料。本论文正是从这样的思考基础上出发，借助对当代作家阎连科②的一部长篇小说《坚硬如水》的文本分析，来讨论中国当代文学中有关恶魔性的变异形态及其含有的世界性因素的意义。

---

① 陀思妥耶夫斯基：《群魔》（上），南江译，人民文学出版社，1983年，扉页。
② 阎连科，中国当代著名小说家。1958年生于河南省嵩县的一个偏僻小镇。1978年应征入伍，1985年毕业于河南大学政教系，1991年毕业于解放军艺术学院文学系。主要作品有长篇小说《日光流年》和中篇小说《年月日》、《耙耧天歌》等。《坚硬如水》是一部以"文革"为背景的长篇小说。

一、"恶魔性"在世界文学创作中的体现及其在文学研究中的应用

尽管 the daimonic 一词起源于古希腊,并在西方文学创作中具有悠久的传统,但大部分时间都是出现在诗人、神学家的创作与议论之中。真正引起文学史批评家的关注似乎还是近代的事。我们读到 20 世纪 70 年代出版的一部美国心理学家罗洛·梅写的通俗读物《爱与意志》①,其中第五章专门探讨了 daimonic 与爱欲之间的关系。他在介绍这个概念的历史演变时,用了整整一节的篇幅来介绍这个概念的历史演变过程。但作者在注释里承认,他这方面的知识来自沃尔夫冈·楚克尔博士(Dr. Wolfgang M. Zucker)的一篇尚未发表的论文:*The Demonic:From Aeschylus to Tillich*(这篇论文现在已经公开发表了)②,如果对照两者的内容,在历史知识方面,罗洛·梅的书里确实没有提供更多的东西。同时,从这篇论文里所引用的相关资料里也可以看到,关于这个问题人们只是就单篇作品中的恶魔意象发表过一些片段看法,并没有系统地给以阐述过。而远比他们更早就注意到这个问题,并且第一个从世界文学史的角度论述恶魔性因素的,恰恰是中国的鲁迅。他的《摩罗诗力说》写作于 1907 年③。

无论是罗洛·梅还是楚克尔在探讨恶魔性④时都追溯到了古希腊时期。daimonic 一词的词根是 daimon,古希腊语则是 δαιμων。根据这样的提示,我们

---

① Rolly R May, Love and Will , New York : Dell Publishing Co. Inc. ,1974。此书有多种中译本。本论文引文所依据的是《爱与意志》,冯川译,国际文化出版公司,1987 年。
② Wolfgang M Zucker ,The Demonic: From Aeschylus to Tillich, in Hugh T. Kerr ed. , Theology Today, Princeton , April 1969 , Vol. 26 , No. 1 , pp. 34-50.
③《摩罗诗力说》写作于 1907 年,初刊于《河南》杂志第 2 号和第 3 号,1908 年 2 月和 3 月。现收入《鲁迅全集》第一卷,人民文学出版社,1982 年。
④ 对恶魔性这个词,罗洛·梅和楚克尔使用的英语各不相同,前者用 the daimonic,后者用 the demonic;尽管罗洛·梅在《爱与意志》中认为这两个词只是拼写不同而已,但 demonic 与 daimonic 的用法仍有所不同。demonic 的含义有两种:第一种,恶魔的、魔鬼似的、邪恶的、残忍的;第二种,力量和智慧超人的,像一种内在的力量、精神或本性那样激烈的、有强大和不可抗拒的效果和作用的,非凡的天才的。当用作第二种含义时,为了区别,一般拼写成 daemonic,与此对应的德语词是 damonisch;而 daimon 又与 daemon 等同,所以,结合本论文所探讨的内容,既可以选用 daemonic,又可以用 daimonic。以上内容参见:Ph. D. Philip Babcock Gove ed. ,Webster's Third New International Dictionary, U. S. A.: W. &C. Merriam Company; The Oxford English Dictionary , Vol. Ⅲ , Oxford University Press, 1978; C. T. Onions ed. , The Oxford Dictionary of English Etymology, Oxford University Press, 1966。

不妨来分析这个词在古代希腊文献里的原始意义。

这个词在古代希腊哲学家的著作里经常出现。在柏拉图对话里,《申辩篇》里记载苏格拉底被人指控有罪,他的罪是他腐蚀了青年人的心灵,相信他自己发明的神灵,而不相信国家认可的诸神。苏格拉底毫不犹豫地承认了他自己的神灵是他从小就相遇的一种声音:"我与之相遇始于童年,我听到有某种声音,它总是在禁止我去做我本来要去做的事情,但从来不命令我去做什么事。"他说,为了服从神的命令,我接受了这种义务,神的命令以神谕、托梦以及其他各种神圣天命的形式出现①。正因为这种 daimon 是以神秘的方式接近他,所以他不可能违背它的声音,甚至就在他被判决死刑的时候,因为那种灵异的声音没有来阻止他,所以他慨然赴死。从《申辩篇》里的描写可以得出几个印象:(1) daimon 是一种与当时希腊国家承认的诸神相对立的神灵,从正统的观点来看,也可以称之为"魔";(2)它是以某种神秘的方式来接近人,指示人的行为,也就是所谓"魔鬼附体";(3)它对于当时的国家意识形态和社会秩序具有某种破坏性,以至于国家要对苏格拉底处以死刑;(4)被附体者对这种力量的服从高于一切,甚至于生命,因为他在这种对既成秩序的破坏里面感受到一种未来新世界的创造。

在柏拉图的另一篇对话《会饮篇》里,柏拉图又通过苏格拉底与女巫第娥提玛的对话,讨论了 daimon 与爱神的关系。第娥提玛告诉苏氏:爱神爱若斯(Eros)不是神,而是介乎神与凡人之间的 daimon。这种拟人化的 daimon 是人与神之间的传语者和翻译者,他们感发了一切占卜术和司祭术,一切关于祭礼、祭仪、咒语、预言和巫术的活动。神本来不和人混杂,但是由于 daimon 的存在,人与神之中才有往来交际。爱若斯就是 daimon 中的一个,他的来历十分可疑,是"富有"神醉酒后与"贫困"神交配而生的孩子,他粗鲁丑陋,赤着脚,无家可归,但是他又有着"富有"的血统,追求善和美,敢于勇往直前,百折不挠,为了达到目的而诡计多端。柏拉图进而论述了,这样一种爱的力量其实是来自于生殖的冲动,也就是生命延续的本能需要②。柏拉图第一次论证了 daimon 与性爱的关系,换种说法,daimon 包括了性的冲动和原始的生命力,是一种把神性与人性结合起来的力量,它不是来自外界,而是来自人自身的内在生命驱动力。这种对爱欲的理解后来直接启发了奥地利心理学家西格蒙德·弗洛伊德(Sigmund Freud,1856~1939)的里比多的理论,他爱把自己的理论与柏拉图的爱欲说挂

---

① 《柏拉图全集》第一卷,王晓朝译,人民出版社,2002年,第20、22、30页。由于各种译本对 daimon 的译法不同,本论文为了方便读者理解,在引用原译文时,凡这个词一律用外文原文。

② 《柏拉图文艺对话集》,朱光潜译,人民文学出版社,1959年,第240~241页。

起钩来①。这个词还出现在古希腊的其他哲学家的著作里,如赫拉克利特有一句名言:人的性格就是他的 daimon②。也就是把这个概念与人的内在的某些因素联系起来。

在古希腊悲剧里,埃斯库罗斯的《波斯人》里直接使用了 daimon 这个词。它的故事是古代波斯王塞尔克塞斯统兵 20 万和海船 600 艘大举入侵希腊,过赫勒斯庞特海峡的时候,他企图用大铁锁像锁住奴隶那样锁住大海,结果这种狂妄的念头使他大败。悲剧并不是正面表现战事的失败,而是通过波斯王的母亲的噩梦和父亲大流士亡灵的显现,来叹息波斯王的悲剧命运。下面是大流士与他妻子阿托莎的对话:"如此庞大的军队,他的陆军,何以过得海峡?""精巧的设计使他轭连起赫雷的港湾,开出一条路线。""什么?他越过了波斯普罗斯海域。""是的,是某位神明,使他如愿。""悲啊,必定是某位强健的 daimon 的干预,使他痛失理智。"接着是大流士的一段谴责他儿子的独白:"当人们急于自取灭亡,daimon 会介入其间……他是一个凡人,出自愚蠢,梦想征服所有的神明,包括波塞冬在内。我儿的心智肯定出了问题。"③埃斯库罗斯不仅指出了强大的 daimon 会使人无法掌握自己的命运而遭遇毁灭,同时也与人自身的心智不健全有关,因此被 daimon 所驱使的人还必须为自己的错误承担责任。

如果我们总结上述古希腊的有关文献的各种复杂含义来界定这个词,首先可以肯定,在古希腊人们的观念里,daimon 并不是一个反面的词。它仿佛与神明相通,但又有着区别,是介乎人神之间的一种中间力量。它神通广大,但又常常在人们失去理智的时候推波助澜,所以既有客体性,又与人的性格、心念、本能密切相关。它是对社会某种正常秩序的破坏,包括对社会意识形态的正统性(苏格拉底)、对社会伦理与道德的制约性(第娥提玛)以及对自然界规律的神圣性(波斯王),但在这种强烈的破坏动机里仍然包含了创造的本能和意愿。罗洛·梅在《爱与意志》中把它定义为:"是能够使个人完全置于其力量控制之下的自然功能。性与爱、愤怒与激昂、对强力的渴望等便是例证。它既可以是创造性也可以是毁灭性的,而在正常状态下它是同时包括两方面的。"④

从古希腊到 20 世纪的西方文学,恶魔性(The daimonic)的传统一直没有中断过。但后来的基督教义把魔鬼的概念完全驱逐出神明世界,上帝的世界与魔鬼的

---

① 转引自 Douglas N. Morgen, love: Plato, the Bible and Freud, Englewood Cliffs, N. J. Prentice – Hall, 1964, p.173. 弗洛伊德接受柏拉图的爱欲观点有过一个过程,可以参见罗洛·梅的书,第 81~90 页。
② 转引自 The Demonic: From Aeschylus to Tillich, p.37.
③ 埃斯库罗斯:《埃斯库罗斯悲剧集》,陈中梅译,辽宁教育出版社,1999 年,第 115~117 页。
④〔美〕罗洛·梅:《爱与意志》,第 126~127 页。

世界完全对立起来,形成了二元对立的凝固思维模式,魔鬼与恶魔性之间的联系也被撕裂开来,恶魔性的丰富含义被简化与阉割。中世纪的文学只有邪恶的魔鬼却少了生动丰富的恶魔性。于是,恶魔性的另外一个含义——与世俗、民间文化相关的含义,慢慢地被发展出来了。daimon 一词在拉丁语里被译作 genius,是守护神的意思,在晚拉丁语中又具有了创造欲、天赋、才华、天才等含义。在近代西方文化里,恶魔性因素往往转移到天才的艺术家身上。楚克尔指出:

> ……重新发现恶魔性(demonic),把它视为一种不能以善恶尺度来衡量的魔力,是由 18 世纪末反理性崇拜的"天才"造成的。这是对启蒙运动、对功利主义的中产阶级的秩序观念、对流行的道德神学和理智神学的根本反抗的表现。这种表现的必不可少的社会先决条件,在于旧社会秩序的崩溃和新边缘阶层的艺术家的产生(他们不再扮演熟练匠人的角色)。只有在这个时候,才可以使用"艺术家"这种称谓,这些名称不仅仅指称一种特殊的职业,而是指一种超乎社会和经济准则等级的生活方式。与此同时,诗人们开始看到,他们的同伴和朋友从前是在哲学家和学者之中,而现在却在视觉艺术家和音乐家之中。恰恰是因为世俗和宗教的王公贵族们不能再把画家和音乐家雇佣到他们府邸里,支付他们的薪金,才使各类艺术家们作为自由人来发展自己的天才的思想体系。
>
> 按照这一新的观点,艺术家就不再是那些学习使用画笔和刻刀,或能够弹奏各种乐器的人了,现在他必须天生具有某种超自然的力量:他必须有天才或者甚至他自己就是一个"天才"。天才与众不同,他属于一个不同的阶层,既不能被社会所理解也不能由社会去评判。不仅他的行为不能认同于既定的行为规范,而且奇异的作品也使其超凡脱俗。因此,艺术家既不能享受社会上实用性职业的舒适和奖赏,也不能强迫自己去受制于社会习俗的约束。
>
> 然而,关键是天才艺术家的这种反常的、这种边缘身份不是他们自由选择的结果,而是被一个半神性的力量,即"天才"附身作用的结果。所以,艺术家天资的实现不是一项可以通过人的行为而达到的成就,而是一种受难、一种激情。因此一般的善恶范畴和实用范畴都不能运用到天才身上。他的所作所为、他的受苦受难正是他的命运。他并不因为是一个非凡的艺术家所以才是一个天才;相反,正因为他被天才附身,所以他才是一个艺术家……①

这样一种以天才自居的"恶魔性"使艺术家自觉与世俗社会相对立,他茕茕

---

① The Demonic: From Aeschylus to Tillich, pp. 41 – 42.

独立、傲然不羁，常常听从心灵的召唤，而置社会道德、国家法律于不顾，因此也被庸常的社会众数视为魔鬼狂人。在西方浪漫主义文学传统里，从英国的诗人拜伦、雪莱，到俄罗斯诗人普希金、莱蒙托夫以及东欧诗人密茨凯维支、裴多菲等为一支脉，发扬的是反抗社会强权俗习、特立独行的浪漫主义的传统，他们大都具有强烈反抗强权的情绪，当他们的国家甚至是别的弱小国家被强国所欺凌的时候，他们这种反抗的情绪又转变为强烈的爱国主义的情绪。所以他们的恶魔性又往往与夸张的英雄主义联系在一起。中国的鲁迅正是站在这个立场上发表了《摩罗诗力说》，总结和发扬了这一恶魔性的传统。日本有学者经过缜密研究而揭示鲁迅著文的材料来源多来自日本学术界当时流行的《拜伦——文艺界之大魔王》等著述①，但这恰恰说明了鲁迅所拥有的正是当时日本学者所缺乏的综合世界文学、并为现实思想服务的能力。鲁迅从日本介绍西方诗人的零星传记著述中提升了拜伦的"魔王"精神，从而梳理出一个"摩罗诗力"的传统："摩罗之言，假自天竺，此云天魔，欧人谓之撒旦，人本以目裴伦（拜伦），今则举一切诗人中，凡立意在反抗，指归在动作，而为世所不甚愉悦者悉入之，为传其言行思维，流别影响，师宗主裴伦，终以摩迦（匈牙利）文士。"②以英国的拜伦始，以匈牙利的裴多菲终，这就是鲁迅根据中国"别求新声于异邦"的现实需要整合出来的一条西方文学的恶魔性传统。

20世纪随着西方神学传统与文艺复兴以来的现代文明遭遇到前所未有的挑战，西方现代主义文化思潮一方面以反叛的姿态推动了原有文明大厦的摧毁，另一方面法西斯主义夹杂在这股反叛思潮中掀起了新的恶魔狂潮，使人们对这个概念的重新关注有了现实的依据。德国伟大作家托马斯·曼正是在这样的历史环境下用重新阐释浮士德的经典形象的方法，对现实中极为复杂的德国现代文化的生成及遭遇、未来的可怕都作了极其深刻的艺术表现，这一表现熔铸在他的长篇小说《浮士德博士》中。他的主人公是一位与魔鬼有过签约的天才音乐家，但他与歌德笔下的浮士德的根本不同之处是，他把自己的创作严格限制在音乐的殿堂里，不仅是他的书斋与周围处在百分之百的隔绝状态中，而且在心理上也完全隔绝。评论家卢卡契（Georg Lukacs, 1885—1971）尖锐地指出了这一现象是因为"这位新浮士德所接触的知识界迈着一种反动透顶的假绅士派荒唐可笑的死人舞蹈的舞步，匆匆迎向法西斯主义的野蛮行径"，所以，他的"怕见世界"是对"当今人类的典型态度"③。这种典型的态度也同样可以

---

① 〔日〕北冈正子：《摩罗诗力说材源考》，何乃英译，北京师范大学出版社，1983年。
② 鲁迅：《鲁迅全集》（第1卷），人民文学出版社，1982年，第66页。
③ 〔匈〕乔治·卢卡契《现代艺术的悲剧》，范大灿编，《卢卡契文学论文选》（第1卷），人民文学出版社，1986年，第566页。

用来解释20世纪许多卓越的现代主义作家把"恶魔性"看作内心世界的一种原始情感和驱动力。最近我阅读了一篇研究《浮士德博士》的论文，作者运用恶魔性的理论视角解析这部迷宫一样的伟大作品，并在解读小说的过程中发展了罗洛·梅关于恶魔性因素的定义："它是指一种宣泄人类原始生命蛮力的现象，以创造性的因素与毁灭性的因素同时俱在的狂暴形态出现，为正常理性所不能控制。随着人类文明的进步与理性的增长，它往往被压抑，转化为无意识形态。在人的理性比较薄弱的领域，如天才的艺术创作过程，某种体育竞技比赛活动，各种犯罪欲望或者性欲冲动时等等，它都可能出现。它也会外化为客观的社会运动，在各种战争或者反社会体制、反社会秩序以及革命中，有时也会表现出来。还要补充说明的是，在其创造性与毁灭性俱在的运动过程中，毁灭性的因素是主导的因素，是破坏中隐含着新生命，而不是创造中的必要破坏。但如果只有破坏而没有创造，单纯的否定因素，也不属于 Das Damonische。"[①]这里虽然讨论的是德语里的 Das Damonische，其意义基本与英语里的 the daimonic 相同，关键是强调了这个词义中的"在其创造性与毁灭性俱在的运动过程中，毁灭性的因素是主导的因素"，这一结论强调了恶魔性因素向内心转移的特征，也反映了对恶魔性因素这一本质特点演变到20世纪的现实性的整体性思考。

中国现代文学从一开始就被包容在世界性的因素之内，它与世界文学思潮既有直接或者间接的影响关系，但同时又离不开自身现实环境的产生条件[②]，所以它对于恶魔性这样一种完全西方化的传统并不感到陌生。如果从鲁迅提倡的"摩罗诗力"开始，这个艺术因素可以追溯到狂人身上，当狂人面对了整个传统和守旧的市民道德的压力时，他幻想出被"吃"的恐怖景象，甚至把被吃者与吃人者互相置换，揭示了每个人都可能是"吃人者"。这个人身上具有的透彻觉悟和不顾一切要反对传统、与庸俗社会为敌的疯狂行为，正是来自于拜伦式的魔鬼形象，也是鲁迅对西方浪漫主义恶魔传统的一种功利的理解。狂人的内心世界是被黑暗笼罩的，他把"吃人"的意象上升到一种普遍的原始本能，在这一方面又熔铸了尼采、弗洛伊德等现代学说中与恶魔性相关的因素。同样的角色还有鲁迅笔下的《长明灯》里的疯子，他孜孜不倦地阴谋要把一盏长明灯吹熄。散文诗《野草》里，魔鬼形象更是频频出现，但与小说不同的是，这些用象征手法创作出来的魔鬼形象更多的是体现了叙事者内心分裂的一种声音，正如陀思妥

---

① 〔匈〕乔治·卢卡契《现代艺术的悲剧》，范大灿编，《卢卡契文学论文选》（第1卷），人民文学出版社，1986年，第566页。
② 关于世界性因素的理论，请参考拙文《关于二十世纪中外文学关系研究中的世界性因素》，《中国比较文学》2000年第1期。

耶夫斯基艺术世界里的魔鬼,"是出现在意识表层的分裂的自我,变了样的自我"①。

　　这样一种综合了几个世纪以来西方文学原型的恶魔性因素,恰恰是鲁迅依据了中国现实环境,为世界性的恶魔性因素提供了东方半殖民地的独创品种。它与中国自身传统里的神魔小说并不一样,与狐仙树精的民间鬼故事也不一样。它的西方化特征使这一意象朝着两个方向开拓自己的形象空间,就是犯罪与疾病,于是,狂人、疯子、罪犯往往成为恶魔性因素的主要承担者。与它的西方原型一样,中国文学里的恶魔性因素随着环境的变化时隐时现,不断变化着自身形象及其内涵。在这样的背景下来讨论当代作家阎连科的长篇小说《坚硬如水》②,就不难看出艺术形象的内涵是如何随着环境的变化而发生变化的。公平而论,《坚硬如水》里的主人公在他的家乡程岗镇所做的革命举动,只是要求炸毁传统理学文化的象征:程寺和牌坊。这在"文革"的政治动乱中是极为表层的小灾小难,在当时的革命形势下不可能遇到什么阻力,如果从反传统的文化渊源来说,也很难割断这个人物与五四反传统文化背景下的狂人形象之间的联系。"文革"时期红卫兵运动有一种对五四精神和鲁迅精神的不自觉地模仿,恐怕也是与这种狂人、恶魔的特殊意象有关③。

二、《坚硬如水》分析与恶魔性因素

　　如果仅仅从"文革"题材的角度上来评价《坚硬如水》,我觉得是不适当的,因为从描写"文革"的现实历史的角度来衡量,这部小说有很多违背真实的地方。但正因为它不是一部一般地描写"文革"时期生活细节的作品,它才在精神现象上凸现了时代的怪异和真实。它是一部重现恶魔性因素的书,而"文革"给这种怪诞的人性欲望提供了一个表演场景。这部小说的封面上印着这样的广

---

① 〔德〕赖因哈德·劳特:《陀思妥耶夫斯基哲学》,沈真等译,东方出版社,1996年,第300页。
② 阎连科:《坚硬如水》,长江文艺出版社,2001年。本文中引用的小说片段均依据这个版本。
③ "文革"中在红卫兵运动中曾经流行过一出大型话剧,叫做《敢把皇帝拉下马》,描写文革中有一个红卫兵因为反对刘少奇而被迫害的故事,那个主人公被誉为新时代的"狂人"。杨健的《文化大革命中的地下文学》(朝华出版社,1993年)中也曾提到此戏。还有一个例子是,革命京剧样板戏《红灯记》里李玉和《赴宴斗鸠山》里有一句台词,原来叫做"魔高一尺,道高一丈",在1970年的改定本里,改作"道高一尺,魔高一丈"。可见当时占主流地位的红卫兵和"四人帮"造反派都曾以"狂人"、"魔"自居。

告词:"本书并不纯粹是一对青年男女的情史,关于原欲、疯狂和变态,而是一个小山村乃至全民族,曾经有过的一场梦魇。20年前,我们曾经如痴如醉,举国狂欢,20年后,又有谁深入人性的底邃探究罪恶的本原?……"这是典型的中国式的文学批评模式:一方面暧昧地暗示这本小说里含有的原欲、疯狂和变态等因素,另一方面又强调作家的本意是要探究中国历史上的"文革"的灾难原因。在这里人性因素与社会因素构成了一对互动的关系,既可以理解成原欲等人性因素受到了更为本质的现实社会环境的制约;也可以反过来理解,这样一场历史性的灾难,正是与人性中的原欲、疯狂和变态等因素相关。从个人的原始欲望到民族的疯狂记忆,这之间若隐若现的联系如果需要用一个概念来给以涵盖,那只能是这个词:the daimonic(恶魔性)。

  以往描写"文革"的作品过于重视历史的真实性和思想的批判性,人性的堕落是服从于整体上的政治批判和思想反思。而在这部小说里一切都颠倒过来,恶魔性成为主要描写对象。阎连科本来就是一位写鬼故事的高手,他的耙耧山脉系列小说里鬼气缠绵,叙事者似乎行走在阴阳两界的交叉道上。他笔下经常出现与凡人同处一个空间的鬼魂,而且多数是与普通的中原农民一样,善良软弱,畏缩鬼祟,有时候还不得不求助于世俗的庇护。但《坚硬如水》却一反常态,出现了感情极为浓烈、故事极为凄厉、如痴如狂、超越生死的一对厉鬼。叙事者是一个即将被枪决的死刑犯,小说叙述可以理解为叙事者踏在阴阳界上的迷狂自述,而且这个叙事者在尾声部分出现时已经是一个死去多年的鬼魂,他一扫以往耙耧鬼世界的颓败伤感,有力地凸现出恶魔性的可怕与魅力。高爱军较之鲁迅笔下的狂人形象大大发展了"恶"的一面,使邪恶欲望成为其恶魔性格中占有主导的一面。从鬼故事到恶魔性,阎连科的小说灵感获得一次根本上的飞跃,他不再是小打小闹地对现实进行温和讽刺,却能大气磅礴地从人性深处展示出"文革"时代的致命的精神要害。

  由于中世纪以来魔鬼被驱逐出神明世界,西方文学中恶魔性与魔鬼不能不发生分离。西方文学经典里把恶魔性看作一种英雄的精神狂想,而这种狂想又往往是通过魔鬼启发或者引诱出来的。歌德的《浮士德》是代表作。歌德在晚年与爱克曼的谈话中曾明确表示,魔鬼靡非斯特没有恶魔性,因为它太消极了,恶魔性只显现于完全积极之中,像拿破仑、拜伦这样的人才具有恶魔性[①],但他也说他也受过 Das Dämonische 的影响,也就是说在某一些方面,歌德也具备了这样一种魔力,比如他对《浮士德》的创造。如果从人物性格特征出发,浮士德倒

[①]〔德〕爱克曼:《歌德谈话录》,朱光潜译,人民文学出版社,1982年,第236页。但朱光潜译作"精灵"。

确是一个有着鲜明恶魔性格的人,他的恶魔性正是在魔鬼的引诱下才被激发出来。这就是西方文艺作品里出现的一种"恶魔性——魔鬼"的对应结构。在托马斯·曼的《浮士德博士》和陀思妥耶夫斯基的《卡拉马佐夫兄弟》里都存在这样一个结构。在中国小说里,具体的魔鬼形象几乎很少出现,扮演这个魔鬼角色的往往是一些抽象空洞的物相,如《狂人日记》里日记的第一句话:"今天晚上,很好的月光。"于是月光就成为诱发狂人恶魔性的"魔鬼",因为见了它,狂人就觉得"精神分外爽快",而以前"全是发昏"①。这种把魔鬼泛化是中国恶魔性小说的一个艺术手法。我们再来看《坚硬如水》,其魔鬼意象,即诱发高爱军和夏红梅的"革命狂魔症"的竟是"文革"时期的音乐。现在人们回忆"文革"时期的狂热很少回忆到当时"革命音乐"对人的可怕折磨,只有在电影《阳光灿烂的日子》里才精心设计了一些音乐的场景。这是因为人们回忆"革命音乐"丝毫也激发不起怀旧的闲情逸致,它本身对人的精神上充满了恐吓和威慑力。《坚硬如水》的男女主人公每一次进入狂魔状态时必须有音乐刺激,这种声音起先是来自广播,后来逐渐来自人物的内心幻觉,音乐产生魔力,能让主人公感到它铺天盖地地涌来,进而把他们的理智完全摧毁和迷醉。这一"音乐——魔鬼"的象征,既逼真地抓住了"文革"时代的情绪特征,又如实地刻画出主人公精神发狂的某些症状,这是对"文革"时代精神与恶魔性关系的相当成功的书写。

再进而推论,在高爱军和夏红梅两人世界中似乎也存在着这样一种对应结构,即高爱军性格中的恶魔性因素正是在遭遇夏红梅以后被诱发出来。夏红梅在与高爱军的关系中也扮演了一个魔鬼的角色,这时候的音乐又成为夏红梅诱惑高爱军的道具,演示着"革命"的幻术。这个故事我们可以看作是一个长期受性压抑的复员军人在返乡路上企图诱奸患有疯病的女人未成(那无列车的铁轨象征了这次不成功的性犯罪),造成了以后一系列的性幻想。而这个女人一直是鼓励高爱军政治野心和政治狂热的"魔鬼"的化身,高爱军有段自白说:"革命让我着魔了,夏红梅让我着魔了,我患的是革命和爱情的双魔症。"②似乎可以看作这一诱惑结构的注脚。他们狂热做爱的场景都是在阴森可怕的地下世界:坟墓、崖沟到人工挖掘的地下坑道,近于魔鬼现身的场所。在坟墓里夏红梅以裸身舞姿相诱,当两人肌肤相亲时高的膝盖又碰到一根人骨,高后来抚摸夏的身体时说:"她似乎等我对她的触摸等了几千年,终于就在墓里躺下时候等到了。"③鬼气一直弥漫着他们两人的爱情生活。当他们在地下坑道里狂热做爱时,夏红梅与高爱军有一段激情台词更加说明诱惑的关系:

---

① 鲁迅:《鲁迅全集》(第1卷),人民文学出版社,1982年,第422页。
② 阎连科:《坚硬如水》,长江文艺出版社,2001年,第35页。
③ 阎连科:《坚硬如水》,长江文艺出版社,2001年,第86页。

夏：你把那土粒给我弄掉。
高：你是叫镇长去把那土粒弄掉吗？
夏：高县长，你把我奶上的土粒弄掉吧。
高：天呀，你能动用县长了？
夏：高专员，你用舌头把那土粒舔掉吧。
高：老天啊，你唤高专员就像唤你的孩娃哩。
夏：高省长，用你的舌尖尖把我奶头儿上的土粒舔掉吧。
高：你唤我革命家。
夏：天才的革命家，你是中国大地上冉冉升起的灿烂之星，你舌尖上的泉水滋润着干渴的人民和大地，请用你的泉水把我乳头上的那粒黄土冲掉吧。①

夏红梅的这段台词有意将性的欲望与权的欲望巧妙地揉为一体，一步紧扣一步地往上推进，演示出一幅灿烂的前景。夏红梅在男人的高亢性欲的迷醉中巧妙地点燃其政治野心，高爱军也正是在女人的激情性欲的刺激下步步走上夺权的巅峰。从性欲到权欲，把高爱军积压在潜意识里的恶魔性欲望强烈地爆发出来。从上面的对话中我们不难看出夏红梅扮演了诱惑者的角色。

接下来的问题更加严重，夏红梅的丈夫跟踪到地下坑道，于是发生了一场谋杀案。细心的读者会发现，在这场暴力事件中夏红梅始终是主动的、冷静的，她及时提醒了高爱军，高称之为"神灵的提醒"，并且不动声色地掩盖了那件凶杀案。从强烈的性爱到政治的夺权再到残忍的谋杀，事情正在逐渐发生变化，原有的反叛精神发生了质变，拜伦式的摩罗诗力转而成为卡拉马佐夫式的原始的狂乱与凶杀。恶魔性因素就在这样两个微不足道的小人物的欲望和挣扎过程中，通过罪与病的演示，终于使他们与"文革"发生了精神的联系。

由于"文革"的灾难首当其冲地落在中共党内高层领导以及知识分子身上，所以通常的"文革"研究以及有关"文革"的文学作品，都是以干部或者知识分子的灾难展现为其目的，而对"文革"中一向以积极拥护者面目出现的普通群众所扮演的角色缺乏关注的兴趣。"大多数普通中国人的经历、感受和行为以及他们与政界人物的相互作用"②，被致命地忽视了。阎连科的《坚硬如水》如果说是以"文革"为书写背景，并且通过恶魔性因素的描写来把握"文革"时代的精神特征的话，它的值得称道的地方正是将普通农民的欲望和反抗的悲剧性命运与"文革"联系起来了。"文革"最显著的特征正在于它关系着千百万人的行

---

① 阎连科：《坚硬如水》，长江文艺出版社，2001年，第173页。
② 王绍光：《理性与疯狂文化大革命中的群众》，香港牛津大学出版社，1993年，第1页。

为方式。这一点令人想起奥地利精神分析学家、马克思主义社会学家威尔海姆·赖特的观点:"不管法西斯主义在何时何地出现,既然它是一个由人民群众产生的运动,它也就表露在群众个体的性格结构上所显现的特点和矛盾。与通常的看法相反,它不是一个纯粹的反动的运动,毋宁说它代表着造反情绪和反动社会观念的混合。"[1]赖特是弗洛伊德的得意门生,他对人的性格结构有独特的理解,在他看来,性格结构具有三个层次,在表面层次上,正常人是含蓄的、彬彬有礼的、有同情心的、负责任的、讲道德的。第二个层次则完全由残忍的、虐待狂的、好色的、贪婪的、嫉妒的冲动所构成,代表着弗洛伊德的"无意识"或者"被压抑的东西"。只有第三层次才是人最基本的生物核心,才是诚实的、勤奋的、爱合作的、与人为善的,是人的自然健康的基础。但是从第三层次产生出来的里比多冲动,经过第二层次时常常就会发生反常的扭曲[2]。中国"文革"时期的人们性格与此相类似,当下层群众在反对第一层面的社会虚伪规范时,造反的情绪往往集中在第二层面上,作出了强烈的歪曲性的表达,转化成恶魔性的欲望化现象。

如果用赖特的性格结构理论来看高爱军复员回乡时所面对的程岗镇,那正是一个彬彬有礼的有道德的社会,体现了人的性格结构的第一层面的特征。"二程故里"不仅是近千年来封建意识形态传统的权威象征,而且是以程姓为主体的家乡民间风俗的凝聚体。小说故事所发生的1967年到1969年的两年多时间,本来是"文革"历史上最混乱、对既成秩序冲击最厉害的时刻,奇怪的是程岗镇犹如世外桃源,传统社会的庙堂文化与民间文化相循环的运行轨迹依然在进行。代表着基层权力的程天青与扮演着民间文化守护神角色的程天民依然能波澜不兴地控制着程岗镇的秩序(他们上面还有着代表庙堂权利的王镇长)。但这种权威、道德、秩序三者合一究竟给程岗镇的生灵们带来什么呢?我们从两个主人公的家庭来看:夏红梅的丈夫(程天民的儿子)是个性无能者,除了用扎针以外完全无法治疗夏由性压抑造成的疯病,而高爱军的妻子(程天青的女儿)愚蠢到只知道生育不知道爱情,与牲口无异。他们的生命力是枯萎的、了无生气的,他们无论有没有生殖能力都不能使生命勃发出创造的激情,他们的血管里的血已经不再奔腾,已经不再是红的,也不再是热的,他们虽生犹死。高爱军的恶魔性正是在反抗这种巨大的社会道德压抑中喷薄而出,他与夏红梅的伟大情欲在种种见不得人的压抑与逼仄中开放出惊心动魄的生命之花。尽管这种情欲正是赖特所说的性格结构的第二层面的反常现象,不可避免地伴随了混

---

[1] [美]威尔海姆·赖特:《法西斯主义群众心理学》,张峰译,重庆出版社,1990年,第4页。
[2] [美]威尔海姆·赖特:《法西斯主义群众心理学》,张峰译,重庆出版社,1990年,第1~3页。

乱、罪恶与兽态,但仍然洋溢着生命冲动和狂欢的威慑力,它的巨大的破坏与再生性依然同体存在着。因此,从高爱军的小人物的欲望及其形态中,我们多少可以联想到"文革"中群众运动的某些影子。

如果我们把恶魔性因素与"文革"时期的高爱军的疯狂行为相对照,可以看到以下几个特征:首先是他面对着巨大的压抑性力量,或是传统的权威,或是道德的权威,甚至是自身的性的压抑等等,都几乎是不可动摇的,所以他的反叛情绪只能以反常形态出现。其次是这种反常形态严重触犯了社会道德的规范,只有堕落到罪恶或者是疯狂病态的境地,才能展示这种反常行为的全部形态。第三是这种恶魔性需要有一个"魔鬼"意象作为媒介来给以引诱,才能被真正地激发出来,这就是"恶魔性—魔鬼"的对应结构。在中国的文学创作中,把这样一种大逆不道的反叛因素置于"文革"背景下表现是最合适不过的。高爱军性格里表现出来的恶魔性如果还原到古希腊时期人们对这个词的理解,他所要炸毁程寺可以看作对传统意识形态权威的反叛,狂热性爱与谋杀可以看作对传统家庭道德的破坏,那么,他缺乏的还有第三个冲突,即对自然规律的神圣性的轻蔑和冒犯。高爱军夺取村干部的权力后没有重犯塞尔克塞斯的狂妄错误是阎连科犯下的一大疏忽,因为"文革"时期农村的新掌权派为了好大喜功而破坏自然生态正是一大时代精神,农业学大寨和改天换地正是当时的主旋律,也是至今还贻害无穷的业绩之一。我这么苛求这部小说并非是真要作者对恶魔性的原始含义作出刻舟求剑式的模仿,只是从"文革"时期主要的几大恶魔性特征来看,作者把主人公的恶魔性特征仅仅归结到性的欲望和权的欲望,而忽视了对物(生产力的提高的变异形态)的欲望,是不够全面的,高爱军的性格也因为对生产劳动的缺少主动而显得不甚丰满。

三、当代文学中的"文革"叙述与恶魔性因素

本节我们将继续探讨恶魔性因素与当代文学中的"文革"叙述的内在联系以及《坚硬如水》所存在的不足。我先要引一篇很有才气的批评《坚硬如水》的文章,作者把阎连科笔下的1967年高爱军的山村革命和法国1968年五月风暴作了跨越时空的对比,认为两种社会文化空间结构下知识青年的造反与疯狂做爱似乎都验证了非理性原欲的巨大的毁灭力量。但是作者马上指出:"单从故事的空间表现形态而言,两者的不同在于,巴黎街头'越想造反,越想造爱'的刺目标语,在集体渎神运动的背后,表现出造反和性爱行为的统一指向——它们共同作为抗议社会虚伪道德伦理与极右政治体制的颠覆性力量而存在,并因此

获得了公众效应,直至波及思想界和艺术界的巨大变革;而1967年的高、夏革命却是一场不折不扣的造神运动,它试图离心出'革命＋恋爱'的叙述框架,性爱故事一开始就作为某种非法的私密生活,鬼魂般战战兢兢地四处游荡,以畸形怪谲的形态在远离公众的'地下'幽暗空间里(地道、墓洞、水沟、远离人烟的河滩)茂盛地生长。而另一方面,在全民禁欲的社会道德规范下,私人身体与'反常'性行为的展示和描述,即便是以隐秘的状态进行,也常常只有'地上'的权力阶层才可能享有豁免权(如高干招待所的舞会、被斥为'黄草'的内参电影以及农村干部对知青的强暴案件)。这样一来,作者在构造这两个主题化的叙事空间过程中,如何处理好它们彼此之间意义粘连却又互应参照的关系,如何在阐发个人相应的历史记忆时把握好其中普遍共性的'度',就遇到了一些难以预测的危险。"①

如果从历史比较的方法来研究这一世界性的现象,法国1968年五月风暴与中国1966年的"文革"确实存在了很大的差异性,如果从表面的历史知识来看,小说里权欲与性欲的关系确实存在着巨大的分离性。但如果我们引入恶魔性因素来考察两者关系,它们恰恰是同一个恶魔性体系内的欲望因素。主人公没有因为狂热爱情就消解了革命的意义,相反,在主人公的意识里两者是完全一致的。因为相同的家庭处境使他们切肤地感受到权力的压力和性欲的压抑,而且他们也意识到要获得真正的性解放就必要先摧毁各自家庭的权力者,也就是村基层组织的权力者。这两者是同一的而不是分裂的。小说最后两人在程氏经籍上表演疯狂做爱正是要证明这一点。

"文革"中的恶魔性因素不仅沟通了民间的各种欲望,同时也沟通了"文革"的最终目标与民间欲望之间的联系。中国的"文革"远比法国的五月风暴残酷而且复杂,在当时几乎所有的政治行为都体现了最高层权力集团的意志冲突,而群众的个人行为及其命运,从反映这根本意志来说总是不真实的。局部地区的老百姓起来造反,反对顶在他头上的各级权力机构,直到推翻他毫不了解的国家主席,这是他主观上永远无法获得逻辑解释的一个幻景。当时遍及全国的群众造反运动,对老百姓来说,为了夺取某种权力、为了获得更多的物质分配、为了报复某种私仇、甚至为了实现某种人性的欲望,都是具体而真实的,但是归结到最终的大目的却是为了打倒国家主席,"反修防修",那又是极为虚幻的,甚至毫不相干的。要沟通这两者之间的关系,驱动人们为一个虚幻的大目标去奋斗,只能依赖人的原始欲望。那就是恶魔性成为推动"文革"的原始动力

---

① 聂伟:《空间叙事中的历史镜像迷失——〈坚硬如水〉阅读笔记》,《当代作家评论》2002年第4期。

的缘由。由此我们可以理清造神与原欲之间的关系了。造神运动当然是上层的、虚幻的,但是恶魔性恰恰能够使大大小小的民间野心家都自以为是一尊神,以为自己的自私行为能够影响国家以至世界革命。当国家权威被摧残以后,全国造反组织在最高权力(所谓无产阶级司令部)的神圣指挥下形成了一个类似多神教的混乱局面。在多神教的时代里,恶魔的存在意义就是体现在每个恶魔都具有终极意义①。我们只要看夏红梅对高爱军极为卑贱的阿谀奉承,她使用的吹捧手段与当时人们对最高权威的造神手段如出一辙。正是这样一个个小的造神运动形成了专制主义的广泛的社会基础。所以在高爱军的革命时代里,原欲没有什么亵渎权威的积极意义,只是权力欲望的各种变形表现。推而究之,高爱军的浪漫行为也正是"'地上'的权力阶层才可能享有豁免权"之一。

然而我们还可以深入一步讨论下去,恶魔性因素不仅沟通上层权力集团的意识形态与下层民间社会之间的联系,它甚至在一定程度上还参与到"文革"的上层权力斗争中去,并起到决定性的作用②。这令人想起陀思妥耶夫斯基的《卡拉马佐夫兄弟》里那个著名片段:"宗教大法官",他讲的是基督第二次降临人间,发现一切都没有照他的愿望做,但是人间的宗教大法官却把他抓在监狱里。他们有一场对话,大法官指责基督:"你没有权利在你以前说过的话之外再添加什么,也没有权利再来妨碍我们。"③那个法官依照当年魔鬼诱惑基督的三个主张引导了人民,但是这一切又都是以基督的名义来做的,即使基督本人也无法推翻他自己创建的人间世界。所以我们只能假设,如果基督真的想纠正这一切,那他只能让大法官把他放到柴草堆上烧死,再当一次"魔鬼"。陀氏想告诉人们的是,基督是无法与人民之间实现真实的沟通,横贯其间的只能是卡拉马佐夫式的原始力量:贪婪的、淫荡的和残忍的原欲。在这种混乱里面,很难分清基督名义下的魔鬼主张和恶魔横行中可能隐含的基督的反叛。如果以此来对照高爱军和夏红梅的"革命与原欲",他们几乎是重演了卡拉马佐夫式的闹剧,他们的权欲的发泄和性欲的发泄的内在同构性远比1968年的法国青年的

---

① 〔美〕保罗·蒂里希:《蒂里希选集》(下),何光沪译,生活·读书·新知三联书店,1999年,第1154页。原话是:"多神论当中的恶魔因素之根源,就在于每一种神力,都自称为终极的主张。"

② 关于这个问题比较复杂,"文革"中有许多材料可以看作恶魔性因素的暗示。比如毛泽东在发动"文革"初期批评他创建的党的各级领导人,多次使用了与魔鬼意象有关的比喻。如批判当时的中宣部:"你是阎王殿,小鬼不上门。打倒阎王,解放小鬼。"批判林彪集团:"我猜他们的本意,为了打鬼,借助钟馗。"(《建国以来毛泽东文稿》第12册,中央文献出版社,1998年,第31、72页。)

③ 〔俄〕费奥多尔·陀思妥耶夫斯基:《卡拉马佐夫兄弟》,耿济之译,人民文学出版社,1981年,第374页。

造爱运动深刻得多,也复杂得多,因为表面上分裂并相互抵触的原欲运动(地上/地下两个世界)在精神上仍然是统一在最高的造神运动中的轨迹上。

既然恶魔性因素可能在"文革"叙述中具有如此广泛和深刻的涵盖量,那我们再回过来衡量《坚硬如水》的不足就很清楚了。本文在前面已经指出过,在对"文革"时期的生活细节的真实性展示方面,这部小说是经不起仔细推敲的,阎连科是一个观念性十分强的作家,往往为了观念而牺牲艺术的真实性,所以把性的原始欲望作为推动主人公夺权和革命的第一动力,虽然能把原欲的疯狂性和威慑力比较充分地展现出来,却没有能够将这种原欲与当时最根本的指导思想和文化体系深刻地联系起来,因此无法更加深刻地揭示出"文革"的残酷本质。如果说法国五月风暴中造反与做爱是同步性的反叛行为,达到对当时社会权力结构的颠覆,而阎连科笔下的中国的恶魔性并没有产生对最高国家权威的颠覆力量,它只能是分散在世俗民间的层面上自我游戏和自我消解。如果是20年前"文革"的造神运动还在人们头脑里保持着残余的权威性的时候,《坚硬如水》可能会产生一定的颠覆作用,而在20年后的今天,人们对"文革"的历史已经变得模糊不清的时候,《坚硬如水》中的原欲也许只能发挥出玩笑的作用而无法引导人们再进一步去探讨历史悲剧的根源。假如一个从未听说过"文革"的青年人读了这部小说以后,他对"文革"会产生什么印象呢?进而问之:为什么在西方是一个极为严肃、人们甚至于不惜以生命抵押为代价的恶魔性因素,到了中国作家的笔下出现的仅仅是荒诞和可笑的闹剧呢?

我之所以要讨论《坚硬如水》,并非是针对阎连科的创作而言,我是想借以讨论一个久久困扰着我的问题:在新的世纪之初我们如何来总结那些曾经出现在我们过去生活中的悲惨事件?在普遍轻浮的现实环境下,阎连科是当代极少数的几个严肃的有思想的作家之一,他能用恶魔性因素来叙述"文革"就证明了这种知识分子的宿命。但是我想问的是,我们把历史仅仅当作历史,即当作一件与我们今天毫不相干的陈旧故事来言说,那么,我们今天的意义在哪里?不用讳言我们中有许多人都把今天看作一个没有来历的新天地,全球化的大门就像阿里巴巴的符咒,一下子就向我们展示出辉煌的前景,而指导我们奔向前景的仿佛也是一个没有来历的全球化理论,它是一个横向的移植,把我们与曾经不远的历史完全隔绝开来。而当历史与我们毫无血肉的联系的时候,它就成了一个任何理论都可以打扮的随心所欲的姑娘。

我并不想指责阎连科以里比多的原欲来解释"文革"的荒诞和暴行具有过多的游戏色彩,因为里比多的理论同样可以沟通到西方的恶魔性的理论,我也没有认为恶魔性是唯一可以解释"文革"的楔入口。回顾20世纪最后20年的文学创作,在反思和描写"文革"这样一个巨大历史现象方面的成就几乎微乎其微。这里当然有许多客观上的限制,但作为创作主体缺乏明确的思想理论武器也是一个不可推辞的原因。对"文革"反思的第一个理论突破是关于忏悔,以巴金为代表的老作家曾经为后人的"文革"叙述提供了一个高贵人格的榜样;而阎连科关于恶魔性的"文革"叙述在忏悔的叙述立场上更加推进了一大步,这是毫无疑义的。在这个意义上我认为是难能可贵的。但是与忏悔的概念一样,恶魔性的概念也是来自西方源远流长的文化史,如果我们要引进这个概念来解读中国的历史和文学,那么,我们首先应该知道这个概念与我们本土文化体系之间究竟有什么关系,占有如何的位置?

  对此,我不得不说到西方文化对恶魔性因素的态度。因为恶魔性产生在西方,而且长期被正统的基督世界排斥为异端,尤其在经历了世界性的大战与法西斯运动以后,人们是怎样来看这种被普遍认为是异端邪恶的文化因素?保罗·蒂里希是当代研究恶魔性最具权威的宗教理论家,他的《系统神学》里,却以极大的包容性谈到了恶魔性,他把恶魔性看作连上帝也可能有的一种因素,在讨论基督教的三位一体的学说时,他强调了第二项原则(圣子),说,"没有这第二项原则,第一项原则(圣父)就会是混沌的,是燃烧着的火,却不会是创造性的基础。没有这第二项原则,上帝就成了恶魔性的。就会以绝对的隔绝为特征,就会成为'赤裸的绝对'"①。他认为上帝与其称作天主,毋宁称作天父。因为"当上帝被称作天父时,主人似的因素也已包含在其中。两者不可分割;即便是强调其一胜于其二的企图,也会破坏两者的意义。主若不是父,便是恶魔性,父若不是主,便是温情论"②。这不是强调爱的问题,蒂里希是把早就被基督教义驱逐出去的恶魔性重新召唤回来,既然连上帝的形象如果没有正确解释的话也可能具有恶魔性,那么,恶魔性的存在就是只能正视而不能回避,只有把恶魔性放在上帝的身边才能随时警惕它、认清它和限制它。在包容了恶魔性以后的西方文化,同样能够再生出新的遏制恶魔性的因素,西方文化本身正是这样在不断包容自己的对立面中辩证地丰富地壮大和发展的。

  再回到我们讨论的"文革"叙述来理解这个问题。当"文革"叙述从忏悔言说到恶魔性的言说,有没有一种可能像蒂里希那样,从我们自身的文化传统中找到这种恶魔性因素的种子和起源?我们轻易回避甚至拒绝讨论"文革"那样严肃的问题,把它与我们的今天隔绝起来。隔绝的结果是不仅忽视了恶魔性存在的现实反而连同包容恶魔性的文化传统也一起丢弃。20世纪为了推进中国的现代化进程,中国的知识分子已经主动断裂过自己赖以安身立命的传统,然

---

① 〔美〕保罗·蒂里希:《系统神学》,生活·读书·新知三联书店,1999年,第1190页。
② 〔美〕保罗·蒂里希:《系统神学》,生活·读书·新知三联书店,1999年,第1236页。

而对深深埋藏于文化内核里的恶魔性因素从未给以恰当的认识和警惕。就如一个人的生命中可能深藏了恶魔性一样,一种文化的内在核心里也会隐伏着恶魔性的因素,有了它才可能使文化内核不断发生裂变、燃烧和斗争,推动着文化的自我更新和发展。"文革"在今天也是我们文化传统里的一个恶魔性,如果忘却了这一点,或者漫画式地叙述它,或者把它隔绝在我们的传统以外,那么,我们永远也不可能真正接受历史事实的真相,也永远不可能叙述出一个真正让我们接触到痛感的"文革"历史。

2002 年 5 月 20 日完成于黑水斋
原载《当代作家评论》2002 年第 4 期

反乌托邦的乌托邦叙事
——读《受活》

王鸿生

一、我们或我的阅读背景

20世纪90年代以来,我们获得了许多有益而难忘的教训,其中之一便是对文字和写作不再轻信。无论是低调地标榜客观或正义,还是高调地崇扬身体和日常,都已不再使我们感到新鲜、激动。当听到有学识者的妙语高论时,我们往往会问这是在替谁说话。当目睹一轮又一轮看似理性的争辩或批判时,我们想知道是什么下意识的力量在起着作用。当各种劝世的、玩世的或警世的格言在耳畔炸响时,我们不能不掂量一下这里边有几分实在几分真诚。

怀疑像蛇信子一样舔着脑门。时代因语言过剩而倍感匮乏。如果不是间或地还能读到一些让人产生谢意的东西,我们真不知道该怎么维系那个乐观的关于文化复兴的幻象。留意者不难看到,在冲撞、触碰了某些具有挑战性的难题之后,大多数中国作家已安全着陆,并忙着与日益强大的"现实"或载誉归来的"历史"握手言和。曾经的精神历险和艺术实验还没有来得及结果,就一下子搁浅了。幸亏还有极少数身影仍在坚持,坚持着心灵和语言的独步远行。对当代文学批评来说,他们身上所焕发出来的巨大韧性和超越力量迄今还是个未解之谜,但他们在叙事王国里的天才实践却已打开了迥然不同的世界的入口。他们一方面昭示着母语的丰饶、深沉和伟大,另一方面也在提醒人们,虽然周期性地恢复一些被先锋派颠覆或删除掉的技艺和常识是必要的,但若指望业已崩溃的信仰及其美学形式(如现实主义)来重建阅读的信任,则无异于饮鸩止渴。

在浮泛、猥琐和轻佻的当代文化氛围中,阎连科的存在无疑是具有压迫性的。若干年来,他带给人们的痛苦和慰藉几乎一样巨大。他用狂飙般的想象力和非凡的语言才能守护了人的良知、文学的尊严,又以奇崛而吊诡的故事设计表达了对乡村中国乃至人类命运的无以诉说的绝望和悲悯。这一悖谬造成了阅读伦理方面的困境,在持续伴随着接受过程的震惊体验中,人们往往会变得茫然失措、喜惧交加。但他似乎并不怕打击我们,也不怕我们在他布下的语言魔阵里晕眩甚至窒息。继《日光流年》(1998)、《坚硬如水》(2001)之后,《受活》(2003)再度把我们逐入耙耧山脉,让我们日益孱弱的心脏,在真和幻的极致,在不可思议的荒诞、残酷和壮丽中,又一次承受剧烈震荡的考验。

二、反乌托邦的乌托邦叙事

关于《受活》的故事梗概,人们首先可读到这样一段介绍:"一个付出了巨大牺牲,终于把自己融入现代人类进程的社会边缘的乡村,在一个匪夷所思的县长的带领下,经历了一段匪夷所思的'经典创业'的极致体验——用'受活庄'里上百个聋、哑、盲、瘸的残疾人组成'绝术团'巡回演出赚来的钱,在附近的魂魄山上建起了一座'列宁纪念堂',并要去遥远的俄罗斯把列宁的遗体买回来安放在中国大地上,从而期冀以此实现中国乡民的天堂之梦。"①这段文字,作为内容简介就印在首版《受活》的封折上。

就中心情节而言,这里的表达也可说大致不差。但问题在于,与此中心情节线相交织与并行的还有另一条似乎更为"中心"的情节线,那就是以茅枝婆为首的受活庄人,一次又一次地向县长提出"退社",亦即退出所有行政管辖的要求,最终,这一匪夷所思的要求居然还得以实现,在柳县长的宏图破产之后,在茅枝婆安然瞑目之前,庄人们拿到了盖着县委、县政府大印的正式批文。

如果掐掉了这条线,《受活》的确如"简介"在结尾时归纳的,可以被看作一部"充满政治梦魇"的小说。但现在不同了。虽然前一条情节线占据的篇幅稍多,但后一条情节线却具有更强的结构性的势能,它不仅因与前者存在因果关系从而推动并延展着故事的时间进程,而且它对叙事空间的复杂构成产生了决定性的影响。依赖于原始自由憧憬与"政治梦魇"之间的冲突所形成的张力,小说显然已经被带上了别有洞天的主题方向。"退社",绝不是一条起补充、辅佐作用的故事副线,它根本就不能被省略。注意不到这一点,《受活》极容易被解读成一部政治批判和讽喻小说,如果是这样,那么我们的阐释视线就极有可能误入歧途。对类似定位,作品本身肯定不会提出抗议,但批评所显示的文学能力却会因此而大打折扣。事实上,在面对《日光流年》和《坚硬如水》的时候,一些约定俗成的理解程式已经导演过类似的剧情了。

《受活》是一部什么样的小说?它体现了怎样的文学认知结构?我们如何读取文本的意义?尽可能贴切的阐释应该建立在什么基础之上?当这些问题作为前提被纳入意识及意识的返身视野时,一种平衡并融合意义阐释与诗学分析的需要就会油然而生。接下去,我们会调整自己的阅读行为,修改自己的理

---

① 阎连科:《受活》,春风文艺出版社,2003年。

解方式,深入各种被忽视的语象、细节,寻找隐蔽在叙述之下的叙述,重新与作品对话。就我个人而言,把"反乌托邦的乌托邦叙事"确立为对《受活》的总体的批评视角,的确经历了一个复杂而艰难的过程。当这个不乏悖谬意味的词组忽然跳出来时,我也曾有过疑虑,但我很快发现,沿着这一路标所指示的方向,所有零乱芜杂的印象、感受和笔记已经在悄悄地聚拢、成形。是这一词组本身所蕴含的整合力和有效性,最终使我不得不接受了它的诱惑。

我们知道,凡乌托邦叙事总是关于幸福生活的叙事。从这一主题学角度出发,我们最不应该掠过的其实就是"受活"这个词。"受活"作为小说的主导性代码,实在不能简单地被指认为隐伏在耙耧山深处的一个村落的名字。同时,由于符号中积淀着特定的生命记忆和族类的集体无意识,"受活"一词的涵义也不能被完全局囿于豫西方言的日常使用。例如,"炎炎热热的酷夏里,人本就不受活"、"你们有银有粮,就住在这儿耕作受活吧"、"所以每周末,他都记住要和媳妇有场受活的事"、"入了社我每夜都让你受活"等,在这些句子里,"受活"便只是意味着"享乐、快活、痛快"等经验性感受。可是,当小说把山沟(受活沟)、村落(受活庄)、祖先(受活婆)及至小说本身都命名为"受活"时,它的寓意的超越性、总体性就不容回避了。十分显然,作为一个象征性代码,"受活"指代着幸福;而作为一个缺失性代码,它又意味着幸福并不在人们手上。那么,借助这个将名词、动词、形容词诸词性功能集于一身的代码,我们能读到什么呢?我们读到了一个中国版的失乐园与复乐园的故事,一个耙耧山人怎样才能快乐而自由的故事,一个关于幸福的故事。

但并非所有关于幸福生活的叙事都是乌托邦叙事。比如像《贫嘴张大民的幸福生活》那样的叙事就不是。先按下乌托邦叙事所依凭的梦想的诗学逻辑不谈,即便是带有乌托邦气息的心态、观念、图像、方案,也必须满足"乌托邦"构成的一些基本条件。如卡尔·曼海姆在《意识形态和乌托邦》一书中所概括的,这些条件分别是:超越现实情景,打破占主导地位的现存秩序,从原则上说不可能实现,但充满希望并发挥某种革命作用[①]。以此来衡量,《受活》的乌托邦性质应该是不难厘定的。

幸福是那样单纯,但寻找幸福生活的历程却是那样曲折而迷狂。在这一历程中,受活庄人受尽了欺凌、折腾和磨难。他们先是在青年茅枝的带领下入了社,过上了"革命日子";接着又在柳县长的指挥下进市场赚钱,体验了一把"洋日子";最后,他们只想过"散日子"即"倒日子",只想重新回到那"自由、散漫、殷实、无争而悠闲"的不受管束的岁月中去。这种自然主义向往,这种退避世事

[①] 〔德〕卡尔·曼海姆:《意识形态和乌托邦》,华夏出版社,2001年,第228~236页。

的自耕农式的理想,与西方的千禧年主义乌托邦、共产主义乌托邦、自由主义乌托邦的确大相径庭。其寄托既非某个超验之物如"上帝",亦非某种理性设计如"启蒙方案",更不同于"人工天堂",如波德莱尔所谓酒、大麻和鸦片所制造的幻觉。它的根据是"自然"。由此可见,作为本土自然主义乌托邦传统的遗响和再表达,小说所讲述的"受活庄"当与老子的"小国寡民"、陶渊明的"桃花源"属同一个谱系。

在这里,所谓"反乌托邦的乌托邦叙事",其意思当包含以东方的自然主义乌托邦来质疑、对照源自西方的共产主义乌托邦和自由主义乌托邦。同时,正如卡尔·曼海姆曾经指出,意识形态与乌托邦可以相互转化,其区分标志是看某种观念和设想是否已支配现实,或是否可以有机地被织入时代的主流世界观并与之和谐地结为一体①。按照这一区分,所谓"反乌托邦的乌托邦叙事"也可以被理解为,用一种新的或者更古老的乌托邦来替代既有的已沦为意识形态的乌托邦的冲动。但上述两种理解也还有个问题,那就是忽略了"反乌托邦的乌托邦叙事"这个说法的自反性、悖谬性。考虑到这一点,更为恰切的表达倒应该是:既通过乌托邦叙事来坚持乌托邦精神,又通过这一叙事来反对任何现实化的越界的乌托邦行动。乌托邦不能被现实化,但乌托邦叙事却又绝对是必需的。《受活》自己将证明这一点。

三、圆全人与残疾人

小说虚拟的乌托邦福地叫"受活社"。受活社是残疾人的天堂,世界之外的一个村落。它地处三县交界的耙耧山里,没有哪个州县愿意把它规划进自己的地界。几百年间,外面世上的残疾人走进来,里面世上的圆全人走出去,自种自吃,自得其乐,从未向哪个州、郡、府、县纳过粮、交过税。被遗忘成了一种福分。虽然满社都是瞎子、聋子、瘸子和哑巴,但照样割麦子、种蜀黍,走路交谈、成亲繁衍,家家、人人都乐天知命,适得其所。

受活人有一套自己的语言。这套语言是简约、具体的,没有那些抽象繁复的东西。他们把四肢五官健康的人叫"圆全人",把饺子叫"扁食",把台阶叫"磕台",把中心、中央叫"当间",把白白错过叫"白柱柱",把没了身份凭证叫"没身影"。在这个方言世界里,词语的增长和繁殖速度无疑是比较缓慢、有节制的,但人们既不觉得匮乏也不会感到过剩。

① 〔德〕卡尔·曼海姆:《意识形态和乌托邦》,华夏出版社,2001年,第228~236页。

对于宅基地的划分,受活庄也立下了自己的伦理规矩:"村庄是倚了沟崖下的缓地散落成形的,……靠着西边梁道下,地势缓平些,住的大多是瞎盲户,让他们出门不用磕磕绊绊着,登上梁道近一些。中间地势陡一些,人家少一些,住的多是瘸拐人。虽瘸拐,路也不平坦,可你双眼明亮,有事需要出村了,拄上拐,扶着墙,一跳一跳也就脚到事成了。村庄最东、最远的那一边,地势立陡,路凸凸凹凹,出门最为不易,那就都住了聋哑户。听不得,说不得,可你两眼光明,双脚便利,也就无所谓路的好坏了。"是一种残疾人之间自发产生的互让互助的精神,发育了受活庄人的道德自理能力和井然的生活秩序。在这秩序里,他们天然地享受着平等,互不嘲笑,也没有歧视,似乎身体的残疾反而促进了心灵的完整。由于意识到自身的"残缺",他们反而是谦卑的。

当然,受活庄人也不乏主心骨或权威,但这权威绝不是来自财富、机巧、言辞或上级的任命,而是在自我牺牲、乐善好施、然诺守信中自然确定的,且带有阴性的特征。从被奉为先祖神明的哑妇受活婆到落脚于此的红四方面军遣散的伤员茅枝婆,受活庄的权威大都是女性,但其阴性特征又远不同于以氏族血缘为基础的母系社会。因为她们不具有强制性,她们相信商议、说服和争论,其权威性实际上依赖的正是在村民中广泛形成的公共舆论。在遇到涉及全村人命运的大事(如"退社")的时候,她们会用诸如举手、按血手印儿、站到这边来或站到那边去等表决方式和程序让大家自主地做出选择。从理论上讲,受活庄的民主政治倒应合了一个美国人的说法,"民主既不是一个政府形式,也不是一个权宜之计,而是人与其自然经验之关系的形而上学"①。

我们看到,这样一个自治社群,这样一个适合于残疾人和孤弱者生存的理想的共同体,从头至尾地支撑着《受活》乌托邦叙事的空间。借助不同的语言单元,通过插入到故事接口的大量的描写、注释、讲述、唱词等叙事成分的集合,这个乌托邦社会的影像逐渐丰富、完整和清晰起来。现在,作为现实的参照背景,它一方面从不同方向对正在进行的故事施加着压力,另一方面也和内在于我们身心的乌托邦情结构成了积极的交流关系。我们能够理解它甚至响应它,倒不是因为我们相信它是可能的、实有的,而是因为它的确唤醒了我们的某些渴望,并启发我们重新想象自己的生活。

按倾向于放弃现代政治哲学的哲学家理查德·罗蒂的看法,历史叙事和乌托邦思辨是政治思考的最好背景,而"从叙事和乌托邦梦想转向哲学是一种绝望的姿态"②。罗蒂本人的苦恼是,他自己并不具备这样的叙事才能。这种能

---

① [美]约翰·杜威:《约翰·杜威中期著作集》,南伊利诺伊大学出版社,1978年。
② [美]理查德·罗蒂:《后形而上学希望》,上海译文出版社,2003年,第358页。

力的确是小说家的专长,但奇怪的是,一些有政治头脑的中国小说家却不在乎自己的这一项专长,他们反而更喜欢哲学化地用议论、随笔来表达自己的政治思考,这真的非常可惜。在这一点上,倒是河南人的执着、本分成全了《受活》及其作者。

回到正题上来。如我们大家已经意识到的,《受活》的核心政治问题其实就是圆全人与残疾人的关系问题。在叙述语境中,这一关系极不公正:支配与被支配,规训与被规训,引诱与被引诱,凌辱与被凌辱,贯穿了受活人与外部世界打交道的全部历史。圆全人的入侵,使受活庄永远失去了安宁。从"入社"一直到"出演",这种极不公正的关系始终将受活人置于生存的被动性之中。到头来,圆全人弄出来的每一桩事情,似乎都成了挖给受活人跳的陷阱。"圆全人就是你们残人的王法"①,一句话,道破了这种不公正关系的秘密:因为,所有制定和修改游戏规则的权力都牢牢掌握在圆全人手中。圆全人体现了一种制度性的控制力量,在这种力量面前,受活人只能羔羊般任由摆布、宰割:叫你领个"黑本"去挨批斗你得去;叫你换个"红本"去坡地开荒你也得去;看你演绝术赚了大钱,把你关在"列宁纪念堂"里饿着、渴着,然后"三百元钱一碗水"、"一千块钱一个馍"你还得买。

"在这个世上活得怕人呢",正是从圆全人世界一再造成的深度恐惧中,产生了受活人试图改变这种关系的一了百了的想法,那就是在"进入"与"退出"之间一定要抓住后者。受活庄漫长的"退社史",以及趁柳县长急于组织"绝术表演团"来筹措"购列款"的当口,茅枝婆反过来利用、胁迫柳县长签下"退社"合同条款的故事段落,就戏剧性地倒转了圆全人与残疾人的权力位置,从而为改写以至摆脱这种不公正关系提供了行动的也是叙事的契机。套用福柯的话语方式来讲,虽然真理从来都未被分离于权力,但是权力并非生来就是坏的,出于生命权利创造乌托邦平等社会的权力乃是一件好事。

但圆全人就是洪水猛兽吗?不是的。在一般情况下,他们甚至还是讲理的,有逻辑头脑和雄心勃勃的。他们身上的可怕之处是狂妄,是无"畏",是仗着所谓的"圆全"而有恃无恐。他们太相信自己的能力,太相信点子、规划和管理,他们一直以为"幸福"是与宏伟工程、庞大数字联系在一起的。这里不妨照录第四卷第三章里柳县长的一段绝妙好辞:

> 县长说:"你们算一算,一张门票甲级二百五十元,乙级二百三十元,丙级二百元,平均每张二百三十五元,每天演一场,每演一场平均卖出去一千一百零五张票,每天能挣多少钱?可要一天演两场,那一天又能挣到多少

---

① 阎连科:《受活》,春风文艺出版社,2003年,第204页。

钱?""都不用算了吧……把三千块钱去掉,一天演一场是二十五万块,演两场就是五十万块。两天就是一百万,二十天就是一千万,二百天就是一个亿。一个亿到底有多少钱?把银行新出的一百块的票子捆成一万块钱一捆儿,那就是一万捆。一万捆垒起来有多高?那要从脚底儿垒到楼顶上。"

"我告诉大家吧,残疾人表演哩,国家不收一分税。我出去这二十天,出演了三十场,县财政的账上已经汇回来七百万了。这样儿,你们说我们还怕凑不起购买列宁遗体的这笔天款吗?"

"今年底或明年初,我们把列宁的遗体买回来,安放在列宁森林公园纪念堂。那当儿,游人每天就成百上千了。一张门票一百块,一万个人就是一百万块呀!一年就是四个亿。……要到了春天那旅游的旺季一天不只是来一万游客,而是来了一万五千个,来到了两万个游客呢?到了那时候,问题不是出在能收入多少钱,而是有了那么多钱怎么花出去……那就是我们双槐县的革命和建设遇到了新的难题了……"

就靠这笔数学上计算无误的账,柳县长先后说服了地委书记,说服了包括县常委在内的全县的圆全人。他造福一方的目标是这样的:立马实行农民看病不要钱,孩娃读书不要钱,市民用电吃水不收费,家家都分一栋小洋楼,谁家早上不喝下发的牛奶就不给谁家发彩电和冰箱,发了的也要收回来。而且,为了防止县里人轰的一下富了的疯病,柳县长已经在笔记本上拟好了十几条规定,比如谁把钱花到了赌博上、大烟上,就把谁送去过苦日子改造好了才回来。他以为,做到了这一切,全县人民就会像喊毛主席万岁一样喊他万岁,像挂领袖像一样把他的像也挂在各家正屋的墙上。他甚至在准备安放列宁遗体的水晶棺下面给自己也安放了一副水晶棺,棺盖上已用隶体镶好了九个金字:柳鹰雀同志永垂不朽!

圆全人做的梦也是圆全的:一方面,"革命日子"与"洋日子"已经完美地结合起来了;另一方面,"双槐县的马列主义传播者"一跃而成了"第三世界最杰出的无产阶级革命家"。

人们不能草率地认为柳县长是欺世盗名之徒,是个人野心家或权力狂人,毋宁说他的拯救冲动、赐福心态和不朽渴望简直是炽烈而真诚的。他不是故意用谎言骗人,而是落在了自欺之中。追究这种"自欺"的发生学基础是一件复杂的事情,但从《受活》显然是有意的叙事设计来看,我们不难发现一种意识形态化的偶像性的励志传统。作为一个被党校教员收养的"弃儿",柳县长年少时就被赋予了这样的期待:伟人们原也是普通人,只要你肯努力、奋斗,你也会像他们一样成为伟人。

正是这套听起来十分正当的励志话语,才是"柳鹰雀同志"所有人生梦想的真正的发祥地。如果考虑到这一励志传统及偶像摹仿在人类文化中的普遍性,我们就不会把柳县长看作一个与我们自己完全无干的怪诞的异类。是的,在一项注定要破产的由权力者所实施的乌托邦计划中,受活人再度被愚弄而成了无辜的祭品,但与其说愚弄他们的是柳县长的异想天开,倒不如说他们是让圆全人的"远大志向"给坑苦了。

四、梦想、日子与时间

《受活》乌托邦叙事的原动力何在?从表层的情节逻辑来看,当始于柳县长购买列宁遗体的破天荒梦想。的确,从这一梦想的产生、实施、遭遇资金困难又柳暗花明,到组织绝术团、巡回演出、大功即将告成却突然破产,小说的故事脉络就是这样线性地延伸。但通过前面的相关分析我们已经知道,故事中还织入了另外一个故事,即退社的故事,而这个故事则属于另外一个梦想。这就清楚了,构成《受活》叙事的动力基础其实来自一场梦想与梦想之间的斗争。在小说中,这场斗争终了以柳县长自残双腿、落户受活庄而告一段落。

现实主义或浪漫主义的阅读程式及其变种确实都不适合《受活》。因为这是一部以梦想的方式来表现梦想的小说。在这部作品中,我们读到的既不是客观生活也不是主观生活,而是活跃在生活中又不被我们意识到的梦想的行动。由于小说家的梦想方式(现实以否定方式被保留)与诗人的梦想方式(现实世界被想象世界合并)不同,在感受到作品的冷峻,在面对文本中大量存在的具有逼真性的场景和细节叙述时,我们往往仍会陷入反映论式的错觉,自觉不自觉地袭用起现实主义的阅读方式,而从根本上抹杀了这部作品的特殊本质:关于梦想的梦想叙事。《受活》的这一诗学特性表明,无论是对于茅枝婆、柳县长,还是对于想象地创造了他们的那个人,梦想的生产力的确是神奇而不可思议的。

写梦想的戏剧,写不同乌托邦追求所导演的人生,当然需要依赖梦想的对立。这一对立不能仅仅被纳入社会学、政治学的视野来理解。正如任何力量都有性别,梦想也有性别,借助阴性梦想与阳性梦想之间的冲突,小说还展开着它的人类学、伦理学思考:圆全人的梦想显然属于阳性,阳性是力和能的象征,它是行动的、扩张的,它注重谋划、建造和事物的使用价值,所以充满不安和焦虑;而残疾人的梦想则是阴性的,阴性的梦想更倾向于生活的内在价值,它柔和、内敛、抱朴、守静,所以无忧无虑而成为单纯幸福的原型。

这就是说,造纪念堂是阳性的,盖个屋子修个墓是阴性的;到处去演出是阳性的,回家做农活是阴性的;柳县长讲话、作报告是阳性的,受活人唱受活歌、听耙耧调是阴性的;一句话,洋日子、革命日子是阳性的,而散日子或倒日子则是阴性的。

为了以阴制阳,《受活》甚至完全拒绝了阳历纪年,凡必须涉及时间标记的地方一概使用阴历,比如开国大典便举行在"一个己丑年份",三中全会则召开于"戊午年的乙丑末月",等等。于此,叙事人与受活人在梦想之性别取向上的一致亦可见一斑。他们都向往纯阴性的"散日子"。

这未免不够辩证。"一阴一阳之谓道"(《系辞上传》),"万物负阴而抱阳,冲气以为和"(老子),"动而生阳,动极而静,静而生阴,静极复动,一动一静互为其根"(周敦颐),古人早已明白阴阳交渗互涵和阴阳同体的道理。但现在的境况是,人类正处于"动极",且越来越有"负阳而拒阴"的意思,这也就难怪《受活》要来个"反其道之动"了。

事情也许不必弄得这么复杂。所谓"日子",无非是具体的生存样式。想过什么样的日子,什么样的日子才算"好日子",这只是个幸福观问题。对这个问题,大多数受活人有自己的直观理解,他们不会把"幸福"弄成一种玄学。从古至今,他们主要地经历了三种日子,哪种日子更受活、更适合自己,他们只能在这三种日子给出的框架里作出比较和选择。

我们不能怪受活人简单、愚陋、缺乏前瞻性,因为他们的思维是经验性的而不是理论性的,他们实在还没法想象"阴阳冲和"的生活是个什么样子。他们只知道,无论是"革命日子"还是"洋日子",不仅都没有兑现"幸福"的承诺,反而给他们带来了无穷无尽的灾难。"铁灾"(大跃进)、"大劫年"(三年天灾人祸)、"红罪"与"黑罪"("文化大革命"),是老一代受活人无法抹去的对"革命日子"的创伤记忆。那么,丢下田地满世界跑着去出演绝术的"洋日子"呢?受活人起初倒是争先恐后的,"第一个月发钱时,受活人都激动得双手哆哆嗦嗦,都把那钱裹在内衣里不肯脱衣裳睡觉哩"。看到侏儒女槐花和圆全男人睡了后"长高了,水嫩白润了",谁不艳羡称奇?尤其是对不知道圆全人厉害的年轻人来说,"洋日子"更是充满诱惑,比如断腿儿猴最担心的一件事就是,退了社,"咱受活日后自个儿办团出演,去哪儿开那介绍信"?然而,不管你怎么想,在最后一场倾力演出之后,独眼靠穿针、聋子靠耳上放炮、瘫媳妇靠树叶上刺绣、盲桐花靠聪耳听音、小儿麻痹娃靠脚穿瓶子鞋等绝活挣来的钱,还是被圆全人偷盗、勒索得分文不剩。

这两种日子都不像是过日子而像是表演,只是散场之后,受活人却发现自己已经被剥夺殆尽。"男的和女的,老的和少的,哭唤声、咒骂声如干裂裂的刀破竹子哩,又嘶哑、又刺耳"。在这种时刻,受活人对"幸福生活"的梦想还能有什么?只剩下"散日子"了。种散地,自种自吃,不受管束,悠闲、无争、自在,这是他们对遥远的从前的唯一记忆。当然,这些记忆是通过《受活歌》、《耙耧调》、《花嫂坡的故事》等民间传说、曲艺才得以复现的。通过这样一种复现,受活庄的"从前"被指认为可供想象的"将来"。

如果说"革命日子"的乌托邦时间是指向未来的,"洋日子"的乌托邦时间是指向现在的,那么"散日子"的乌托邦时间就是通过指向过去而指向未来的。它在"从前"与"未来"的对接中,直接抽掉了"现在",否定了"现在"。由此可见,以不同日子或生活形式为标记的梦想之间的斗争,实质上也包含着不同的时间观之间的斗争。终极即初始,想象即回忆,对受活人的时间意识来讲,过"散日子"的梦想其实本不是梦想,而是曾经有过的现实,只不过由于圆全人的介入它才变得遥不可及了。

《受活》全书共八卷,依次为:毛须—根—干—枝—叶—花儿—果实—种子。从"树"返回"种子"!与《日光流年》文体形式上的逆向溯源(依倒序从司马蓝的"死亡"写到其"出生")异曲同工又有所发展,这一次的返回动机更具有"招魂"性质,也更内在、更富于历史感和具体针对性了。

从阳返回阴,从动返回静,从建造返回土地,从讲演返回歌唱,从复杂返回单纯,从成年返回童年,——即重新返回生存的起点,让日子从头开始!这是一个多么瑰丽而诱人的乌托邦梦想?!假如有爱较真的饱学之士就此提出"这不是倒退吗"、"真的会有这样的日子吗"之类的问题,肯定会把口拙言讷的受活人逼急。但我们知道,关于"返回"或过"散日子"的梦想,既不是一件需要现代知识社会去求证的知识,也不是一个有待落实的预言或方案,它只是一种警醒、一份希望、一种植根于我们大家意识深处的特殊的心灵现实。

保留和守护人类的"童年"记忆是重要的。诚如加斯东·巴什拉尔所言:"必须和我们曾经是的那个孩子共同生活,而有时这共同的生活是很美好的。从这种生活中人们得到一种对根的意识,人的本体存在的整棵树都会因此而枝繁叶茂。"①瞧,他想到的也是"树"。

有一点需要在这里指出,凡叙事实际上都已隐含着阐释,而乌托邦叙事的一个重要特点是,其阐释倾向几乎是自明的。在遇到像《受活》这样的文本的时候,我们所能够作的阐释和分析其实只是一种还原,即"把故事再讲一遍"。当然,只能是牺牲了具体丰富性的还原。

"小说比任何一种文学形式,甚或比任何一种文字,都更能胜任愉快地充当起社会用以自我构想的样板"②,但如果不是借助于文本与一般经验之间的联

---

① 〔法〕加斯东·巴什拉尔:《梦想的诗学》,生活·读书·新知三联书店,1996年,第29页。
② 〔美〕乔纳森·卡勒:《结构主义诗学》,中国社会科学出版社,1991年,第284页。

系,小说的构想就不会获得预期的真实效果。在《受活》中,一切当然都不是抽象的,而是充满了事件和细节的喧哗。它充分利用了社会记忆和能够激活这种记忆的各种各样的物象与材料,重新组装出一段人们似曾相识的历史,并将之催化、放大成一个关于生存与梦想的总体性的隐喻。认识、经验与语言技巧之间的互动性大大强化了文本的交际能力。通过这些,文本指向了一个我们能够加以识别和比较的世界,这个世界虽然由一系列表达系统构成,但并非完全出于语言实践的虚构,它如此紧密地相关于人类的其他社会实践,如此深沉地叩问着我们置身于其中的由现代性所展开的历史与现实,以至在陷入这个世界的时候,我们不由不百感交集、以幻为真。

五、絮言及了、呢、哩、哦

　　《受活》采用的是"正文"和"絮言"相交替与并置的叙述体例,两者以不同字体给予区别。举凡传说、民俗、地方志、方言解释、历史事件、主要人物来历等一概以"注"的形式放入"絮言"。它有时出现在正文之末,有时又独立成章成篇;有时是絮言里夹着絮言,有时又是一个絮言捎带出另一个絮言;长者一连数页,短者三行两行;来去自如,不拘形迹。

　　在《日光流年》中,"絮言"已初露端倪,但所占篇幅甚小,未引起太大注意。到了《受活》,这种方式突然大规模蔓延开来,以至完全消解了"正文"与"絮言"之间的正辅、主次界限。顾名思义,絮言本来是絮叨、啰唆、题外话、多余的话,至多起的是补充、说明和交代的作用,但现在却开口讲起了另外一些故事,变成了支撑本文的结构性的主干之一。

　　为什么会是这样?这是不是叙述者所玩的一种"花头"?絮言在本文叙事中的具体功能究竟如何?有必要予以关注。首先可想到的是絮言给叙述活动带来的方便:在不干扰正文叙事的情况下,絮言以其简易、灵活帮助叙述者处理了大量难以为正文直接吸收的"额外"的材料;从而既满足了叙述者尽情尽兴的自由联想,又不至于破坏正文故事的连贯性、严整性。其次,絮言给接受活动也带来了好处,它特别有助于启动人们曾经储备的社会历史知识,强化读者对正文故事背景的了解,但又不会使读者像遭遇某些现代派小说那样,被不断涌现的闪回、倒叙、插入或意识流弄得迷迷糊糊。以上两点分析,尽管已对《受活》运用絮言来参构本文的必要性作出了阐明,但并没有就此说到根本方面来。毕竟必要性还不是必然性。如果注意到——正文描述的是洋日子里发生的故事,絮言讲述的是革命日子、散日子里发生的故事,即正文的现在进行时与絮言的过去完成时恰好构成了多重联系与对照——事情就起了变化：在结构和主题方面，絮言已不可或缺。

描述和讲述都是叙事的基本手段，都会带来相应的修辞效果。正文的描述性叙事使"现实"戴上了美学的面具，絮言的讲述性叙事则又使"过去"、"更遥远的过去"戴上了历史的、神话学的面具。现在，真实成分有效地渗入了虚拟世界，虚拟成分也有效地渗入了真实世界。当各种叙事成分完成了化合反应后，一种真中有幻、幻中有真的叙事奇观就出现了。可以认为，这一奇观既得力于故事的"破天荒"，也得力于叙述方式的"破天荒"。当然，在欢迎"虚拟"这一后现代精神的主题词时，《受活》并没有忘记："耙耧山"绝不是一种完全没有"原件"的存在。

《受活》也许是电脑打出来的，但它的语言却不是一种可以无限复制的电脑语言。电脑语言很便捷，但就是缺少个性和人味。这是因为它过滤掉了太多的个性化的气息：事物的气息，人的气息，存在的气息。气息才是语言的灵魂。

> 雪是住了的，像路过耙耧山脉的客人呢，歇了七天脚，又起身走去了。不知去了哪儿了。
> 把山脉和村落又还给夏天了。夏天是遭了大雪欺侮了，回来后满全脸没有喜兴色。回头是绝然倔硬地不肯出来呢。云雾低垂在庄头上，梁顶上，你把手一伸，云彩从你的手缝流过去，你的手也就相跟着水湿了。一早起床，立站在院落里，或立站在庄子口、梁道上，把双手举展在半空里，抓一把水雾，在脸上抹一抹，搓一搓，脸就洗过了。

气息是神秘的，能让人闻到、嗅到气息的文字是更加神秘的。在叙事文本中，气息往往和叙述者的声音、语调联系在一起。有经验的小说家都知道，找不准叙述的声音和语调究竟意味着什么。那就是根本无法动笔。基于这一点，我终于原谅、理解甚至喜欢上了《受活》对"了、呢、哩"还有"啦、呀、嘛、哦"等语气助词的几乎近于狂热的使用。

的确，从头至尾，翻开小说正文的任何一页，这些语气助词所携带的调子、声音和气息就会扑鼻而来。从写景、状物、表情、记事直到想心思、发议论，这些语气助词都尾随其后，就像一条条鲜亮的线绳儿温柔缠绵地缀在句子最末的那个词上，倒把个惊天动地的荒唐故事弄得色彩斑斓、声气如缕、柔柔和和。这是为什么？除了口语化，除了突出豫西方言的地域味，除了使视点、口气降下来，以便拉近叙述者与叙述对象之间的距离，还有其他原因吗？对比《日光流年》锤凿般"嘭的一声"的句子，对比《坚硬如水》对"文革"话语的泼墨大写意，也许，作者又想换一种语言感受和口味的念头也起了不小的作用。但在我看来，更内在的原因应该在于，这些语气助词对叙述语调的软化，极大地契合了乌托邦叙事的阴性特征;它们在字里行间的穿越、萦绕,从整体上形成了文本的阴性氛围。

六、关于乡村中国的书写

毫无疑问,20世纪后半叶的乡村中国是阎连科梦魂牵绕又痛彻心脾的地方。对他来说,"乡村中国"绝不是一个词而是一座山;不是有距离观照的对象而是长在自己身上的病;不是一段命运的插曲而就是命运本身。与土地的血缘联系,浸泡着全部童年、少年时光的幸福的或苦难的记忆,无可回避地确认了他作为土地之子的写作身份。

"忘记,是我们的共同罪恶。"拒绝心灵对土地和历史的遗忘,使他在城市里的写作带上了某种赎罪的性质。毋宁说,在土地和历史面前,在被侮辱与被损害的人们面前,他甚至是卑怯和羞愧的。所以,他从不敢以乡土或农民的代言人自居,所以,从情绪、意识到思想,他几乎天然地远离了代言人身份必然会给写作设下的陷阱:讴歌、伤逝或请命。同时,历史的思考和现实的感受也不允许他"抉心自食",把批判或讽刺的锋芒指向自己的父母、兄弟、姐妹。他下笔虽然凶猛,内心其实是相当淳厚而温情的。

正是这一切,把他的巨大的想象力、同情心和语言才能推上了一条彻底改写乡村中国书写传统的广阔道路。他不仅在小说的体式、叙述的语言上有卓越的独一无二的创造,更重要的是在视点、意识、母题等方面,他大大激活并释放了本土文化特别是乡村中国生活中固有的人类性、存在性因素。长期以来,这些因素一再遭到某些书写惯例的压抑,以致人们普遍地误认为,"人类性"、"存在性"这类东西似乎只能与现代城市生活发生关系。在我看来,能够将乡村中国的历史、现实与存在性思考打通,这是个很了不起的贡献。

我们知道,举凡虚构小说、讲故事的人总要依赖某些不同的东西:智性、情感、潜意识、思想或意识形态。阎连科的奥秘是靠血肉而不是靠观念,抓住了生存本身的关键词。这个词在《日光流年》中叫"生死",在《坚硬如水》中叫"激情",在《受活》中则叫"梦想"。就乡村中国的文学书写而言,有了阎连科,我们才可以说,鲁迅式的"国民性批判",沈从文式的"乡土恋歌",以及《古船》或《白鹿原》式的"文化秘史",的确是上一世纪的事情了。

原载《当代作家评论》2004年第2期

《丁庄梦》里的权力、个人和种种

〔韩国〕金顺珍

绪　　论

　　作家阎连科的生命和作品中充满着矛盾。为了逃离贫困和耕地而到了都市,但以写作为敲门砖的"原罪"意识却一刻也没能让作家超脱土地,所以作家通过作品要实现与现实永不脱离的某种现实主义精神。但是,他说过他所体会到的现实又不是大众所体会到的现实,他所追求的现实主义也不是如今我们所说的现实主义,因此他的作品不被认为是现实主义作品。然而,又都认为他的作品总是最击中中国现实的剧痛之处。这样,他的写作就构成了被人争议、批评的焦点,成了在世界各国都认为是"中国最受争议的作家"。但作者本人,却说没有想在写作中表达什么,而是要追求一种"模糊",如果作品中没有"模糊"的感觉,他不会动笔去写作。他还说作品中这种"模糊"的状态,愈黏稠阔大,作品就愈有意义,写作也就愈有意义。反之,凡是能让读者简单说清什么的作品,就有可能是真正单调和乏味的作品。可我们从表面上看,阎连科的作品,具有明显的文学指向——是要描写生活在土地上的人们的反抗意识,而实际,却又复杂得多。这里,可以把研究《丁庄梦》的复杂倾向概括为如下几个方面:第一,有关作品里的梦和乌托邦的分析①;第二,有关人类灭亡和人性觉悟的分析②;第三,带着农村批判意识的民间意识分析③;第四,对现代主义的批判意识④;等等。

　　《丁庄梦》的故事背景是 20 世纪 90 年代在中国河南省发生的卖血事件。

---

① 李大伟:《"梦就是现实,现实就是梦"》,《山东大学学报》2006 年第 9 期;刘保亮:《论阎连科小说的家园意识》,《内蒙古大学学报》(哲社版)2009 年第 5 期。
② 吴雪丽:《暧昧的叙述——阅读阎连科新作〈丁庄梦〉的一个视角》,《当代文坛》2007 年第 1 期;陈国和:《沉重命题的诗性叙述——关于阎连科的〈丁庄梦〉》,《名作欣赏》2007 年第 4 期;陈国和:《1990 年代以来乡村小说的生命寓言书写——以阎连科为例》,《山东社会科学》2008 年第 7 期。
③ 马跃敏:《现实主义文学的困境与坚守——论〈丁庄梦〉对阎连科创作的意义》,《平顶山学院学报》2007 年第 3 期。
④ 在王德威的《革命时代的爱与死》(《当代作家评论》2007 年第 5 期)里找得到这种要素。

阎连科说过,如果《丁庄梦》采用一种"新闻主义"的写作方式,将更具震撼力。我们不知道阎连科不敢落笔的《丁庄梦》是什么样子,但可以想见,是隐含着比现在的《丁庄梦》更强烈的对现实的批判意识。尽管如此,他还是说他所希望的"想象"都表现在了《丁庄梦》这部作品里。

那么,作者把什么样的希望寄托在了作品里?既然说能让读者说清的作品是单调和乏味的作品,那么,他想通过描写丁庄人的生存困境,说出怎样的隐藏在他内心的"模糊"呢?

拥有不了的欲望

阎连科的《丁庄梦》通过描写"卖血"给一个村子带来的巨大灾难,揭示每个人内心里隐藏着的按捺不住的欲望。这种欲望不仅包括活着的时候要掌握财富和权力的欲望,也包括死后想过安乐生活的死乐欲望。

在小说中,丁辉因背叛道德意识而欺骗所有人,是中国今天现实中欲望者最有代表性的典型。但从欲望这个角度来看,丁庄人跟丁辉没什么大的差别。丁庄人为追求物质上的富裕而卖他们自己的血,而丁辉为追求物质上的富裕买卖丁庄人的血。当然,这有一个患了"热病"和传播"热病"的差别。可归根结底,在所有的丁庄人内心里涌动着的是共同的追求富裕的梦想和共同的对权力的欲望。

以丁辉言,别人都住着草房和土坯瓦房时,丁辉就要盖纯砖纯瓦房。别人盖纯砖纯瓦房时,丁辉就要扒掉纯砖纯瓦盖成两层楼房。别人要盖两层楼房时,他就再加一层成了三层的。这是丁辉物质梦的具体化。而对丁庄其他人来说,作家则绝妙地描写了他们现代物质梦实现后的不适应:"把千百年来露天厕所用的蹲坑改成了屋里的坐器儿,可我爹、我娘坐着那器儿,坐死也拉不出来屎,只好又在楼后的露天地里挖了蹲坑儿。"①这段《丁庄梦》里的描写令人过目难忘,说明的是人被物质异化的现实。可实际是丁辉"物质梦"在村庄普及后人被异化的延续,根源还是物质欲望的拥有但却拥有不了的结。

小说题目中的丁庄,意味着这个村子就是以血缘形成的集体。丁庄是以"血"联系着的血村,这就让我们联想到重视血统的中国和亚洲地区。丁庄这个血村的发生是基于对血统的信任上,但又因为对血的不信任而导致灭亡,这就是作者对封闭性和纯粹性的辛辣讽刺。也就是说,以重视血统和民族来

---

① 阎连科:《丁庄梦》,香港文化艺术出版社,2005年,第19页。

追求现代化和资本化的当代中国的欲望不过是虚幻梦想。这意味着像丁庄以卖血获得的繁华是不能够拥有的、被异化的梦想,是一瞬间就有可能倒塌的空中楼阁。

那么使丁庄毁灭的虚幻"梦"到底怎么发生的呢?他们的梦想,应该不是来自于主观愿望,这愿望的背后有三种意识形态在鼓动丁庄人的现代化梦,即权力、科学和都市化。

第一,权力是让丁庄人梦想小康的主体。教育局长来到丁庄,主张发展血浆经济,力图民富国强。丁庄的村长李三仁先断然地反对卖血运动,但后来却把自己的血卖给丁辉,那时他说:"他妈的,只要对咱国家好,我还怕流这一点儿血。"这就说明在丁庄所引起的卖血潮的主体是权力,权力在他们的背后操作着卖血潮。

为了实现富裕欲望,权力就推动个人欲望的兴起,让个体以"国家和集体"为借口,尽情地发泄个人的欲望。结果个人变成了权力和富裕的消费品。权力鼓励人们卖掉他们身体的一部分(血),这就意味着权力把个人的身体看作随便能买能卖的商品。如此,像王德威所说的一样,丁庄的危机暴露不只是医疗卫生问题,也是国民经济问题,以及一个国家对人民身体的监控管理的问题①。

丁庄老百姓把自己的血卖掉而让集体积累财富,但他们能享受财富时,却只有走进去棺材的那一刻。

> 棺材的内里四壁上,都是刻着城里人的享乐画,有电视机、电冰箱、圆桶洗衣机,和能在电视上放电影、放戏的啥儿机和一个个迭着的大音箱。还有能唱歌的麦克风,和摆着十碟八碗的丰盛的筵。筵桌上刻的有好酒、鸡鸭、鱼肉,还有酒杯、酒盅、红筷子。还有刻出来的戏台和影院、高楼和大厦。影院和戏院的门,大厦和高楼的门,门上方一律刻有"丁家"两个字。电器上也都一律刻有我叔丁亮的名。
>
> 最为重要的,是在我叔的脚头棺档上,刻了一栋楼,楼顶上有中国人民银行六个字。
>
> 像把一个国家几十年用功得下的财富和繁华,都给我叔做了陪葬了。
>
> 把整个世界的繁华和财富,都装进了叔的棺材里。②

这是拥有欲望的绝望,是作家对欲望不可能的写照。《丁庄梦》中有大量这样的描写,表面是作家对人的欲望悲剧的展示,实际是描写人类欲望无法实现

---

① 王德威:《革命时代的爱与死》,《当代作家评议》2007年第5期。
② 阎连科:《丁庄梦》,香港文化艺术出版社,2005年,第259页。

的悲剧。

第二，丁庄人憧憬的欲望是都市化形象的乡村具体化。就是说，丁庄人的梦的背后，表现为都市化的发展主义。丁庄的血站准备好了，但没有一人去卖血，高局长就要求丁水阳拉着丁庄人到蔡县去参观。那时他还说去蔡县每人每天不光补助十块钱，路过省会还让大家到二七纪念塔上转一转，到亚细亚百货大楼看一看。丁庄人在蔡县发现的地上天堂就是西方化、现代化的缩影，就是都市的乡村映照。

> 汽车一入不知道参观的是蔡县哪个乡的上杨庄，汽车一入蔡县的境界内，就如同汽车驶进了天堂般。料不到公路两边的村庄里，家家住的都是洋楼房。都是红砖红瓦两层楼，一排儿拉开如同划在纸上的整齐样……在各家里，冰箱都一律放在走进屋门的左边门口处，电视机都摆在沙发对面的红色机架上。洗衣机都在和灶房相邻的洗浴间。①

权力为了完成乡村富裕的欲望之梦，使农村人充满对都市化的无限幻想。结果以消费人的生命为代价，以此达到个人的富裕和繁华。但是，跟个人享受不了国家繁华的情况一样，农村一样不能享受都市的富有化和现代化。

第三，权力让丁庄人憧憬现代化幻想的方法就是用科学的意识。教育局长亲自动员丁庄卖血时，他就要求丁水阳去说服丁庄人。那时丁水阳带着丁庄人去河滩，给他们看舀不干的沙坑。说人的血像舀不干的水一样，血也是卖不完的，这就是科学。"科学"这个词具有的巨大力量是不能让任何人提出反驳的。丁辉也就在那时陷入了用科学包装的卖血幻想之中。

权力意识、都市化意识和科学意识交织在一起，组成了丁庄人的富裕之梦。阎连科与梁鸿面谈时说，"致富"是中国改革的目的和中国民众心中最大的愿望，是中国发展的核心部分。还说因为接受了这一话语叙事的合理性，就放弃了对身体的自主权，这就成问题了。对贫穷农民来说，发展主义具有他们不能拒绝的魅力。终于"人"被消失了，人存在的内在理由也被取消了，只剩下物质的理由。②

所以可以说，《丁庄梦》里的"热病"蔓延，是对中国新时期致富神话的有力解构③，是对欲望拥有不了的悲剧的叙述。

---

① 阎连科：《丁庄梦》，香港文化艺术出版社，2005 年，第 32 页。
② 阎连科、梁鸿：《"发展主义"思维下的当代中国——阎连科访谈录》，《文化纵横》2010 年第 1 期。
③ 刘保亮：《论阎连科小说的家园意识》，《内蒙古大学学报》2006 年第 9 期。

消失了的父亲空间，新到来的希望

《丁庄梦》中的梦是仅仅指向丁庄人对致富的幻想吗？要是这样，不超过一页的"卷一"有什么含义？是为了告知七年丰年以后，会必有七年凶年的预言吗？是意味着为了欲望卖血必有的灾难吗？还有预言人们收集现代化的碎屑必然的绝望吗？还有这部作品最后部分写的女娲创造新世界的梦又有什么意义？

我觉得，阎连科使用的梦有双重含义：一方面意味着丁庄人的幻想；另一方面并不是所有评论家认为的悲剧和绝望，而是对未来绝望后新世界的希望。丁庄因"热病"没落了，而能把丁庄没落的原因说清楚的是丁水阳的梦。能对抗丁庄人虚幻梦想的武器也是小说中无处不在的梦。作家在作品的开头很明确地说出："热病是藏在血里边。爷爷是藏在梦里边……热病恋着血，爷爷恋着梦。"① 自此，梦就开始成了对抗"热病"的武器。

但是血跟梦不是对立的，而是相通的。为了财富而抽出丁庄人的血时，就发生"热病"。"热病"是丁庄人梦的结果。可是为了人的救赎，小说的结尾把丁辉的死——让他的血撒在大地上，似乎恢复了新的希望的梦。这是一种梦在现实中的呼应和兑现。而小说开篇写卖去丁庄人身体上的血就缺失丁庄的水，于是旱灾降临了。然而小说的后半部，丁水阳杀了儿子丁辉，因之又下了一场雨，这又是现实对梦幻的巧妙呼应。阎连科把丁水阳杀掉儿子丁辉的场面安排为梦的幻化，从而，就完成了他说的让梦和现实到了无法划分的浑浊和模糊。

阎连科在《丁庄梦》韩文版的序文里说，《丁庄梦》既是写现实的，同时也是写梦幻的，是一边写黑暗，一边也写光明；一边写幻灭，一边写黎明。这对阎连科来说，梦不是无条件的希望。没有经历过黑暗的光明不是有希望的、真正的光明。所以有资格做丁庄未来梦的人物不是其他人，而是不断流着忏悔眼泪的丁辉的父亲丁水阳。而且最后"女娲造人"这样的结局也正表现出一种黎明的希望。但是如果没有悲剧而积极的决断（像丁水阳为村子而杀死儿子丁辉），就不可能获得这样的希望。对丁水阳来说，杀死儿子是残酷的黑暗，但却也是一种救赎的光明。

那么，阎连科为什么让这个老人丁水阳作为丁庄的希望的象征？要解决这个疑问，我们需要查看丁水阳三代的象征意义。

---

① 阎连科：《丁庄梦》,香港文化艺术出版社,2005年,第7页。

在《丁庄梦》里,给丁庄带来灾祸的主角是父亲丁辉;要抵挡丁庄死亡、没落的是爷爷丁水阳;用淡然的眼光给读者说明真实的人是"我"——12岁被毒死的小强。我以为,这三代人物代表中国现当代历史的三个时期。丁庄不只是中国的一个农村,而是象征着追求现代化、都市化、资本化的整个中国。也可以说,丁水阳、丁辉和"我",这三代人代表着新中国成立初期的革命时期、追求现代化的改革开放的当今时期和以后中国的未来期。阎连科是通过这三代人的命运步履,对民族历史进行反省和展开对未来梦的思考的①。

丁辉在自己的家里开设了"丁家血站"而积累财富。他向财富盲目地奔赴,这就是向现代化奔走的现在的中国。与之相反,丁辉的父亲丁水阳反对丁辉的欲望,尽所有努力要拯救村子。从最初丁水阳替权力者说服丁庄人去卖血,到后来他懊悔自己的行动,向村民道歉,让丁辉向村人下跪,直到丁水阳给死亡到来之前的村民准备他们的安身之处——丁庄小学。虽然是短暂的时间,丁庄小学却变成了"热病"患者的天国。而这学校天国的情况,跟新中国成立初期的人民公社颇为相似。丁水阳相信,有学校就有未来,拯救村人的场所是学校,杀死了儿子丁辉以后,丁水阳回到的地方也是学校。学校成为了一种象征,成为是培养精神、治疗精神之所在。丁水阳把病人集合在治疗精神的地方,要在精神之地把人的身体治好。这多少反映了丁水阳的某种想法,即是有了精神上的病才会发生身体上的病。所以,一切的治疗都要回到精神之处去。可以说,丁水阳所代表的那个强调精神的时代,就是新中国成立的初期。

这样说下去,我们不难意料丁水阳的孙子——《丁庄梦》的叙述者"我"——小强,就是未来的中国了。

阎连科为什么要用死去的小强的嘴来叙述故事呢?既然爷爷已经可以在梦中告诉读者某种想象的真实,为什么还需要小强的灵魂来幻化故事的叙述?很多批评家认为,作者以一个被毒死的少年眼光记录了村民是如何走上不归路的,使整个作品呈现出亦真亦幻的魔幻现实主义色彩②。阎连科也说,对他影响最大的作家是胡安·鲁尔夫。他最初看胡安·鲁尔夫的《佩德罗·巴拉莫》这部小说的时候,不是它的故事,不是它的人物,不是它的情节与细节震撼了他,

---

① 王德威也说过,"我以为阎连科的近作之所以可观,还是来自他对自身所经历的共和国历史,提供了一个新的想象——和反省——的角度"。(王德威:《革命时代的爱与死》,《当代作家评论》2007年第5期。)

② 夏玲彩、程丽蓉:《于惨烈生存中的沉重审视——〈丁庄梦〉中的人性意识解读》,《现代语文》2007年第10期。

而是它的叙述和写作方式震撼了他①。

然而,要是我们把死者的叙述和梦的出现认为仅仅是作家写作中对魔幻现实主义的借鉴,那就未免太简单了。而小强又真的是故事必不可少的人物吗?要理解这个问题,我们得看"卷一"约瑟解梦的故事,也许会另有其味。在《丁庄梦》里,梦的功能决然不能忽视,中国评论家刘保亮分析了阎连科在该作中引用《圣经》原文的书写方法是他的宗教书写特征②;还有姚晓雷也认为,丁水阳就是一个世俗版的约瑟③,认为丁水阳做梦就是他成为约瑟的根据④。

我们不能否定丁水阳是一个具有良知、原罪意识、忏悔意识的丁庄先知,但是不能同意他就是一个约瑟。《丁庄梦》的"卷一"里的故事只有酒政的梦、膳长的梦和法老的梦,就没有约瑟的梦。在《丁庄梦》的"卷一"里,约瑟的作用不在于做梦,是在于解梦者。《丁庄梦》里做梦的人物是丁水阳,而且把丁水阳的梦告诉读者的、解释给读者的是他的孙子小强。所以可以说《丁庄梦》里真正的约瑟是死者小强。

那么作家为什么要安排代表中国未来的孙子"小强"被毒死,为什么一次也不允许活着的"我"上台?难道作家要说中国的未来没有希望,已经死亡吗?这个问题让我们想起鲁迅在《狂人日记》里的呐喊,"救救孩子"。鲁迅那样恳切地书写那些没吃过人肉的孩子和被没吃过人肉的人抚养的孩子。那是因为鲁迅面对找不到没吃过人肉的孩子的现实,他绝望后的表达。而《丁庄梦》中,死者小强的父亲就是丁庄的血头,这种情况自然使"我"——小强的未来没有希望。但是,"我"死了,所以就可以摆脱父亲丁辉的手而直接联系到爷爷丁水阳。爷爷丁水阳为了把孙子的遗骨留在丁庄,而打死他的儿子,表面看是父亲杀死儿子,但也可以理解为孙子跟爷爷合谋杀死儿子、父亲。因之爷爷和作家都明白,孙子是爷爷精神的继承者,是父亲肉体的接续,是他们中间——精神和肉体(物质)的混合体,所以,阎连科让死者"我"来叙述故事,则是真正找到了一个最为恰当的叙述者。这就是阎连科安排"我"——一个12岁的死者叙事意义的巧妙所在。

---

① 阎连科、邱华栋:《"写作是一种偷盗生命的过程"——阎连科访谈录》,《环境与生活》2008年第12期。
② 刘保亮:《论阎连科小说的家园意识》,《内蒙古大学学报》2006年第9期。
③ 姚晓雷:《苍凉的悲悯——〈丁庄梦〉的一种读法》,《平顶山学院学报》,2009年第1期。
④ 吴雪丽:《暧昧的叙述——阅读阎连科新作〈丁庄梦〉的一个视角》,《当代文坛》2007年第1期;陈国和:《沉重命题的诗性叙述——关于阎连科的〈丁庄梦〉》,《名作欣赏》2007年第4期。

隐藏在个人背后的权力

《丁庄梦》对中国现状的深刻反省不言而喻,而这个现状,正是今天的中国现实中人们片面追求物质、而精神走向堕落的反映。但是,我觉得阎连科的写作意图不是简单的指向权力,而更深刻、隐含的是指向最本质上的人性。也许因此,导致着作品对社会批判意识的减弱。丁辉被描写为让丁庄蔓延艾滋病的元凶,对此,作品里最精彩的描写是把死亡放在眼前时也被贪欲、权力抓住的丁庄人和丁辉的卑鄙与愚昧。

在死亡前夕,没有任何一个人对强求卖血的、一夜间冒出了十几个血站来的权力表示任何的抱怨(这种写作的"遗漏",值得研究者再三回味和思考)。他们都只恨丁辉。丁辉的丁家血站诞生以后,又生孕出十几个的私家血站来,但相比之下,丁辉却几乎全部是采用不道德的方法来获得最大的财富,所以,他成了最大的凶手。丁庄人们骂丁辉时,批判的方向只限于"非卫生的"、"非道德"的抽血活动——这种写作的"缩紧",一定有作家的写作忧虑,但却更突出了作家对现实中人性的关注。

在现实人性关注的基础上,作家更关注的,则是死亡面前的人性。比如说丁跃进、贾根柱、李三仁、赵得全,玲玲和二叔的死,都证明作家的笔更为倾向于描写他们的活着的声音、道德和人性。得了艾滋病以后,他们不愿意把他们的病传染到家族,就到丁庄小学过共同生活。但在这共同生活中,在死亡面前,他们也还依然短视、贪便宜,如把砖、石头、瓦块等放在粮食袋里。这露出了他们的私欲和卑劣,可丁辉把两袋面送给他们而训诫他们时,他们又有对不住丁辉的懊悔。这些情节琐碎、细腻,清晰地表现了作家对人物人性复杂的把握和透视。

> "你们都记住,在丁庄,我丁辉不会做半点对不住你们的事。只有你们对不住我丁辉,没有我丁辉对不住你们的。"
>
> 说完爹走了。
>
> 说完就走了。
>
> 推着车,走了几步骑上去,很快消失了。
>
> 事情就这样解决了。丁庄人渐渐有了悟,悟过来,觉得对不住我爹了,对不住丁家了,从此就对我爹好长时间不疑他啥儿了。①

尤其是,丁庄人对权力表示的无知崇拜,就是死到临头时,读者也不会感到

---

① 阎连科:《丁庄梦》,香港文化艺术出版社,2005年,第127页。

人物对权力有所愤怒,这就让人对他们深深的怜悯起来,对人性的弱点思考起来。如那些病人在得知政府要以低价卖给他们便宜棺材时而向政府表示感谢的情节,读来让人揪心,对人性的软弱无奈而悲悯。

> 到了午时候,日头已经正平南,村庄里的人都忙着往家运棺材,街街巷巷都是抬棺、拉棺的人,到处都是说着政府好话的人……
> 那些分到便宜棺材的,因为得了政府的照顾他就忘了热病了,忘了家里躺着快死的人,脸上堆着笑,漾荡着轻松和快活。还有的,脸上挂着乐极生悲的泪。[①]

丁庄人们发现丁亮和玲玲的关系时,恶骂他们,看不起他们。但是丁亮和玲玲死了以后,丁庄人却说"这丁亮和玲玲死值啦"。原因不是佩服丁亮和玲玲的爱情,而是因为他们用的棺材和墓穴都颇佳。

也许,今天中国的农村越来越丧失对人和精神的尊严,阎连科曾多次表示过对农村情况的惋惜和痛心。他说至今农村最重要的问题是农村没有任何道德价值判断标准。他觉得旧有的传统道德价值标准已经丧失了,新的又没有建立起来[②]。我们可以在《丁庄梦》里的人物上看到阎连科对农村的看法和爱憎。正是因为这些,让许多批评家把《丁庄梦》看作人类灭亡的寓言或人性毁灭的寓言。

实在说,阎连科对《丁庄梦》中人物的描写和对种种人性的分析都少见的卓越。作家强调人类面临的真正危机不是肉体的,是心理的、精神的。但是,像王德威所说的一样,小说诚然不必是政治批评,但阎连科将"艾滋村"事件的起因和后果融入已经熟能生巧的叙述模式里,难免使他的结局显得轻易[③]。其原因可能在于作家把人们对物质、权力、欲望当作了丁庄没落起因,但实际,现实应该更为复杂。作家可能因为对人性的关注,而减弱了对这更为复杂因素的思考和描写。

在作品中,我们没有找到村人和作家对丁水阳这个人物的思考和批判。与之相反,作者突出了忏悔的丁水阳,让他做着崭新的"丁庄梦"。这可能展现了作家阎连科希望中国要恢复初期纯粹的那种革命精神。但结果,又不得不回避对卖血行为本身的批评,而且批判的方向只限于"非卫生的"、"非道德的"抽血行动。同时对把人体买卖的行为、把人体物质化的权力行为也很少批评,让对

[①] 阎连科:《丁庄梦》,香港文化艺术出版社,2005年,第168页。
[②] 阎连科、梁鸿:《"发展主义"思维下的当代中国——阎连科访谈录》,《文化纵横》2010年第1期。
[③] 王德威:《革命时代的爱与死》,《当代作家评论》2007年第5期。

人性的审视遮掩了这种对现实的批判。

结论：乌托邦梦想

对阎连科来说，梦就是人类的未来和终点，是人类现实的再现。

现实使作家看到旺盛的春天也让他看到不可信的假象①。但作家还是不断地渴望春天的绿色。不过他明白，春天不是稳定的"乌托邦"。虽然阎连科通过丁水阳主动的共同生活表现出他的梦想，但这绝不只意味着"毛时代"那样的乌托邦，其实有更深的意义在其中。阎连科曾说：我一直不赞成许多人说我的作品始终有"乌托邦"的思想，我更赞成"回家"的说法。而"回家"，其实也是乌托邦情感的文学表述。

回到本文的开篇，阎连科说他最初学习写小说的目的就是为了逃离土地。但他的这句话里隐含着他自己的忏悔意识。可以说，在《丁庄梦》中，阎连科自己的心情吻合了丁水阳的形象。作家的忏悔意识，让他给"土地"和"这土地上的人"都一律报以温暖、苦痛的拥抱。小说中，作家把丁辉描写为"负面人物"，而把丁水阳描写为"正面人物"——以之让改革开放以前的国家跟以后的中国保持了距离，强调初期现代中国的道德性和精神性。作家相信未来的希望在于精神，不在于物质。所以丁水阳在小说最后回到学校去，展示出了作家的理想主义。可是也可能，阎连科之所以不直接批判政治权力，是因为作者梦想的土地的主人不是政治权力。引起作者关注的是那块土地上的人，是无辜、无能的普通老百姓。所以在阎连科创造的文学世界里，苦难是主色调，这种现象与20世纪90年代以后的乡村显然有很大的关联②。他的关心在于能战胜七载凶年的老百姓之坚强。法老做的七年丰年和七年凶年的梦不是对七年凶年的警告，是说七年凶年以后就是丰年的到来。那些梦中还含有什么样更模糊遥远的内容，我们不能妄猜，但从和小说结尾的女娲造人的呼应去看，"乌托邦梦"的破碎和建立也应是他小说最内在的本身。

金顺珍，韩信大学中国地域学系教师
原载《南方文坛》2013年第2期

---

① 阎连科：《魂灵淌血的声响——〈阎连科作品集〉总序》，《当代作家评论》2008年第1期，《山东社会科学》2008年第7期。
② 陈国和：《1990年代以来乡村小说的生命寓言书写——以阎连科为例》，《山东社会科学》2008年第7期。

何处是归程
——由《风雅颂》看当下知识分子的精神之殇

姚晓雷

一

《风雅颂》是当代作家阎连科以知识分子生活内容为题材的首部长篇新作。刚接触到这部小说,我心里既充满了期待,也充满了担心。期待的是,根据以往的经验,阎连科这样的作家所推出的每一部新作必然会以独特的视角和力度产生巨大冲击力;担心的是,一个骨子里渗透了土地情结、以写民间底层生活为特长的作家,突然转向描绘高级知识分子生活这一新领域,又准备如何挖掘和如何表现呢?

我这样的疑虑并非唐突,知识分子题材的创作一向是小说表现的高难领域。原因无他,知识分子作为社会精神层面和现实层面连接枢纽的特殊身份,注定了他们身上要汇集着一个时代的各种尖锐矛盾。当下知识分子所面临的社会文化环境尤其复杂。众所周知,20世纪末以来,尽管整个社会改革的努力还在持续,可持续至今的改革已逐渐使中国社会进入了一个远比当初的预想复杂得多的状态:一方面,市场活力使得中国经济取得了相当的成就,创造了大量的社会财富;另一方面,中国社会又进入了一个问题频发的时期,融入全球化带来的文化伦理多元化问题、不同社会群体之间的激烈博弈问题等,都由潜在转向公开。在这一社会转变过程中,许多桎梏不仅没有被有效打破,反过来利用自己对社会资源和市场资源的支配权,假借"市场化"、"世俗化"、"消费时代"甚至"后现代"的名义,竭力营造一种泯灭人精神自由与理性反思空间的物质化意识形态。此间知识分子所扮演的角色也愈来愈尴尬,如何对待现实、如何对待自我以及自身的精神传统,都变得难以抉择起来。许多知识分子既无力摆脱现实的桎梏,也无力抗衡环境的重压,从而陷入精神危机。阎连科的这部小说,则旨在对上述生存背景下高校以及高校知识分子出现的异化现象进行批判。应该说,阎连科这部小说这方面的开拓是多方面的。

小说一开始就相当尖锐地触及了这一时期的畸形社会现实。打开小说,清燕大学呈现在我们眼前的,便是一副高校整体堕落的荒诞图景:里边是非混乱,价值颠倒,完全失去了大学应有的品格,人性也极端麻木、蛮横和虚伪。例如,在一场横卷京城的沙尘暴事件里,学校各级领导最关心的不是风沙挟裹中的门窗破损的宿舍楼里学生的安危,反而因为学生自发的一场抗击沙尘暴的场景被国际媒体报道而惶惶不安,因为学校这样受到国际媒体关注是和中国改革开放给环境带来的污染和破坏的背景连在一起的,这必然要惊动教育部和国家的领导人,进而影响到学校的利益。为了保证学校的既得利益,学校领导们不惜软硬兼施、威胁利诱,要求偶然参与进这个事件的一个副教授假装精神病以做替罪羊。把握各种资源的领导还随意妄为,把手里的学术资源完全变成了谋私的工具。在这样学术官僚的统治下学风更不堪入目,被树为教学样板的影视艺术课教师,其擅长的做学术的功夫就是把别人的论文取长补短,其讲课的内容是罗列一些明星生活的小道消息来哗众取宠;真正有学问的人反而处境尴尬。如此的大学,表面是圣洁的学术殿堂,其实全无圣洁可言。大学尚且如此,其他社会单元就更加荒诞了,例如在关于主人公的家乡的描写中,我们看到,改革不但没有彻底改变某些地方的艰难处境,反而造成了"天堂街"里那样的人欲横流、道德堕落。

不过平心而论,这些尚不足以说服我认同阎连科这部小说的价值:毕竟这也是当前一些知识分子题材小说的共同表现过的一个表面化主题。文学应该是作者个人化心灵美学的产物,我这里最关心的是:阎连科这部小说到底有没有以他自己的方式写出主题的独特深度。正是在这个意义层面,我发现,从河南农村走出来的阎连科,固有的底层认知及相关书写经验不但没有成为他书写的包袱,相反地,他利用自己固有的生活经验和书写模式,创造性地开辟了一个将对当下知识分子的他审与自审、再现与表现融合在一起的新境界。

二

《风雅颂》这部小说的创造性的一个主要方面体现在他对主人公杨科这一个性带有浓重民间根部生存特征的大学内知识分子人格异化过程的表现上。

经过反复斟酌,我准备用人格系统溃败、心理异化的原欲妄想型知识分子这一概念,作为对杨科形象的整体概括。人格的英文字是 personality,这个字是来自希腊字 persona,它的原始意义指的是希腊演员在演出时所戴的面具,后引申为人物角色及其心理特征。这就暗示着所谓的人格是多重因素综合作用的结果。弗洛伊德提出了人格由本我、自我、超我三部分组成。其中"本我"是一种生物本能欲望,由各种生物本能的能量所构成,完全处于无意识水平中,它给人的整个心理过程提供动力;"自我"是人格的意识系统,调节本我与外界之间的冲突,受现实原则支配,是人格的执行者;超我是一种外在价值规范,是文明所赋予的"我"的一种理想境界,它的目的主要是控制和引导本能的冲动,并监督自我对本我的限制。弗洛伊德的人格理论有过于突出本能核心、对理想性境界价值肯定不足的嫌疑。相比而言,美国哲学家马斯洛则从需要的层次性建立起自己的人格理论,认为需要是人格的核心,人的需要的产生是从低到高依次递进的,可以依次分为生理的需要、安全需要、社会交往需要、互相尊重需要以及自我实现需要,其中自我实现需要是人格追求的最高层次。综合起来,我认为:一方面,人格诚如弗洛伊德所说,是系统运行的结果,由本能律、现实律、道德律等多种因素共同起作用;另一方面,也要看到本能之上的、主要属于"超我"范畴的高层次需要的满足更能代表人格系统追求的目标,不过这些高层次需要的满足应该建立在其他低层次需要基本满足的基础上,否则就难以维持人格系统的和谐。对当下中国知识分子来说,他们的社会文化角色注定了他的高层价值实现方式应该服膺追求真理、追求知识的现代文明价值体系。遗憾的是,在当下许多知识分子那里,成长的畸形环境本来就使他们的高层次人格追求带有动力不足的先天阴影,现实的生活环境更无法为其人格系统提供在本能需求和高层次需求之间维系平衡的必要土壤。这一切导致了他们的人格内部各层次之间充满了矛盾和冲突,其对高层次人格内容的勉强坚持往往由于缺乏必要的支撑,最终无法抵御本能的反噬,造成系统失衡、人格溃败。阎连科笔下的主人公杨科,则是这类带有浓重先天人格阴影的知识分子,在自我实现的梯级秩序被颠覆后,人格系统内部各要素因无法协调而走向溃败和分裂的典型。

从作为一个个性意识里带有浓重民间根部特征的大学体制内优秀学者到被学校领导合谋关进精神病院,是杨科形象发展的第一阶段,即人格危机爆发阶段。具体表现为清燕大学环境压力严重割裂了主人公自我实现所需要的前提,遂使主人公的人格系统因无法承受这种压力而发生紊乱。我们看到,从耙耧山区走出的杨科,最初是作为一个思维意识里带有浓重民间根部特征的优秀学者出现的:一方面,社会底层的出身使他的心理逻辑和思维逻辑残留大量的低级生存本能诱因;另一方面,《诗经》研究方面的杰出才能,又造就了他作为大学内优秀学者的自尊、自负。他表层自尊,内在自卑,小处计算,大处糊涂,缺乏驾驭新环境下游戏规则的能力。在这一主人公性格设计中,作者尤其发挥了自己对来自社会根部地带人性本能的把握特长,强化了民间人们面向权力以及其他强势背景时的容易妥协屈服乃至自欺欺人的阴影,把他具有的现实与荒诞、可怜与可笑、庄严与滑稽附加到主人公身上作了淋漓尽致的演绎。这样的性格设计就为他后来的人格极度变异奠定了基础。

主人公在先后读完本科、硕士、博士后顺利留校,成了自己的导师赵教授家的女婿,以及最年轻的《诗经》研究界的专家,并全力专注于这方面的研究。这时尽管他从事《诗经》研究的内在动机也非完全纯正,但这种学术追求也毕竟是一种超越性的自我实现追求。最初的现实环境多少还具有支持他这一种人格追求的条件,可是后来"这个国家间的事情猛然间不同了",与 GDP 的快速增长相伴的是整个社会趋向功利化,发文章和出版专著需要交钱,校园的学风变得浮躁不堪,不学无术的妻子也评了职称并有了看不起他之意,本来就缺乏安全感的他自尊受到严重威胁。这时他想维护自己人格尊严的方式已不再不食人间烟火,而是企图写一个有学术分量的专著以通过学校的教授职称评定,企图通过追求一种更高的职称身份来维护所谓"尊严"。为了评教授,他用 5 年的时间在一间小小的办公室伏案研究,殚精竭虑,完成了极具学术含量的专著《风雅颂——关于〈诗经〉精神的本源探究》,以为大功告成要庆贺,回家却遇到妻子和副校长通奸。貌不惊人的副校长对妻子的吸引力无疑来自权力,妻子毫无愧疚地站在副校长的一边,他这时还幻想在职称评定游戏规则上的相对公正,自己可以凭自己的学术实力来达成目的,因而拒绝了副校长提出的给他评职称、评奖等交换条件,用小说中的原话就是"有了这部专著,我什么都有了,什么都不需要了。有了这部专著,不用你把我的副高晋升为正高,是学术不得不把我的副高晋升为正高"。不过从他"泪流满面"地以"一个知识分子的名义"求他们"下不为例"的表现来看,本能的孱弱也已经充分暴露。小说中有个细节,他在通奸事件已经过去后,反而"脑子里总是幻出茹萍在李广智身上活蹦乱跳、扭动鲜活的身影儿"①,其角色身份也完全混乱,竟然不是对这种无耻行为的生气,而是自惭形秽和艳羡,于是情不自禁地反复追问甚至是哀求妻子告诉他,她和副校长偷情的细节和次数。作者设计这样的情节实在太耐人寻味了:哪有一个正常的人会作出如此的反应呢?这里显然不是凸现主人公的变态,而是为了显示其人格防御机制的一种反应过程。试想当遇到一个较大外部刺激时,人格的防御功能不仅限于危机处理,还要从更高层次判断问题出在哪里,有多严重,是不是到了威胁系统整体功能的地步。基于以往夫妻生活的历史经验,基于自己目前已经无法让妻子像最初一样幸福的事实,他要试探着弄明白是这个时代对人性和社会的腐蚀到了无可救药的地步,还是仅仅是性因素导致的身体出轨。从他的这种关于性细节反复探究里,其实也传递了这样一种心理信息,即他还不敢或不愿正视这个社会人性被扭曲的普遍事实,而宁愿它是一种单纯的生理出轨,从而

---

① 阎连科:《风雅颂》,江苏人民出版社,2008 年,第 28 页。

把危机的层次控制在低级层面,尽管这种低级层面的生理出轨也一样给他带来巨大压迫。当然,他遭遇的是妻子的不屑解释和加倍轻视,他只能以进一步践踏自己的社会性人格以求得心理平衡。毕竟这个社会已经世俗到不能认可任何和尊严有关的东西,他表现出不利用这个事件做交换的自尊连他妻子都不相信,一直怀疑他藏起了副校长的一条内裤;他自己出书无计,真正发现这个社会其实谁也不会真心重视学问,他再也无法信任自己。被偶然卷入一场抗击沙尘暴的事件,在发现整个学校上上下下需要的并不是英雄而他自己也决非真正英雄时,他终于彻底放弃了自己的尊严要求,以同意自己被送进精神病院当作精神病号关起来为条件,换学校领导同意为他解决职称、住房等一系列物质待遇。受到学校和医院共谋把他真的当成精神病人关起来以及家里妻子和别人私通如旧的刺激,他不仅自尊尊严一败涂地,连正常的社会交往和安全需要也失去了保证,人格系统再也无法通过正常内部调节维持自我实现的高层目标了。

  从逃回耙耧山区到玲珍之死,是主人公性格发展的第二阶段,即人格调节的异化阶段。其特征为基于自己在真实的生活里的感情挫折与知识分子的角色挫折,人格内部的自我保护功能不但没使他积极面对现实,反而选择了逃避和自欺的方式,有意把早已离开、后来也没有多少联系的故乡耙耧山区幻想成一个疗伤的避风港,以爱情和事业的妄想来补偿自己在实际生活中遭遇的双重无法自我实现的挫折。小说曾这样描写作者回家乡寻找安慰的心理活动:"你茹萍不爱我,清燕大学不爱我,京城不爱我,甚至连京郊的精神病院也不爱我杨科教授,可玲珍爱我呀,耙耧山脉爱我呀。"[①]这就充分说明了面对外部压力,主人公的人格系统逐渐走向谎言化、自欺化的异化方向。首先是爱情妄想。初恋情人玲珍的爱成为他爱情妄想的基础,他不顾自己对玲珍从头到尾并没有什么真实的感情;也不顾玲珍对他所谓的爱其实也并非是真正的爱情,而是基于乡下女子对读书人、尤其是一个到京城里的读书人的身份想象所做出的病态付出。其实这一切他心里一向清楚,正因为如此,他为强化自己在玲珍心中的分量和自己所享有的居高临下的姿态,才刻意掩饰自己从精神病院逃出的经历而营造衣锦还乡的感觉。他这时确实已经顾不上爱情的实际内容了,只需要用对方无条件地忠贞完成一种仪式上的拯救,借此欺骗别人也欺骗自己。由于人格内部理性调节功能的弱化,他的本能里的虚伪、胆怯、自私、无耻的阴暗也因缺乏制约而越来越膨胀。面对生活打拼得异常辛苦且有病在身的玲珍,他不只在以往的日子里从来没有关心过对方的存在,从来没有想要为对方做些什么,直

[①] 阎连科:《风雅颂》,江苏人民出版社,2008年,第139页。

到后来他仍然没有想过要为对方做些什么。他遇到她时没有同情,没有安慰,计较的是她竟然还和别的男人接触过。对玲珍之死他也没有真实的痛苦,而是施舍式的同意把自己的一套衣服和鞋帽放进她的棺材里作陪葬。除了借这种谎言化、自欺化的爱情妄想来满足自己虚荣心,他还借这种谎言化、自欺化方式在家乡演绎他的事业妄想。和对待玲珍一样,他同样在家乡的人面前掩饰了他事业失败的真面目,甚至假借校长的名义给村人打电话以突出自己作为京城大知识分子、大学者、大教授的无限风光。他一本正经地投入到这个臆想出来的角色中煞有其事地演出着,给他们各种大而无当的许诺,享受着不明真相的村人的尊敬。他还有意在县城里天堂街的坐台小姐面前扮演教化者和帮助者的角色,廉价地享用着她们的感激、信赖和崇拜,甚至在春节时把这些和自己一样无家可归的人们聚在旅馆里给她们讲《诗经》,在自己的妄想中把这些坐台小姐当成了最求知的学生和最热忱的知己。这种人格的自欺化、谎言化都是人格系统内部调节功能畸形化的标志。

  玲珍死后到主人公在家乡面目暴露并沦为杀人犯,是主人公个性发展的第三阶段,即人格功能的倒退阶段。具体表现为系统内部的理想层面对本能层面的控制和引导能力彻底丧失,致使主人公的人格行为退化,重新堕落到兽性化、本能化的肆虐阶段。在前一个阶段,尽管主人公人格系统内部调节功能是在一种障碍状态下运行,但在家乡人面前还能维持一个京城回来的大教授、学者的人格面具。玲珍之死之所以成为主人公人格溃败、彻底进入欲望化的转折点,自有其必然性。主人公附加在玲珍身上的"爱情妄想"本来是一种自欺化的自我实现方式,是主人公人格系统里为维护虚假面具制造的最后一块遮羞布,其中所蕴涵的真实道德力量是不堪一击的,潜伏的本能随时在等待机会肆意涌出。只要稍有进一步的外在刺激,这种勉强建起的人格面具对本能欲望所起到的最后的一点约束力就会失去。玲珍之死在一定意义上意味着主人公获得了随时可以卸下这副人格面具的借口。玲珍死后,主人公还主动帮教玲珍女儿小敏补习功课,不过这时已经是受动物性本能驱使,试图通过这种方式在意念中占有小敏。小敏拒绝了读书选择要和一个木匠结婚,刺激他的本能欲望直接跳出来撕掉"超我"的道德画皮,打开了动物性肆虐的大门。他"像丢了一样不该丢的东西般",为了弥补这种空虚,他抛弃了自己矜持的人格面具,到天堂街找陌生小姐肆意发泄,放浪形骸,毫无顾忌,极尽荒淫无耻之能事。事情还没有到此为止,老家的人发现他欺骗和嫖娼的真面目后哄抢了他家,剥去了他在村人们面前的最后尊严,成了压断他角色意识的最后一根稻草。他身上的兽性和无耻完全变得赤裸裸了,不再是教授,不再是专家,而蜕化为欲望的野兽。在小敏和李木匠的新婚之夜,他闯进洞房残忍地掐死了李木匠,沦为一个杀人犯,从人变成兽。

从逃亡过程中的发现"诗经古城"到在里边建设乌托邦式的生活,是主人公个性发展的最后阶段,即人格系统的崩溃阶段。具体表现为持续的刺激导致主人公的人格系统开始整体崩溃,人格内部的各个组成部分彻底丧失有机联系,主人公的行为陷入医学意义上的分裂性病变。由于之前主人公人格系统的每一次变化,都不是在修复已有的残缺,而是对其正常功能的进一步伤害,这就暗示了一旦所有的伤害累计到一个极限,整个人格系统的运作就会彻底崩溃。杀人行为在这里恰巧起到了这样的作用,其带来的压力使得他的人格系统拒绝再以一个哪怕畸形的整体来面对真实世界的可能性。人格系统彻底崩溃的结果是主人公丧失了常规的理性认知能力,同时他的行为失去了和真实世界的理性联系,任由分裂的人格碎片凭借臆想主导。值得注意的是,作者在这里由对生活的现实性书写突然进入了想象性书写,让主人公在逃亡过程中偶然发现了保留着孔子删节以前的《诗经》诸多作品遗迹的"诗经古城",实为神来之笔。这个虚拟出来的"诗经古城"实则以夸张的形式给病变后的主人公提供了一个继续演出的舞台。这个舞台以它演员的荒诞、内容的荒诞来充分展示着主人公欲望的荒诞。这个舞台上的演员都是从主流社会溃败的社会零余者:被主流社会和老家耙耧山区双重遗弃的主人公、一些和主人公有类似不满的知识分子、从收容所逃出的姑娘或者说性工作者等等;舞台上演的表层内容是主人公在领导他们建设公平美好的世外桃源,并被以"诗经"的名义披上了一层文质彬彬的面纱,实则是一种由力比多驱使的集体淫乱。主人公自己所最津津乐道的领导本领,充其量不过是在教授们之间公平分配小姐的方法。这是不是在暗示着:当下知识分子一旦被剥下冠冕堂皇的人格面具,剩下的只能是力比多主导的欲望化现实了呢?

总之,杨科这一主人公形象的审美内涵是巨大的。正因为兼具有民间根部与知识阶层双重生存特征,这一形象的塑造就不再仅仅限于一般的知识分子的批判,而是深刻地触及了主人公文化基因里集体潜意识的东西。这种文化基因里集体潜意识的东西也都多多少少的潜伏在我们每一个人的身上,所以阎连科这里对杨科的表现,也是对当下知识分子某种普遍文化心理疾病的揭示。阎连科在表现主人公的人格扭曲过程时,还发展了中国新文学批判国民性的传统,创造性地阐释出精神胜利法在这类知识分子身上的运作形态。精神胜利法是鲁迅在《阿Q正传》中对国人精神奥秘的独特发现,其核心即人格扭曲,"一个民族,一个阶级,乃至一个人,在现实斗争中失败了,而又找不到摆脱失败的出路,便往往容易到精神中去寻求解脱。或者用自轻自贱来安于失败,或者用自尊自大来掩盖失败"[1]。

---

[1] 张永泉:《民族劣根性的典型》,《中国现代文学研究丛刊》1982年1期。

《风雅颂》中杨科的性格逻辑和行为逻辑,不是对之形象的印证吗?试看他在现实中不断失败,每一次失败后选择的都不是正视现实,而是变本加厉的自欺欺人式逃避,最终发展为在所谓的"诗经古城"享受着国王般领导别人的意淫,正应了鲁迅先生所说的"中国人的不敢正视各方面,用瞒和骗造出奇妙的逃路来"。由于属于主观世界的正面表现,《风雅颂》中对杨科的心理逻辑的呈现,无疑有了比《阿Q正传》的外部视角下更直观、更细腻的心理内容。

三

创作不仅是对外在现实的反映,同时也是一种表现作者自身精神世界的语码。《风雅颂》这部小说的创造性的另一个主要方面,在于它不只揭示批判当前知识分子的人格异化,同时还如实地写出了包括作者自己在内的一批知识分子,面对当下处境的一种进退失据、无处归依的失根悲鸣和灵魂痛苦。从小说主人公同作者自身若即若离的关系中,我们可以清楚地发现这一点。

在该小说中,尽管不能把主人公完全等同于作者自己(例如,和主人公各种自私的举动不一样的是,生活中作者充满悲悯之心,曾无私地帮助艾滋病孤儿),但主人公心理与情感体验的特征又无法与作者的生命体验截然分开,尤其在主人公心理细节的描绘上,很多都属于作者本人的心声。从另一种视角看,这部小说不过是借助对主人公杨科的塑造,把作者在我们这样一个时代萦绕于心灵深处的荒谬感、幻灭感、无根感放大了而已。书中处处透露出的一些具体感受,诸如"我在这个世界闲余而无趣。像多余在路边的一棵草,多余在春来叶发间的一个虫包儿"①之类,显然融合了文本之外作者自己的某种体验。《风雅颂》中的杨科形象尽管荒唐,可又何尝不是一个寄托着作者自身情感的灵魂寻找者呢?作者特意赋予他研究《诗经》行为以给当下中国人寻找一种心灵归宿的意义,以及特意营造出"诗经古城"这一反现实的乌托邦,我认为这不过是传达作者对现实否定的一种策略。因为作者以前曾在许多场合采用类似的手法表达过类似的情绪主题。例如他在《日光流年》里,也是基于"一座房子住得太久了,会忘了它的根基到底有多深,埋在哪儿"②的迷惘,塑造了一个单纯的民间求生意志抗衡苦难命运的乌托邦,借民间抗衡苦难的本能力量来肯定生命的意义。在《受活》里面对现实世界的荒诞丑陋,塑造了由残疾人组成的"受活

---

① 阎连科:《风雅颂》,江苏人民出版社,2008年,第170页。
② 阎连科:《日光流年》自序,花城出版社,1998年。

庄"这样一个由边缘民间生存在内部持原始自足精神演绎出的另类桃花源,来演绎生存理想。《风雅颂》里,对《诗经》意义的肯定所起到的作用无非类似而已,并非一定是作者内心的真实认可和坚持,作者也无意追求和注意文化理想内在逻辑上的周延和完整,只要能起到反衬人们在现实世界的精神荒谬感、无根感和幻灭感的作用就可以了。

  即便如此,这里我们也不能不注意这个现象了:作者所采取的这种表达策略,尽管客观上起到了暴露讽刺效果,但就作者的主观层面而言,却缺乏明确的、由现代理性精神所派生出的话语立场和批判意识。我们知道,20世纪以来,适应于中国社会的现代转型需要,中国精英知识分子经过探索,终于催生出以现代理性精神为核心的现代价值体系,它呼唤着知识分子的现代独立人格,要求知识分子本着理性精神承担社会责任,进行自我改造和社会改造。可在该小说中作者为什么只着力表现内在的荒诞与无奈,而有意无意地回避从知识分子的现代理性精神里寻找归宿呢?这就不能不引发我们的进一步追问:当下知识分子对现代精神人格的放弃的原因又是什么,是现代理性文化精神到今天已经无法再为知识分子提供一种有效的价值支撑,还是当下中国知识分子自身的问题?

  现代理性文化精神已经面对现实无能为力的说法显然不是事实。现代理性精神所赋予的自我理想和社会目标在我们的生活中并没有完成,杨科这一人物身上的悲剧并不是现代理性文化精神造就的悲剧,恰巧相反,现代理性精神的严重不足则是其人格悲剧重要原因。假如杨科有足够的现代理性精神所派生的独立人格支撑,他又何以斤斤计较于身边的琐事,何以太在意职称评定对他的评价,在并不是多危急的现实压力面前一触即溃呢?那么剩下的一个理由,只能是当下中国知识分子自身软弱的问题了。这部作品里边其实已经给我们暗示了谜底:"软膝盖"。作品的章节标题里多次涉及类似的说法,如"硬学问软膝盖"、"膝盖又发软了"等。这不仅是对主人公悲剧原因的概括,某种程度上也是对包括阎连科自己在内的当下知识分子痼疾的体认。事实上,正是因为软弱才使得许多当下知识分子的现代人格步步失守。阎连科自己对这一问题曾有过清晰的认识。他曾明确说过:"我大概不是那种强大的人。当然,像鲁迅,他无所恐惧,毫无疑问,他是个强大的人,想改变社会,改变人,而我则是更多地处于对世界的恐惧之中。""进一步地思考,你还会发现更多问题,发现由小到大,乃至整个社会随时可以威胁到你的生活和生存。这样一来,你就会很容易地陷入一种厌恶一切、恐惧一切的情绪。"①尽管阎连科的这一说法用之于自己未免过于苛刻,他所做出的软弱姿态在很大程度上是一种策略,却多少也显露

---

①阎连科、姚晓雷:《"写作是因为对生活的厌恶与恐惧"》,《当代作家评论》2004年2期。

了每个当下知识分子内心深处常有的一种困惑。主人公杨科在许多场合所作出的怪异反应,诸如对权力近乎本能的恐惧、始终不敢直面这个社会的游戏规则、受到伤害后不愤怒反觉得对自己有愧等,也就迎刃而解了。甚至主人公向着欲望化、本能化、动物化的堕落也找到合理的解释了——当人没有现代精神支撑时只能这样退化了。

像阎连科在这部书里所表现的当下知识分子由于自私和软弱而导致的人格危机,并非特例,其实早在20世纪90年代,就已经有人注意到这个问题并在作品里开始表现了。如刘震云的中篇小说《一地鸡毛》,就描写一个大学生小林怎么在现实生活中为了家庭、房子、提干而理想逐步磨损的过程。再如,李佩甫的《送你一朵苦楝花》则更形象地展示出当代知识分子如何变得"有气无骨"的:里边的哥哥从小是出生在草木灰上,直到22岁才在县城里很脏很臭的澡堂里第一次洗热水澡,读大学也是靠妹妹喂羊转化成钱来供养的,这种卑微的经历养成了他观察现实时的犀利,却也压倒了他坚持理想的勇气,大学毕业走进有着很宽的马路的"海一样深邃的城市",骨子里虽然还是乡土血液,但为了维护这种表面上的城市身份,他把自己彻底变成了不敢恨也不敢爱、甚至不敢对生活承担起任何认真责任的"面具人";即使在供养自己读书的乡下小妹陷入绝境向他发出求救信号时,他也为了自己暂时的安宁不敢给她任何精神上或物质上的帮助,甚至在心底隐隐约约地宁愿小妹死去。这类知识分子不是没有理智和是非感,只是因为无法背叛现实既得利益,只好靠一套混日子的庸人哲学自欺欺人地活着。终于,到了阎连科的《风雅颂》这里,知识分子由于软弱和自私而造成的人格崩溃被表现到了极致。只是能认识到是一回事,能做到哪一地步又是另外一回事情。许多作家和阎连科所面临的共同问题是,在认识到知识分子人格软弱的同时并非自觉皈依现代人格,而是借助文学为自己制造种种逃避式的"主义"或"活法"。我们不得不面对着这样一个残酷的事实:许多当下知识分子所拥有的知识和他们的现实生命选择之间并没有必然的关系,知识并不能理所当然地让知识者产生追求和实践知识真理的行为和勇气;而一旦知识分子由于生命个体的软弱与敢于承担责任的现代独立人格渐行渐远时,他离灵魂的彻底崩溃也就不远了。

一个现代知识分子如何才能"魂归来兮"呢?这就再度回到了知识分子的自我启蒙话题上。其实启蒙运动本来包含着知识启蒙和勇气启蒙的双重核心,简而言之,是"知"和"行"的双重品格要求。现代启蒙运动的主将鲁迅在对阿Q、祥林嫂等人物身上的国民性进行批判时,所持的"哀其不幸、怒其不争"的态度同样蕴涵了让其认清其不幸处境的知识疗救以及呼唤其具有抗争意志的勇气疗救两方面内容。就中国启蒙运动的发展历史来看,初期由于现代知识的过于欠缺而过多强调知识层面,但时至今天,许多真理性知识已经经历史的反复检验而成为常识,对知识分子来说更需要的是"行"的勇气。目前在我们所强调的知识分子自身的现代人格改造中,是不是更需要进行一种勇气启蒙呢?这恐怕是阎连科的《风雅颂》这部小说留给我们的又一个意味深长的话题了。

四

　　杨科这一人物形象塑造的艺术手法也是非常独特,他创造性地继承了郁达夫《沉沦》类的自我表现和自我放纵式书写方式,并把它推向一个新高度。

　　通观已有的五四新文学运动以来知识分子题材的成功之作,具有经典意义的书写类型的无非有三种:一是鲁迅《孤独者》、《在酒楼上》类的灵魂自审式书写,即作者以主观观察者和客观批判者的双重身份来解释知识分子灵魂深层的矛盾冲突;二是郁达夫《沉沦》类的自我表现和自我放纵式书写,作者只保留了主观表现者的身份,他不必同时站在客观立场上对自己的主观世界拷问,其目的只在于忠实地、甚至是不惜略带夸张式地把主观的情感和心理过程表现出来;三是钱钟书《围城》他审类书写,即作者完全站在客观化立场上,以高高在上、全知全能视角来驱使和剖析笔下的人物。就20世纪以来文学史过程来看,钱钟书《围城》式书写方式最为常见,优秀之作也多;鲁迅《孤独者》之类自审式书写虽有,但除了路翎《财主底儿女们》等很少几部外,优秀的不多;至于郁达夫《沉沦》类的自我暴露和放纵式书写,在郁达夫之后几成绝唱。究其原因,大概是因为中国的传统文化基因决定了中国人尽管不缺乏观察能力,可大多数情况下这项能力只用来观察别人,自己习惯把自己躲在面具下,自审传统比较缺乏,更不用说不加掩饰对潜意识里的阴暗面自我暴露了。所幸的是,阎连科的《风雅颂》继承了郁达夫的自我表现和自我放纵式书写传统。比较阎连科的《风雅颂》和郁达夫的《沉沦》,我们不难发现里边的几多类似:他们都重在表现人物的主观世界,都以主人公自身的情绪以及心理活动为呈现主体,首先提供给读者的,不是一个浓缩的典型世界,而是一颗暴露的心灵;主人公都是带有某种先天心理缺陷的人,带有浓重的自卑阴影,不能有效处理外部刺激;都属于"略带写实的浪漫主义",始终执着于现实生活中种种杂感琐念的细节描写又不排斥合理想象,"卑微、痛苦、丑陋、自怜等'病态美'却伴着激情得到酣畅淋漓的表现"[①]。不过,阎连科的《风雅颂》并不是郁达夫书写方式的简单复制,而是对它

---

① 许子东:《郁达夫风格与现代文学中的浪漫主义》,《文学评论》1983年1期。

的进一步发展。

阎连科的《风雅颂》对郁达夫书写方式的发展之一,在于它把郁达夫式自我表现里所包含的浪漫主义因素推到了一个超现实的新高度。郁达夫的自我表现,尽管也属于浪漫主义范畴,不过其浪漫主义因素主要停留在自我的主观表现上,对于作品涉及的自我世界之外的故事情节,他则很少依赖宏大想象。这和他主要继承的是卢梭《忏悔录》和日本私小说的传统有关。卢梭的《忏悔录》基本是作者的"自叙传",即便在情感表现的地方有所矫饰,但并不去虚构超现实情节以增加审美效果。日本的私小说又称"自我小说",是始于大正时代的一种独特的小说形式,倾向从个人、家庭、亲友日常实际生活中提取素材,描写个人身边琐事以及个人亲身经历之事,也很少倾向于情节上的大想象、大虚构。所以这样做,可能有这类小说作家的不得已处:本来已有些玄虚的自我的主观性表现,一旦再依附于虚构和想象的情节框架上,如何还能让读者相信其真实性呢?这的确是一个棘手的问题。当然这还有作家气质上的原因,强调忠实于自我体验的郁达夫,本来就不是一个善于分析和把握外部现实世界的各种复杂关系,从而提炼出生活中的某些典型环境的本质,再依托对典型环境的本质的掌握而驰骋想象、编织情节的人。但在阎连科的《风雅颂》这里,上述难题都迎刃而解了:阎连科为主人公所设定的情节背景,则不拘泥于生活真实,而是大胆展开自己的想象。像主人公杨科因为卷入一场抗击沙尘暴事件被学校领导集体开会决定把他关进疯人院,就是明显不符合生活常规的虚构,试想在现代社会里一个大学尽管弊端充斥,但毕竟不是完全由某个行政部门说了算的黑社会,至少要讲一些表面的规则,谁能有把一个高级知识分子随意处理成精神病的特权呢。再如小说最后出现的"诗经古城",更是作者想象的产物。且不说现代社会不可能存在着这样世外桃源式的死角,即使有,小说描写的那样的生活方式又如何有物质基础维持呢?阎连科不仅这样写了,而且能使这样的情节设置和自我的主观表现融为一体,相得益彰,这不能不归功于作家阎连科个人素质里的两方面突出能力:一是在20世纪以来中国作家里出类拔萃的主体开拓能力。阎连科一直是一个主体性异常强的作家,从开始创作他走的就是一条"反观其心"的路径,他的作品基本上服从于内在生命面向现实的强烈表现冲动,因为其拥有在任何情况下都能捍卫自身的强大能力,所以不用担心被外在东西轻易淹没。二是阎连科对现实生活的高度典型概括能力。出身于边缘化的社会底层、对中国当代社会结构有深刻洞察的阎连科,还形成了能站在整体高度迅速把握住时代本质的能力,施展大开大阖的想象力创作出富有象征性的典型环境意象。这两方面能力在阎连科身上奇妙地汇合,使得他的主体性开拓有明确的典型环境做支撑,强烈的主体冲动呼唤着不拘一格的典型环境,不拘一格的典型环境又为主题性的表现提供了更广阔的空间,他在《受活》里所创造的"受活庄"、《日光流年》里所创造的"三姓村"等,都是充满浪漫的、成功地承担了作者特定主体表现内容的典型环境意象。《风雅颂》这部小说里所出现的主人公被单位以集体的名义诱骗进疯人院的情节虽然生活中未必有,但这样不正是建立在作者对当前大学体制弊端的充分把握上并也恰如其分地体现了这一点吗?所设置的"诗经古城"不因为其生活中不可能存在的荒诞,反过来把作者内心的荒诞体验表现得淋漓尽致了。

阎连科的《风雅颂》对郁达夫书写方式的发展之二,在于它服从于外部反讽和自我抒情双重主题的需要,注意营造出一个复调的叙述结构。以这部分小说的形式安排为例,众所周知,《诗经》作为我国最早的一部诗歌总集,共三百零五篇,风、雅、颂三部分内容的概括分别指地方音乐、周王朝直辖地区的音乐、祭祀用的宗教音乐。作者这样做的用意到底是什么呢?联系到在每一卷的更具体的每一章节里,作者在根据内容标出的标题前,又各选择一个在《诗经》的原始文献安排里和卷名相符的诗名,我们就有所领悟了:作者其实是在这里企图借助《诗经》里"风雅颂"中各诗的本义,建立起一套潜在的意义系统,用《诗经》各诗本有的文化语码,来和作品中描写的内容形成反讽或互文——时而用原诗本意里自然、美好或庄严的基调,来反衬当下知识分子生活中的虚假和丑陋;时而用以抒发主人公甚至是作者自己内心的、在现实中无法实现的一种理想或忧伤。既是犀利的漫画又是沉痛的抒情诗,既是讽刺喜剧又是严正悲剧,这可谓文本的复调结构给人们造成的审美效果。

最后我也承认,阎连科的这部小说仍存在着许多问题,如它也带有作者一贯粗疏和夸张的风格,有时为了强化讽刺效果,在人物形象处理以及情节设置上过于随意化,经不起认真推敲。但无论如何,它有力地敲响了当下知识分子的精神警钟。鲁迅在《〈尘影〉题辞》一文中曾说过:"在我自己,觉得中国现在是一个进向大时代的时代。但这所谓大,并不一定指可以由此得生,而也可以由此得死。"[①] 当下知识分子所面临的正是这样一个生死蜕变的大时代。即便如此,面对阎连科的这部小说所暴露的知识分子问题,我们也不必过于悲观。我们是不是可以这样理解:死的另一面是生,生在死的背面产生。既然问题已经开始被认真关注了,蜕变的希望总会有吧?

原载《文学评论》2009 年第 1 期

[①] 鲁迅:《〈尘影〉题辞》,《而已集》,人民文学出版社,1958 年,第 107 页。

焚书之后
——读阎连科《四书》①

程光炜

一

对阎连科的小说,恐怕得避开那种常规的小说读法,例如故事、情节、细节和对话等。他似乎无意让它们承载愉悦读者感官的功能,这些小说的基本元素也不指向本地的生活风俗、男女世情和道听途说,或者一个年代的历史风云。这十余年间,阎连科每部长篇小说的标题几乎都是一个关于隐喻的关键词:《日光流年》《坚硬如水》《受活》《丁庄梦》《风雅颂》《四书》。这些涉猎中国当代社会生活矛盾甚广甚深的小说,最深处都有一个隐喻,这个隐喻是小说的支撑点,是基石。不了解这一点,就无法走入作家的小说世界。

对为何要重辟蹊径写一种另类小说,阎连科在《受活·代后记》中说得已经足够明白:"越来越感到,真正阻碍文学成就与发展的最大敌人,不是别的,而是过于粗壮,过于根深叶茂,粗壮到不可动摇,根深叶茂到早已成为参天大树的现实主义。现实主义像小浪底工程和三峡大坝样横断在文学的黄河与长江之上,割断了激流,淹没了风景,而且成为拯救黄河与长江的英雄。"②在他野心勃勃的小说理论著作《发现小说》③一书中,则有更系统和充分的展开。他在分析中外小说名家名著的长短优劣之后,为我们开出这样一个小说发展的逻辑结构,从巴尔扎克到托尔斯泰到卡夫卡。他认为19世纪的批判现实主义小说已经死去,代之而起的是以卡夫卡、马尔克斯为代表的20世纪现代主义小说浪潮。他说:"19世纪,由社会去透视人;20世纪,由人去透视社会。"他认为新的现实主义小说应该称作"神实主义"小说,"神实主义写作中所追求、推动故事展开和人物变化的原因,离不开全因果、半因果乃至零因果的支持,但更多的是仰仗内因果的酵发和推进。读者不再能从故事中看到或经历日常的生活逻辑,而是只可

---

① 阎连科:《四书》,麦田出版社,2011年版。
② 阎连科:《受活》代后记,春风文艺出版社,2004年。
③ 阎连科:《发现小说》,《当代作家评论》2011年第2期。

以用心灵感知和精神意会这种新的内在的逻辑存在"。①

在这部长篇小说中,"新的内在的逻辑"是"焚书",是关于焚书的隐喻。这个故事直接颠覆的就是"日常的生活逻辑",所以作家觉得没办法用日常的生活逻辑来理解它。20世纪50年代,书连同它们的主人都被贬为社会贱民,于是书的主人们被派到临近黄河的育新区一带大炼钢铁和耕种亩产万斤的高产小麦。匪夷所思的是,管理这些育新区居民的并不是各级领导,而是一个孩子。他用发放小红花的方式奖励这些居民,用近于戏谑的方式鼓动大家大干快上,完成"大跃进"总路线的目标。他瞒产瞒报,把虚高的指标报告给总部。他发明了用一块石头加上泥巴包装,通过四天四夜的高炉冶炼转化成被炼出的钢铁的办法。还将居民们带到育新区的书随意撕扯,用作各种用途。直到最后,这个历史面目不清的特殊人物,却成了勇敢带领居民们走出苦难之海的摩西,身上被附着了宗教的光环。显然,《四书》的故事梗概不足以让读者了解历史真相,反而是在用隐喻手段有意误导读者偏离历史事实。但从另一个角度看,这种误导意在保护作品的历史隐秘性。作家试图暗示,面对一个日常生活逻辑完全崩溃(或说是非颠倒)的年代,作家的任务并非照实摹写那里发生过的所有生活细节,而应该用另一种新的内在的逻辑对其加以颠覆,在颠覆之后予以重建。这就是作家前面所言的"读者不再能从故事中看到或经历日常的生活逻辑,而是只可以用心灵感知和精神意会这种新的内在的逻辑存在"。好在,作者隐晦的意图已被有的评者看出:"《四书》的内容虚实交错。纪实的时间背景是大跃进饥荒,虚构的地理空间则是在'罪人育新区'。'九十九区在黄河南边四十几公里的地方,共有一百二十七个人,百分之九十五都是读书人'。在育新区里,'万般皆下品,唯有读书高'的期待太过陈腐,只有肉体劳动才能见证存在的价值。阎连科笔下的育新区有独特的风光和历史。"②

二

焚书是当代人不能忘却的记忆之一。它的历史深度也许不在于焚书这个事实,而在于焚书之后对当代文化的重构过程。这个过程终于在《四书》里得到印证,这种印证实际远远超出了20世纪80年代"伤痕期"对同一故事的简单书写。第二章育新区"2 故道"里写道:"他们和你是一样的罪人需要育新者。育

---

① 阎连科:《发现小说》,南开大学出版社,2011年,第205、207页。
② 蔡建鑫:《屈辱的救赎——论阎连科的〈四书〉》,《四书·序论》,麦田出版社,2011年。

新的规定是一个罪人举报另一个罪人有逃逸之嫌奖励他探亲休假一个月,抓住一个正在逃跑的奖励你探亲休假三个月。抓住三个逃跑者,你就可以获释回到你原来的城市和你的工作单位自由去。在这育新区,每个人都在等待着检举另外一个人。"依照福柯的观点,随着人类社会由古代步入现代,"第一个进程是作为公共景观的惩罚消失。惩罚的仪式因素逐渐式微,只是作为新的法律实践或行政实践而残存下来"①。福柯指出的惩罚方式的转型,在杨绛长篇小说《洗澡》中有非常形象的表现。"洗澡"是作家用近于玩笑的方式,叙述20世纪50年代初在知识界施行的一种相互清理并进而建立个人原罪感的怪异运动。人的尊严、知识在"洗澡"过程中被荡涤干净,但有趣的是,"洗澡"并不是一次性完成的,它要经历多次人工反复,建立多次假设,面对许多文理不通的先验概念,直到像霍桑《红字》一样,在心灵某个地方留下深刻的暗示。这种暗示,完全笼罩了当代前30年的历史。《洗澡》这部长篇是典型的写实性小说,虽然作者运用了钱钟书《围城》那种讽喻风格,也包含了言不由衷的自贬。它甚至发现了当代生活一个非常重要的元素:从自贬实现自救。自贬或许是另一种意义上的历史脱身术。这恰如作者在《关于小说》中所说:"近代某些欧美小说家,力求小说里的人物故事如实地在读者心目中展现,作者或钻入人物衷曲,或站在故事之外,不以作者身份露面或出声。他们要求故事里的人物或情节,像人世间客观存在的事物。"②

《四书》的语言方式不妨说类似一种"洗澡",它洗掉语言的污垢,力避修辞叙述的繁文缛节,让作品变得像《圣经》的文体和语言那样简约。不过在更隐蔽的层面上,"2 故道"育新区的惩罚,是要在现实叙述与《圣经》故事之间,在虚实之间推动某种无休止的循环。通过检举实现自我解脱,洗去身上污垢;但是"洗澡"过程又充满了辩证法,它是结束,也是另一次开始,结束与开始相互排斥而且相互依存。"洗澡"是新社会的程序,进入了新社会就意味着要进入这种程序。而进入这种程序才获准进入崭新的生活,否则一切将被列入非法状态。然而,"洗澡"又形同燃烧的炼狱,这真是一个没完没了的考验。许多年之后,我们才得以看清楚"洗澡"原来不过是人类古老惩罚方式转型后出现的一个"新的法律实践或行政实践"。它形式类似《圣经》的赎罪,本质却是对"圣经"意义的最彻底践踏和否定。小说第二章的阅读价值就在于焚书之后给育新区居民找到了一条新出路:靠检举为生。这对无书可读的人们来说,的确是一个广阔和大有作为的天地。

---

① 〔法〕米歇尔·福柯:《规训与惩罚》,刘北成、杨远婴译,生活·读书·新知三联书店,1999年,第8页。
② 杨绛:《关于小说》,生活·读书·新知三联书店,1986年,第24页。

九十九区的位置是距离总部最远、最为边缘、最靠黄河岸沿的。因为最靠黄河岸,就不用担心有人会逃走。往左往右往前去,踏着野荒走上十里二十里,除了他区的罪人们,你难以碰到别人和野畜。终于又走了十里二十里,荒野杂树过去了,看见一片田土和庄稼,以为有人有村庄,你看到的却是另外一个育新区和种田锄地的罪人们。

如果说阎连科《日光流年》、《坚硬如水》、《受活》和《丁庄梦》中的戏谑性主要是凭借强烈的修辞来产生冲击力的话,《四书》给人的印象则是去修辞,它在语言实践上是一种减法的写作。阎连科似乎是在实验一种靠陈述而不是描述的文学书写,来展现育新区这个特殊的世界。

无可置疑,令育新区居民远离城市和人烟,远离他们熟悉的生活,通过另一种生活来重建他们的精神世界,的确是当代史的最大发明。在对待育新居民这类社会族群的办法上,当代史给予人类文明的贡献可谓良多,绝非福柯的思想巨著《规训与惩罚》一书所能想象,也显然超出了杨绛小说《洗澡》的历史理解力。因为在《四书》里,"惩罚"与"奖励"取得了最大的平衡,奖励几乎是那个年代对惩罚的最为妥帖、聪明、深刻老到的资源配置。对育新区的居民来说,光有惩罚和检举的生活毕竟是不完美的,前者只有配置了奖励的元素,它才能焕发出异常的思想光彩,产生社会动员和激励的效果。这就是主人公"孩子"出现在小说里的理由。可以说孩子的塑造完全超出了我们对作品的想象,它的意义已非戏谑可以囊括,孩子作为当代小说中出现的一个新人应当受到评论界的格外重视。作品在第十一章《火》中写道:

> 孩子他,只记原来自己有多少红花和奖状,不记别人多少花。记得那,满屋帐布一片红,如是红的海。对面小红花,红如晚秋田野红柿子。孩子不记那,到底谁是一百二十朵、一百一十朵,或者不到一百朵。
>
> 帐烧了,重新统计有了上百红花的,竟有七十八个人。可原来,只有三十几。孩子在帐里,烤着他的火。宗教在一张椅上听人来报自己原有多少花。

当代文化的重建过程,并不像今天的年轻人想得那么复杂,它其实是简单和直截了当的。使用的是工农兵们容易理解的修辞方式,例如"我们"、"你们"、"反对"、"赞成"、"凡是什么什么"、"不是请客吃饭"、不是"做文章"等等之类。这种修辞方式便于记忆,更易于在不读书的人群中传播背诵。而对读书者,它就经常变成那种绕口令似的同时难以猜测的辩证法,例如"过关就行"、"下次再来"、"七八年再来一次"等等。它对人群采取二分法的办法,这样阶级叙述就建立了起来。《四书》是在进行某种历史密码的破解?它要直抵历史的深水区?它要做小说家中的蛟龙?但无疑,它各章的设计是颇为绕口令的,是颇具匠心的,老练至于无形之中的。"故道"、"天的孩子"、"罪人录"这些章节与其是排列递进的关系,不如说它们之间是循环的,是一种你中有我和我中有你的神秘复杂的循环关系。《四书》的结构犹如天书,也犹如《圣经》和《易经》。它无从而来,也无地可去。它是先验的,无法证实的。它是驾临人间和监督所有的人的,然而它的权力却不受任何监督。当代文化的重建过程,实际上就是这样一个无法求证的过程。这是《四书》的发现,通过上述描写,有历史感的读者也应当由此释然于怀。

我们看得出,《四书》作者是在重建被遗忘的那个历史程序,是在把被新时期浪潮冲刷瓦解或分化的那个程序在小说中复原。这个程序就是,"惩罚—检举—奖励",用拉打兼顾的辩证法在人们的灵魂深处植入一个有效的软件。但是,这种重建的阻力和难度是难以想象的,它甚至难以用小说的叙述加以展现。可能是预感到这一点,阎连科省去了大量生活细节,他试图用障眼法加以包装。

三

在《四书》中,"劳动"也被赋予了崭新的意义。劳动正在脱离它的衣食住行的古老内涵,脱离日常生活的范围,它变成一种可以被组织的形式。而且在那个不甚遥远的年代,没有人觉得它居然多么离谱,更没有人发现它的如此离谱在今天则是它的崭新意义之所在。

小说用大量篇幅写到为小麦高产和赢得小红花而展开的劳动竞赛,写到为了炼出五星铁,孩子煞费苦心地组织学者研究和实验的具体过程。20世纪50年代末,这种场面遍布全国城乡上下,热气腾腾得让你都不敢相信这是一个刚刚建国的后发展国家,还以为它们来自古代的原始部族。我有很长一段时间不能理解本书作者在许多小说里力图表现的那种荒诞感,不能理解那种极端的叙述,也不知道他为什么会如此不接受杨绛前面所说的那种现实主义小说典律,即所谓"力求小说里的人物故事如实地在读者心目中展现"。他为什么故意绕开现成而丰沛的中国写实主义文学传统,在那里另辟蹊径?但稍微回忆一下我们这代人所经历的那些怪而不怪的事情,那些被推介到极致最后却收不了场的许多社会实验,我们就会明白作者的煞费苦心。

在我读过的阎连科的小说中,最挑战我心理承受力的可能是第十二章"种血麦"的描写。《四书》的取景地,可能是位于河南省周口市西华县的西华农场,它属于豫东地区,土地贫瘠,有很多地方是盐碱地和沙地,常年干旱。这里小麦亩产大约四百斤,有的地方还不足四百斤,如遇自然灾害,当地农业则颗粒无收,老百姓的基本生活都难保证。由于社会管理层大脑的持续高烧，育新区的小麦亩产指标从四百斤升至几千斤，虚夸为一万斤犹有不满足，还要再升至一万五千斤。为落实孩子的这一神圣使命，为育新区争取到县里以至省里奖励的大红花：

> 我独自离开那区院，离开和我一样的那些罪人们，到九十九区西北的沙土堆那儿搭下蓭棚住下了。那沙土堆有两层楼高，占地超过一亩大，和古时帝王留下的坟陵一样。
>
> 我一生中最为自得清寂的一段人生就这样开始了。侍弄那一分八畦的地，锄草、浇水，坐在阳坡的畦地头上盯着麦苗看不见的生长和变化。闲下时，绕着沙土堆走走和转转。早晨站在土堆顶上看日出，黄昏坐在沙土坡上看日落。

这位类似古代苦行僧的人物，是要在贫瘠的沙土地上创造奇迹，力夺育新区乃至全省的种粮状元。但就像那个年代著名的黄粱梦一般，这个被贬流放的少爷，这么锄锄草、浇浇水，就休闲似地"早晨站在土堆顶上看日出，黄昏坐在沙土坡上看日落"，自然创造不了人间农业奇迹，只会像管理层发烧的大脑一样，在一穷二白的图纸上写一个蒙人的神话。于是，小说急转叙述节奏，写下了神来一笔。眼看干旱缺水，麦苗黄枯下去，这里地薄也无任何养分，我突然想到人的血可以用来灌溉麦苗，保增长，促丰收：

> 我感到我有些对不住那些单棵单株的独苗儿。我在它们的生长中有些厚此薄彼了。这一天，我用小刀割破了我四个手指头，让血水成股大滴地落进了水桶里，给多次浇过血滴的麦稞视情而定浇了半碗或一碗，而给那些喝我血水少的独苗一口气浇上两碗或三碗。到晚间，再次夜深人静时，根据麦稞的编号我挑选了十几稞，有的是白天喝我半碗血水的，有的是喝我一碗的，还有是喝我两碗、三碗的。我在这十几稞编号麦上都盖了旧报纸，把报纸的四边用沙或石头压起来，待着子夜再次到来后，我站在麦田里，听到那报纸下的声音吱吱喳喳如虫蛾、小雀在纸下挣着身子要往纸外飞。至来日，天亮时再去看那些旧报纸，原来都是塌着盖在麦苗上，可现在全都如伞样被麦稞撑鼓起来了。那些喝了两碗、三碗血水的麦，不仅把报纸撑伞状鼓起来，还有麦叶、苗尖扎破报纸钻到纸外边，碧绿碧绿如竹叶一样又硬又厚地傲在日光下。掀开那些报纸后，那些独苗的麦，已经不是单棵独枝了，和别的一样都分岔拔节成了一蓬野荆似的一丛一簇了。

用血灌溉小麦来提高亩产，在这数千年中国农业耕种史上都可谓前所未有，此文学书写可申请最近的吉尼斯纪录。阎连科刻薄、狠毒的笔法由此可见一斑。但我仍然读出了他小说的大悲怆、大悲悯。不过，我觉得读者的注意力，此时不应放在作者一笔一画细致耐心的描写上,这种常规的小说细节描写在《四书》的大格局、大规划中已经失去了意义。阎连科有他更宏伟的理想,这就是向当代史实录的极限挑战。正如曹禺《雷雨》的兴趣不在写周家和鲁家的血缘冲突,不在男女之欢,不在视觉和对白的激烈对接,《四书》也不在对荒诞和喜剧性的兴趣,而在它背后的那个大东西,这就是对人类命运的大惋惜和大悲悯。我更想指出的是,通过时间与血水的竞赛、种麦与劳动的竞赛、主人公与历史的竞争,那种浪漫化的"劳动"神话破灭了,露出了最残酷的真相,露出了它反人类、反人性的真实面目。劳动走向了马克思严厉谴责的背面,它甚至还不如《资本论》所指出的那种交换价值的文明等级,而变成对人尊严和精神生活最无情最彻底的剥削。

但是有意思的是,对这段小说高潮,作家采取了"历史静场"的手法。它几乎是以平铺直叙、波澜不惊的方式讲述了主人公种植血麦的详细过程。读这一段,你会感觉物理的时间停止了,它像一个特写镜头,像历史陈列馆中的一件物品,违背了小说叙述的节奏和小说必须依赖时间来推进的规律。它似乎游离于《四书》之外,因为它能独自构成一个物件、一个小说中心、一段历史书写,它不再需要小说的技术因素。在我走过的中国所有著名的历史陈列馆中,都有这些令人难忘的经过过滤和时间挑选的最经典的细节和物品。从这个角度看,阎连科不是放弃了现实主义手法,而是选择了"反向现实主义"的处理。但是,这里我不想用阎连科的小说理论来解释他的小说,我觉得采用社会学家蒋达勇、王金红的观点,也许对"反向现实主义"这个概念有更严密更丰富的解释。他们在近年村民自治制度为何绩效不理想的问题上是这样分析的:"所谓的'反向的现代化',是苏格兰阿伯丁大学政治学教授理查德·罗斯和美国密苏里大学政治学系教授杜楚森在检视第三波民主化浪潮中有关国家民主化进程时提出的理论分析框架。"借此他们认为:"我们可以发现:一方面,从制度设计来看,村民自治中的民主取向作为现代乡村治理的一个重要手段,其本意在于通过赋予村民主体地位,建构一套以村民全面参与村庄选举、管理、决策、监督的制度体系","但是,另一方面,从发生时序来看,20 世纪 80 年代末期开始的村民自治不仅是中国政治民主化的重要组成部分,又由于正好出现在世界第三波民主化浪潮的波峰阶段。因而也可以视为世界第三波民主化浪潮的一个组成部分。在这个意义上,中国的村民自治同样很有可能因为缺乏现代制度建构这种'先天不足'而在实践中逐渐演变成为一种'反向的现代化'运动,其结果不仅割裂了民主与治理的有机联系,甚至使民主与治理诉求产生内在矛盾与冲突"。[①] 在这种理论分析框架中,我们发现阎连科的"反向现实主

[①] 蒋达勇、王金红:《反向民主对村民自治制度绩效的影响——一个新的理论解释》,《开放时代》2012 年第 5 期。

义"所指认的正是一种"劳动"的"反向意义",即从制度设计来看,20世纪五六十年代在民众中展开劳动竞赛,其本意是通过赋予劳动者主体地位,建构一套民众全面参与的与西方帝国主义竞争的制度体系。但是,劳动者很有可能因保证其劳动尊严和人性尊严的现代制度建构没有建立起来,致使劳动变成了一种"反向劳动",其结果是割裂了劳动竞赛与劳动尊严的有机联系,使劳动者贬值为国家生产建设的机器甚至奴隶。种植血麦的"历史静场"描写,在用一种"反向现实主义"的创作手法,使我们有机会深度辨析长篇小说《四书》深处关于劳动与尊严的内在矛盾和尖锐冲突。小说叙述不再停留在一般悲剧意义的浅显揭示层面上,而在历史的深广度上掘进。这正如我们在本节开头试图讨论的一个问题:在《四书》中,"劳动"也被赋予了崭新的意义。但是劳动正在脱离它的衣食住行的古老内涵,脱离日常生活的范围,它变成一种可以被组织的形式。它的脱历史恰恰是它的崭新意义的体现,而它的崭新意义正好促进了人们后来对这种剥削和无视人性的所谓劳动的最清醒的警觉。

四

小说推进至此,人们发现育新九十九区已经不是所谓的人间天堂,而是类似奥斯维辛集中营那样的人间地狱。但是,这种叙述指向很可能掉进"伤痕文学"的陷阱。阎连科于是悄悄在里面装进了一个《圣经》叙述结构。这种结构彻底颠覆了"伤痕文学"那种哭天抢地的简单框架,这是作家对"伤痕文学"的重要修补、改造和深化。育新九十九区的人们随着孩子走出育新区,类似摩西带着犹太民族走出埃及。这个在传统现实主义文学中无法实现和得到证实的故事,在神似现实主义的建构框架中终于被证实。《圣经》叙述在小说《四书》中仿佛是一个架设在云端的不可思议的认识装置,这正如卖皮、挖洞、卖血、出走之于《日光流年》、《受活》、《丁庄梦》、《风雅颂》等一样,这是一个经阎连科发现、一般人却无法理解的小说与神话的关系结构。至此,《四书》连同它的重要部件"焚书"、"惩罚"、"劳动"等等一样,都永久地陈列在了当代史的历史陈列馆。那是中国人的永久记忆,那是只有通过小说才能被保存和被理解的历史瞬间。用《四书》与《发现小说》互证,我觉得阎连科试图在当代小说之上建立一个超越性的认识结构,在现实生活中无法实现的叙述可以在子虚乌有的虚构碎片中完成。他认为小说不应该只是供人消遣的东西,也应该是帮人认识自己的东西。

于是,孩子在小说里具有了多层意义。他是育新区的惩罚者、监督者,小红花和血麦的制造者,与此同时又是育新居民的救赎者。他通过救赎育新居民使《四书》最终获得了感人至深的力量,他救赎别人最终也救赎了自己,洗清了自己,与众人一起走出了中国当代史的一段埃及式的长长的峡谷。"文革"之后,很多人都通过"遗忘"逃避了被历史惩罚,逃避了罪责。小说作者不允许这种情况再次发生,这是他极力塑造孩子这个文学人物的主要动因。因此,我们应该注意《圣经》的简洁与孩子多层意义相互印证所形成的一种新的混合型叙述结构。我认为只有注意到这种混合型结构,对孩子的多层意义才能有更深入的延伸性观察。按照作家的神实主义文学主张,孩子这种反省式的人物在现实主义文学中是不真实的,他也许已经被某种社会思潮所捆绑。这样,我们就回到文章开头《发现小说》所讨论的问题上来:"神实主义写作中所追求、推动故事展开和人物变化的原因,离不开全因果、半因果乃至零因果的支持,但更多的是仰仗内因果的酵发和推进。读者不再能从故事中看到或经历日常的生活逻辑,而是只可以用心灵感知和精神意会这种新的内在的逻辑存在。"①如果此前对作者这种离奇大胆的逻辑推断还心存疑虑的话,那么现在就会觉得它并不荒诞,反而更加地顺理成章。小说家显然明白,在中国社会场域中,直写孩子这个人物是充满风险的,然而假如对其进行荒诞脸谱的包装,让他混入芜杂社会人群中,甚至以某种有缺陷的形象出现,他的历史真实性反而建立起来了。这就使人们意识到,在那个极其酷烈的年代,人的复杂性不仅仅是人本身就具有的,还有许多来自年代的赋予,恰恰是年代的赋予增加了文学表现的难度和复杂度。然而不用这种矿工式的直偪对其加以爆破,不在历史见证人活着的时候完成发现真相的工作,也许它的复杂性就会随着这代人的消失而湮灭,史将不存。从这个角度看,孩子的塑造是《四书》最为困难的地方,是最容易露怯的地方,也是最容易焕发文学光彩和才华的地方。所幸小说中埋藏的这个突破点已被有见解者识出:

> 《四书》以"九十九区"的领导"孩子"的壮烈牺牲为高潮。"孩子"死后育新区幸存的人们踏上回家的路程。在路上,他们遇到先前收集五颗大红星成功还乡的人。正带着村人往育新区走去。跟着他的人群说:"听说这里地广人稀,春季间万物花开,有吃不完的东西啊。"这是家的无所不在?还是无家可归?阎连科作品中,历史与乡愁的鬼魅,不断盘桓未曾离去。例如《风雅颂》、《日光流年》、《受活》等等都处理了乡愁,也试图排除一种回家的冲动。然而作者早已透过"九十九区"的命名暗示读者,所有的冒进,所有的跳跃,或许都将九九还原,回到土地。育新的过程,返乡的旅程,创伤的复原除了长长久久,还有可能百里九十功亏一篑。②

---

① 阎连科:《发现小说》,南开大学出版社,2011 年,第 207 页。
② 蔡建鑫:《屈辱的救赎——论阎连科的〈四书〉》,《四书·序论》,麦田出版社,2011 年。

这可能是阎连科的历史立足点。我愿意以它为圆心，去读《四书》和《发现小说》。因为我知道，没有立足点的作家是无法留存人间的。鲁迅的立足点是对辛亥革命的反省，赵树理的立足点是土地。阎连科的立足点则是历史的循环论。"孩子之死"就是它的核心。觉醒者可以带领众人走出育新区，然而又必须以他的死亡为代价；更多源源不断回到育新区的人们，并不理解甚至隔膜于孩子的牺牲，一切又周而复始。在历史水轮绵延亘古的缓慢转动中，是作家写作的绝望和无尽的乡愁。在历史缓慢的转动中，育新终究不过是一个驿站，在漫长的视野里，也许它既是结束也是一种新的开始。阎连科不满足于故事的完成，他要做一件也许永不可能的事情——这是他这些年来在文学创作上不断变线、左冲右突又经常令人不解的原因。我有一个感觉，在这一代作家中，他将会成为一个被人误解最多的人。但是正因为这种误解的存在，这位作家的自身意义就凸显出来了，深深地存在于那里了。

2012年6月28日于亚运村
2012年7月4日修改
原载《当代作家评论》2012年第5期

作品年表

阎连科作品年表

1977 年
　　长篇小说《山乡血火》创作完成,未发表,后被母亲当烧火的引子几乎全部烧掉。

1979 年
　　春,完成短篇小说《良心》,未发表。
　　《天麻的故事》(短篇小说),《战斗报》副刊①。

1980 年
　　《热风》(短篇小说),《战斗文艺》1980 年第 3 期②。

1981 年
　　《菜庵子里三个兵》(短篇小说),《战斗文艺》1981 年第 3 期③。

1982 年
　　《吉星高照》(短篇小说),《艺丛》1982 年第 4 期④。
　　《"烧鸡大王"》(短篇小说),《艺丛》1982 年第 6 期。

---

①笔者未找到此刊和此作品。
②笔者于 1980 年度的本刊中未查到此作品,疑有误。
③笔者于 1981 年度的本刊中未查到此作品,疑有误。
④丁临一《阎连科小说创作散论》(《文学评论》1993 年第 4 期)和王久辛《心雕苦难 速写阎连科》(《解放军艺术学院学报》2000 年第 2 期)两篇文章中都提到这篇短篇小说发表于 1982 年,但未提何刊,笔者未查到此篇。据《阎连科小说自选集》(河南文艺出版社 1999 年 3 月版)一书中的附录"阎连科创作年表"记录本小说发表于《艺丛》1982 年第 4 期,同时还记录短篇《士兵 士兵》发表于《战斗文艺》1981 年第 4 期、短篇《团长》发表于《战斗文艺》1983 年第 2 期、独幕话剧《二挂匾》发表于《战斗文艺》1983 年第 4 期、短篇小说《大伯》发表于《萌芽》1987 年第 4 期,笔者于本刊中均未查到,疑有误。另丁文中还提到阎连科于 1993 年前发表有小说《鲁耀》,笔者未查到此篇,疑丁文有误,或为《横活》(《昆仑》1989 年第 3 期)。

1983 年

《领补助金的女人》(短篇小说),《百花园》1983 年第 8 期。

1984 年

《将军》(小小说),《百花园》1984 年第 1 期。

《待嫁女》(短篇小说),《东京文学》1984 年第 2 期。

1985 年

《归》(短篇小说),《百花园》1985 年第 6 期。

1986 年

《村路,弯弯的》(短篇小说),《东京文学》1986 年第 1 期。

《小村小河》(中篇小说),《昆仑》1986 年第 5 期。

1987 年

《妻子们来度假》(短篇小说),《东京文学》1987 年第 3 期。

《英雄今晚上前线》(短篇小说),《边防文学》1987 年第 4 期。

1988 年

《两程故里》(中篇小说),《昆仑》1988 年第 1 期。

《坟地》(短篇小说),《解放军文艺》1988 年第 6 期。

《雪天里》(短篇小说),《解放军文艺》1988 年第 10 期。

1989 年

《爷呀》(短篇小说),《萌芽》1989 年第 2 期。

《祠堂》(中篇小说),《解放军文艺》1989 年第 3 期。

《鼓胀》(短篇小说),《奔流》1989 年第 3 期。

《横活——〈东京九流人物记〉之一》(中篇小说),《昆仑》1989 年第 3 期。

《寨子沟 乱石盘》(中篇小说),《莽原》1989 年第 4 期。

《大哥经过一场暴风雨》(短篇小说),《解放军文艺》1989 年第 10 期。

1990 年

《斗鸡——〈东京九流人物记〉系列小说之三》(中篇小说),《昆仑》1990 年第 1 期。

《乡难》(中篇小说),《解放军文艺》1990年第2期。
《四叔的身份》(短篇小说),《萌芽》1990年第2期①。
《最后的辉煌》(短篇小说),《青年文学》1990年第5期。
《瑶沟人的梦》(中篇小说),《十月》1990年第4期。
《故乡的叹息》(中篇小说),《莽原》1990年第4期。
《瑶沟的日头》(中篇小说),《中国作家》1990年第4期。
《悲哀》(中篇小说),《时代文学》1990年第4期。
《走出蓝村》(短篇小说),《福建文学》1990年第9期。
《关于平民意识的几句闲言》(随笔),《中篇小说选刊》1990年第6期。

1991年

《石龟》(短篇小说),《前卫文学》1991年第1期②。
《婚幻》(中篇小说),《当代》1991年第1期。
《乡间故事》(中篇小说),《收获》1991年第1期。
《中士还乡》(中篇小说),《时代文学》1991年第2期。
《心浸黄河书沉沦——评焦景周中篇小说〈古村〉》(文学评论),《清明》1991年第2期。
《最后一场冬雪》(短篇小说),《青年文学》1991年第6期。
《家诗》(中篇小说),《人民文学》1991年第6期。
《晶莹十二岁》(中篇小说),《黄河》1991年第4期。
《往返在塬梁》(中篇小说),《时代文学》1991年第5期。
《黑乌鸦》(中篇小说),《收获》1991年第5期。
《玉娇 玉娇》(中篇小说),《小说家》1991年第5期。
《在冬日》(短篇小说),《清明》1991年第6期。
《情感狱》(长篇小说),解放军文艺出版社,1991年。

1992年

《鬼节》(短篇小说),《牡丹》1992年第1期。

---

① 《阎连科小说精选集》(台北新地文化艺术有限公司,2010年4月版)附录"创作年表"中称阎连科1990年发表有短篇小说《四叔》,《阎连科小说自选集》(河南文艺出版社,1999年3月版)附录"阎连科创作年表"中列有短篇《四叔》发表于《萌芽》1990年第6期,疑有误,或为本篇。

② 据梁鸿、蒋书丽《阎连科文学年谱》(《东吴学术》2013年第5期)记录,笔者未查到此刊,待查。

《从军行》(中篇小说),《莽原》1992 年第 3 期。
《和平雪》(中篇小说),《花城》1992 年第 4 期。
《寻找土地》(中篇小说),《收获》1992 年第 4 期。
《乡村文事》(散文),《西北军事文学》1992 年第 4 期。
《饭场》(短篇小说),《翠苑》1992 年第 5 期。
《夏日落》(中篇小说),《黄河》1992 年第 6 期。
《乌鸦》(散文),《清明》1992 年第 6 期。
《老屋》(中篇小说),《青年文学》1992 年第 10 期。
《远村》(散文),《福建文学》1992 年第 12 期。

1993 年

《光景》(散文),《莽原》1993 年第 1 期。
《从军记》(短篇小说),《作家》1993 年第 1 期。
《和平寓言》(中篇小说),《收获》1993 年第 2 期。
《过年记》(散文),《时代文学》1993 年第 2 期。
《自由落体祭》(中篇小说),《作家》1993 年第 3 期。
《从军归》(散文),《解放军文艺》1993 年第 3 期。
《寨墙记》(散文),《山东文学》1993 年第 4 期。
《军人痕迹》(报告文学),阎连科、苏清杰,《昆仑》1993 年第 4 期。
《芙蓉——〈东京九流人物记〉系列小说之二》(中篇小说),《昆仑》1993 年第 5 期。
《名妓李师师与她的后裔——〈东京九流人物〉系列小说之四》(中篇小说),《百花洲》1993 年第 5 期。
《鸟孩诞生》(中篇小说),《黄河》1993 年第 6 期。
《乡里故事》(12 集电视连续剧)①。

1994 年

《牌坊寻旧》(散文),《西北军事文学》1994 年第 1 期。
《欢乐家园》(中篇小说),《莽原》1994 年第 1 期。
《扣马"世界":精神之乡——读焦景周中篇小说集〈野牡丹〉》(文学评论),《牡丹》1994 年第 2 期。

---

① 据王久辛《心雕苦难 速写阎连科》一文称,此电视剧 1995 年春在中央电视台一套节目黄金时间播出后,反响强烈;在北京还专门开了研讨会,后来又连续获了"飞天奖"等三个大奖。

《耙耧山脉　短篇系列五题》(《祭》、《两个女人》、《凶手》、《选举》、《听夜》)(短篇小说),《萌芽》1994 年第 6 期。

《天宫图》(中篇小说),《收获》1994 年第 4 期。

《和平战》(中篇小说),《中国作家》1994 年第 4 期。

《和平寓言》(中短篇小说集,收入"跨世纪文丛"),长江文艺出版社,1994 年。

《行色匆忙》(中篇小说),《小说家》1994 年第 5 期。

《路口》(散文),《公安月刊》1994 年第 11 期。

《喇叭声咽》(电视连续剧)。①

1995 年

《在和平的日子里》(中篇小说),《钟山》1995 年第 1 期。

《和平殇》(中篇小说),《花城》1995 年第 1 期。

《乡村死亡报告》(中篇小说),《青年文学》1995 年第 3 期。

《乡里故事》(中短篇小说集),百花文艺出版社,1995 年。

《辉煌狱门——〈落叶载动时间〉之一》(中篇小说),《红岩》1995 年第 3 期。

《四号禁区》(中篇小说),《昆仑》1995 年第 3 期。

《寓意罪孽——〈落叶载动时间〉之五》(中篇小说),《黄河》1995 年第 3 期。

《生死老小》(短篇小说),《北方文学》1995 年第 6 期。

《朝着天堂走》(中篇小说),《十月》1995 年第 4 期。

《乡村士兵与过程》(短篇小说),《春风》1995 年第 17 期。

《最后一名女知青》(长篇小说,收入"金桨丛书"),百花文艺出版社,1995 年。②

《都市之光——〈落叶载动时间〉之四》(中篇小说),《当代作家》1995 年第 6 期。

《青山巍巍》(8 集电视连续剧)。

1996 年

《平平淡淡》(中篇小说)、《回望乡土》(散文)、《第一只眼睛看农民》(散文),《小说家》1996 年第 1 期。

---

① 此与下文中另 5 部电视剧《青山巍巍》、《反腐风云》、《高原太阳》、《进京列车》、《纯粹较量》均据《阎连科小说精选集》(台北新地文化艺术有限公司,2010 年 4 月版)一书附录的"创作年表",笔者均未查到。

② 据王久辛《心雕苦难 速写阎连科》一文中称阎连科有长篇小说《落叶载动时间》一部,23 万字,1992 年春节前已完成,1995 年初才出版。王文有误,出版时更名为《最后一名女知青》。

《黄金洞》(中篇小说),《收获》1996 年第 2 期。

《性的折磨》(散文)、《黄土色的枣木拐杖婚姻》(散文),《小说家》1996 年第 2 期。

《文在东京:〈星空闪烁〉小小说选集代序》(随笔)《东京文学》1996 年第 2 期。

《称谓与忍》(散文)、《痛苦与否赵森》(散文),《北方文学》1996 年第 3 期。

《云灰色的落感》(短篇小说),《莽原》1996 年第 4 期。

《阎连科文集》(5 卷)(《黄金洞》、《和平窟》、《青春谷》、《情爱穴》、《历史窑》),吉林人民出版社,1996 年。

《回望乡土》(续)(散文),《小说家》1996 年第 5 期。

《限》(短篇小说),《山花》1996 年第 9 期。

《关于森林——〈回望乡土〉之二十》、《关于山脉——〈回望乡土〉之二十一》(散文),《牡丹》1996 年第 6 期。

《回望乡土 二题》(散文)(《关于山脉》、《关于迷信》),《芙蓉》1996 年第 6 期。

《生死晶黄》(长篇小说),《春风》1996 年第 11 期。

《仰仗土地的文化》(随笔),《小说选刊》1996 年第 11 期。

《生死晶黄》(长篇小说,收入"猎豹丛书"),明天出版社,1996 年。

《反腐风云》(20 集电视连续剧),与人合作。

1997 年

《年月日》(中篇小说),《收获》1997 年第 1 期。

《森林与农民》(散文),《北方文学》1997 年第 1 期。

《民族性格与农民忍耐:〈回望乡土〉之十二》(散文),《百花洲》1997 年第 1 期。

《说馋说翠——〈回望乡土〉之三十》(散文),《莽原》1997 年第 2 期。

《接近一位诗人与学习读诗》(文学评论),《东方艺术》1997 年第 2 期。

《穿越田野》(散文),《中华儿女》(海外版)1997 年第 3 期。

《回望乡土》(散文),《青年文学》1997 年第 3 期。

《活之传说》(短篇小说),《四川文学》1997 年第 4 期。

《回头一望的伤感》(创作谈),《小说月报》1997 年第 4 期。

《四十岁前的漫想:复张西南同志的信》(书信),《解放军文艺》1997 年第 5 期。

《法·道德·乡土文明》(杂文),《公安月刊》1997 年第 9 期。

《猜测川端康成之死》(随笔),《青年文学》1997年第9期。

《书惑》(散文),《青年文学》1997年第11期。

《小村与乌鸦——〈耙耧山脉〉之二》(短篇小说),《长江文艺》1997年第11~12期。

《高原太阳》(6集电视连续剧)。

1998年

《4月6日至8日,回你家去吧》(短篇小说),《北京文学》1998年第1期。

《大校》(中篇小说),《解放军文艺》1998年第2期。

《欢乐家园》(中短篇小说集,收入"新时期地域文化丛书"),北京出版社,1998年。

《农民军人》(短篇小说),《上海文学》1998年第4期。

《〈两程故里〉一脉情缘》(随笔),《文学世界》1998年第5期。

《第二形式与第三主题》(文学评论),《文艺报》1998年8月13日。

《三个读书人》(随笔),《文化月刊》1998年第8期。

《兵洞》(短篇小说),《小说家》1998年第5期。

《黄金洞》(小长篇,收入"大众点读"系列),中国文学出版社,1998年。

《日光流年》(长篇小说),《花城》1998年第6期。

《今天,我们在什么地方种"小说"》(随笔)、《三个读书人》(随笔),《百花洲》1998年第6期。

《日光流年》(长篇小说,收入"花城长篇文库"),花城出版社,1998年。

1999年

《金莲,你好》(中篇小说),《钟山》1999年第1期。

《阴晴圆缺:重说千古淫妇潘金莲》(长篇小说),中国文学出版社,1999年。

《朝着东南走》(中篇小说),《人民文学》1999年第3期。

《阎连科小说自选集》(中短篇小说集,收入"中原作家文丛"),河南文艺出版社,1999年。

《褐色桎梏》(散文集,收入"文人闲话丛书"),百花文艺出版社,1999年。

《关于〈日光流年〉的对话》(谈话录),闫连科、侯丽艳,《小说评论》1999年第4期。

《去服一次兵役吧》(短篇小说),《西南军事文学》1999年第4期。

《军旅小说:第二形式与第三主题》(文学评论),《青年文学》1999年第9期。

《小镇蝴蝶铁翅膀》(短篇小说),《北方文学》1999年第9期。

《激情的历史——读李宏长篇小说〈激情〉》(文学评论),《文艺报》1999年11月2日。

《耙耧天歌》(中篇小说),《收获》1999年第6期。

2000年

《1949年的门和房》(短篇小说),《长城》2000年第1期。

《我所欠父亲的债务——寻梦家园》(散文),《小说家》2000年第1期。

《不要太在意》(散文),《解放军文艺》2000年第1期。

《朝着东南走》(中短篇小说集,收入"高粱枪丛书"),作家出版社,2000年。

《到海北去》(散文),《小说家》2000年第1期。

《我所欠父亲的债务》(散文),《牡丹》2000年第1期。

《土地上的空白》(散文),《小说家》2000年第2期。

《我是谁》(散文),《小说界》2000年第2期。

《耙耧天歌》(中篇小说),《北京文学》2000年第4期。

《乡村:他和她》(短篇小说),《牡丹》2000年第3期。

《乡谜三题》(散文),《小说家》2000年第4期。

《尚姓一家人的命运》(散文),《小说家》2000年第5期。

《轻松中蕴含的思考——读李宏的长篇新作〈纯情〉》(文学评论),《文艺报》2000年10月24日。

《早逝的两个同学》(散文),《小说家》2000年第6期。

《进京列车》(8集电视连续剧)。

2001年

《坚硬如水——〈耙耧时空〉第一部》(长篇小说),《钟山》2001年第1期。

《坚硬如水》(长篇小说,收入"九头鸟长篇小说文库"),长江文艺出版社,2001年。

《写作是一种日子》(随笔),《时代文学》2001年第3期。

《文学·生活·想象——阎连科访谈录》(谈话录),阎连科、晓苏,《语文教学与研究》(读写天地)2001年第6期(下)。

《景象》(短篇小说),《西南军事文学》2001年第4期。

《梁弯儿》(短篇小说),《上海文学》2001年第7期。

《榜样周大新》(随笔),《北京日报》2001年8月5日。

《穿越》(长篇小说),解放军文艺出版社,2001年。

《想象——创作之旺源》(随笔)、《寂寞之舞》(中篇小说),《北京文学》2001年第9期。

《写作是一种日子》(谈话录),阎连科、石一龙,《青年文学》2001年第9期。

《斗鸡》(小长篇,收入"九头鸟长篇小说文库·袖珍系列"),长江文艺出版社,2001年。

《耙耧天歌》(中短篇小说集),北岳文艺出版社,2001年。

《想念》(散文),《小说界》2001年第5期。

《找人》(散文),《大家》2001年第5期。

《寻找支持——我所想到的文体》(随笔),《当代作家评论》2001年第6期。

《纯粹较量》(22集电视连续剧),与人合作。

2002年

《三棒槌》(短篇小说),《人民文学》2002年第1期。

《夏日落》(小长篇,收入"红月亮书系"),春风文艺出版社,2002年。

《观看战争》(散文)、《直说女军人》(散文),《西北军事文学》2002年第1期。

《忆读〈潘达雷昂上尉与劳军女郎〉》(随笔),《西南军事文学》2002年第1期。

《〈花腔〉：一道耀眼的曙光》(文学评论),《解放日报》2002年2月9日。

《地雷》(短篇小说),《牡丹》2002年第1期。

《想父亲》(散文),《社区》2002年第4期。

《成长的美好与忧伤——读王曼玲的长篇小说〈潮湿〉》(文学评论),《解放军报》2002年3月11日。

《作家们的作家？》(随笔),《中华读书报》2002年3月13日。

《感谢祈祷》(散文),《钟山》2002年第2期。

《没有边界的越轨》(随笔),《西南军事文学》2002年第2期。

《我本茶盲》(散文),《安徽文学》2002年第3期。

《司令员家的花工》(短篇小说),《山花》2002年第3期。

《欲望者的舞蹈》(文学评论),《中国文化报》2002年4月17日。

《打捞文学的记忆——关于文学经典、作家和作品标准的对话》(谈话录),张颐武、陈晓明、阎连科等,《中国民航报》2002年4月19日。

《年月日》(中短篇小说集),新疆人民出版社,2002年。

《随笔速记三题》(《激情营造的梦幻花园——读略萨的新著〈情爱笔记〉》、《烟尘大爱——读张文欣散文集〈秋水红尘〉》、《心灵与自然的对白——读刘润然散文集〈侘傺行旅〉》)(文学评论),《西北军事文学》2002年第3期。

《故事》(随笔),《西南军事文学》2002年第3期。

《思想政治工作》(短篇小说),《钟山》2002年第3期。

《三棒槌》(小说、随笔、访谈合集),新世界出版社,2002年。

《唱给文明的挽歌》(随笔),《中华读书报》2002年6月26日。

《想念一辆邮电蓝的自行车》(散文),《中学生阅读》(初中版)2002年第6期。

《返身回家》(散文随笔集,收入"银杏丛书"),解放军出版社,2002年。

《乡村岁月:大地苍生的希望与失望》(中篇小说集),新疆人民出版社,2002年。

《中国作家经典文库 张承志卷 阎连科卷》(中篇小说集),光明日报出版社,2002年。

《站在父亲的坟前》(散文),《检察日报》2002年7月13日。

《谁在孤独》(散文),《公安月刊》2002年第7期。

《几部中篇的记忆(一)》(随笔),《西南军事文学》2002年第4期。

《还乡》(散文),《军营文化天地》2002年第8期。

《去赶集的妮子》(短篇小说),《红岩》2002年第5期。

《黑猪毛 白猪毛》(短篇小说);《在阴影下行走:阎连科、梁鸿对话》(谈话录),阎连科、梁鸿,《广州文艺》2002年第9期。

《几部中篇的记忆(二)》(随笔),《西南军事文学》2002年第5期。

《良心作证》(长篇小说)、《副省长》(长篇小说)(与莫言合著),春风文艺出版社,2002年。

《巫婆的红筷子:作家与文学博士对话录》(谈话录),阎连科、梁鸿著,春风文艺出版社,2002年。

《读略萨二题》(随笔),《西南军事文学》2002年第6期。

《爷爷、奶奶的爱情》(短篇小说),《山花》2002年第11期。

《去往哪里》(短篇小说),《北京文学》2002年第11期。

《英雄、地下、天才》(文学评论),《深圳商报》2002年11月30日。

《一部充满趣智的力作——读麦家长篇小说〈解密〉》(文学评论),《检察日报》2002年12月20日。

2003年

《"中原突破"的陷阱——阎连科、梁鸿对话录》(谈话录),阎连科、梁鸿,《小说评论》2003年第1期。

《愉悦》(散文),《青年文学》2003年第2期。

《一去不再复返》(随笔),《公安月刊》2003年第4期。

《读书:灵魂之间碰撞的契机——著名作家阎连科访谈》(谈话录),阎连科、梁鸿,《山花》2003年第3期。

《阎连科:生存远比写作更重要》(随笔),《北京文学》(精彩阅读)2003年第4期。

《潘金莲逃离西门镇》(小长篇),时代文艺出版社,2003年。

《游走在军人与诗人之间——海田诗集〈嫁给绿色〉简评》(文学评论),《光明日报》2003年9月24日。

《受活》(长篇小说),《收获》2003年第6期。

2004年

《受活》(长篇小说),春风文艺出版社,2004年。

《第一次休假》(散文)、《一桩丑行》(散文)、《那个走进洛阳的少年》(散文),《延安文学》2004年第1期。

《一种慰心的生活》(散文),《阅读与作文》(初中版)2004年第1~2期。

《第一次探家》(散文),《解放军生活》2004年第2期。

《关于真实》(随笔),《文艺报》2004年2月12日。

《对现实主义的怕和爱——关于〈受活〉的对话》(谈话录),阎连科、文能、梁鸿,《北京日报》2004年2月15日。

《阎连科》(小说、散文随笔合集,收入"中国当代作家选集丛书"),人民文学出版社,2004年。

《我为什么写作——在山东大学威海分校的讲演》(演讲稿);《"写作是因为对生活的厌恶和恐惧"》(谈话录),阎连科、姚晓雷,《当代作家评论》2004年第2期。

《写作就是"真实的谎言"》(随笔),《时代教育》2004年第8期。

《奴儿》(短篇小说),《郑州晚报》2004年3月8日。

《说萎缩》(杂文),《大河报》2004年4月19日。

《书名的尴尬》(随笔),《大河报》2004年4月23日。

《只有追求,没有旁顾》(散文),《文艺争鸣》2004年第3期。

《十年感慨》(散文),《青年文学》2004年第5期。

《关于疼痛的随想》(散文),《文艺研究》2004年第4期。

《小说与世界的关系——在上海大学的演讲》(演讲稿)、《革命浪漫主义》(短篇小说)、《柳乡长》(短篇小说),《上海文学》2004年第8期。

《语言即神——感受谷川俊太郎的诗》(文学评论),《花城》2004 年第 5 期。
《回忆是对往事的微笑》(散文),《中学生阅读》(高中版)2004 年第 9 期。

2005 年

《天宫图》(中篇小说集),江苏文艺出版社,2005 年。
《让文学成为自己的生命之神——答谢辞》(随笔),《作家杂志》2005 年第 5 期。
《没有边界的跨越——阎连科散文》(散文集),长江文艺出版社,2005 年。
《见到墓地》(散文),《语文世界》(初中版)2005 年第 12 期。
《窄门写作之光——读〈北京的金山上〉》(文学评论),《北京文学》(精彩阅读)2005 年第 12 期。
《遐想》(散文),《羊城晚报》2005 年 12 月 23 日。

2006 年

《丁庄梦》(长篇小说),《十月》2006 年第 1 期。
《长篇小说创作的几种尴尬》(文学评论),《当代作家评论》2006 年第 1 期。
《革命浪漫主义》(阎连科短篇小说代表作,收入"新经典文库"),春风文艺出版社,2006 年。
《昆明的清净》(散文),《北方文学》2006 年第 4 期。
《镇上的银行》(散文),《金融博览》2006 年第 4 期。
《人类的文明何在?》(随笔),《中国作家》(纪实)2006 年第 10 期。
《怀念父亲》(散文),《文化博览》2006 年第 7 期。
《母亲是条河》(电视小说),长江文艺出版社,2006 年。
《我曾打过"小报告"》(散文),《高中生》(上半月版)2006 年第 9 期。
《感念老师》(散文),《中国作家》(纪实)2006 年第 19 期。

2007 年

《内蒙行》(散文),《花城》2007 年第 1 期。
《好人好文姚晓雷》(随笔),《南方文坛》2007 年第 1 期。
《当下文学与现实的关系》(文学评论),《扬子江评论》2007 年第 1 期。
《乌鸦》(散文),《中国校园文学》2007 年第 5 期。
《写作,是对土地与民间的信仰》(谈话录),阎连科、张学昕,《西部·华语文学》2007 年第 4 期。
《"土地"、"人民"与当代文学资源》(谈话录),阎连科、黄平、白亮,《南方

《文坛》2007 年第 3 期。

《语言小说之用：从小说的开头说起——在北京大学的演讲》（演讲稿），《红岩》2007 年第 3 期。

《开创与总结——读〈中国军旅文学 50 年〉》（文学评论），《解放军艺术学院学报》2007 年第 2 期。

《阎连科散文三题》（《海上漫想》、《镇上的银行》、《掏鸟窝——寄小读者》）（散文），《雪莲》2007 年第 3 期。

《文学与体制——在北师大文学院的演讲》（演讲稿），《红岩》2007 年第 4 期。

《走向心灵之死的写作》（随笔），《南方文坛》2007 年第 5 期。

《阎连科文集》（12 卷）（《日光流年》、《坚硬如水》、《最后一名女知青》、《受活》、《情感狱》、《生死晶黄》、《乡村死亡报告》、《艺妓芙蓉》、《寂寞之舞》、《金莲，你好》、《黑猪毛 白猪毛》、《感谢祈祷》），人民日报出版社，2007 年。

《瑶沟人的梦》（阎连科中篇小说代表作，收入"新经典文库"），春风文艺出版社，2007 年。

《追寻结构和语言的力量》（谈话录），阎连科、张学昕，《西部》（华语文学）2007 年第 12 期。

2008 年

《魂灵淌血的声响——〈阎连科作品集〉·总序》（随笔），《当代作家评论》2008 年第 1 期。

《风雅颂》（长篇小说），《西部》（华语文学）2008 年第 2 期。

《渗入的感念》（随笔），《编辑之友》2008 年第 3 期。

《散文与后记一组》（散文），《大家》2008 年第 3 期。

《我的现实 我的主义》（文学理论），《花城》2008 年第 3 期。

《是什么牵动我的阅读——读〈田原诗选〉》（随笔），《作家》2008 年第 5 期（上）。

《想念您的打》（散文），《青年博览》2008 年第 9 期。

《土黄与草青：阎连科亲情散文》（散文集）、《拆解与叠拼：阎连科文学演讲》（演讲集）、《机巧与魂灵：阎连科读书笔记》（随笔集），花城出版社，2008 年。

《风雅颂》（长篇小说），江苏人民出版社，2008 年。

《从帕慕克到伊斯坦布尔和他的文学世界——在帕慕克先生作品讨论会上的发言》（演讲稿），《渤海大学学报》（哲学社会科学版）2008 年第 4 期。

《后记三章》(随笔)(《漂浮与回家》、《不存在的存在》、《为什么写作和要写怎样的小说》),《西部》(华语文学版)2008年第8期。

《梁鸿:行走在现实与学理之间》(文学评论),《当代作家评论》2008年第5期。

《无法掌控真实》(随笔),《全国新书目》2008年第18期。

《我的家族与英国》(短篇小说),《作家》2008年第21期。

《"写作是一种偷盗生命的过程"——阎连科访谈录》(谈话录),阎连科、邱华栋,《环境与生活》2008年第12期。

2009 年

《歉疚》(散文),《天涯》2009年第1期。

《作家与批评家》(杂文),《当代作家评论》2009年第1期。

《民族苦难与文学的空白——在剑桥大学东方系的讲演》、《写作是情感焦虑的结果——在香港城市大学的讲演》、《文学的个人主义——在上海大学文学周的讲演》、《文学与亚洲"新生存困境"——在韩国"亚洲文学"研讨会上的发言》、《"乌托邦"笼罩下的个人写作——在韩国外国语大学的讲演》、《当代文学中的中外关系——在北京外国语大学文学社的讲演》,《渤海大学学报》(哲学社会科学版)2009年第2期。

《小安的新闻》(短篇小说),《作家》2009年第7期。

《桃园春醒》(中篇小说),《收获》2009年第3期。

《文体:是一种写作的超越——阎连科访谈录》(谈话录),阎连科、蔡莹,《上海文学》2009年第5期。

《我与父辈》(散文集),云南人民出版社,2009年。

《在富锦的想象》(散文),《北京文学》(精彩阅读)2009年第6期。

《想念父亲》(散文),《全国新书目》2009年第11期。

《土地的身影》(散文),《常州日报》2009年6月21日。

《我与父辈》(散文),《散文选刊》2009年第8期。

《为亲人写一本好看的书》(散文),《学习博览》2009年第8期。

《老师,老师》(散文),《语文世界》(教师之窗)2009年第9期。

《盖房》(散文),《当代学生》(下半月刊)2009年第9期。

《"用自己的嗓子唱自己的歌"——访〈我与父辈〉作者阎连科》(谈话录),阎连科、尚莹莹,《全国新书目》2009年第17期。

《当代中国文学的样貌及其独特性》(文学评论),《中国人民大学学报》2009年第5期。

《四号禁区》(中篇小说集),沈阳万卷出版公司,2009年。
《父亲》(散文),《当代学生》(上半月刊)2009年第10期。
《粮果地》(散文),《语文教学与研究》(学生版)2009年第10期。
《一部〈岁月〉的价值》(文学评论),《牡丹》2009年第11期。
《我心目中的高木大树》(散文),《草原》2009年第12期。

2010年

《"发展主义"思维下的当代中国——阎连科访谈录》(谈话录),阎连科、梁鸿,《文化纵横》2010年第1期。
《说村落》(散文),《文苑》(上半月刊)2010年第2期。
《写作最难是糊涂——〈中国当代作家面面观——文学的自觉〉序》(随笔),《当代作家评论》2010年第2期。
《条案之痛》、《父亲的树》(散文),《青年文学》(上半月版)2010年第4期。
《过年的母亲》(散文),《中外文摘》2010年第8期。
《泰国小佛事》(散文),《北京晚报》2010年4月11日。
《阎连科小说精选集》(中短篇小说集),台北新地文化艺术有限公司,2010年。
《桃园春醒》(中篇小说集),黄山书社,2010年。
《改变我命运的一次阅读》(散文),《语文教学与研究》(读写天地)2010年第5期(下)。
《亲爱的,西班牙》(中篇小说),《青年文学》(上半月版)2010年第6期。
《思念刺痛——读范小红散文〈梦见母亲〉》(文学评论),《牡丹》2010年第7期。
《创作谈:从实招来》(随笔),《北京文学》(中篇小说月报)2010年第7期。
《鲁迅的语言是不朽的》(随笔),《新快报》2010年9月28日。
《我书架上的日本小说——在中日青年作家会议上的发言》(演讲稿),《作家》2010年第21期。
《布宜诺斯艾利斯的风光街景》(散文),《北京晚报》2010年11月7日。
《意大利二三事》(散文),《北京晚报》2010年11月21日。

2011年

《草原》(散文),《中华活页文选》(高一年级)2011年第1期。
《四书》(长篇小说),台北麦田出版社,2011年。
《自序跋》(随笔),《美文》(上半月刊)2011年第2期。

《从小说家到文体家的魔力指引——以〈优美的安娜贝尔·李寒彻颤栗早逝去〉为例》(文学评论),《名作欣赏》(上旬)2011年2月。

《与狼对峙》(散文),《中国减灾》2011年第4期。

《发现小说》(文学理论),《当代作家评论》2011年第2期。

《我的现实 我的主义——阎连科文学对话录》(谈话录),中国人民大学出版社,2011年。

《阎连科中篇小说编年》(4辑)(中篇小说集),浙江文艺出版社,2011年。

《神实主义小说的当代创作》(文学评论),《中华读书报》2011年5月18日。

《当代文学中的"神实主义"写作——在常熟理工学院"东吴讲堂"上的讲演》(演讲稿),《东吴学术》2011年第2期。

《走着瞧》(散文集),东方出版中心,2011年。

《文学的愧疚》(随笔),《扬子江评论》2011年第3期。

《清欠》(散文),《晚报文萃》2011年第12期。

《小说与因果:文学中的"小历史"思考》(文学理论),《名作欣赏》(上旬),2011年第19期。

《愧对父亲》(散文),《视野》2011年第13期。

《发现小说》(文学理论),南开大学出版社,2011年。

《"神实主义":抵达被真实掩盖的真实》(随笔),《社会科学报》2011年8月11日。

《重识财富与精神的关系》(谈话录),红菱、韩少功、阎连科等;《阎连科:文学之上,生活之下》(谈话录),阎连科、刘莉娜,《上海采风》2011年第10期。

《庭院碎记》(三)(散文),《北京晚报》2011年11月12日。

《庭院碎记》(四)(散文),《北京晚报》2011年11月19日。

《劳马"幽锐体"的短圣追求》(文学评论),《中华读书报》2011年11月23日。

《〈我与父辈〉:病》(散文),《意林》2011年第11期(下)。

《"你买农具啊,你的生活太奢侈了!"》(散文),《新华每日电讯》2011年12月2日。

《一把铁锹的阅历》(散文),《新华每日电讯》2011年12月9日。

《种菜是一种真正富贵的境界》(散文),《新华每日电讯》2011年12月16日。

《最熟悉的最陌生》(散文),《新华每日电讯》2011年12月23日。

《敬畏的阅读》(随笔),《中华读书报》2011年12月28日。

《攀爬在邻家椿树上的丝瓜》（散文），《新华每日电讯》2011年12月30日。

2012年

《榆树桩上种白菜》（散文），《新华每日电讯》2012年1月6日。

《静默的黄花草，努力地不败不谢》（散文），《新华每日电讯》2012年1月13日。

《遗忘在路中央的黄花草》（散文），《新华每日电讯》2012年1月20日。

《711号园——北京最后的纪念》（长篇散文），《作家》2012年第1期。

《那颗月季为何长成了树》（散文），《新华每日电讯》2012年2月3日。

《草野们在宽容着人的存在》（散文），《新华每日电讯》2012年2月10日。

《当目睹可以制止而没有制止的悲剧》（散文），《新华每日电讯》2012年2月17日。

《一棵枯树给我的奇异灵感》（散文），《新华每日电讯》2012年2月24日。

《长在沙土上的树们》（散文），《新华每日电讯》2012年3月16日。

《除了雨声树声而绝无人声的寂静》（散文），《新华每日电讯》2012年3月23日。

《雨后，去杂木老林寻获生命秘笈》（散文），《新华每日电讯》2012年3月30日。

《偏爱》（散文），《广东第二课堂》（下半月）（中学生阅读）2012年第3期。

《北京，最后的纪念〈我和711号园〉》（长篇散文），江苏人民出版社，2012年。

《蘑菇审美学：好看的多有毒，美味的不中看》（散文），《新华每日电讯》2012年4月6日。

《怪柳伤心也流"泪"，谁说植物没感情》（散文），《新华每日电讯》2012年4月13日。

《植物不仅有惊惧和欢乐，而且有语言》（散文），《新华每日电讯》2012年4月20日。

《丧家犬的一年》（散文），《纽约时报》2012年4月21日。

《我要写本关于植物的纪实文学》（散文），《新华每日电讯》2012年4月27日。

《"偶然性比必然性有更多的包容性和震撼力"》（谈话录），阎连科、姜广平，《西湖》2012年第4期。

《楝与槐的生死恋》（散文），《新华每日电讯》2012年5月4日。

《守住村庄——在韩国"亚洲、非洲、南美洲文学讨论会"上的演讲》（演讲稿),《检察日报》;《用手机窃听植物间的私语》(散文),《新华每日电讯》2012年5月11日。

《毛虫知秋,落叶凝惆》(散文),《新华每日电讯》2012年5月18日。

《昆虫学植物学是文明进步的真正象征》(散文),《新华每日电讯》2012年5月25日。

《路野花盆》(散文),《读者》(原创版)2012年第5期。

《小说与因果》(文学理论)《新作文·金牌读写》(高中生适读)2012年第5期。

《扬起巴掌的父亲》(散文),《高中生》2012年5月号(上)。

《一派胡言——阎连科海外演讲集》(演讲集),中信出版社,2012年。

《我站在铁轨旁边,被一群蚂蚁惊呆》(散文),《新华每日电讯》2012年6月1日。

《与黄裙马蜂的斗智斗勇》(散文),《新华每日电讯》2012年6月8日。

《书房驱虫有妙计》(散文),《新华每日电讯》2012年6月15日。

《蝴蝶的舞殇》(散文),《新华每日电讯》2012年6月29日。

《用人类价值观判断动物行为很荒唐》(散文),《新华每日电讯》2012年7月6日。

《蟋蟀好斗多因人类诱导》(散文),《新华每日电讯》2012年7月13日。

《我听懂了麻雀的欢笑与悲伤》(散文),《新华每日电讯》2012年7月20日。

《你能嗅到那冷酷后面的芳香吗?》(散文),《新华每日电讯》2012年7月29日。

《农具的尴尬》(散文),《杂文选刊》(上旬版)2012年第7期。

《无结果的结果》(随笔),《经营者》(汽车商业评论)2012年第7期。

《当迁徙鸟变为留鸟,悲剧也就开始了》(散文),《新华每日电讯》2012年8月3日。

《对话阎连科 711号园,我的"瓦尔登湖"》(谈话录),记者李香玉,《新金融观察》2012年8月6日。

《鹿背上的鸟,难再现的景》(散文),《新华每日电讯》2012年8月10日。

《我向我行我素的刺猬认输》(散文),《新华每日电讯》2012年8月17日。

《"阎作家"客串兽医给羊接生》(散文),《新华每日电讯》2012年8月24日。

《一条找不到家的土著狗》(散文),《新华每日电讯》2012年8月31日。

《一个人的三条河》(随笔),《美文》(上半月刊)2012年第8期。

《虚构更强大的真实》(谈话录),阎连科、和歌,《黄河文学》2012年第8期。

《我第一次看到猫在哀伤时也会流泪》(散文),《新华每日电讯》2012年9月7日。

《一种不真实的真实生活》(散文),《新华每日电讯》2012年9月14日。

《指挥天时命令万物的,是冬》(散文),《新华每日电讯》2012年9月21日。

《最香的蛋炒饭》(散文),《幸福》(悦读)2012年第9期。

《"神"的桥梁"实"的彼岸——阎连科访谈录》(谈话录),阎连科、刘汀,《中国图书评论》2012年第9期。

《一个人的三条河》(散文随笔集),中国人民大学出版社,2012年。

《缓和亚洲的对立语言》(杂文),(英)《国际先驱论坛报》、(日)《朝日新闻》2012年10月5日。

《雪夜炉边悟生活真谛》(散文),《新华每日电讯》2012年10月12日。

《欠爹的一场电影》(散文),《人民文摘》2012年第10期。

《面对故事的态度和面对小说的真实——从〈变形记〉到〈百年孤独〉》(文学评论),《全国新书目》2012年第10期。

《丈量书与笔的距离》(散文随笔集),中国人民大学出版社,2012年。

《雨季到来的时候》(散文),《视野》2012年第11期。

《意味无穷的绝妙》(散文),《青年博览》2012年第22期。

《写作最难是糊涂》(随笔),《语文教学与研究》(读写天地)2012年第12期(下)。

2013 年

《车间鱼与天池水》(散文),《作家》2013年第1期。

《文学的"我性"——在"世界汉学大会"上的对话发言》(演讲稿),《东吴学术》2013年第1期。

《金莲,你好》(小长篇)、《名妓李师师和她的后裔》(小长篇),江苏文艺出版社,2013年。

《写作最难是糊涂》(随笔集),中国人民大学出版社,2013年。

《他的话一路散落》(演讲集),中国人民大学出版社,2013年。

《阎连科短篇小说精选》(短篇小说集),云南人民出版社,2013年。

《没有边界的越轨》(随笔),《法制资讯》2013年第2期。

《"心绪"与"事绪"的西中叙述——读〈失忆〉所想》(随笔),《东吴学术》2013年第2期。

《超越善恶爱恨——阎连科访谈》(谈话录),阎连科、黄江苏,《南方文坛》2013年第2期。

《天味》(散文),《人物》2013年第3期。

《和平军旅系列(ⅠⅡ)》(中、短篇小说集)、《阎连科散文》(散文集),云南人民出版社,2013年。

《在西班牙图书节的演讲》(演讲稿),《语文教学与研究》(教研天地)2013年第4期(上)。

《随性和尚成真佛》(随笔),《工友》2013年第4期。

《阎连科文论》(文学评论集)、《东京九流人物系列》(中篇小说集),云南人民出版社,2013年。

《同情少识潘金莲》(杂文),《读书文摘》2013年第5期。

《楼道繁华》(杂文),《视野》2013年第9期。

《土地的记忆》(访谈录),阎连科、黄江苏,《上海文学》2013年第6期。

《少年阅历与文学》(散文),《文苑》(萌)2013年第6期。

《北京碎事》(杂文),《美文》(上半月刊)2013年第7期。

《劝儿离家》(散文),《意林》2013年第13期。

《小广告》(杂文),《视野》2013年第16期。

《炸裂志》(长篇小说),《收获》2013年秋冬卷。

《〈失忆〉发散深刻的思想光芒》(随笔),《新民晚报》2013年9月22日。

《没有尊严的生活和庄严的写作——在台湾东海大学的讲演》(演讲稿)、《写作的叛徒——〈四书〉后记》(随笔),《当代作家评论》2013年第5期。

《炸裂志》(长篇小说),上海文艺出版社,2013年。

《耙耧系列(ⅠⅡ)》(中、短篇小说集),云南人民出版社,2013年。

《病悟》(散文),《检察日报》2013年11月1日。

《二胡与儿子》(散文),《检察日报》2013年11月8日。

《最初的启悟》(散文),《检察日报》、《〈炸裂志〉传递的是正能量》(随笔),《国家电网报》2013年11月15日。

《阎连科:明白作家,何必糊涂》(谈话录),阎连科、许戈辉,《学习博览》2013年第11期。

《把一条胳膊忘记了》(短篇小说),《作家》2013年第11期。

《奴儿》(短篇小说集,收入"中国短经典丛书"),上海文艺出版社,2013年。

2014年

《论短篇小说》(文学评论),阎连科、阿来等,《山花》2014年第1期。

《春运惶惑》(散文),《作文》2014年第2期。

《想念饭局》(杂文),《羊城晚报》2014年3月12日。

《美国文学这个野孩子——在德州大学的讲演》(演讲稿),阎连科、卡洛斯·罗杰斯,《东吴学术》2014年第2期。

《黑白阎连科 中篇四书》(4辑)(中篇小说集),人民文学出版社,2014年。

《我也是北漂》(散文),《羊城晚报》2014年4月1日。

《因为爱所以爱——让文学穿越我们彼此的隔离与阴影》(文学评论),《中国比较文学》2014年第2期。

《我今后可能写得越来越不好》(随笔),《南方周末》2014年5月8日。

《我的理想仅仅是写出一篇我以为好的小说来——在台湾"世界华文小说艺术国际学术研讨会"上的演讲》(演讲稿),《牡丹》2014年第5期。

《心安何处》(散文),《恋爱婚姻家庭》(纪实版)2014年第5期。

研究资料索引

阎连科研究资料索引

报刊论文索引

阿浒:《认识闫连科》,《西南军事文学》1991年第1期。

朱向前:《阎连科将会怎样——阎连科创作漫谈》,《文学评论家》1991年第2期。

谢馨藻:《论〈瑶沟人的梦〉的艺术特色》,《湖南科技大学学报》(社会科学版)1991年第4期。

张德祥:《瑶沟的世界及其他——评阎连科的四部中篇小说》,《文论月刊》1991年第11期。

蔡桂林:《展示狭窄生活铸就的精神格局——短篇小说〈饭场〉释评》,《翠苑》1992年第5期。

于秋雨:《和平环境下的军人灵魂——读阎连科〈和平雪〉》,《小说评论》1992年第6期。

黄献国:《心灵还乡:阎连科小说人格探视》,《文艺报》1992年10月31日。

陈先义:《深深植根于自己的那片沃土:读阎连科的〈情感狱〉》,《百花洲》1993年第2期。

丁临一:《阎连科小说创作散论》,《文学评论》1993年第4期。

徐国俊:《农民情结:难圆的梦——阎连科小说漫评》,《当代作家评论》1993年第4期。

赵顺宏:《乡土的梦想——论阎连科近年来的小说创作》,《小说评论》1993年第6期。

林舟:《生命的谛视——读阎连科近年中篇小说》,《当代作家评论》1994年第4期。

朱向前:《农民之子与农民军人——阎连科军旅小说创作的定位》,《当代作家评论》1994年第6期。

朱向前:《对农民军人的爱与知——阎连科印象兼跋〈和平寓言〉》,《小说评论》1994年第6期。

吴然:《〈和平战〉:健康人格与偏狭心理》,《小说评论》1994年第6期。

雷达:《夜读三题》,《小说评论》1994年第6期。

柳盛元:《难能可贵的胆识:阎连科新军旅小说漫评》,《文学报》1994年3月17日。

《〈乡村死亡报告〉评论小辑》,《青年文学》1995年第7期。

张喜田:《"恋土":一个纠缠着河南作家的情结》,《河南师范大学学报》(哲学社会科学版)1996年第2期。

王侃:《大悲悯的情怀——评〈阎连科文集〉》,《牡丹》1997年第4期。

张文欣:《守望乡土——阎连科素描》,《牡丹》1997年第5期。

薛胜利:《咀嚼生命——读阎连科及他的小说〈年月日〉》,《东方艺术》1997年第5期。

林舟:《乡土的歌哭与守望——读阎连科的乡土小说》,《当代文坛》1997年第5期。

西南:《仅仅仰仗土地的文化是不够的:致阎连科同志的信》,《解放军文艺》1997年第5期。

林舟:《军中游子的魂梦:阎连科访谈录》,《百花洲》1998年第1期。

柳建伟:《立足本土的艰难远行——解读阎连科的创作道路》,《小说评论》1998年第2期。

曹书文:《论"瑶沟系列小说"的价值与局限》,《河南师范大学学报》(哲学社会科学版)1998年第3期。

师华:《抗争精神与民族意识——〈年月日〉与〈老人与海〉人文精神之比较研究》,《人文杂志》1998年第4期。

西南:《仅仅仰仗土地文化是不够的——关于长篇小说〈生死晶黄〉致阎连科》,《小说评论》1998年第5期。

唐韧:《疲惫的实验》,《南方文坛》1998年第5期。

高处寒:《耙耧山脉中走来的农民军人——阎连科访谈录》,《文化月刊》1998年第6期。

梁鸿:《在巫婆和神仙之间:阎连科印象》,《文学世界》1998年第6期。

张玉华:《"农家军歌"变奏:读阎连科的中篇小说〈大校〉》,《中国西部文学》1998年第7期。

朱向前:《"农家军歌"的变调 阎连科与〈大校〉》,《中国文化报》1998年9月24日。

王晓岚:《被挤压下的生命寻找人生之光——阎连科〈日光流年〉解读》,《吕梁高等专科学校学报》1999年第1期。

谭笑风:《阎连科小说人物探析》,《中州大学学报》1999年第2期。

侯丽艳:《"不是我展现人物,而是人物展现我"——阎连科访谈录》,《牡丹》1999年第2期。

《一部世纪末的奇书力作——阎连科新著〈日光流年〉研讨会纪要》,《东方艺术》1999年第2期。

朱玉秋:《〈日光流年〉:对生命意义的追问》,《东方艺术》1999年第2期。

冯敏:《死亡与时间——〈日光流年〉主题揭示及其他》,《东方艺术》1999年第2期。

高昌:《日光流年 花城出版社——解读〈日光流年〉》,《文化月刊》1999年第4期。

南帆:《反抗与悲剧——读阎连科的〈日光流年〉》,《当代作家评论》1999年第4期。

冯敏:《死亡与时间——长篇小说〈日光流年〉主题揭示及其他》,《小说评论》1999年第5期。

潘凯雄:《为了"活过40岁":读阎连科的长篇小说〈日光流年〉》,《文艺报》1999年4月6日。

钟红英:《阎连科的虚幻的世界》,《文艺报》1999年5月25日。

郜元宝:《报告应该报告的真实:阎连科及其小说创作》,《中华读书报》1999年6月2日。

罗天伦:《用苦难酿造甜蜜:访军旅作家阎连科》,《文艺报》1999年6月5日。

李敬泽:《让时间倒流……:阎连科的〈日光流年〉》,《文艺报》1999年8月10日。

陈晓明:《直面苦难:重写乡土中国——评阎连科〈日光流年〉》,《文艺报》1999年8月12日。

石曙萍:《男性价值失落的文献——解读阎连科90年代的小说》,《上海大学学报》(社会科学版)2000年第2期。

王久辛:《心雕苦难 速写阎连科》,《解放军艺术学院学报》2000年第2期。

袁晓松:《孤独的守望者》,《集宁师专学报》2000年第2期。

刘峰:《陌生的世界 不懈的寻求——读阎连科的〈朝着东南走〉》,《当代文坛》2000年第2期。

季进:《印象点击:〈耙耧天歌〉》,《当代作家评论》2000年第3期。

祝东平:《阎连科小说语言ABB型形容词的新构》,《长春大学学报》2000年第4期。

焦会生:《抗争人生的诗艺呈现——读阎连科的中篇小说〈耙耧天歌〉》,

《当代文坛》2000 年第 5 期。

宋红岭：《本真生存境域中的救赎之歌——评阎连科中篇小说〈耙耧天歌〉》，《当代文坛》2000 年第 6 期。

祝东平：《阎连科小说世界的色彩语言》，《社会科学战线》2000 年第 6 期。

冬至：《阎连科闯进"文革"写男女 新作〈坚硬如水〉将受评判》，《中华读书报》2000 年 11 月 15 日。

於可训：《对荒诞岁月的反讽与解构》，《中国图书商报》2000 年 12 月 26 日。

郜元宝：《论阎连科的"世界"》，《文学评论》2001 年第 1 期。

郑飞中：《老人：耙耧山与大海——〈年月日〉和〈老人与海〉之比较》，《江西教育学院学报》(社会科学)2001 年第 1 期。

夏明钊：《中篇小说〈年月日〉是成功之作吗？》，《绥化师专学报》2001 年第 1 期。

汪政：《印象点击：〈坚硬如水〉》，《当代作家评论》2001 年第 2 期。

林舟：《印象点击：〈坚硬如水〉》，《当代作家评论》2001 年第 2 期。

陈思和：《读阎连科的小说札记之一》，《当代作家评论》2001 年第 3 期。

葛红兵：《骨子里的先锋与不必要的先锋包装——论阎连科的〈日光流年〉》，《当代作家评论》2001 年第 3 期。

聂伟：《日常叙事：由"特性"到"个性"——〈日光流年〉阐释一种》，《当代作家评论》2001 年第 3 期。

张志忠：《印象点击：〈坚硬如水〉》，《当代作家评论》2001 年第 3 期。

阎晶明：《印象点击：〈坚硬如水〉》，《当代作家评论》2001 年第 3 期。

李国文：《乡土给他很多——读阎连科的感想》，《时代文学》2001 年第 3 期。

张宇：《道听途说阎连科》，《时代文学》2001 年第 3 期。

朱秀海：《我的朋友阎连科》，《时代文学》2001 年第 3 期。

何镇邦：《感受连科》，《时代文学》2001 年第 3 期。

夏明钊：《〈年月日〉是一部失败之作》，《宁波职业技术学院学报》2001 年第 3 期。

石曙萍：《失落的男性——解读阎连科 90 年代的小说》，《平顶山师专学报》2001 年第 3 期。

祝东平、谢稚：《论阎连科的战争小说》，《社会科学战线》2001 年第 4 期。

祝东平：《〈老人与海〉与〈年月日〉文化内涵比较》，《名作欣赏》2001 年第 4 期。

汪政、晓华:《论〈坚硬如水〉》,《南方文坛》2001年第5期。

石一龙:《写作是一种日子——著名作家阎连科访谈录》,《牡丹》2001年第5期。

王一川:《生死游戏仪式的复原——〈日光流年〉的索源体特征》,《当代作家评论》2001年第6期。

何镇邦:《阎连科:〈坚硬如水〉》,《鸭绿江》2001年第7期。

刘震云:《巴掌与世界》,《北京文学》2001年第9期。

翟业军:《暧昧的缱绻——评阎连科〈坚硬如水〉》,《书屋》2001年第11期。

马宠敏:《回头一望的勇气》,《文艺报》2001年1月2日。

李敬泽:《扛千斤之鼎——读长篇小说〈坚硬如水〉》,《中国文化报》2001年1月23日。

汪政:《小说的快乐主义原则 兼评阎连科的〈坚硬如水〉》,《文学报》2001年2月22日。

何镇邦:《一部风格独特耐人寻味的作品——读阎连科的长篇小说新作〈坚硬如水〉》,《中华读书报》2001年2月28日。

陈洁:《农村和军队是我生命和写作的两大支柱——老实人阎连科访谈》(谈话录),《中华读书报》2001年2月28日。

林舟:《〈坚硬如水〉的语言误区》,《文汇报》2001年3月3日。

赵德明:《畸者的狂舞——我看〈坚硬如水〉》,《文汇报》2001年3月3日。

郜元宝:《不同的声音——关于阎连科》,《北京日报》2001年4月1日。

李敬泽:《扛千斤之鼎——阎连科短论》,《北京日报》2001年4月1日。

海清:《诚实文本的叙述勇气 读阎连科〈坚硬如水〉》,《湖北日报》2001年5月16日。

石紫:《用生命写作——读阎连科的〈坚硬如水〉》,《中国国土资源报》2001年5月23日。

姚晓雷:《走向民间苦难生存中的生命乌托邦祭——论〈日光流年〉中阎连科的创作主题转换》,《河南大学学报》(社会科学版)2002年第1期。

肖双荣:《阎连科作品中拟声词的超常运用》,《语文学刊》2002年第1期。

陈琴:《傲然抗争背后的无奈——浅析阎连科的〈年月日〉》,《阅读与写作》2002年第1期。

霍冬克:《时间的零度指向——对阎连科的〈日光流年〉的本文分析》,《焦作教育学院学报》2002年第1期。

李丹梦:《苦难的立场与策略——关于阎连科小说的一种解读》,《当代作家评论》2002年第2期。

金琼:《〈朝着东南走〉的结构象征与人物象征》,《高等函授学报》(哲学社会科学版)2002年第2期。

孙国亮:《在坚守中前行——读阎连科的〈坚硬如水〉》,《当代文坛》2002年第2期。

张彦哲:《民族文化精神的反思与批判——闫连科小说〈年月日〉解释一种》,《齐齐哈尔大学学报》(哲学社会科学版)2002年第3期。

祝东平、李秀云:《关注农民的生存环境——读阎连科的小说》,《社会科学战线》2002年第3期。

赛妮亚:《重塑中国文学精神》,《文艺争鸣》2002年第2期。

王正斌:《想象是创作的源泉吗?》,《恩施职业技术学院学报》(综合版)2002年第3期。

何雪英:《直面与回望:论阎连科的乡土小说》,《上海海运学院学报》2002年第3期。

陈思和:《试论阎连科的〈坚硬如水〉中的恶魔性因素》,《当代作家评论》2002年第4期。

聂伟:《空间叙事中的历史镜像迷失——〈坚硬如水〉阅读笔记》,《当代作家评论》2002年第4期。

陈晓兰:《"革命"背后的变态心理——关于〈坚硬如水〉》,《当代作家评论》2002年第4期。

郜元宝、葛红兵:《语言、声音、方块字与小说——从莫言、贾平凹、阎连科、李锐等说开去》,《大家》2002年第4期。

王春林、潘慧:《上帝·亚当·作家——读阎连科小说集〈耙耧天歌〉》,《新闻出版交流》2002年第4期。

祝东平:《生命的意义——读阎连科的〈日光流年〉》,《文艺争鸣》2002年第4期。

张彦哲:《先爷与土地的现代寓言——小说〈年月日〉的意蕴解析》,《北方论丛》2002年第5期。

周立民:《印象点击:〈思想政治工作〉》,《当代作家评论》2002年第5期。

张玉林、张雅安:《〈年月日〉:终极思考的隐喻与象征》,《北大荒文学》2002年第6期。

熊元义:《从杀人到自杀:阎连科短篇小说〈三棒槌〉》,《作品与争鸣》2002年第9期。

李丹梦:《苦难的立场与策略——关于阎连科小说的一种解读》,《山花》2002年第11期。

梁鸿:《小说是一种想象的状态——著名作家阎连科谈话录》,《北京文学》2002年第11期。

汪治国:《用幻想校正现实——近读阎连科〈寂寞之舞〉》,《检察日报》2002年1月31日。

赛妮亚、梁祝:《真挚的情感才是小说的脊梁 与阎连科对话》,《华夏时报》2002年3月11日。

石一龙:《被时间考验的小说——读阎连科小说〈夏日落〉》,《中国保险报》2002年4月5日。

谢思佳:《文学应有对人的尊重和爱》,《检察日报》2002年4月27日。

赛妮亚、梁祝:《无价值后的价值 阎连科访谈录》,《社会科学报》2002年6月6日。

黄嗣、裴德秀:《革命时期看人性——〈坚硬如水〉的三种解读》,《湖北成人教育学院学报》2003年第1期。

蒋自斌:《荒原的交响:从主题意向到寓言叙事——谈阎连科小说〈耙耧天歌〉》,《皖西学院学报》2003年第1期。

梁鸿:《阎连科:耙耧山脉走出的著名军旅作家》,《名人传记》2003年第1期。

刘英利:《彷徨与诉求——论阎连科的乡土情结》,《天中学刊》2003年S1期。

白草:《阿Q式革命的文学主题之承接与当代性意义——略论〈坚硬如水〉的创新价值》,《朔方》2003年第Z1期。

李遇春:《走出"文革"叙事的迷惘——从阎连科和刘醒龙的二部长篇新作说起》,《小说评论》2003年第2期。

丁帆:《论近期小说中乡土与都市的精神蜕变——以〈黑猪毛白猪毛〉和〈瓦城上空的麦田〉为考察对象》,《文学评论》2003年第3期。

姚晓雷:《"侉子性"——河南乡土小说呈现中的一种民间个性》,《当代作家评论》2003年第3期。

陈学智:《阎连科小说中的神秘主义气息》,《南阳师范学院学报》(社会科学版)2003年第4期。

徐漫:《阎连科小说修辞解读》,《解放军艺术学院学报》2003年第4期。

姚晓雷:《阎连科论》,《钟山》2003年第4期。

张校铭:《印象点击:〈斗鸡〉(中篇小说)》,《当代作家评论》2002年第6期。

宋丹:《〈坚硬如水〉:文革话语的叙述与反讽》,《艺术广角》2003年第6期。

姜广平:《无望的守护与绝望的等待——读阎连科小说〈兵洞〉》,《中国教师报》2003年1月1日。

胡鹏:《阎连科涉足反腐小说》,《法制日报》2003年1月10日。

钟红明、阎连科:《真实来自作家的内心:关于阎连科长篇小说〈受活〉的对话》,《文汇读书周报》2003年11月28日。

李国春:《作家的矛盾与批评的缺位》,《文艺报》2003年12月27日。

王科:《感伤:生存的无奈与生命的荒唐——评〈黑猪毛 白猪毛〉》,载《2002年中国小说排行榜》,时代文艺出版社,2003年。

石曙萍:《如水的歌——关于阎连科〈坚硬如水〉》,《平顶山师专学报》2004年第1期。

邱红光:《当代寓言体小说的人物及情节结构模式——以贾平凹的〈猎人〉和阎连科的《〈耙耧天歌〉为例》,《武汉理工大学学报》(社会科学版)2004年第1期。

刘英利、赵生宝:《彷徨与诉求——论阎连科的乡土情结》,《山东电大学报》2004年第1期。

徐漫:《阎连科小说修辞现象浅析》,《河南社会科学》2004年第2期。

王鸿生:《反乌托邦的乌托邦叙事——读〈受活〉》,《当代作家评论》2004年第2期。

周红阳、阎连科:《愧疚的往事 微笑的回忆——〈回忆是对往事的微笑〉浅析》,《阅读与鉴赏》(高中版)2004年第Z2期。

李陀、阎连科:《〈受活〉:超现实写作的重要尝试》,《南方文坛》2004年第2期。

李陀、阎连科:《〈受活〉:超现实写作的新尝试》,《读书》2004年第3期。

李洱:《阎连科的力量——我读〈受活〉》,《当代作家评论》2004年第3期。

梁鸿:《阎连科小说创作论》,《解放军艺术学院学报》2004年第3期。

雷达:《长篇小说笔记之二十 阎连科的〈受活〉》,《小说评论》2004年第3期。

方晓枫:《酌奇而不失其真 玩华而不坠其实——谈〈受活〉的荒诞描写与现实主义的多种可能》,《钦州师范高等专科学校学报》2004年第4期。

焦会生:《对血性和尊严的深切呼唤——评阎连科近作〈黑猪毛 白猪毛〉》,《美与时代》2004年第4期。

王维良:《除了经典我还能说你什么——评阎连科的长篇小说〈受活〉》,《书摘》2004年第4期。

子晓:《人性的浪漫与真实》,《职业技术教育》2004年第5期。

刘海梅:《对传统现实主义的反叛和超越——兼论阎连科及其〈受活〉》,《理论与创作》2004 年第 5 期。

刘荣林:《文学要有责任感——近期小说创作观照、兼谈阎连科的小说》,《写作》2004 年第 5 期。

祝东平:《考问人类的生存欲求——从〈日光流年〉到〈坚硬如水〉》,《北华大学学报》(社会科学版)2004 年第 5 期。

李丹梦:《从突围到沦陷:"独语"的叙述——评〈受活〉》,《文学评论》2004 年第 5 期。

王尧:《说阎连科》,《当代作家评论》2004 年第 6 期。

南帆:《〈受活〉:怪诞及其美学谱系》,《上海文学》2004 年第 6 期。

王学青:《劣根的沉重与无根的迷惘——评小说〈受活〉和〈沙床〉》,《当代文坛》2004 年第 6 期。

陈晓明:《墓地写作与乡土的后现代性》,《吉林大学社会科学学报》2004 年第 6 期。

邵燕君:《与大地上的苦难擦肩而过——由阎连科〈受活〉看当代乡土文学现实主义传统的失落》,《文艺理论与批评》2004 年第 6 期。

王春林:《底层命运的寓言化表达——评阎连科长篇小说〈受活〉》,《海南师范学院学报》(社会科学版) 2004 年第 6 期。

杨剑龙、梁伟峰、赵欣:《在荒诞里表达对历史与现实的思考——关于阎连科〈受活〉的对话》,《理论与创作》2004 年第 6 期。

梁鸿:《"革命浪漫主义"的怕和爱——从两个短篇看阎连科的小说追求》,《上海文学》2004 年第 8 期。

严晓蔚:《朴素的底层意识 奇崛的叙述话语——评阎连科新作〈受活〉》,《中国图书评论》2004 年第 10 期。

蔡诚:《我一生的写作在 20 岁前就全部完成——访著名作家阎连科》,《高中生之友》2004 年第 11 期。

张瑜:《现代现实主义:阎连科〈日光流年〉》,《西南民族大学学报》(人文社科版)2004 年第 12 期。

周冰心:《在谴虐隐喻和冷峻反讽里考量中国——阎连科"文革"政治人小说研究》,《上海文学》2004 年第 12 期。

钟丰丰:《直逼苦难和文体狂欢——读阎连科的〈受活〉》,《语文学刊》2004 年第 12 期。

石一龙:《"乡土精神"与"荒诞意味"》,《光明日报》2004 年 2 月 5 日。

孟繁华:《因荒诞而惊恐,化惊恐为神奇:评阎连科的长篇小说〈受活〉》,中国青年报 2004 年 2 月 11 日。

咸江南:《阎连科:我的自由之梦在〈受活〉里》,《中华读书报》2004 年 2 月 11 日。

陈晓明:《乡土中国与后现代的鬼火》,《文艺报》2004 年 2 月 12 日。

梁鸿、文能、阎连科:《〈受活〉:发展中的不人道》,《中国图书商报》2004 年 2 月 13 日。

阎晶明:《生命之树的疯狂生长》,《中国邮政报》2004 年 2 月 14 日。

李洱:《阎连科的力量——我读〈受活〉》,《北京日报》2004 年 2 月 15 日。

洪治纲:《以荒诞叙事逼近人性真相——评阎连科的长篇小说〈受活〉》,《文汇报》2004 年 3 月 14 日。

石一龙:《奇崛的语言奇迹——读阎连科的〈受活〉》,《检察日报》2004 年 3 月 26 日。

洪治纲:《生存悲歌的极致之旅——评阎连科的长篇小说〈受活〉》,《法制日报》2004 年 4 月 2 日。

王军珂:《〈受活〉反思政治狂想主义》,《社会科学报》2004 年 4 月 8 日。

张英、伍静:《阎连科:拒绝"进城"》,《南方周末》2004 年 4 月 8 日。

雷达:《我眼中的〈受活〉》,《文艺报》2004 年 7 月 20 日。

牧歌:《中篇小说之王——阎连科》,《中华合作时报》2004 年 8 月 12 日。

阎晶明:《生命之树的疯狂生长——评〈受活〉》,《2003 年中国小说排行榜》,时代文艺出版社,2004 年。

黄书泉:《质疑"后现代"——以长篇小说〈坚硬如水〉为例》,《当代文坛》2005 年第 1 期。

王伟:《穿越阴冥与阳界——论阎连科早期小说创作中的"亡灵叙事"》,《中州大学学报》2005 年第 1 期。

袁红涛:《对权力和欲望的恐惧——关于阎连科长篇小说〈受活〉的一种解读》,《中州大学学报》2005 年第 1 期。

汪洁:《智性的讲述——解读阎连科〈坚硬如水〉》,《中州大学学报》2005 年第 1 期。

肖涛:《病魔岁月的反思备忘录——读阎连科的〈坚硬如水〉》,《陕西广播电视大学学报》(综合版)2005 年第 1 期。

刘兰玲:《关注战争中的普通人——读阎连科的战争小说》,《吉林师范大学学报》(人文社会科学版)2005 年第 1 期。

梅文斌:《小说叙事中的距离控制——兼评阎连科小说〈坚硬如水〉》,《九江学院学报》2005 年第 1 期。

韩彦斌:《论阎连科小说创作的乡土情结》,《河套大学学报》(哲学社会科学版)2005年第1期。

罗朋:《现实性与奇异性的双重变奏——评〈受活〉》,《小说评论》2005年第2期。

汤玲:《〈受活〉的后现代性解读》,《江西科技师范学院学报》2005年第2期。

叶秀蓉:《揭开荒诞背后的种种真实——关于〈受活〉的一场讨论》,《厦门文学》2005年第2期。

肖鹰:《真实的可能与狂想的虚假——评阎连科〈受活〉》,《南方文坛》2005年第2期。

刘保亮:《权力宰制下的耙耧世界——论阎连科小说的权力书写》,《小说评论》2005年第2期。

赖琼玉:《解放的现实主义——阎连科〈受活〉解读》,《当代文坛》2005年第2期。

施津菊:《"超越主义的现实主义"质疑》,《天津师范大学学报》(社会科学版)2005年第2期。

廖丹:《阎连科小说论》,《宜宾学院学报》2005年第3期。

曹斌:《"心灵写作"与小说的"可信性"——〈受活〉主题及修辞方式的质疑》,《渭南师范学院学报》2005年第3期。

卢逍遥:《〈受活〉:艺术真实的革命》,《新乡师范高等专科学校学报》2005年第3期。

刘保亮:《论〈日光流年〉小说文体的意蕴》,《湖南科技学院学报》2005年第3期。

刘保亮:《苦难生命的历史对话——论〈日光流年〉的并行体》,《新乡师范高等专科学校学报》2005年第3期。

肖百容:《死亡:一个独特的全知叙事视角——阎连科小说死亡书写浅探》,《怀化学院学报》2005年第3期。

刘保亮:《论阎连科"耙耧小说"中的河洛女性形象》,《洛阳大学学报》2005年第3期。

李跃:《阎连科新乡土小说论》,《南京广播电视大学学报》2005年第3期。

汤玲:《论阎连科小说的文体艺术》,《社会科学论坛》2005年第3期。

李宏、程艳华:《耙耧山:炼狱与家园——关于阎连科小说创作母题的阐释》,《长春工业大学学报》(社会科学版)2005年第4期。

焦垣生、胡友笋:《色彩、声音与气味——以〈日光流年〉为例评阎连科"耙椤系列"的小说艺术》,《河南广播电视大学学报》2005年第4期。

刘新锁:《乏力的超越——评〈受活〉》,《文艺争鸣》2005年第4期。

梁鸿:《神话、庆典、暴力及其他——阎连科小说美学特征论》,《南方文坛》2005年第4期。

陈学祖、华丽:《宿命与抗争:阎连科〈日光流年〉中的生命意识》,《柳州师专学报》2005年第4期。

梅文斌:《阎连科小说的叙述策略》,《平顶山学院学报》2005年第4期。

汤玲:《论阎连科小说语言的民间性》,《黑河学刊》2005年第4期。

廖丹:《平中见奇 姿态横生——阎连科短篇小说〈黑猪毛 白猪毛〉赏析》,《宜宾学院学报》2005年第5期。

"21世纪鼎均双年文学奖"评选委员会:《〈受活〉的授奖辞》,《作家》2005年第5期。

卢炜:《论阎连科作品中的西方情愫》,《武汉科技学院学报》2005年第5期。

刘荣林:《对农民人生命运的"寻根"——兼谈阎连科、石钟山、胡学文的小说》,《理论与创作》2005年第5期。

余萃:《苦难生存中人性深层的探究——论阎连科"耙耧系列"小说》,《和田师范专科学校学报》2005年第5期。

杨俊国:《耙耧山上的鸱鸮声——读阎连科的〈日光流年〉》,《东莞理工学院学报》2005年第6期。

蔡茂:《欲望世界的一针清醒剂——〈受活〉读后》,《玉林师范学院学报》2005年第6期。

陆汉军、韦永恒:《寻找与突破:论阎连科〈受活〉的"絮言体"》,《广西社会科学》2005年第11期。

杨鸥:《阎连科:"劳苦人"是我写作的核心》,《人民日报》(海外版)2005年2月23日。

吴晓东:《中国文学中的乡土乌托邦及其幻灭》,《北京大学学报》(哲学社会科学版)2006年第1期。

杨再明:《试说〈年月日〉悲剧美的精神气蕴》,《陕西教育学院学报》2006年第1期。

谢文芳:《论〈年月日〉的通感修辞》,《咸宁学院学报》2006年第1期。

杨涛:《在现代文明夹缝中的乡土对抗与悲吟——由〈受活〉看当下农村面临的文化困境》,《重庆师范大学学报》(哲学社会科学版)2006年第1期。

胡友笋、汤玲:《于惨烈叫喊中的愤懑审视——〈受活〉的"残缺"意象解读》,《理论界》2006年第1期。

梁鸿:《妥协的方言与沉默的世界——论〈受活〉兼谈一种语言精神》,《现代中国文化与文学》2006年第1期。

李大伟:《一个政治狂人的悲剧——对〈受活〉中"柳鹰雀"的人物分析》,《山东文学》2006年第1期。

王华:《〈受活〉与阎连科的方言表达》,《保定师范专科学校学报》2006年第1期。

张连义:《阎连科写作关键词:恐惧与愤怒——以〈日光流年〉、〈受活〉为例》,《当代文坛》2006年第1期。

马跃敏:《苦难不应成为乡土文学的窠臼——兼谈阎连科小说创作的转型》,《平顶山学院学报》2006年第1期。

姚晓雷:《开在边缘世界的一组梦之花——从阎连科近三部长篇小说创作谈起》,《扬子江评论》2006年第1期。

张云:《悲哭与守护——阎连科乡土小说的启蒙主题研究》,《和田师范专科学校学报》2006年第1期。

张东端:《试论〈日光流年〉索源体结构的意义》,《洛阳大学学报》2006年第1期。

苑博:《重提现实主义的超越性——从"现实主义冲击波"与对几个文本的解读谈起》,《广西师范学院学报》2006年第1期。

石舒清:《作家速写》,《朔方》2006年Z1期。

赵黎明:《革命、里比多以及人类的宿命——对长篇小说〈坚硬如水〉的精神分析》,《广西大学学报》(哲学社会科学版)2006年第2期。

胡昊:《奇崛叙事中的意义迷失——解读阎连科〈坚硬如水〉》,《淮南师范学院学报》2006年第2期。

许志国:《痛苦的揭示 时代的呐喊——谈〈受活〉的现实意义》,《山东教育学院学报》2006年第2期。

刘保亮:《探寻人生原初的意义——论阎连科小说的生命意识》,《学术交流》2006年第2期。

张锦:《生命飞扬的极致——解读阎连科中篇小说〈年月日〉》,《理论与创作》2006年第3期。

刘兰玲:《浅析〈日光流年〉对民族生存问题的探讨》,《社会科学战线》2006年第3期。

赵新亚:《权和性捆绑下女性的生存处境——阎连科小说的解读一种兼及女性主义反思》,《现代语文》2006年第3期。

焦红涛:《由〈日光流年〉看阎连科小说的叙事美学》,《平顶山学院学报》2006年第3期。

刘波:《〈受活〉:荒诞背后的焦灼》,《河南科技大学学报》(社会科学版)2006年第3期。

张学昕、杨亮:《权力和欲望角逐的话语狂欢——论阎连科〈坚硬如水〉对"革命+恋爱"模式的解构性叙事》,《小说评论》2006年第4期。

梁鸿:《当代文学视野中的"村庄"困境——从阎连科、莫言、李锐小说的地理世界谈起》,《文艺争鸣》(理论评论版)2006年第5期。

蔡诚:《我一生的写作在二十岁前就全部完成——访著名作家阎连科》,《语文世界》(高中版)2006年第5期。

康慨:《阎连科的文学道路》,《中国新闻周刊》2006年第5期。

罗雪挥、荣郁:《阎连科:我希望我的创作充满疼痛》,《中国新闻周刊》2006年第5期。

程革:《一曲同情和悲悯的歌——读〈丁庄梦〉》,《文艺争鸣》2006年第6期。

李丹梦:《极端化写作的命运——阎连科论》,《南方文坛》2006年第6期

陆汉军、韦永恒:《论存在主义视角下的阎连科乡村小说》,《绥化学院学报》2006年第6期。

李大伟:《"梦就是现实,现实就是梦"——论〈丁庄梦〉中的"梦"》,《山东文学》2006年第9期。

刘静宇:《两性终极对话——释读阎连科的长篇小说〈受活〉》,《理论界》2006年第9期。

陆汉军、韦永恒:《阎连科创作二十年论》,《经济与社会发展》2006年第10期。

秦佳音:《革命光辉下的"群魔乱舞"——解读阎连科的〈坚硬如水〉》,《科教文汇》(下半月)2006年第11期。

祝东平、刘富华:《生命意义的消解——从〈朝着东南走〉到〈受活〉》,《名作欣赏》(下旬刊)2006年第11期。

刘保亮:《论阎连科小说的苦难叙述》,《名作欣赏》(下旬刊)2006年第11期。

罗四鸰:《"人心的艾滋病更可怕"》,《文学报》2006年1月19日。

旻茜:《直面艾滋病人生存状态》,《江淮时报》2006年1月25日。

李冰:《阎连科:"日常"是小说的重要元素》,《深圳特区报》2006年2月6日。

杨燕:《用灵魂和生命写作赢得读者——访著名作家阎连科》,《云南日报》2006年2月16日。

狼峰:《为"劳苦人"流泪》,《长春日报》2006年2月20日。

杨时旸:《阎连科:以悲情诗意关注艾滋人群》,《财经时报》2006年2月20日。

吴雪丽:《暧昧的叙述——阅读阎连科新作〈丁庄梦〉的一个视角》,《当代文坛》2007年第1期。

靳书刚:《试论阎连科小说权力描写的流变》,《商丘职业技术学院学报》2007年第1期。

赵杏:《魔幻现实主义中国化的当代尝试——谈〈百年孤独〉与〈受活〉》,《重庆社会科学》2007年第1期。

陈国和:《〈受活〉:话语生态中的乡村叙事》,《黄冈师范学院学报》2007年第1期。

宫爱玲:《从乌托邦到恶托邦——评〈丁庄梦〉》,《中国石油大学学报》(社会科学版)2007年第1期。

秦利利:《寓言式的小说——〈日光流年〉的寓言化特征》,《语文学刊》2007年第1期。

陈剑兵:《历史记忆的重构和叙事》,《牡丹江教育学院学报》2007年第1期。

蒋杰:《谈〈受活〉对本土化写作的意义及局限》,《阅读与写作》2007年第2期。

王尧:《为信仰写作——阎连科的年月日》,《当代作家评论》2007年第2期。

王翠荣:《阎连科乡土小说印象》,《学术交流》2007年第2期。

秦法跃:《民间苦难生存境域中的抗争悲歌——读阎连科〈年月日〉、〈耙耧天歌〉、〈日光流年〉》,《焦作师范高等专科学校学报》2007年第2期。

赵志敏:《论阎连科"耙耧山脉"系列小说的艺术特征》,《时代文学》(双月版)2007年第2期。

韦永恒:《乡土审视与理性启蒙:阎连科乡村小说的批判主题探析》,《南宁师范高等专科学校学报》2007年第3期。

陈富志:《真实的荒诞——试析阎连科〈丁庄梦〉中的梦意象》,《平顶山学院学报》2007年第3期。

迟源:《颠覆文革最后的神性——从〈坚硬如水〉的后现代性谈起》,《辽宁教育行政学院学报》2007年第3期。

廉新亮:《回归于道——从道家角度解读〈受活〉》,《语文知识》2007年第3期。

杨静:《权力体系的交锋——浅论〈受活〉》,《安徽文学》(下半月)2007年第3期。

马跃敏:《现实主义文学的困境与坚守——论〈丁庄梦〉对阎连科创作的意义》,《平顶山学院学报》2007年第3期。

文红霞:《论阎连科的苦难叙述和悲剧意识》,《平顶山学院学报》2007年第3期。

王坤:《阎连科小说的艺术形式研究》,《新乡师范高等专科学校学报》2007年第3期。

张春玲、王恩清:《生存的无奈与人性的酸涩——读阎连科〈黑猪毛白猪毛〉》,《时代文学》(双月版)2007年第4期。

董颖:《阎连科小说中恶魔性缘起的个体性因素》,《时代文学》(双月版)2007年第4期。

孙晓东:《阎连科小说研究述评》,《名作欣赏》2007年第4期。

卢炜:《政治激进主义与文化保守主义的对决——读阎连科〈受活〉》,《名作欣赏》2007年第4期。

陈国和:《沉重命题的诗性叙述——关于阎连科的〈丁庄梦〉》,《名作欣赏》2007年第4期。

刘保亮:《耙耧世界里的河洛风情》,《名作欣赏》2007年第4期。

蔡淑美、施春宏:《阎连科作品中的重叠形式探析——兼谈语言表达形式的可能性和现实性》,《语言教学与研究》2007年第4期。

韦永恒:《苦难生存境域中生命意义的探寻——阎连科乡村小说的生命意识》,《广西民族大学学报》(哲学社会科学版)2007年第4期。

韦永恒:《论阎连科乡村小说创作中的地域文化色彩》,《广西大学学报》(哲学社会科学版)2007年第4期。

马文静、程丽蓉:《解读阎连科小说〈潘金莲逃离西门镇〉》,《沈阳农业大学学报》(社会科学版)2007年第4期。

高兵:《论阎连科小说的死亡意蕴——以〈日光流年〉和〈丁庄梦〉为例》,《重庆职业技术学院学报》2007年第5期。

汪政:《短篇小说存在的理由——以阎连科为例》,《扬子江评论》2007年第5期。

韦永恒、陆汉军:《论阎连科乡村小说的苦难意识》,《广西社会科学》2007年第5期。

张翼:《疼痛的乡村,疼痛的写作——阎连科创作中的"疾病"意象解析》,《小说评论》2007年第5期。

李洱:《阎连科的声母》,《南方文坛》2007年第5期。

王尧:《一个人的文学史或从文学史的盲点出发——阎连科小说及相关问题平议》,《当代作家评论》2007年第5期。

孙郁:《日光下的魔影——〈日光流年〉、〈受活〉、〈丁庄梦〉读后》,《当代作家评论》2007年第5期。

王德威:《革命时代的爱与死——论阎连科的小说》,《当代作家评论》2007年第5期。

刘再复:《中国出了部奇小说——读阎连科的长篇小说〈受活〉》,《当代作家评论》2007年第5期。

谢有顺:《极致叙事的当下意义——重读〈日光流年〉所想到的》,《当代作家评论》2007年第5期。

程光炜:《阎连科与超现实主义——我读〈日光流年〉、〈坚硬如水〉和〈受活〉》,《当代作家评论》2007年第5期。

陈晓明:《他引来鬼火,他横扫一切》,《当代作家评论》2007年第5期。

洪治纲:《乡村苦难的极致之旅——阎连科小说论》,《当代作家评论》2007年第5期。

姚晓雷:《"虎痴"阎连科》,《当代作家评论》2007年第5期。

梁鸿:《阎连科长篇小说的叙事模式与美学策略——兼谈乡土文学的"现实主义之争"》,《当代作家评论》2007年第5期。

张鼎立:《城乡对峙与现代性的迷茫——阎连科〈最后一名女知青〉及其谱系解读》,《广东广播电视大学学报》2007年第5期。

张彦哲、姜波:《〈年月日〉审美意蕴的多元阐释》,《名作欣赏》2007年第5期。

梁鸿:《"乡土中国"象征诗学的转换与超越——重读〈日光流年〉》,《南方文坛》2007年第5期。

王晓丽:《论阎连科后期小说的命运悲剧》,《河南科技大学学报》(社会科学版)2007年第5期。

王苹:《平实处,最动人》,《中国校园文学》(上半月刊)2007年第5期。

张翼:《现实主义的残酷与悲悯——评阎连科长篇小说〈丁庄梦〉》,《阅读与写作》2007年第6期。

胡登全:《书写苦难的意义——关于阎连科小说的一种当下思考》,《时代文学》(理论学术版)2007年第6期。

朱水涌:《从现实"症结"介入现实——以王安忆、毕飞宇、阎连科近年创作为例》,《文学评论》2007年第6期。

赵三军:《人生原初究竟有何意义——〈日光流年〉的一种症候式分析》,《重庆职业技术学院学报》2007年第6期。

郝原:《文学叙事的现代性与传统性——论〈丁庄梦〉的叙事风格》,《当代文坛》2007年第6期。

韦永恒:《持守与超越——论〈受活〉的叙事策略》,《中南民族大学学报》(人文社会科学版)2007年第6期。

梁鸿:《妥协的方言与沉默的世界——论阎连科小说语言兼谈一种写作精神》,《扬子江评论》2007年第6期。

陈小碧:《阎连科〈受活〉中民间原型阐释》,《文艺争鸣》2007年第8期。

夏玲彩、程丽蓉:《于惨烈生存中的沉重审视——〈丁庄梦〉中的人性意识解读》,《现代语文》(文学研究版)2007年第10期。

韦永恒:《故土家园·苦难生命·反抗救赎——阎连科耙耧乡村小说散论》,《社科纵横》2007年第11期。

罗志灵:《倒流的时间 结构的再生——〈日光流年〉与〈回归种子〉的对照细读》,《安徽文学》(下半月)2007年第12期。

王珂:《文学作品语言传播的方言研究——以阎连科小说〈受活〉为例分析》,《东南传播》2007年第12期。

李继华:《阎连科农村题材小说价值取向及方法谈》,《美与时代》2007年第12期。

王海燕、陈蔚:《阎连科小说中农民的"逃离土地"主题》,《语文学刊》2007年第21期。

王海燕:《论〈受活〉的政治忧患意识与道家思想渗透》,《文教资料》2007年第23期。

赵志敏:《"农家军歌"——阎连科笔下的军人世界》,《文教资料》2007年第26期。

陈卫娟:《阎连科小说的悲剧性探微》,《文教资料》2007年第34期。

胡莹莹:《阎连科"耙耧山脉"小说研究述评》,《文教资料》2007年第34期。

蔡淑美、施春宏:《重叠形式的可能性与现实性——以阎连科作品中重叠形式的使用为例》,载《第四届全国语言文字应用学术研讨会论文集》,四川大学出版社,2007年。

彭永强、岳朝杰:《少年革命者形象之解构——以春生、白灵、茅枝三个人物为例》,《语文知识》2008年第1期。

陈国和:《20世纪90年代以来乡村小说的当代性——以贾平凹、阎连科和陈应松为个案》,《文艺评论》2008年第1期。

刘剑梅著,杜红译:《徘徊在记忆与"坐忘"之间》,《当代作家评论》2008年第1期。

邱瑞洁:《阎连科对"二女一男"原型模式的继承与革新》,《湖北第二师范学院学报》2008年第1期。

傅异星:《阎连科:超越现实主义的大旗》,《西安电子科技大学学报》(社会科学版)2008年第2期。

韦永恒:《生命之歌的主题变奏——阎连科乡村小说主题话语论略》,《晋阳学刊》2008年第2期。

胡莹莹:《死亡逼视下的生命悲歌——阎连科小说死亡书写浅探》,《语文知识》2008年第2期。

陈义巧:《笼民的挣扎——读阎连科的长篇小说〈日光流年〉》,《佳木斯大学社会科学学报》2008年第2期。

董颖:《论阎连科小说中的恶魔性》,《名作欣赏》(文学研究版)2008年第2期。

张学昕、阎连科:《现实、存在与现实主义》,《当代作家评论》2008年第2期。

方昌时:《悲剧的深广与朴素而独特的叙事——重读世纪末奇书〈日光流年〉》,《安徽文学》(下半月)2008年第3期。

谢文芳、陈国和:《阎连科乡村小说的生命寓言》,《学术探索》2008年第3期。

苏卫平、马红娟:《〈受活〉与新历史主义》,《沧桑》2008年第3期。

姜淑娟:《阎连科小说情境的极端化书写》,《信阳农业高等专科学校学报》2008年第3期。

陈剑兵:《真实的狂想——阎连科小说叙事艺术举隅》,《井冈山学院学报》2008年第3期。

赵建华:《吟唱于黄土深处的辛酸歌谣——试评阎连科中篇小说〈耙耧天歌〉》,《宜宾学院学报》2008年第3期。

杨子彦:《贴着地面飞翔:论阎连科小说》,《理论与创作》2008年第3期。

尚可:《真实事件》(二则),《电影世界》2008年第3期。

张鼎立:《父权的颠覆与理想化的矛盾——阎连科乡土创作的父子关系分析》,《广东广播电视大学学报》2008年第4期。

仵从巨:《阎连科的"恐惧"及其意义》,《扬子江评论》2008年第4期。

张雪:《如履浪尖——解读阎连科的〈坚硬如水〉》,《绥化学院学报》2008年第4期。

喻双:《现实人生的荒诞图解——论阎连科小说〈受活〉》,《读与写》(教育教学刊)2008年第4期。

赵秀莲:《论阎连科小说〈受活〉》,《河南理工大学学报》(社会科学版)2008年第4期。

陈众议、阎连科:《文学资源两人谈》,《渤海大学学报》(哲学社会科学版)2008年第4期。

赵月斌:《当文学遭遇耳光》,《文学自由谈》2008年第5期。

杨子彦:《人造黑洞:论阎连科小说〈风雅颂〉》,《小说评论》2008年第5期。

胡玉洁:《与死亡面对面——阎连科〈日光流年〉解读》,《现代语文》(文学研究版)2008年第5期。

王海燕:《从阎连科人生道路看其小说的苦难书写》,《现代语文》(文学研究版)2008年第5期。

黄书泉:《抵达精神本源的荒诞——为长篇小说〈风雅颂〉一辨》,《小说评论》2008年第5期。

刘保亮:《阎连科小说关键词解读》,《名作欣赏》(文学研究版)2008年第5期。

刘保亮:《论阎连科小说的伦理叙事》,《平顶山学院学报》2008年第6期。

隋丽:《生态审美视域中"征服主题"的文化辨析——〈白鲸〉、〈老人与海〉、〈年月日〉的文本比较》,《辽宁大学学报》(哲学社会科学版)2008年第6期。

梁鸿:《现实的超越与回归——论〈丁庄梦〉兼谈乡土小说审美精神的困境》,《平顶山学院学报》2008年第6期。

洪治纲、欧阳光明:《现代知识分子的沉沦与救赎——论阎连科的长篇小说〈风雅颂〉》,《南方文坛》2008年第6期。

杨亮:《一个人物,或一个世界——阎连科小说中的"人物"》,《文艺评论》2008年第6期。

樊星:《在绝望中抗争——论阎连科小说的一个基本主题》,《平顶山学院学报》2008年第6期。

陈国和:《1990年代以来乡村小说的生命寓言书写——以阎连科为例》,《山东社会科学》2008年第7期。

万海洋:《权力异化下的乡里众生——论阎连科小说的权力书写》,《山东文学》2008年第7期。

刘铮:《论阎连科小说的苦难叙事》,《安徽文学》(下半月)2008年第8期。

罗志灵、陈霖:《透视阎连科作品中的生命哲学》,《作家》2008年第8期。

宋艳:《〈日光流年〉:人类生存的现代寓言》,《语文学刊》2008年第8期。

张鼎立:《难堪的温情——论阎连科乡土小说的温情世界》,《怀化学院学报》2008年第9期。

李梅:《〈风雅颂〉:以"自渎"的方式颠覆传统》,《出版广角》2008年第9期。

沈琪芳:《知识分子缺失精神家园吗——评阎连科的〈风雅颂〉》,《探索与争鸣》2008年第10期。

邵燕君:《荒诞还是荒唐,渎圣还是亵渎?——由阎连科〈风雅颂〉批评某种不良的写作倾向》,《文艺争鸣》2008年第10期。

梁鸿:《知识分子的庙堂之痛与民间之痒——读阎连科〈风雅颂〉》,《文艺争鸣》2008年第10期。

阴妮娜:《乡土世界中"圆形命运"的解读——以阎连科小说为例》,《当代小说》(下半月)2008年第11期。

艾素芬:《解读阎连科的女性崇拜意识——以〈日光流年〉和〈金莲,你好〉为例》,《科教文汇》(下旬刊)2008年第11期。

王谦:《〈大师和玛格丽特〉与〈日光流年〉比较》,《文学教育》(上)2008年第11期。

熊修雨:《阎连科论》,《文艺争鸣》2008年第12期。

《荒诞的现实主义故事》,《全国新书目》2008年第13期。

王海燕:《试论阎连科小说中的死亡意象——以〈日光流年〉和〈丁庄梦〉为例》,《名作欣赏》2008年18期。

陈国和:《新世纪乡村小说的当代性书写——关于阎连科的〈黑猪毛 白猪毛〉》,《名作欣赏》2008年第19期。

彭苏:《阎连科 写作是与读者战斗》,《南方人物周刊》2008年第21期。

彭苏、张曼:《性是人性中最具代表性的一面》,《南方人物周刊》2008年第21期。

方奕:《欲望·死亡·梦境——从三个关键词解读〈丁庄梦〉》,《名作欣赏》2008年第22期。

赵秀莲:《惨痛悲哀的画卷——从〈受活〉看现代化进程中国人劣根的沉重、道德的萎缩》,《作家》2008年第22期。

周丽娜:《阎连科:壮年听雨客舟中》,《中国新闻周刊》2008年第26期。

《阎连科〈风雅颂〉引起争议》,《语文教学与研究》2008年第26期。

贺晓武:《〈受活〉:怪诞虚构中的真实》,《文教资料》2008年第27期。

暖暖:《阎连科精神自传〈风雅颂〉解构〈诗经〉》,《中国新闻出版报》2008年6月20日。

谢琼:《〈风雅颂〉:何处是归途?》,《中国图书商报》2008年7月1日。

洪宇澄:《荒诞的根本是现实和真实——著名作家阎连科做客正义网谈新作〈风雅颂〉》,《检察日报》2008年7月18日。

长平:《愤怒,但不要粗暴》,《南方周末》2008年7月31日。

李清霞:《越来越严重的细节失真现象》,《文学报》2008年7月31日。

龚明俊:《作家的境界由什么来定?》,《工人日报》2008年9月25日。

刘爱国、孙自豪:《妙笔描绘"劳苦人"——访著名作家阎连科》,《洛阳日报》2008年12月13日。

梁鸿:《阎连科:把灵魂研作墨汁的人》,《中华读书报》2008年12月17日。

赵彬:《文化之殇:解构化时代里的文化悲歌——解读阎连科新作〈风雅颂〉》,载《中国新时期文学30年国际学术研讨会暨中国当代文学研究会第15届学术年会论文摘要集》,2008年10月。

姚晓雷:《何处是归程——由〈风雅颂〉看当下知识分子的精神之殇》,《文学评论》2009年第1期。

王德威:《〈诗经〉的逃亡——阎连科的〈风雅颂〉》,《当代作家评论》2009年第1期。

李振声:《内心阙如的时代,人,何以自处?——阎连科〈风雅颂〉略说》,《当代作家评论》2009年第1期。

栾梅健:《精神堡垒的坍塌与重建——论〈风雅颂〉的文学史意义》,《小说评论》2009年第1期。

姚晓雷:《苍凉的悲悯——〈丁庄梦〉的一种读法》,《平顶山学院学报》2009年第1期。

焦红涛:《缱绻与决绝——阎连科乡村小说论》,《平顶山学院学报》2009年第1期。

罗先海、谭伟平:《世纪之交的回响——阎连科乡土小说论》,《理论与创作》2009年第1期。

谭华:《互渗与互反的革命与性——阎连科〈坚硬如水〉一解》,《时代文学》(双月上半月)2009年第1期。

黄铁、李玉杰:《身体·权力·知识·流浪——阎连科小说中耙耧山人改变困境的若干形式》,《平顶山学院学报》2009年第1期。

陈舒劼:《"二元对立"与"极限叙事"——评阎连科的〈风雅颂〉》,《江苏广播电视大学学报》2009年第1期。

肖莉、高志明:《从审丑走向审美——〈日光流年〉中通感的叙事功能》,《小说评论》2009年第S1期。

李丽:《论阎连科的辩证书写》,《小说评论》2009年第2期。

赵彬、苏克军:《文化反思与道德批判——解读阎连科新作〈风雅颂〉》,《北华大学学报》(社会科学版)2009年第2期。

李丹梦:《面对心灵的"乡土"——论阎连科的〈风雅颂〉》,《文艺争鸣》2009年第2期。

黄秀生、陆汉军:《〈秦腔〉与〈受活〉创作之比较》,《小说评论》2009年第S2期。

陈学智:《论阎连科的乡土叙事》,《山东文学》2009年第S2期。

胡友笋、周洋:《阎连科小说中权力叙事》,《河南广播电视大学学报》2009年第3期。

王剑:《荒诞世界里的精神突围——阎连科长篇新作〈风雅颂〉读后》,《写作》2009年第3期。

王晓丽:《论阎连科小说悲剧化的语言》,《现代语文》(文学研究版)2009年第3期。

武艳伟:《试论〈坚硬如水〉中身体叙事的成败》,《当代小说》(下半月)2009年第3期。

文贵良:《〈风雅颂〉:从话语分裂的地方开始抵抗》,《枣庄学院学报》2009年第3期。

陈国和:《20世纪90年代以来乡村政治书写的当代性——以阎连科为例》,《文艺评论》2009年第3期。

栾梅健:《精神堡垒的坍塌与重建——论〈风雅颂〉的文学史意义》,《当代作家评论》2009年第3期。

李少咏:《认同与批判——乡村政治文化视域中的阎连科小说解析》,《渤海大学学报》(哲学社会科学版)2009年第3期。

张云:《从"崇拜"到"恐惧":阎连科乡村权力的叙事》,《中州大学学报》2009年第3期。

董颖:《阎连科小说中恶魔性缘起的文化因素》,《名作欣赏》(文学研究版)2009年第3期。

方培:《以阎连科作品为例谈乡土世界人性的异变》,《文学教育》(上)2009年第4期。

何占涛:《〈受活〉絮言的叙事模式》,《小说评论》2009年第4期。

严夜:《"解剖我自己"能够心安吗?——读〈风雅颂〉的疑问》,《中国图书评论》2009年第4期。

鲁美妍：《欲望的旗帜升起以后——〈风雅颂〉与〈教授〉合论》，《中国文学研究》2009年第4期。

刘保亮：《论阎连科小说的道家意蕴》，《理论与创作》2009年第4期。

杜诗兵：《乡土叙事的消隐自我和走向共名——由阎连科〈丁庄梦〉的主题看其创作转身》，《语文知识》2009年第4期。

刘保亮：《论阎连科小说的家园意识》，《内蒙古大学学报》（哲学社会科学版）2009年第5期。

裴恒高：《生存的困境与人性的荒诞——阎连科的〈风雅颂〉与钱钟书的〈围城〉之比较》，《沧桑》2009年第5期。

李永涛：《落叶归根者的尴尬悲剧——对阎连科〈我与父辈〉中"四叔"形象的文化分析》，《理论与创作》2009年第5期。

樊东宁、姚红静：《现实主义的坚守者——浅论阎连科小说创作》，《衡水学院学报》2009年第6期。

王海艳：《歌哭与守望——论阎连科笔下的农民世界》，《电影文学》2009年第6期。

靳书刚：《立足乡土民间的艰难抗争——论阎连科20世纪90年代后期的创作转型》，《商丘职业技术学院学报》2009年第6期。

徐莉、张柠：《阎连科乡土世界的双重构架》，《苏州大学学报》（哲学社会科学版）2009年第6期。

金理：《荒原跋涉中的自省：论〈风雅颂〉》，《当代作家评论》2009年第6期。

晓华：《阎连科的乡村伦理——评〈我与父辈〉》，《当代作家评论》2009年第6期。

张颖：《真实的乡土 亲情的原乡——评阎连科的〈我与父辈〉》，《当代作家评论》2009年第6期。

赵黎明：《欲望的旗帜与人文知识分子的出路——长篇小说〈风雅颂〉、〈教授〉阅读札记》，《重庆师范大学学报》（哲学社会科学版）2009年第6期。

奉元园、曾宏伟：《关于"权力"的双重书写——试比较〈故乡天下黄花〉与〈情感狱〉中的权力意识》，《河北理工大学学报》2009年第6期。

王海艳：《挺立在中原大地上的两个寡妇形象——读〈耙耧天歌〉和〈第九个寡妇〉有感》，《作家》2009年第6期。

孙桂芳：《论阎连科小说民间立场的确立及叙述的困惑》，《通化师范学院学报》2009年第7期。

郭泳：《宽广深厚的〈我与父辈〉》，《当代学生》（下半月刊）2009年7—

8期。

王海艳:《开放与封闭——阎连科小说中农民世界的时空特征》,《山花》2009年第8期。

张弘、阎连科:《阎连科:从世俗到灵魂》,《博览群书》2009年第9期。

邹园:《新时期文学中恶魔性因素探析——以〈玫瑰门〉、〈坚硬如水〉为例》,《湖南科技学院学报》2009年第9期。

吕泞亚:《漂浮的"风雅颂"》,《当代小说》(下半月)2009年第9期。

李娜:《阎连科〈黄金洞〉文本分析》,《乐山师范学院学报》2009年第9期。

丁敏:《论阎连科小说叙事题材的新闻化》,《安徽文学》(下半月)2009年第9期。

席星荃:《想象:富丽如张天之锦——评阎连科的〈在富锦的想象〉》,《文学教育》(上)2009年第9期。

郭泳:《阎连科:割舍不断是亲情》,《当代学生》(下半月刊)2009年第10期。

李永中:《小说写作与自我危机——由〈风雅颂〉谈开去》,《江汉论坛》2009年第10期。

陈思和:《写父亲,太沉重——读阎连科〈我与父辈〉》,《散文选刊》2009年第10期。

金五魁:《论阎连科小说的死亡暴力叙事》,《宜宾学院学报》2009年第10期。

刘璐:《苦难与荒诞的背后——评阎连科的长篇小说〈受活〉》,《当代小说》(下半月)2009年第10期。

蔡宁:《为还债的母亲——读阎连科〈耙耧天歌〉》,《青年文学家》2009年第11期。

张美英、姜超英:《从〈风雅颂〉看传统知识分子的软弱性及其悲剧根源》,《辽宁教育行政学院学报》2009年第11期。

喻双:《〈丁庄梦〉叙事策略浅论》,《文学教育》(上)2009年第11期。

张新红:《从空间语义透视〈风雅颂〉精神游荡的叙事话语》,《时代文学》(下半月)2009年第11期。

江南、胡玲:《阎连科小说中色彩词的"偏离"及修辞效果》,《毕节学院学报》2009年第11期。

郑雄:《作家阎连科真情倾诉:父亲给我的力量无穷无尽》,《人生与伴侣》(上半月版)2009年第11期。

刘广祥:《试论阎连科〈年月日〉中的生命意识》,《作家》2009年第12期。

李云霞:《绝望与救赎——解读阎连科》,《作家》2009 年第 14 期。

陈学智:《论阎连科小说的语言追求》,《黑龙江史志》2009 年第 16 期。

《阎连科称文学应该描写最世俗的生活》,《语文教学与研究》2009 年第 19 期。

叶结英:《生存·性爱·死亡——〈日光流年〉中女性形象解读》,《文教资料》2009 年第 20 期。

苏佳:《〈日光流年〉的色彩修辞策略》,《华章》2009 年第 22 期。

李谫博:《在抗争中彰显生命的意义——试论阎连科长篇力作〈日光流年〉的生命意识》,《飞天》2009 年第 23 期。

赵树勤、龙其林:《当下高校知识分子的精神创伤——我看〈风雅颂〉》,《名作欣赏》2009 年第 24 期。

刘保亮:《试析阎连科小说的疾病意象》,《名作欣赏》2009 年第 30 期。

张文:《梦在何方——阎连科〈受活〉对乌托邦的追寻》,《安徽文学》(下半月) 2010 年第 1 期。

彭成广、李欧:《阎连科小说的得失——兼论对当代文学创作的启示》,《山花》2010 年第 2 期。

熊修雨:《"意义"的追寻——阎连科创作心理探析》,《励耘学刊》(文学卷) 2010 年第 2 期。

李振明:《"雅"与"颂"随"风"而逝——文化迷惘与〈风雅颂〉的象征化叙述》,《平顶山学院学报》2010 年第 3 期。

费团结:《〈丁庄梦〉:中国和人类的梦魇》,《名作欣赏》2010 年第 3 期。

董书存:《绝境中抗争的悲歌——评阎连科的长篇小说〈日光流年〉》,《邢台学院学报》2010 年第 3 期。

董书存:《权力宰制下的乡村悲剧宿命抗争——解读阎连科小说的一个主题》,《景德镇高专学报》2010 年第 3 期。

熊修雨:《"迟到"的阎连科》,《江淮论坛》2010 年第 3 期。

周思辉、谢廷秋:《在"异境"中拷问人性——解读阎连科小说中"孤岛"空间的建构》,《河南广播电视大学学报》2010 年第 3 期。

牛秋菊:《阎连科小说死亡叙事的形态分析》,《语文知识》2010 年第 3 期。

程雪蓉:《艰难生存境遇中的抗争悲歌——评阎连科的中篇小说〈年月日〉》,《齐齐哈尔师范高等专科学校学报》2010 年第 3 期。

邢小群:《阎连科:为了一棵树的尊严》,《学习博览》2010 年第 3 期。

司童:《阎连科 VS 詹澈:两岸乡土书写的对谈》,《世界华文文学论坛》2010 年第 3 期。

丁一:《还乡:延宕的心灵抵达——论阎连科的农民军人题材小说〈中士还乡〉》,《河南科技大学学报》(社会科学版)2010年第4期。

刘保亮:《论阎连科小说的城市崇拜》,《学术交流》2010年第4期。

谢有顺:《终归是无处还乡》,《当代作家评论》2010年第4期。

赵艳君:《走的意义——论〈朝着东南走〉》,《太原师范学院学报》(社会科学版)2010年第4期。

卫小辉:《〈诗经〉和当代小说的知识分子批判主题——〈风雅颂〉及其他相关文本的阅读札记》,《小说评论》2010年第4期。

何京鸿:《论〈日光流年〉中人物的悖论命运》,《安徽文学》(下半月)2010年第4期。

牛秋菊:《浅论荒诞在阎连科小说死亡叙事中的运用》,《时代文学》(上)2010年第4期。

董书存:《绝境中抗争的悲歌——评阎连科的长篇小说〈受活〉》,《齐齐哈尔师范高等专科学校学报》2010年第4期。

张玉凤:《亲吻土地的虔诚——〈我与父辈〉中阎连科对土地的解构》,《时代教育》(教育教学)2010年第4期。

柴丹:《浅析阎连科的创作思想——以〈母亲是条河〉为例》,《文学界》(理论版)2010年第5期。

张志忠、李经启:《论阎连科小说中的城乡对立》,《海南师范大学学报》(社会科学版)2010年第5期。

王侠:《存在主义的东方化色彩——以阎连科"耙耧系列"小说为例》,《德州学院学报》2010年第5期。

王洁:《试论〈日光流年〉中的苦难意识和悲剧精神》,《西安社会科学》2010年第5期。

周冬梅:《"众生喧哗"与"死亡之眼"——浅谈〈生死疲劳〉与〈丁庄梦〉的叙述视角》,《长春教育学院学报》2010年第5期。

傅晓燕:《逼近知识分子生存的现实——小说〈教授横飞〉和〈风雅颂〉解读》,《名作欣赏》2010年第6期。

罗丹:《探析阎连科书写死亡背后的深层意蕴——以〈乡村死亡报告〉为例》,《洛阳理工学院学报》(社会科学版)2010年第6期。

薛强强:《为了人的完整性——〈丁庄梦〉的社会意义》,《知识经济》2010年第6期。

秦方奇:《伏牛山文化圈与五四以来河南作家的小说创作刍议——以徐玉诺、姚雪垠、阎连科为例》,《理论月刊》2010年第6期。

孟庆澍:《知识分子及其问题——也谈阎连科的〈风雅颂〉》,《艺术广角》2010年第6期。

纳兰泽芸:《用真诚与父辈素心相对》,《审计月刊》2010年第7期。

陆汉军:《逃离与回归:阎连科的乡土情结》,《作家》2010年第8期。

赵秀莲:《文化飘零时代知识分子的苦闷与困惑》,《长城》2010年第8期。

刘鸿达:《关于生命本原意义的揭示》,《哈尔滨学院学报》2010年第8期。

张芳:《阎连科乡土小说创作的不足与困境》,《文学教育》(中)2010年第8期。

江丹:《通过〈风雅颂〉、〈丁庄梦〉看阎连科小说创作中荒诞、愚昧、悲剧三重奏》,《安徽文学》(下半月)2010年第8期。

卫瑛:《"荒诞"之外——读阎连科小说〈风雅颂〉》,《当代小说》(下) 2010年第8期。

王丽娜:《三色"视界"的营造——对〈我与父辈〉的另一种解读》,《语文学刊》2010年第9期。

张芳:《忍辱负重的爱情寻求——阎连科乡土小说寻求主题探析》,《安徽文学》(下半月) 2010年第9期。

牛秋菊:《阎连科小说死亡叙事中的隐喻分析》,《名作欣赏》(下旬)2010年第9期。

刘迎:《"启蒙"理性下的乡土写作——评阎连科中篇小说〈桃园春醒〉》,《名作欣赏》(中旬)2010年第10期。

武洁琼、沈靓靓:《一曲悲凉荒诞的挽歌——试论〈受活〉中的乡土》,《大舞台》2010年第10期。

邢小群:《读阎连科的〈我与父辈〉所想到……》,《杂文选刊》(中旬版)2010年第11期。

王志刚:《〈风雅之颂〉:现代知识分子精神走向的深层隐喻》,《飞天》2010年第12期。

王睿:《阎连科〈受活〉中的"絮言"写作》,《文学界》(理论版)2010年第12期。

薛筠、刘伯康:《悲剧意识后的中西文化差异——解读〈老人与海〉和〈年月日〉》,《名作欣赏》2010年第18期。

李雪梅:《虚无的还乡之旅——对〈风雅颂〉的一种解读》,《文艺争鸣》2010年第19期。

吴国如:《建构与表征:苦难中的人文诉求——〈圣经〉与〈日光流年〉互文性解读》,《名作欣赏》2010年第20期。

李丹丹:《惨烈悲壮的抗争寓言——试论阎连科〈日光流年〉的审美风格》,《作家》2010年第20期。

陈绪石:《被压抑的民间——重读阎连科小说〈受活〉》,《名作欣赏》2010年第21期。

刘文祥:《"想象空间的创造"——〈日光流年〉诗学浅析》,《语文学刊》2010年第22期。

颜敏:《从"裸体问题"到"风雅颂"——90年代以来的"大学叙事":十部长篇小说读记》,《文艺争鸣》2010年第23期。

熊修雨:《阎连科与中国当代文学》,《文艺争鸣》2010年第23期。

杨青平:《〈日光流年〉:时间修辞策略》,《华章》2010年第26期。

詹颖、胡祺琛:《阎连科小说的形象语言浅析》,《语文教学与研究》2010年第26期。

陈国和:《杨科:懦弱迷茫的知识分子》,《语文教学与研究》2010年第30期。

李林荣:《散文世界里的低姿态》,《文艺报》2010年7月26日。

别水:《阎连科:读新书不如温旧书》,《北京晨报》2010年10月26日。

李昶伟:《人不能被书所困——访知名作家阎连科》,《中国改革报》2010年11月27日。

李昶伟:《阎连科:有用的书不超过几百本》,《南方都市报》2010年9月12日。

李永中:《论新世纪小说的叙事转向——以〈人间〉、〈风雅颂〉、〈河岸〉为对象》,《文学评论》2011年第1期。

李二林:《从诗意到失意的突围——由〈沧浪之水〉与〈风雅颂〉中洞窥当今知识分子的存在困境》,《淮北职业技术学院学报》2011年第1期。

徐婷婷:《〈日光流年〉的神秘主义探析》,《现代语文》(文学研究)2011年第1期。

耿菊萍:《从〈受活〉看新时期作家对大型非人格化群体的建构》,《长江大学学报》(社会科学版)2011年第1期。

张志平:《应对当前社会问题的方法——读阎连科中篇小说〈桃园春醒〉》,《云南民族大学学报》(哲学社会科学版)2011年第1期。

万永凤:《阎连科小说的存在主义因素》,《常州工学院学报》(社科版)2011年第1期。

刘思谦:《当"学术"遭遇权力、金钱与性——阎连科〈风雅颂〉主人公杨科解读》,《汉语言文学研究》2011年第2期。

邱瑞洁:《受活还是活受——论阎连科耙耧小说中女性的生存状态》,《新闻爱好者》2011年第2期。

王彬彬:《阎连科的〈四书〉》,《小说评论》2011年第2期。

李经启:《论阎连科小说中的疾病隐喻》,《哈尔滨学院学报》2011年第2期。

吴宋磊:《〈最后一名女知青〉叙事艺术研究》,《当代小说》(下) 2011年第2期。

刘文祥:《略谈阎连科小说的空间化美学——以〈年月日〉为例》,《高等函授学报》(哲学社会科学版)2011年第2期。

叶旭明:《存在主义的东方化表达——论阎连科的"耙耧系列"小说》,《云南电大学报》2011年第3期。

徐加新、蒋琳:《论阎连科小说悲剧叙事形态》,《语文知识》2011年第3期。

陈树义:《苦难生命的救赎 乡土文明的回归——阎连科乡土小说论》,《文艺理论与批评》2011年第3期。

陈舒劼:《寓言与悖论:阎连科乡土世界的价值建构》,《扬子江评论》2011年第3期。

蔡建鑫:《反思创伤——论阎连科的小说新作》,《扬子江评论》2011年第3期。

刘文祥:《革命话语残骸的终结——漫谈〈坚硬如水〉的革命话语书写》,《中北大学学报》(社会科学版)2011年第3期。

乔以钢、李彦文:《近三十年"城乡交叉地带叙事"中的"新才子佳人模式"——以〈人生〉、〈高老庄〉、〈风雅颂〉为中心的考察》,《南开学报》(哲学社会科学版)2011年第4期。

刘文祥:《〈风雅颂〉:时空变迁与精神逃亡寻乡》,《潍坊教育学院学报》2011年第4期。

熊修雨:《20世纪80年代以来小说审美观念的历史演变——从〈受戒〉到〈受活〉》,《青海社会科学》2011年第4期。

程光炜、邱华栋等:《重审伤痕文学历史叙述的可能性——阎连科新作〈四书〉、〈发现小说〉研讨会纪要》,《当代作家评论》2011年第4期。

冯强、梁峰:《神圣、世俗与世俗的仿真——论〈受活〉的时间意识》,《石家庄学院学报》2011年第4期。

宋凤娟:《不成对立的对立——浅谈〈受活〉》,《语文学刊》2011年第4期。

石秋仙:《在对传统文明与现代文明的批判中呼唤精神家园——阎连科小说浅析》,《孝感学院学报》2011年第4期。

梅文斌:《小说叙事中的视角控制——以阎连科小说为例》,《时代文学》(下半月)2011年第4期。

林子:《阎连科:乡土上的深情》,《高中生之友》2011年第Z4期。

武梦瑶:《大爱,沉默无言》,《当代学生》2011年第5期。

孟令花:《何处是吾乡——评阎连科小说〈风雅颂〉》,《济宁学院学报》2011年第5期。

梅文斌:《浅议阎连科小说的叙事主题》,《时代文学》(下半月)2011年第5期。

李勇:《偏执与耽溺:阎连科乡村启蒙叙事批判》,《文艺评论》2011年第5期。

傅修海:《被虚无笼罩的追求——阎连科小说〈风雅颂〉的叩问及其他》,《文艺争鸣》(上半月)2011年第5期。

郑雄:《心不安是因为欲望超出了可能》,《名人传记》(上半月)2011年第5期。

任微微:《流逝中的生命源求——读阎连科的长篇小说〈日光流年〉》,《现代语文》(文学研究)2011年第6期。

刘再复:《"现代化"刺激下的欲望疯狂病——〈酒国〉、〈受活〉、〈兄弟〉三部小说的批判指向》,《当代作家评论》2011年第6期。

桦桢:《〈风雅颂〉和阎连科的理想国》,《小说评论》2011年第6期。

王文参:《当前文学对文化生态失衡的焦虑和救赎——读阎连科〈风雅颂〉和〈我与父辈〉》,《小说评论》2011年第6期。

钟世杰:《试论阎连科文学世界的"城乡"观》,《安徽文学》(下半月)2011年第8期。

宋喜坤、赵沛林:《阎连科小说语言中对话错格现象研究——以〈风雅颂〉为例》,《文艺评论》2011年第9期。

李璐:《终极的生命关怀——浅析阎连科小说中的"苦难"主题》,《现代语文》(学术综合版)2011年第9期。

宋胜云:《不可复制的"这一个"——阎连科悲剧意识的独特表达》,《文学界》(理论版)2011年第9期。

宋胜云:《"悲哀与力量的混成感觉"——阎连科作品中悲剧意识的存在形态》,《北方文学》(下半月)2011年第9期。

孟颖:《在幻想中游荡——阎连科的小说〈坚硬如水〉"文革"透视》,《名作欣赏》(中旬)2011年第9期。

张沛:《在地的焦虑——从〈丁庄梦〉说起》,《青春岁月》2011年第10期。

孙均桥：《阎连科：写作是面向故乡的精神扎根》，《军营文化天地》2011年第10期。

刘燏：《阎连科作品的现实与超现实主义》，《青年文学家》2011年第10期。

陈劲松：《现实主义写作的多重呈现和理论超越——读阎连科〈发现小说〉》，《出版广角》2011年第11期。

王立：《源自内心的呼喊——解读阎连科〈受活〉、〈日光流年〉》，《现代语文》(学术综合版)2011年第12期。

张学苗：《从〈日光流年〉看阎连科的乡土情结》，《美与时代》(下)2011年第12期。

徐加新、吕莹莹、张薇：《论阎连科对底层人物的悲剧性书写》，《时代文学》(下半月)2011年第12期。

丁丽蓉、潘海英：《族群英雄与超人形象——以〈年月日〉与〈热爱生命〉为例》，《文艺争鸣》2011年第14期。

冯炜：《剥离生命的真实内核——阎连科对生命的拷问》，《文艺争鸣》2011年第16期。

张国玲：《拒绝"思想"——阎连科乡村写作的意义与局限》，《山花》2011年第16期。

薛丰艳、朱丽娟：《直面宿命，考问生命——关于〈鼠疫〉与〈日光流年〉的思考》，《文艺争鸣》2011年第17期。

杨鼎：《三种乌托邦的博弈——评阎连科小说〈受活〉》，《名作欣赏》2011年第29期。

黄鑫：《论阎连科小说的悲剧性》，《华章》2011年第34期。

魏巍：《无望的救赎——谈阎连科〈日光流年〉对死亡的书写》，《文教资料》2011年第36期。

林玲：《阎连科小说文体研究述评》，《文教资料》2011年第36期。

卫毅：《"被拆迁户"阎连科》，《南方人物周刊》2011年第39期。

贺莉丹：《阎连科：像蚂蚁一样的拆迁户》，《新民周刊》2011年第44期。

黄涌：《逼视阎连科》，《中华读书报》2011年4月20日。

学堂：《阎连科的写作宣言》，《光明日报》2011年5月17日。

夏榆：《阎连科：生活的下边还有看不见的生活》，《南方周末》2011年5月26日。

阎连科、邓艳玲：《阎连科：我不会绕道而行》，《中国周刊》2011年6月21日。

宋庄：《阎连科：最可贵的品质是发出自己的声音》，《工人日报》2011年8

月19日。

舒晋瑜:《当代文学如何走近勾栏瓦舍——由施耐庵文学奖引发的思考》,《中华读书报》2011年10月19日。

朝格图:《作家阎连科的田园梦》,《南方周末》2011年11月3日。

刘洋、吴桂青:《消失的"瓦尔登湖"——著名作家阎连科的拆迁故事》,《检察日报》2011年11月11日。

卫毅:《阎连科:被拆迁的田园梦》,《南方人物周刊》2011年11月11日。

蔡建鑫:《屈辱的救赎——论阎连科的〈四书〉》,载《四书·序论》,麦田出版社,2011年。

刘剑梅:《大都市中的精神病患者》,《作家》2012年第1期。

许若文:《〈四书〉中的零因果与撕裂现实主义的文体》,《南方文坛》2012年第1期。

竺建新:《沉沦与救赎——贾平凹〈废都〉与阎连科〈风雅颂〉合论》,《文艺争鸣》2012年第1期。

孟令花:《互文性视域中的〈风雅颂〉解读》,《石家庄学院学报》2012年第1期。

孟令花:《〈人生〉与〈风雅颂〉的互文性解读》,《青岛大学师范学院学报》2012年第1期。

邓寒梅:《伦理视角下中国当代文学的艾滋病叙事》,《社会科学辑刊》2012年第1期。

晓华:《阎连科的文化情怀——评〈我与父辈〉》,《名作欣赏》2012年第1期。

刘秀丽、徐径:《阎连科小说中的乡土特质——〈受活〉文本分析》,《黄山学院学报》2012年第1期。

邓寒梅:《阎连科残病叙事小说中的乡村伦理诉求》,《衡阳师范学院学报》2012年第1期。

宋胜云:《阎连科作品的悲剧意识初探》,《廊坊师范学院学报》(社会科学版)2012年第1期。

白念文、徐加新、吕莹莹:《论阎连科小说中的死亡意象》,《时代文学》(下半月)2012年第1期。

韩亮:《疼痛的收获——论〈古炉〉与〈四书〉的创伤书写》,《扬子江评论》2012年第2期。

金理、杨庆祥、黄平:《新世纪以来的历史想象和书写——80后学者三人谈》(之二),《南方文坛》2012年第2期。

张云:《丰满独特的"这一个"——〈我与父辈〉中的大伯父形象分析》,《时代文学》(上半月)2012年第2期。

张云:《阎连科小说中无权者的哀歌》,《文学教育》(中)2012年第2期。

张定浩:《皇帝的新衣 阎连科〈四书〉》,《上海文化》2012年第3期。

刘熹:《现实与寓言的交汇,真实与虚构的对话——关于阎连科〈四书〉的评论》,《小说评论》2012年第3期。

崔绍锋:《重建乡土社会变革中的情感伦理——读阎连科中篇小说〈桃园春醒〉》,《文艺评论》2012年第3期。

鲁红霞:《修辞学视野下的阎连科小说研究》,《小说评论》2012年第3期。

唐伟:《阎连科的"因"与"果"——评〈我的现实,我的主义:阎连科文学对话录〉》,《哈尔滨师范大学社会科学学报》2012年第3期。

权雅宁:《退到无路可退——由〈风雅颂〉看知识分子的精神苦旅》,《名作欣赏》2012年第3期。

周述波:《文明及其不满以后的"失乐"与"复乐"——〈风雅颂〉与〈洛丽塔〉的比较分析》,《小说评论》2012年第3期。

陈红:《土地的意义及对土地的逃离——解读〈我与父辈〉》,《剑南文学》2012年第3期。

邢长远:《生态视角下〈日光流年〉的极致化叙事策略》,《邵阳学院学报》(社会科学版)2012年第3期。

张慧云:《存在主义视角观照下的阎连科小说〈受活〉》,《长城》2012年第4期。

张云:《日子·生活——评〈我与父辈〉》,《长城》2012年第4期。

李振刚、孙晓丽:《寻求一片纯洁的天空——〈受活〉的一种解读》,《北华航天工业学院学报》2012年第4期。

权雅宁:《论阎连科底层写作的身体叙事》,《小说评论》2012年第4期。

孔庆玮:《另类的乡土书写——阎连科与〈受活〉》,《安徽文学》(下半月)2012年第4期。

唐小林:《论三位名作家的几个小问题》,《当代文坛》2012年第5期。

周思辉:《论阎连科散文中男权思想及其在小说中的体现——以〈说男人〉与〈乡村与性〉为例》,《兴义民族师范学院学报》2012年第5期。

于璞:《绝望而悲壮的抗争——评述阎连科的〈日光流年〉》,《文学界》(理论版)2012年第5期。

许心宏:《逃离与归来:阎连科的空间构型与乡土梦寻》,《重庆师范大学学报》(哲学社会科学版)2012年第5期。

党艺峰:《一个宫廷抒情诗人及其写作:阎连科论》,《小说评论》2012年第5期。

程光炜:《焚书之后——读阎连科〈四书〉》,《当代作家评论》2012年第5期。

孙郁:《写作的叛徒》,《读书》2012年第6期。

张云:《阎连科小说中乡村权力的文化背景解析》,《作家》2012年第6期。

闫海田:《论当代成名作家的创作瓶颈》,《小说评论》2012年第6期。

冯庆华:《权力和伦理的双重突围与建构——关于阎连科小说〈风雅颂〉的一种解读》,《江汉大学学报》(人文科学版)2012年第6期。

石翔、杨红旗:《为死而生 为生而死——论〈日光流年〉中的生存悖论及其叙事伦理》,《乐山师范学院学报》2012年第6期。

一笑:《流浪与回归——阎连科的乡土情怀》,《作家》2012年第6期。

陈英群:《从城市崇拜看阎连科的小说创作》,《阅江学刊》2012年第6期。

伍坤堰:《走不出的宿命——论阎连科的〈日光流年〉》,《青年文学家》2012年第6期。

句芒、果子林:《"孝"的罪与罚——读阎连科〈我与父辈〉》,《工友》2012年第6期。

崔绍锋:《赤子之心的朴实书写——读阎连科长篇散文〈我与父辈〉》,《作家》2012年第6期。

秦雪:《在坚韧远行中实现自我突破——阎连科与文学潮流》,《剑南文学》(经典教苑)2012年第6期。

正石:《阎连科长篇小说〈受活〉节选批读》,《新作文·金牌读写》(高中生适读)2012年第6期。

王海艳:《简析阎连科笔下的农民形象》,《长城》2012年第6期。

常丽纳:《阎连科乡土小说文本世界中的对话性》,《文学教育》(上)2012年第7期。

张晓平:《论阎连科〈坚硬如水〉中的男权意识》,《韶关学院学报》2012年第7期。

欧娟:《现实与理想冲突的内在张力——读阎连科的〈我与父辈〉》,《创作与评论》2012年第7期。

庞利敏:《〈年月日〉之"实"》,《安徽文学》(下半月)2012年第7期。

叶弥杉、王育:《阎连科 水过无痕 或留于心》,《人物》2012年第8期。

邱若茹:《析〈坚硬如水〉的表意内涵》,《青年文学家》2012年第8期。

常丽纳:《阎连科乡土小说叙事中多层次对话性的审美意蕴》,《文学教育》

(上）2012 年第 8 期。

叶弥杉：《"文学就是现实中的最后理想"》，《人物》2012 年第 8 期。

石华鹏：《生命因有对死亡的思考而丰腴——评阎连科的〈一个人的三条河〉》，《文学教育》（上）2012 年第 10 期。

刘鸿达：《〈受活〉在历史语境中的乌托邦情结》，《哈尔滨学院学报》2012 年第 10 期。

雷超：《从〈受活〉看：现代社会权力对乡土社会的侵袭及影响》，《群文天地》2012 年第 10 期。

王静：《一场怀揣时代良知的诚实揭露——〈丁庄梦〉新解》，《文教资料》2012 年第 10 期。

刘嘉任：《权力阴影下的耙耧山世界——论阎连科乡土小说》，《吉林化工学院学报》2012 年第 10 期。

毛阳南：《略论阎连科"东京九流人物系列"的传奇色彩》，《长城》2012 年第 10 期。

侯磊：《阎连科的乡土回忆——读〈一个人的三条河〉》，《全国新书目》2012 年第 12 期。

古滕客：《寻找心灵深处的感动——读阎连科新作〈一个人的三条河〉》，《审计月刊》2012 年第 12 期。

张芳：《阎连科乡土小说创作的成就与价值》，《山花》2012 年第 12 期。

蔡伟保：《"自然"的救赎与文学的"真实"——从阎连科新作〈711 号园〉说起》，《名作欣赏》（下旬）2012 年第 12 期。

雷俊霞：《乡村人的交流平台——由阎连科的小说解析河南饭场习俗》，《经济研究导刊》2012 年第 13 期。

钟芳：《诗意荡漾的田园牧歌——读〈北京，最后的纪念〉有感》，《中国职工教育》2012 年第 13 期。

鲁红霞：《论阎连科小说中的语言选择及表意策略——以〈日光流年〉为例》，《群文天地》2012 年第 14 期。

王娅：《两种现实主义之比较——以路遥和阎连科为例》，《青年文学家》2012 年第 15 期。

陈阿博：《阎连科：疾病的症候与文化的反思》，《芒种》2012 年第 16 期。

蔡勇：《试论〈日光流年〉中阎连科式叠字表达》，《短篇小说》（原创版）2012 年第 20 期。

卫红、李代刚：《〈丁庄梦〉死亡意象分析》，《芒种》2012 年第 20 期。

杜昆：《论阎连科的文学观》，《山花》2013 年第 23 期。

詹国枢:《文学有什么用》,《中国经济周刊》2012年第31期。

韩蜜蜜:《论阎连科乡土小说的寓言化创作的表现》,《文教资料》2012年第34期。

田朝晖:《"好好地生活比空怀梦想更有人生意义"——作家阎连科和梁鸿解读作为一种文化现象的"农民工写作"》,《新华每日电讯》2012年1月6日。

〔蒙古〕森·哈达:《在蒙古遥望阎连科》,《中华读书报》2012年2月22日。

何晶:《阎连科:留下一片净土的记忆》,《文学报》2012年2月23日。

禾刀:《带着"疼痛"感才能真正步入文学创作的殿堂》,《中国图书商报》2012年3月13日。

张悦:《我为谁写作?——作家阎连科的自省与诘问》,《中国艺术报》2012年6月22日。

孙萍萍:《阎连科的小说和凡·高的画》,《文艺评论》2013年第1期。

张伯男:《阎连科对〈圣经〉放逐母题的当代演绎》,《文艺评论》2013年第1期。

廖敏:《浅析〈日光流年〉中的"乡村权力"叙事》,《文学界》(理论版)2013年第1期。

陈学智:《阎连科小说底层写作下的人性恶叙写》,《华北电力大学学报》(社会科学版)2013年第1期。

刘志荣:《我们时代的内心生活——新世纪三部中国小说的解读》,《东吴学术》2013年第1期。

竺燕:《对中国乡村现代化进程的反思与焦虑——谈阎连科新世纪乡土小说的主题特色》,《首都师范大学学报》(社会科学版)2013年第S1期。

李晓琴:《〈日光流年〉:环境不能承受之痛》,《环境经济》2013年第Z1期。

徐兆淮:《乡土情结与人文情怀——编余琐忆:阎连科与他的长篇散文阅读随想》,《扬子江评论》2013年第2期。

陈学智:《游走在城市边沿:阎连科小说的城乡抗争悲歌》,《江苏科技大学学报》(社会科学版)2013年第2期。

焦红涛:《"身体的叙事"——阎连科小说的一种读法》,《沈阳师范大学学报》(社会科学版)2013年第2期。

梁鸿:《招魂、轮回与历史的开启——论〈受活〉的时间》,《当代作家评论》2013年第2期。

〔日〕田原:《在象征和现实之间——读〈丁庄梦〉》,《南方文坛》2013年第2期。

〔韩〕殷美荣:《生与死的麦比乌斯带——〈丁庄梦〉内容分析》,《南方文坛》

2013年第2期。

〔韩〕金顺珍:《〈丁庄梦〉里的权力、个人和种种》,《南方文坛》2013年第2期。

古滕客:《寻找心灵深处的感动——读阎连科新作〈一个人的三条河〉》,《课外语文》2013年第Z2期。

王禹丹:《死之狂欢曲——浅论莫言和阎连科死亡叙事的狂欢写作》,《剑南文学》(经典教苑)2013年第3期。

张洋:《论阎连科小说的存在主义意蕴》,《平顶山学院学报》2013年第3期。

赖晓玥:《生命不能承受之重——评阎连科中篇小说〈桃园春醒〉》,《太原师范学院学报》(社会科学版)2013年第3期。

鲁红霞:《重建"文学的乡村"与阎连科的小说创作》,《湖北科技学院学报》2013年第3期。

陈增辉:《论〈黑猪毛 白猪毛〉的寓言化主题》,《新乡学院学报》2013年第3期。

王天挺、王育:《我还是愿意归咎于作家的人格》,《人物》2013年第3期。

苏更生:《"病人"阎连科》,《东西南北》2013年第3期。

许心宏:《阎连科小说色彩化权力书写与解构策略》,《中南大学学报》(社会科学版)2013年第4期。

胡艳:《从张贤亮、阎连科、王小波的创作来看政治视域的身体叙事》,《中国文学研究》2013年第4期。

李运抟:《现实主义的开放与原则——与阎连科商讨"神实主义"及其他》,《南方文坛》2013年第4期。

孙谦:《论转型期知识分子小说的叙事失重——以阎连科的〈风雅颂〉为例》,《创作与评论》2013年第4期。

狄青:《阎连科的"诗意"》,《文学自由谈》2013年第5期。

胡安江、祝一舒:《译介动机与阐释维度——试论阎连科作品法译及其阐释》,《小说评论》2013年第5期。

陈思和:《第七届花踪文学奖得主阎连科的授奖词》,《当代作家评论》2013年第5期。

孙郁:《阎连科的"神实主义"》,《当代作家评论》2013年第5期。

陈晓明:《"震惊"与历史创伤的强度——阎连科小说叙事方法探讨》,《当代作家评论》2013年第5期。

陶东风:《〈受活〉:当代中国政治寓言小说的杰作》,《当代作家评论》2013

年第 5 期.

栾梅健:《撞墙的艺术——论阎连科的文学观》,《当代作家评论》2013 年第 5 期。

黄平:《"革命"之后:重读〈受活〉》,《当代作家评论》2013 年第 5 期。

张学昕:《骨骼里树立着永恒的姿态——阎连科的短篇小说及其叙事伦理》,《当代作家评论》2013 年第 5 期。

何平:《论阎连科的中篇小说兼及中篇小说的当下境遇》,《当代作家评论》2013 年第 5 期。

朱静宇:《胡安·鲁尔福"神性之作"的启悟——以阎连科的〈日光流年〉为例》,《当代作家评论》2013 年第 5 期。

张晓平:《在崇拜与恐惧之间依违——论阎连科乡土创作的文化心态》,《当代作家评论》2013 年第 5 期。

刘志权:《平民立场与哥特式"家园之塔"——阎连科小说片论》,《当代作家评论》2013 年第 5 期。

卡洛斯·罗杰斯、曾军、李晨:《从〈受活〉到〈列宁之吻〉——杜克大学卡洛斯·罗杰斯访谈录》,《当代作家评论》2013 年第 5 期。

林源:《〈当代作家评论〉视阈中的阎连科》,《当代作家评论》2013 年第 5 期。

李桂玲:《〈当代作家评论〉发表的阎连科评论文章目录索引》,《当代作家评论》2013 年第 5 期。

汤萍萍:《现实主义理论的深化与超越——论阎连科的"神实主义"小说理论》,《三峡大学学报》(人文社会科学版)2013 年第 5 期。

梁鸿、蒋书丽:《阎连科文学年谱》,《东吴学术》2013 年第 5 期。

张军府:《时代精神困境的信使——评阎连科的〈风雅颂〉》,《名作欣赏》(下旬)2013 年第 5 期。

王禹丹:《起死回生、巫术与预言——浅探阎连科与莫言的死亡寓言》,《参花》(下)2013 年第 5 期。

梁鸿:《"残缺之躯":乡土中国的感性形象——〈受活〉的身体叙事》,《文艺争鸣》2013 年第 6 期。

黄江苏:《精神自传与爱恨心史——阎连科〈风雅颂〉解读》,《文艺争鸣》2013 年第 6 期。

王尧:《作为世界观和方法论的"神实主义"——〈发现小说〉与阎连科的小说创作》,《当代作家评论》2013 年第 6 期。

丁帆、傅元峰:《阎连科:〈年月日〉、〈坚硬如水〉》,《当代作家评论》2013 年第 6 期。

李方方:《〈丁庄梦〉:超现实写作的现实意蕴》,《山花》2013 年第 6 期。

毛阳南:《阎连科的系列小说创作特色》,《山花》2013 年第 6 期。

汤萍萍:《论阎连科小说中的神话叙事》,《金田》2013 年第 6 期。

吴燕、张祖立:《河洛文化与阎连科小说创作》,《鸭绿江》(上半月版)2013 年第 6 期。

周显波:《一部书怎样"炸裂",一座城市怎样"炸裂"——评阎连科长篇小说〈炸裂志〉》,《百家评论》2013 年第 6 期。

鲁红霞:《阎连科小说的语言策略与文本结构研究——以〈受活〉为例》,《宜春学院学报》2013 年第 7 期。

卿爱君:《乡土文明的衰落和重建——读王祥夫的〈上边〉和阎连科的〈桃园春醒〉》,《现代语文》(学术综合版)2013 年第 7 期。

陈鹭:《超现实寓言写作与精神维度——比较〈百年孤独〉与〈受活〉的异同》,《文艺评论》2013 年第 7 期。

陈华文:《"糊涂"作家有大智慧——读〈写作最难是糊涂〉》,《出版广角》2013 年第 7 期。

毛芳芳:《荒诞背后对人性的拷问》,《宁波通讯》2013 年第 7 期。

邓丽芝:《〈我与父辈〉》中的父亲形象分析》,《剑南文学》2013 年第 7 期。

杨庆祥:《历史重建与历史叙事的困境——基于〈天香〉、〈古炉〉、〈四书〉的观察》,《文艺研究》2013 年第 8 期。

乔雨菲:《崇拜与献祭——〈日光流年〉中的苦难主题》,《名作欣赏》2013 年第 9 期。

王禹丹:《镇魂曲的两种旋律——莫言与阎连科死亡叙事的方言书写》,《青年文学家》2013 年第 9 期。

王继国、袁晨晨:《浅析阎连科小说中的民间世界》,《金田》2013 年第 9 期。

李喜仁:《论阎连科乡土小说的苦难主题》,《青春岁月》2013 年第 10 期。

仲晴晴:《越界了的现实主义——〈百年孤独〉与〈受活〉之比较》,《作家》2013 年第 10 期。

林玮:《论阎连科小说的身体叙事》,《中国现代文学研究丛刊》2013 年第 10 期。

陈学智:《民间立场审视下的生存寓言——阎连科小说解读》,《洛阳师范学院学报》2013 年第 10 期。

陈国元:《虚妄的轮回——论〈受活〉中个体人文幻想》,《哈尔滨学院学报》2013 年第 10 期。

舒坦:《阎连科〈炸裂志〉用地方志写乡村30年》,《文学教育》(上)2013年第10期。

李娜:《浅析阎连科小说中的现实主义》,《金田》2013年第11期。

宋庄:《阎连科:用自己的方式发出自己的声音》,《博览群书》2013年第11期。

仇中海:《阎连科长篇乡土小说苦难主题探析》,《长城》2013年第12期。

张啟智:《从〈年月日〉看阎连科小说的叙事艺术》,《长城》2013年第12期。

刘继阳:《欲望的轮回与人性的守望——以〈生死疲劳〉和〈丁庄梦〉中的两对人物为例》,《参花》(下)2013年第12期。

王与菡、陈婉菁:《阎连科 一只离群的羊》,《名牌》2013年第12期。

梁鸿:《阎连科的"现实"与"主义"》,《中国作家》2013年第13期。

郭泽英:《两种美丽,一种启示——〈瓦尔登湖〉和〈北京,最后的纪念〉之比较》,《名作欣赏》2013年第14期。

朱志美:《〈日光流年〉中生存主题的人文阐释》,《芒种》2013年第14期。

侯芊慧:《直面苦难的绝地求生意识——论阎连科〈日光流年〉》,《长春教育学院学报》2013年第14期。

张军府:《时代精神困境的信使——评阎连科的〈风雅颂〉》,《名作欣赏》2013年第15期。

周硕:《〈良心作证〉——论莫言与阎连科艺术形式的拼接》,《才智》2013年第17期。

高芳艳:《论阎连科〈日光流年〉中的女性生存状态》,《短篇小说》(原创版)2013年第18期。

刘思谦:《城与乡:一个家庭两代农民心中的爱与痛——读阎连科的长篇散文〈我与父辈〉》,《名作欣赏》2013年第22期。

邱月烨:《阎连科》,《二十一世纪商业评论》2013年第24期。

张慧:《田园悲歌:阎连科与哈代乡土小说比较》,《短篇小说》(原创版)2013年第34期。

陈涛:《阎连科:〈炸裂志〉的寓言与现实》,《中国新闻周刊》2013年第38期。

吴小曼:《阎连科:渴望精神的自由》,《华夏时报》2013年1月7日。

李昶伟:《阎连科:瓦尔登湖之梦的终结》,《南方都市报》2013年1月11日。

石剑峰:《写作非为社会担当,而为自我实现》,《东方早报》2013年1月29日。

麦西：《阎连科的"糊涂"文学观》，《中国图书商报》2013年2月26日。

郭宇廷：《凝神观照乡土生命——读阎连科〈我与父辈〉》，《中国县域经济报》2013年4月22日。

王欣：《阎连科：丈量土地与笔的距离》，《河北日报》2013年5月10日。

田朝晖：《阎连科：我就是个地域作家》，《新华每日电讯》2013年8月23日。

何瑞涓：《阎连科：我们怎样写小说——与止庵对话，兼谈章小东〈吃饭〉》，《中国艺术报》2013年8月30日。

石剑峰：《阎连科谈〈炸裂志〉》，《东方早报》2013年9月9日。

石剑峰：《阎连科新长篇〈炸裂志〉：民族精神史和心灵史》，《东方早报》2013年9月9日。

《阎连科小说〈炸裂志〉讲述中国村庄转型故事》，《乌鲁木齐晚报》2013年9月10日。

乌晚：《阎连科出新作〈炸裂志〉》，《深圳商报》2013年9月12日。

《阎连科推出新长篇〈炸裂志〉》，《北京晨报》2013年9月26日。

刘昌宇：《充满语言魔力的民族精神史——读阎连科新作〈炸裂志〉》，《河北日报》2013年9月27日。

颜维琦：《阎连科新作在"炸裂"中揭开灵魂的真实》，《中华读书报》2013年10月9日。

舒晋瑜：《阎连科：我的写作与我的倔强》，《中华读书报》2013年10月9日。

蒋楚婷：《阎连科推出长篇小说〈炸裂志〉》，《文汇读书周报》2013年10月25日。

钟琳：《阎连科：呈现每个读者内心感受到的真实》，《南方日报》2013年10月27日。

石剑峰：《〈炸裂志〉：讲述中国村庄转型故事》，《民主与法制时报》2013年10月28日。

马明高：《脱缰的狂奔与直露的焦灼》，《文学报》2013年11月21日。

朱白：《"主题先行"模式下的叙事》，《文学报》2013年11月21日。

黄惟群：《缺乏理性张力的〈炸裂志〉》，《文学报》2013年11月21日。

何晶、高亚飞、周惟娜：《阎连科：每部小说都无争议才不正常》，《羊城晚报》2013年12月1日。

陈轻舟：《"神实主义"与常识主义》，《文学报》2013年12月5日。

张定浩：《如何书写真实：兼论阎连科〈炸裂志〉》，《上海文化》2014年第

1 期。

吴琪:《阎连科小说苦难叙事的文化反思》,《小说评论》2014 年第 1 期。

李玉杰:《面对伟大的"中国经验"的另一种叙述——论阎连科的长篇新作〈炸裂志〉》,《平顶山学院学报》2014 年第 1 期。

杨剑龙、王童、陈蘅瑾:《一部城市化批判的仓促之作——阎连科〈炸裂志〉三人谈》,《海南师范大学学报》(社会科学版)2014 年第 1 期。

张凡:《一部关于乡土进化论的寓言——试论阎连科长篇小说〈炸裂志〉的创作主题》,《海南师范大学学报》(社会科学版)2014 年第 1 期。

李杰俊:《"正史"、"秘史"和"心史"——阎连科〈炸裂志〉印象》,《海南师范大学学报》(社会科学版)2014 年第 1 期。

陈英群:《阎连科小说中乡村女性的生存境遇》,《新乡学院学报》2014 年第 1 期。

龙慧萍:《在宗教的对立面——评阎连科的〈四书〉》,《郑州师范教育》2014 年第 1 期。

卫玉丹:《阎连科 让中国文学再惊世界》,《中华儿女》2014 年第 2 期。

胡建舫:《神实主义的艰难突围——阎连科〈炸裂志〉艺术表现批判》,《唐都学刊》2014 年第 2 期。

周景雷:《写作就是对现实的回应——阎连科访谈录》,《文艺研究》2014 年第 2 期。

陈富志:《试论豫西方言在阎连科小说中的运用》,《学术交流》2014 年第 2 期。

解宏乾:《阎连科:人生如作品一样充满荒诞》,《国家人文历史》2014 年第 2 期。

贾辰:《试论阎连科的文学创作》,《绥化学院学报》2014 年第 2 期。

吴祥军:《现实的极端与失控的叙事——评阎连科长篇小说〈炸裂志〉》,《扬子江评论》2014 年第 2 期。

聂艳华:《在"受活"中体味孤独的凄凉——论阎连科小说〈受活〉中的底层意识》,《山东农业工程学院学报》2014 年第 2 期。

任亚茹:《生生不息的生命——浅析阎连科乡土小说主题的寓言性》,《辽宁师专学报》(社会科学版)2014 年第 3 期。

徐勇:《结构寓言写作与感觉现实主义——评阎连科最新长篇〈炸裂志〉》,《文艺评论》2014 年第 3 期。

雷斌:《欲望化的乡土——哈代的〈卡斯特桥市长〉与阎连科的〈受活〉比较分析》,《齐齐哈尔师范高等专科学校学报》2014 年第 3 期。

高方、阎连科:《精神共鸣与译者的"自由"——阎连科谈文学与翻译》,《外国语》(上海外国语大学学报)2014年第3期。

李晋山:《阎连科乡土小说的乡民生命关切》,《湖南工业职业技术学院学报》2014年第3期。

张晓峰:《一部当代世道人心史——读阎连科新书〈炸裂志〉》,《中国职工教育》2014年第3期。

赖晓玥:《超越的艰难——从阎连科小说看由乡入城青年的自我救赎》,《淮北职业技术学院学报》2014年第4期。

曾于里:《阎连科:单向度写作——兼谈〈炸裂志〉》,《中国图书评论》2014年第4期。

于莉:《历史与叙述的寓言——读阎连科〈炸裂志〉》,《文艺争鸣》2014年第4期。

祝修文、范培培:《〈日光流年〉:阎连科乡土小说中的崇拜祭祀与主题表现》,《文学教育》(上)2014年第5期。

徐迅:《复旦大学阎连科创作研讨会综述》,《文艺争鸣》2014年第5期。

师力斌:《〈炸裂志〉的野心与失败》,《艺术评论》2014年第5期。

刘汉波:《作为仪式的记忆表述——对阎连科"神实主义"创作的一种理解》,《创作与评论》2014年第6期。

高影:《浅析阎连科中篇乡土小说中的亡灵叙事》,《长城》2014年第6期。

石华鹏:《阅读和文学让理想变得深沉——评阎连科的〈她总是叫我"连科哥"〉》,《文学教育》(上)2014年第7期。

何况:《阎连科的理想》,《福建文学》2014年第7期。

董雪娟:《阎连科小说〈受活〉中的狂欢美学探析》,《大众文艺》2014年第8期。

杨慧敏、王荣贞、王凯:《阎连科小说的语言风格》,《青年文学家》2014年第8期。

杨慧敏、杨莼莼、段雪林:《阎连科小说色彩词的偏离及其修辞效果》,《青年文学家》2014年第8期。

张守华:《阎连科"耙楼系列"作品中的极致化叙事》,《芒种》2014年第12期。

仇志君:《解读阎连科〈日光流年〉的"索源"书写》,《芒种》2014年第13期。

侯云峰、张振:《阎连科〈受活〉狂欢化特质阐释》,《青年文学家》2014年第20期。

张厉冰:《"生存恐惧"之下的反现代性叙事——阎连科〈受活〉解读》,《名作欣赏》2014年第21期。

王宇林:《忆语小说——阎连科小说新论》,《名作欣赏》2014年第21期。

武榕:《逃离与回归——论阎连科乡土小说中的双重文化心态》,《名作欣赏》2014年第21期。

郑迦文:《阎连科〈受活〉"回家"主题的建构》,《学周刊》2014年第22期。

朱又可:《阎连科:"现实的荒诞正在和作家的想象力赛跑"》,《南方周末》2014年1月25日。

李寅初:《〈炸裂志〉的勇气与失败》,《羊城晚报》2014年2月16日。

田朝晖:《阎连科:如果有一天,我停止了写作……》,《新华每日电讯》2014年2月21日。

宋静思:《写一篇"我以为"的好小说》,《人民日报》2014年5月6日。

何瑞涓:《阎连科:好作家一定是其他作家的"绊脚石"——萨拉马戈带给中国作家写作的启示》,《中国艺术报》2014年4月16日。

韩浩月:《也谈阎连科的获奖》,《江西日报》2014年6月20日。

博士、硕士学位论文

蔡莹:《阎连科小说文体研究》,北京师范大学博士学位论文,2009年。

鲁红霞:《阎连科小说修辞论》,华中科技大学博士学位论文,2010年。

刘红:《生命不可承受之重——论阎连科乡土小说中死亡的文化意义》,吉林大学硕士学位论文,2004年。

张延国:《阎连科九十年代"抗争小说"论》,武汉大学硕士学位论文,2004年。

杨涛萍:《苦难与抗争的悲歌——阎连科小说创作论》,武汉大学硕士学位论文,2004年。

焦红涛:《苦难乡村的发现者-阎连科乡村小说论》,湖南师范大学硕士学位论文,2004年。

陆汉军:《唱不尽的"天歌",走不完的"年月日":论阎连科乡村小说的苦难意识》,华东师范大学硕士学位论文,2005年。

梅文斌:《阎连科小说叙事学研究》,华东师范大学硕士学位论文,2005年。

燕淑梅:《仰仗"土地的文化"歌唱——论阎连科的乡土小说》,扬州大学硕士学位论文,2005 年。

祁宗芹:《深潜乡土 挖掘生命底色——阎连科乡土小说创作论》,山东大学硕士学位论文,2005 年。

李红娟:《抵达苦难的叙述－论阎连科的超现实写作》,河南大学硕士学位论文,2005 年。

杨怀周:《阎连科小说书写苦难的策略与意义》,西南师范大学硕士学位论文,2005 年。

刘超:《论阎连科乡土小说的寓言化倾向》,武汉大学硕士学位论文,2005 年。

陆辛:《阎连科乡土小说创作中苦难主题研究》,延边大学硕士学位论文,2005 年。

瞿燕:《阎连科小说创作论》,武汉大学硕士学位论文,2006 年。

卢逍遥:《论阎连科小说的乌托邦叙事》,上海社会科学院硕士学位论文,2006 年。

邢长远:《论阎连科的乡土叙事》,青岛大学硕士学位论文,2006 年。

张云:《论阎连科乡土小说中的权力叙事》,郑州大学硕士学位论文,2006 年。

任慧丹:《生命乌托邦——阎连科世纪之交中长篇创作主题研究》,东北师范大学硕士学位论文,2006 年。

李培:《土地的风骚－试论阎连科小说中的"土地文化"特征》,华侨大学硕士学位论文,2006 年。

钟丰丰:《耙耧时空的智性抒写——论阎连科作品的叙述特征和叙事策略》,浙江师范大学硕士学位论文,2006 年。

黄婷:《"压抑"与"重返":社会主义经验的书写——从＜古船＞到＜受活＞》,华东师范大学硕士学位论文,2006 年。

窦鹏:《论阎连科乡土小说中的意象与母题》,西北大学硕士学位论文,2007 年。

廖小能:《阎连科小说的叙事修辞》,华南师范大学硕士学位论文,2007 年。

蒋建华:《民间苦难的现代性寻思——阎连科创作论》,山东大学硕士学位论文,2007 年。

王娜:《苦难与反抗——阎连科小说创作中的苦难意识分析》,北京语言大学硕士学位论文,2007 年。

刘嘉任:《权力阴影下的耙耧山世界——论阎连科乡土小说》,吉林大学硕士学位论文,2007 年。

郑燕丽:《在苦难的背后－论阎连科的乡土小说创作》,四川大学硕士学位论文,2007年。

吴淑燕:《反抗荒诞——论阎连科小说的荒诞叙事特征》,浙江师范大学硕士学位论文,2007年。

许娟:《寻求与狂欢——阎连科长篇小说创作论》,安徽大学硕士学位论文,2007年。

王海艳:《歌哭与守望——论阎连科小说中的农民世界》,河北大学硕士学位论文,2007年。

叶玲玲:《新世纪文学的底层写作:以阎连科为个案》,辽宁大学硕士学位论文,2008年。

韩冬梅:《论阎连科小说中的残病叙事》,山东师范大学硕士学位论文,2008年。

刘铮:《论阎连科的乡土小说叙事》,苏州大学硕士学位论文,2008年。

陈卫娟:《阎连科小说的悲剧性研究》,南京师范大学硕士学位论文,2008年。

曹书东:《论阎连科的小说创作》,苏州大学硕士学位论文,2008年。

王俊敏:《桎梏与抗争——阎连科创作论》,湖南师范大学硕士学位论文,2008年。

李华婷:《试论阎连科小说的悲剧特色》,福建师范大学硕士学位论文,2008年。

张琳:《农民、军人、作家——论阎连科的三重身份与写作》,山东师范大学硕士学位论文,2008年。

毛德尚:《阎连科创作悲剧母题综论》,西南大学硕士学位论文,2008年。

李峰:《城市·权力·健康——阎连科乡土小说的三个关键词》,吉林大学硕士学位论文,2008年。

常梅:《食色,性也——浅析阎连科小说中的"角落世界"》,山东师范大学硕士学位论文,2008年。

孙晓燕:《苦难浸润下的生命歌哭——阎连科小说创作论》,辽宁师范大学硕士学位论文,2008年。

熊丽芬:《主调与变奏:阎连科小说论》,江西师范大学硕士学位论文,2008年。

张毅:《寻找人生原初的意义:试论阎连科小说《日光流年》中的生存意识》,上海外国语大学硕士学位论文,2008年。

竺燕:《从记忆的"瑶沟"到想象的"耙耧":阎连科乡土小说创作主题及手

法的嬗变》,北京师范大学硕士学位论文,2008年。

艾素芬:《论阎连科乡土小说的文化意蕴》,湖南师范大学硕士学位论文,2009年。

安丽娜:《疾病与新时期作家的小说创作——以贾平凹、阎连科、史铁生为例》,西南大学硕士学位论文,2009年。

张艳丽:《论阎连科小说的叙事策略》,重庆师范大学硕士学位论文,2009年。

罗志灵:《存在主义与阎连科"耙耧系列"小说》,西南大学硕士学位论文,2009年。

杨逢春:《反抗与坚守:阎连科小说的精神世界》,扬州大学硕士学位论文,2009年。

王军亮:《论阎连科"耙耧系列"小说的文体特征》,东北师范大学硕士学位论文,2009年。

阎雪:《试论阎连科小说的"暴力叙事"》,陕西师范大学硕士学位论文,2009年。

喻双:《"出幻入真":阎连科小说审美风格论》,湖南师范大学硕士学位论文,2009年。

武艳伟:《论阎连科小说的身体叙事》,华中科技大学硕士学位论文,2009年。

秦百川:《阎连科小说话语分析》,福建师范大学硕士学位论文,2009年。

唐璐璐:《阎连科小说论》,北京师范大学硕士学位论文,2009年。

贾春霞:《苦难与救赎:阎连科小说论》,新疆师范大学硕士学位论文,2010年。

田秀妮:《超越内心疼痛 反抗现实荒诞——阎连科小说的叙事与主题》,西北大学硕士学位论文,2010年。

徐庆侠:《论阎连科小说的"寻找"主题》,安徽师范大学硕士学位论文,2010年。

王兆彬:《论阎连科小说中的女性形象》,安徽师范大学硕士学位论文,2010年。

张秀平:《男权中心视角审视下的女性——阎连科小说解读》,东北师范大学硕士学位论文,2010年。

罗先海:《现代性视域下乡土中国的当代图景——以赵树理、贾平凹、阎连科的小说为例》,湖南师范大学硕士学位论文,2010年。

常丽纳:《论阎连科乡土小说叙事中的多层次对话性》,兰州大学硕士学位论文,2010 年。

黄仙花:《论阎连科长篇小说狂欢化美学品格》,湖南师范大学硕士学位论文,2010 年。

李新凯:《阎连科小说语言风格研究》,河南大学硕士学位论文,2010 年。

刘培:《阎连科乡土小说的语言风格研究》,广州大学硕士学位论文,2010 年。

钱芳:《论阎连科小说的叙事伦理》,扬州大学硕士学位论文,2010 年。

吕泞亚:《生死临界点上的困顿人生:论阎连科"耙耧系列"小说中的生／死叙事》,天津师范大学硕士学位论文,2010 年。

李霜:《乡村书写的另面镜像:论阎连科的"耙耧系列"小说》,华中师范大学硕士学位论文,2010 年。

丁敏:《社会转型语境中的乡村想像:论消费社会对阎连科"耙耧系列"乡土小说叙事的影响》,四川师范大学硕士学位论文,2010 年。

肖娜:《阎连科小说主题研究》,辽宁大学硕士学位论文,2010 年。

王丽君:《阎连科小说论》,江西师范大学硕士学位论文,2011 年。

邓一梅:《叛离与回归——阎连科新世纪乡土小说主题研究》,郑州大学硕士学位论文,2011 年。

何长久:《论阎连科小说的乡土伦理》,西南大学硕士学位论文,2011 年。

宋凯:《论阎连科乡土小说苦难主题创作》,山东师范大学硕士学位论文,2011 年。

王锋亮:《论阎连科小说的死亡叙事》,浙江大学硕士学位论文,2011 年。

丁一:《论阎连科的土地书写》,苏州大学硕士学位论文,2011 年。

倪静:《论阎连科小说的寓言化书写》,南京大学硕士学位论文,2011 年。

周莹:《论阎连科小说的寓言化叙事》,河北师范大学硕士学位论文,2011 年。

柴丹:《论阎连科作品中的女性形象》,西北大学硕士学位论文,2011 年。

傅陈情:《阎连科"新军旅小说"论》,重庆师范大学硕士学位论文,2011 年。

李亚栋:《论阎连科小说的魔幻意象》,河南大学硕士学位论文,2011 年。

文丹:《存在主义视野下的阎连科乡村小说叙事研究》,杭州师范大学硕士学位论文,2011 年。

郭威:《极致化的悲情抒写——论阎连科小说中的疾病意象》,沈阳师范大学硕士学位论文,2011 年。

童芳芳:《论阎连科小说中的享虐现象》,海南师范大学硕士学位论文,2011 年。

曾小娟:《论阎连科乡土小说的苦难叙事》,海南师范大学硕士学位论文,2012 年。

张静娜:《生命在别处－论阎连科乡土小说的死亡叙事》,暨南大学硕士学位论文,2012 年。

宋凤娟:《阎连科小说生存主题研究》,河南师范大学硕士学位论文,2012 年。

李营:《阎连科乡土小说与 20 年代乡土写实小说比较》,辽宁师范大学硕士学位论文,2012 年。

牛旭军:《阎连科小说的道家文化意蕴》,浙江大学硕士学位论文,2012 年。

李经启:《论阎连科的小说理想》,首都师范大学硕士学位论文,2012 年。

王立:《奇诡想象的寓言书写——读阎连科的＜日光流年＞》,辽宁师范大学硕士学位论文,2012 年。

张会慧:《返身回家的真实可能与狂想的虚假——阎连科小说创作论》,吉林大学硕士学位论文,2012 年。

侯薇:《"灵魂流血的汩汩之声"——论阎连科小说的灾难书写》,山东师范大学硕士学位论文,2012 年。

刘子菡:《走向神实主义的创作历程:阎连科论》,北京师范大学硕士学位论文,2012 年。

姜苗苗:《论阎连科"耙耧系列"小说的艺术探索》,南京大学硕士学位论文,2013 年。

赵静:《论阎连科小说创作的民间意识》,山东师范大学硕士学位论文,2013 年。

王雯倩:《阎连科对胡安·鲁尔福小说创作的借鉴与创新》,辽宁大学硕士学位论文,2013 年。

张元:《阎连科小说的"神实主义"研究》,延边大学硕士学位论文,2013 年。

丁国锋:《阎连科的苦难叙事》,安徽大学硕士学位论文,2013 年。

吴婷婷:《阎连科小说的生存意识及现代性反思》,西南大学硕士学位论文,2013 年。

喻畅:《贾平凹与阎连科小说的神秘叙事比较》,湖南师范大学硕士学位论文,2013 年。

王晋华:《论阎连科的"疼痛写作"》,西北大学硕士学位论文,2013 年。

李方方:《反抗荒诞的写作——阎连科九十年代中后期超现实主义写作的精神指向》,河南师范大学硕士学位论文,2013 年。

林玲:《论阎连科小说叙事风格的形成及其主要特征》,南京师范大学硕士学位论文,2013 年。

王禹丹:《挣扎与超越——阎连科与莫言乡土小说死亡观的对比》,东北师范大学硕士学位论文,2013 年。

赵家瑜:《阎连科乡土小说的后期创作》,东北师范大学硕士学位论文,2013 年。

王丹丹:《论阎连科的乡土小说叙事》,辽宁师范大学硕士学位论文,2013 年。

岳如音:《阎连科"神实主义"的世界现代主义文学意义》,上海外国语大学硕士学位论文,2013 年。

王菲斐:《抵达现实的叙述——论阎连科小说创作》,安徽大学硕士学位论文,2014 年。

朱一帆:《论阎连科对工业化语境中农村农民的关注》,湖南师范大学硕士学位论文,2014 年。

柴明颖:《英语国家主动译入模式下的文学译介——阎连科＜丁庄梦＞、＜受活＞译介研究》,上海外国语大学硕士学位论文,2014 年。

专著

陈国和:《1990 年代以来乡村小说的当代性——以贾平凹、阎连科、陈应松为个案》,中国社会科学出版社,2008 年。

梁鸿:《外省笔记:二十世纪河南文学》,中国社会科学出版社,2008 年。

陈英群:《阎连科小说创作论》,郑州大学出版社,2010 年。

梁鸿:《新启蒙话语建构:〈受活〉与 1990 年代以来的文学和社会》,中国社会科学出版社,2012 年。

林建法编:《阎连科文学研究》(ⅠⅡ),云南人民出版社,2013 年。

梁鸿:《黄花台与皂角树:中原五作家论》,北京师范大学出版社,2013 年。

林源编选:《说阎连科》(上、下),辽宁人民出版社,2014 年。

编后记

阎连科曾说，一个作家的写作，"你写一个人也好，一块土地也好，一个村庄也好，一个民族也好，他们都有其整体的内心。一个人的内心，一个村庄的内心，一个城市或土地的内心，这个内心和你自己的内心是要相通的、相连的"。于阅读，又何尝不是这个道理！读者所寻找的不也是与自己心灵相通、相连、相契合的作品、作家！阎连科一直不在《当代文学史》课程的讲解范围之内，对近年才转到当代文学教学和研究的我来说，尽管早有所闻，却一直未曾关注。《风雅颂》出版引争议时，我因为好奇在一个下午一口气读完了小说，为小说神奇、深刻地叙写了我（们）当下的生存而震惊、痛楚。去年秋天因为编选本书，遂通读了阎连科的作品，已被深深打动，为在他泥天泥地的"世界"里看到了我（们）和我（们）的兄姊、父辈、祖辈们曾经的生存、困厄、焦虑、冲撞、坚韧的身影！

因为这种感动，在编著这本小书时也便有了预设和野心，希望以之尽数展现阎连科的根根秒秒，几番思量、忖度、踌躇，最后不得不信服程光炜老师所言，一本书的容量是有限的，你其实并不能展现什么。

尽管如此，我还是想在此表白我的心曲。"自述·访谈·印象记"部分编选了阎连科的随笔和讲演5篇、访谈录4篇、印象记1篇，内容涉及阎连科的成长经历以及他关于小说创作与阅历、想象、激情的关系，小说文体等问题的思考。"研究论文选辑"部分所选的15篇论文，前5篇是对阎连科的文学观、世界观、方法论、小说叙事方法、"小说世界"等问题的独到之见；第六至九4篇是从不同角度对阎连科的小说、短篇小说、中篇小说的总论；第十至十五6篇是对阎连科6部重要长篇小说的解读。"作品年表"与"研究资料索引"部分罗列了截至2014年6月的阎连科的作品和研究论著，原旨是希望能全面、详备、历史地展现阎连科创作、研究的发展情况，但有些作品因作家本人也未留原刊，编者虽多方设法也未能找到，故讹误、不详备之处还是在所难免，只有呈教于读者诸君。

"知音其难哉！音实难知，知实难逢，逢其知音，千载其一乎！""夫篇章杂沓，质文交加，知多偏好，人莫圆该。慷慨者逆声而击节，酝藉者见密而高蹈；浮慧者观绮而跃心，爱奇者闻诡而惊听。会己则嗟讽，异我则沮弃，各执一隅之解，欲拟万端之变，所谓'东向而望，不见西墙'也。"刘勰"文情难鉴"、"知音难逢"的千古喟叹,编者在此深有感触。本书选文部分虽经反复斟酌,在千余篇文章中选出了 25 篇,但终因丛书篇幅所限,恐怕还是难以做到"平理若衡,照辞如镜"。好在尚有"作品年表"和"研究资料索引"部分作为补充,可待有"妙鉴"者审订!

方志红

2014 年 10 月 4 日于申城